Oliver Schröm

Im Schatten des Schakals

Oliver Schröm

Im Schatten des Schakals

Carlos und die Wegbereiter des internationalen Terrorismus

Ch. Links Verlag, Berlin

Für Dorothee

Die Deutsche Bibliothek – CIP-Einheitsaufnahme

Schröm, Oliver:
Im Schatten des Schakals :
Carlos und die Wegbereiter des internationalen Terrorismus /
Oliver Schröm. – 1. Aufl. – Berlin: Links 2002
ISBN 3-86153-245-X

1. Auflage, März 2002

Schönhauser Allee 36, 10435 Berlin, Tel.: (030) 44 02 32-0
Internet: www.linksverlag.de; mail@linksverlag.de
Umschlaggestaltung: KahaneDesign, Berlin,
unter Verwendung eines Fotos von UPI/dpa, das Carlos während der Geiselnahme auf der OPEC-Konferenz 1975 in Wien zeigt.
Satz: Ch. Links Verlag
Lithos: LVD GmbH, Berlin
Druck und Bindung: Friedrich Pustet, Regensburg

ISBN 3-86153-245-X

Inhalt

Vorwort

»Die sind total verrückt geworden«, fiel mir Magdalena Kopp ins Wort. »Wie kann man nur so weit gehen?« Ich steckte mitten in der Arbeit zu diesem Buch, als am 11. September 2001 Selbstmordattentäter in den USA Flugzeuge kaperten und in die Zwillingstürme des Welthandelszentrums von New York und das Pentagon in Washington steuerten.

Seit über sechs Jahren beschäftigte ich mich zu diesem Zeitpunkt mit der Geschichte des Terrorismus. Vor mir lag das Recherchematerial zu Carlos sowie seinen Hintermännern und Auftraggebern. Am Venezolaner Ilich Ramírez Sánchez alias Carlos ließ sich geradezu klassisch nachvollziehen, wie die Mechanismen des internationalen Terrorismus funktionieren. Als Lohnkiller hatte Carlos im großen Stil in ganz Europa gemordet. Zuerst für die *Volksfront für die Befreiung Palästinas* (PFLP), dann für osteuropäische Geheimdienste und schließlich für Diktatoren aus dem Nahen Osten. In seinem Schatten tummelten sich etliche, bislang wenig bekannte Terroristen, die zumeist die Drecksarbeit für ihn erledigten. Die meisten von ihnen waren Deutsche – von Carlos rekrutiert aus der ersten Generation der *Revolutionären Zellen* (RZ), einer Organisation, die bis heute viele Rätsel aufgibt, denn im Gegensatz zur *Roten Armee Fraktion* (RAF), deren Geschichte inzwischen weitgehend durchleuchtet ist, hatten die RZ kein Gesicht. Ihre Mitglieder führten gut getarnt ein bürgerliches Leben, erst nach Feierabend wurden sie zu Bombenlegern. Viele von ihnen sind bis heute nicht enttarnt.

Im Fernsehen mußte ich am 11. September live miterleben, wie Tausende Menschen durch die Hand von Terroristen getötet wurden. Andere kämpften noch verzweifelt um ihr Leben. Mit

Schrecken sah ich, wie Menschen aus dem 90. Stock sprangen. Sie hatten die Wahl gehabt, in den Flammen qualvoll umzukommen oder durch einen Sprung aus dem Fenster das Leiden zu verkürzen.

Wie muß man beschaffen sein, um eine solche Tat ausführen zu können? Was kann einen Menschen dazu bringen, anderen derartiges anzutun? Wie läßt sich so etwas organisieren?

In meiner Fassungslosigkeit rief ich Magdalena Kopp an. Sie war jahrelang Mitglied der RZ und Carlos' Partnerin gewesen. Zunächst hatte sie ihm als Handlangerin gedient, dann wurde sie seine Geliebte, die Mutter einer gemeinsamen Tochter und schließlich seine Ehefrau. Als sie nach einer Aktion verhaftet wurde, zog Carlos für sie in den »Krieg« und versuchte, sie mit einer rücksichtslosen Attentatserie aus dem Gefängnis freizupressen.

Die frühere Terroristin hatte mir in den letzten Jahren bei unzähligen Gesprächen Einblick in die Denkweise von Menschen gegeben, die für ihre Überzeugung, aus persönlicher Abhängigkeit oder schlicht für Geld bereit sind, andere umzubringen. »Ich weiß nur eines«, sagte sie an jenem 11. September, »ohne Hilfe eines Staates oder eines Geheimdienstes können sie eine solche Aktion nicht planen und durchführen.«

Kopps Bereitschaft, aus dem Innern der Terrorgruppe zu berichten und mir entsprechende Materialien zur Verfügung zu stellen, hat wesentlich geholfen, das vorliegende Buch zu schreiben. Es war das erste Mal, daß sie gegenüber einem Journalisten über ihr Leben an der Seite des meistgesuchten Terroristen der Welt sprach. Warum sie ausgerechnet mir ihre Geschichte anvertraute, weiß ich nicht. Vermutlich weiß sie es selbst nicht so genau. Vielleicht sprach sie nur deshalb mit mir, weil wir aus der gleichen Gegend kommen und den gleichen Dialekt haben. Manchmal entscheiden Kleinigkeiten.

Natürlich wollte sie auch über das eine oder andere Detail nicht reden. Zum einen aus juristischen Gründen, um nicht sich selbst oder Freunde zu belasten, zum anderen wohl auch, weil sie nicht überall dabei war, sondern manches nur vom Hörensagen kannte. Es gab aber ohnehin genügend Material, inzwischen mehr als 20 Aktenordner voll. Parallel zu den Gesprächen mit Kopp hatte ich – schon aus Gründen der journalistischen Sorgfaltspflicht – zahlreiche Interviews mit anderen Ex-Terroristen und Gespräche mit Mitarbeitern von Geheimdiensten und Strafermittlungsbehörden geführt. Als besonders aufschlußreich erwies sich die Lektüre von Unterlagen aus Beständen diverser Nachrichtendienste, die über das Treiben der Terroristen erstaunlich gut Bescheid wußten, teilweise sogar ihre Pläne für neue Anschläge kannten – und dann doch tatenlos zusahen. Alle im Buch vorkommenden Angaben und wörtlichen Zitate lassen sich daher eindeutig belegen.

Dieses Buch ist keine von Magdalena Kopp autorisierte Version der Ereignisse, sondern meine Sicht auf die Dinge. Sie kannte den Text vor Erscheinen nicht. Vermutlich wird sie vieles anders sehen und wäre im Nachhinein vielleicht auch froh, mir das ein oder andere nicht erzählt zu haben. Um so mehr möchte ich mich bei ihr für die offenen Gespräche bedanken. Im Gegensatz zu anderen früheren Mitgliedern der Carlos-Gruppe, die ich aufgesucht habe, hat sie sich schonungslos mit dem eigenen Irrweg des Terrorismus auseinandergesetzt.

Zu danken habe ich auch einer Reihe von Informanten, deren Namen anonym bleiben müssen, sowie vielen Kollegen, die mir ihre Erkenntnisse, Dokumente und Recherchen zur Verfügung gestellt haben. Hervorheben möchte ich dabei meinen Kollegen Michael Wech, mit dem zusammen ich mehrere Fernsehbeiträge zum Themenkomplex Carlos erstellt habe, zuletzt eine 45minütige Dokumentation für die ARD, ebenfalls unter dem Titel »Im Schatten des Schakals«.

Mein besonderer Dank gebührt jedoch Christoph Links, meinem Freund, Lektor und Verleger. Ohne ihn würde es dieses Buch nicht geben.

Berlin, im Februar 2002
Oliver Schröm

Der Mythos Carlos entsteht

Ein Venezolaner im Einsatz für das Spezialkommando der *Volksfront für die Befreiung Palästinas* (PFLP-SC) – Erste Attentate in London und Paris – Unterstützung für Aktion der *Japanischen Roten Armee* in Den Haag – Anschlag auf dem Pariser Flughafen Orly – Die Frankfurter Szene Mitte der 70er Jahre

Anfangs dachte »Vera« sich nichts dabei, als »Johnny« sie sanft in die Dunkelkammer schob. Schließlich war sie eigens nach London beordert worden, um den Mitgliedern des Kommandos beizubringen, wie man fotografiert, Filme entwickelt und Abzüge herstellt. Zwei Tage lang war sie damit beschäftigt gewesen, alles vorzubereiten, hatte die Stadt durchquert, um an verschiedenen Orten Vergrößerungstechnik, Fotopapier und Chemikalien zu besorgen und die Küche des kleinen Apartments in eine Dunkelkammer zu verwandeln.

Für »Vera« war dies der erste Auslandseinsatz in revolutionärer Mission. Sie hatte keine Ahnung, worum es genau ging, vermutete aber, daß irgendeine Beschaffungsaktion geplant sei, vermutlich eine Entführung. Einmal war sie Zeugin gewesen, als »Johnny« einem Palästinenser etwas von einer zweiten Wohnung erzählte, wo der Typ solange wie nötig versteckt werden sollte. Viel mehr wollte sie auch nicht wissen, das widersprach den Regeln der Konspiration. Von den meisten Kommandomitgliedern kannte sie auch nicht die richtigen Namen. Sie war sich nur sicher, daß »Johnny« in Wirklichkeit ganz anders hieß. Schließlich hieß auch sie in ihrem bürgerlichen Leben nicht »Vera«, sondern Magdalena Kopp, geboren am 2. April 1948, Mutter einer vierjährigen Tochter, Fotografin von Beruf und erst seit ein paar Monaten Mitglied der *Revolutionären Zellen* (RZ).

Aber das ging »Johnny« alles nichts an. Sie versuchte, ihn auf Distanz zu halten. Doch kaum hatte sie in der Dunkelkammer das Licht ausgemacht, um ihm im Schein einer roten Birne zu zeigen, wie man Fotos abzieht, hatte er angefangen, an ihr herumzufummeln. Nachdem sie ihm demonstrativ Fotopapier in die Hände gedrückt hatte, war er dazu übergegangen, ihr irgendwelche Anzüglichkeiten ins Ohr zu flüstern. »Vera«, die sonst nichts gegen einen kleinen Flirt hatte, war dies unangenehm. »Johnny« war einfach nicht ihr Typ. So gut es ging, versuchte sie zunächst, seine Anzüglichkeiten zu ignorieren. Als er jedoch wieder zudringlich wurde, knipste sie das Licht an, ließ »Johnny« stehen und ging zu den anderen ins Wohnzimmer.

Die Wohnung, die »Johnny« am 17. April 1975 für das Kommando gemietet hatte, war nicht sonderlich groß. Es handelte sich um ein möbliertes Einzimmerapartment mit einer kleinen Küche und einer Toilette, das sich im Londoner Westen, in der Chesterton Road in Notting Hill befand. Die Vermieter hatten die Einrichtungen für wechselnde Gäste entsprechend herrichten lassen: Bevor man den Küchenherd benutzen konnte, mußte man eine Münze einwerfen. Genauso verhielt es sich mit dem Warmwasserboiler. Magdalena Kopp fand dies ziemlich ungewöhnlich. Aber vermutlich lag das auch an der gesamten Situation, denn schließlich lebte sie das erste Mal mit Untergrundkämpfern in einer konspirativen Wohnung, was bereits für ein paar Jahre Knast reichen dürfte. Aber irgendwie fand sie das Ganze spannend und faszinierend.

Den Auftrag hatte sie Brigitte Kuhlmann, ihrer besten Freundin, zu verdanken. Diese hatte sie vor ein paar Tagen gefragt, ob sie nicht schnell mal »ein paar Palästinensern« das Fotografieren beibringen könnte. Natürlich konnte sie das, schließlich war das ihr erlernter Beruf. Sie hatte spontan zugesagt, ohne sich nach Einzelheiten zu erkundigen. Aber das war ohnehin eine Regel bei den *Revolutionären Zellen*, daß man keine Fragen stellte. Wie sie erfuhr, sollte jedes Mitglied eines Kommandounternehmens nur soviel wissen, wie unbedingt nötig war, um sicherzustellen, daß im Falle einer Verhaftung keiner zuviel verraten konnte. Ebenso gehörte dazu, daß man sich grundsätzlich nur mit dem Decknamen ansprach, auch wenn man mit einem Genossen allein war und dessen richtigen Namen kannte. Anfangs fand es Magdalena Kopp ziemlich komisch, wenn sie ihre Freundin Brigitte immer mit »Emma« anreden mußte. Aber mit der Zeit gewöhnte sie sich daran, ebenso wie an ihren eigenen neuen Namen »Vera«.

Mit Brigitte Kuhlmann hatte sie auch die Reise nach London angetreten. Zuerst waren sie nach Calais gefahren, dann mit der Fähre über den Kanal nach Dover und anschließend wieder mit dem Zug nach London. Dort hatten sie sich in ein Café gesetzt und gewartet, bis sie abgeholt wurden. Zu der vereinbarten Zeit tauchte »André« auf, ein Libanese mit einem schmalen Oberlippenbärtchen, und nahm sie mit. »André« hieß in Wirklichkeit Michel Moukarbel, doch das sollten sie erst später erfahren. Er brachte sie in die konspirative Wohnung in der Chesterton Road. Dort warteten bereits ein paar Palästinenser sowie zwei Deutsche, die sie kannten. Es handelte sich um Hans-Joachim Klein, »Angie« genannt, einen Automechaniker aus Frankfurt, sowie um Wilfried »Bonny« Böse, den Lebensgefährten von Brigitte Kuhlmann. Er war der heimliche Chef der *Revolutionären Zellen*.

Magdalena mochte »Bonny«. Der junge Franke erinnerte mit seinen langen, wenig gepflegten Haaren zwar mehr an einen Penner als an einen Revolutionär, aber das war wohl der Protest gegen sein bürgerliches Elternhaus. Der Vater war irgendein hohes Tier bei Siemens. »Bonnys« Herkunft schlug an überraschenden Stellen durch. So konnte er sich bei allem revolutionären Getue genießerisch mit einem Glas gutem Whisky zwei Stunden lang in die Badewanne legen und dabei auf dem Kassettenrecorder immer wieder den gleichen Song abspielen, »American Pie« von Don MacLean. Magdalena gefiel das. Es war so ganz nach ihrem Geschmack: Leben und leben lassen. Aber den Genossen gegenüber gab sie das besser nicht zu erkennen.

Als »Johnny« schließlich in der konspirativen Wohnung auftauchte, veränderte sich die Atmosphäre. Obwohl »André« der eigentliche Chef des Kommandos war, benahm sich »Johnny«, als hätte er das Sagen. Dazu fiel er rein äußerlich aus dem Rahmen. Er trug Anzug und Krawatte und hielt sich in diesem lächerlichen Outfit auch noch für unwiderstehlich. Selbst im Wohnzimmer vor den anderen versuchte er, Magdalena anzumachen. Brigitte platzte schließlich der Kragen, und sie raunzte ihn an, er solle gefälligst die Finger von ihrer Freundin lassen. »Johnny« fixierte sie daraufhin scharf mit seinen kalten Augen, schaltete dann aber sofort um und setzte ein feistes Grinsen auf.

»Johnny« hieß mit bürgerlichem Namen Ilich Ramírez Sánchez und kam aus Venezuela. Sein Vater arbeitete dort als Rechtsanwalt und war ein glühender Anhänger des Kommunismus. Aus Verehrung für Lenin hatte José Altagracia Ramírez Navas seine drei Söhne nach dem Gründer der Sowjetunion benannt. Ilich alias »Johnny«, am 12. Oktober 1949 geboren, war der Älteste. Dann folgten Lenin, Jahrgang 1951, und Vladimir, der 1958 zur Welt kam. Weil er beim Öl-Boom in Venezuela kräftig kassiert

Carlos als Teenager mit seiner Mutter und einer Begleiterin auf einer Cocktailparty in London Ende der 60er Jahre

hatte, konnte es sich der Rechtsanwalt leisten, seine Söhne zur Ausbildung nach Europa zu schicken. Am 17. August 1966 flogen die Ramírez-Brüder zusammen mit ihrer Mutter Elba María Sánchez, die von ihrem Mann seit geraumer Zeit getrennt lebte, nach England. In London quartierte sich die Familie vorübergehend in einem Hotel in Sussex Gardens ein, in der Nähe des Marble Arch. Ilich und Lenin, die beiden älteren, genossen das Leben von Swinging London in vollen Zügen. Der Teenager Ilich zog, manchmal von seiner ebenfalls lebenshungrigen Mutter begleitet, von Cocktailparty zu Cocktailparty, die von der venezolanischen Gemeinde in London allenthalben veranstaltet wurden. Für den 17jährigen waren dies die besten Gelegenheiten, gleichaltrige Mädchen kennenzulernen. Im weltoffenen London der 60er Jahre tummelten sich die jungen Venezolanerinnen, anders als in ihrer streng katholischen Heimat, ohne Anstandsdamen auf den Veranstaltungen, benutzten Make-up, trugen Miniröcke und waren manchem Liebesabenteuer aufgeschlossen. Der kleine Ilich, den in Venezuela die Schulkameraden immer nur »El Gordo« (der Dicke) gerufen hatten, mauserte sich hier zum Schürzenjäger.

Als der Vater nach einem knappen Jahr die Familie in London besuchte, war er nicht sonderlich angetan vom bourgeoisen Lebensstil seiner Söhne und suchte nach Möglichkeiten, sie in seinem Sinne ausbilden zu lassen. So schickte er die zwei Ältesten schließlich im Frühjahr 1969 auf die Patrice-Lumumba-Universität nach Moskau, wo die Kader des Weltkommunismus geschult wurden. Dort mußte Ilich, der sich für Chemie eingeschrieben hatte, täglich sechs Stunden Vorlesungen besuchen und den Rest des Tages mit Laborarbeiten verbringen. Im Studentenwohnheim gab es strenge Kontrollen – mit dem süßen Leben in London war das Dasein im real existierenden Sozialismus in nichts zu vergleichen. Ilich entdeckte nun eine neue Leidenschaft: die Politik. Über den Studentenverband lernte er arabische Kommilitonen kennen, die stolz von dem damals gerade tobenden Freiheitskampf der Palästinenser erzählten. Ilich war fasziniert. Da bewegte sich noch richtig etwas, während in Moskau alles erstarrt schien. Er begann zu rebellieren, legte sich mit der Obrigkeit seines Lehrstuhls an – und flog ein Jahr später prompt wegen »ungebührlichen Betragens« von der Universität. Er hatte sich an einer nicht genehmigten Demonstration beteiligt und dabei mit Tintenfässern geworfen.

Dieser Hinauswurf kam Ilich nicht ungelegen. Längst hatte er andere Pläne. Nach einem Zwischenstop bei Mama in London machte sich der inzwischen 20jährige auf den Weg nach Beirut. Er wollte sich dort in einem Rekrutierungsbüro der PFLP, der *Volksfront für die Befreiung Palästinas*, melden. Ilich träumte von einer Zukunft als Revolutionär und Freiheitskämpfer.

Die marxistisch ausgerichtete PFLP war drei Jahre zuvor als Reaktion auf die bittere Niederlage im sogenannten Sechs-Tage-Krieg gegründet worden. Binnen kürzester Zeit hatten die Israelis im Juni 1967 ein Gebiet erobert, das viermal so groß war wie ihr eigenes Territorium. Es umfaßte die syrischen Golanhöhen, das Westjordanland, den Gazastreifen, die ägyptische Halbinsel Sinai und Ostjerusalem. Dieser Krieg hieß bei den Arabern nur Al Nakbah, die Katastrophe. Im Gründungsmanifest der PFLP vom 11. Dezember 1967 benannten die palästinensischen Freiheitskämpfer dann klar ihr Ziel: die Befreiung Palästinas von der israelischen Okkupation durch bewaffneten Kampf. Der Ruf zu den Waffen fand erstaunliches Gehör. Scharenweise standen die Fedajin, die »sich für das Vaterland opfern«, an den Rekrutierungsbüros an, um sich als Freiheitskämpfer ausbilden zu lassen. Auch die Mitgliederzahl der palästinensischen Befreiungsorganisation *Fatah* (»Sieg«), die Jassir Arafat bereits 1958 mit anderen Kämpfern gegründet hatte, wuchs auf das Hundertfache an. Seit 1964 operierten die unterschiedlichen Guerillaorganisationen unter dem politischen Dach der *Palästinensischen Befreiungsorganisation* (PLO), der sich zunächst auch die PFLP anschloß. Sämtliche Guerillaorganisationen wurden aus diversen Kriegskassen finanziert, an die mehrere Staaten ihren Obolus entrichteten. Die arabischen Öl-Monarchen spendeten aus schlechtem Gewissen, weil sie mit den pro-israelischen USA lukrative Geschäfte machten, und Libyens Diktator Muammar al Gaddafi zahlte, weil er nach Anerkennung in der arabischen Welt dürstete. Ihren Beitrag leisteten auch die verfeindeten Baath-Regimes in Syrien und Irak, die die Guerilla-Gruppen zugleich nutzten, um gegeneinander zu intrigieren. Innerhalb dieses Bündnisses unter dem Dach der PLO nahm die marxistische PFLP aber eine deutlich radikalere Stellung ein und bestand auf eigenen militanten Aktionen. Der PLO-Mitgliedsausweis ermöglichte den palästinensischen Freiheitskämpfern in jenen Jahren freies Geleit durch alle arabischen Staaten. Ein Fedajin benötigte zu Grenzübertritten, etwa nach Syrien oder Jordanien, keine Ausweispapiere. Im Kampf gegen Israel waren alle Araber zu dieser Zeit geeint.

Nach drei verlustreichen israelisch-arabischen Kriegen seit 1947 und jahrzehntelanger Existenz von Hunderttausenden Vertriebenen in erbärmlichen Flüchtlingslagern wollten die Palästinenser jetzt ihr Schicksal selbst in die Hand nehmen, da alle UNO-Verhandlungen bisher keine Lösung erbracht hatten. Doch trotz der Aufbruchstimmung Ende der 60er Jahre mußten *Fatah* und PFLP bald einsehen, daß sie militärisch gegen Israel auf dessen Territorium nicht viel ausrichten konnten, zumal der israelische Inlandsgeheimdienst Schin-Bet bereits Spione und Informanten in die einzelnen Palästinensergruppen eingeschleust hatte. Die *Fatah* von Arafat trat auf der Stelle. Taktik und Strategie des palästinensischen Freiheitskampfes mußten dringend geändert werden. Aber Palästinenserführer wie Arafat oder auch der PFLP-Chef Georges Habasch, promovierter Mediziner mit dem Kampfnamen »Al Hakim« (der Arzt), hatten keine zündende Idee.

Auf einer der ersten Strategietagungen der PFLP Ende 1967 nahm Dr. Wadi Haddad daraufhin das Heft in die Hand. »Unsere Versuche, Männer und Waffen über den Jordan zu schleusen, sind Zeit- und Kraftverschwendung«, argumentierte er. »Bewaffneter Kampf dieser Art wird niemals zur Befreiung Palästinas führen.« Es war zwischenzeitlich still geworden im Raum. Alle lauschten Haddad, der zusammen mit dem PFLP-Chef Habasch an der Amerikanischen Universität in Beirut Medizin studiert und dort die *Bewegung Arabischer Nationalisten* (BAN) mit einer Reihe von Filialen in der ganzen arabischen Welt gegründet hatte. Seine Untergrundtätigkeit gegen Israel hatte Haddad 1963 in Jordanien begonnen, wo er zusammen mit Habasch in Amman eine Augenklinik unterhielt, die als Tarnung für die BAN diente. Nach dem Sechs-Tage-Krieg von 1967 wurde aus der BAN die PFLP, mit Habasch als Anführer und Haddad als Operationschef.

Im Stile eines Predigers forderte Haddad von den Delegierten: »Wir müssen die israelische Armee mit Qualität, nicht Quantität schlagen. Die israelische Armee ist ein besonderes Wesen; wir können sie nicht Flugzeug gegen Flugzeug, Panzer gegen Panzer und Soldat gegen Soldat bekämpfen.« Haddad machte eine kurze Kunstpause, um schließlich zum Finale überzugehen: »Was meine ich damit? Ich meine spektakuläre Einzeloperationen. Diese werden die Aufmerksamkeit der Welt auf die Palästinafrage lenken. Die Welt wird fragen: ›Was ist das Problem in Palästina? Wer sind diese Palästinenser? Warum tun sie so etwas?‹ Zugleich werden solche Operationen für die Israelis sehr schmerzhaft sein. Mit auffälligen, sensationellen Aktionen, ausgeführt von hervorragend ausgebildeten Menschen in abgesicherten Untergrundstrukturen – so müssen wir die Schmerzpunkte treffen. Am Ende wird die Welt das Problem satt haben. Sie wird zu dem Schluß kommen, daß mit Palästina etwas geschehen muß. Sie wird uns Gerechtigkeit geben müssen.«

Als Haddad merkte, daß er mit seinem flammenden Appell nicht nur die Aufmerksamkeit vieler, sondern auch die Zustimmung der meisten Tagungsteilnehmer hatte, forderte er sogleich freie Hand für die Planung und Durchführung derartiger Operationen. Auch darüber, was er konkret im Schilde führte, ließ Haddad die Teilnehmer nicht lange im unklaren. Seine erste Aktion sollte die Kaperung einer Maschine der israelischen Fluggesellschaft El Al sein, um Lösegeld für die Freilassung der Passagiere zu fordern, das dann in den Aufbau einer schlagkräftigen Untergrundorganisation fließen sollte.

Es war die Geburtsstunde des palästinensischen Terrors. Haddad, dessen Kampfname Abu Hani lautete, gründete alsbald die PFLP-SC, *Volksfront für die Befreiung Palästinas – Spezialkommando*. Diese rund 2000 Mann starke Sonderabteilung spezialisierte sich auf die Planung und Durchführung von Kommandounternehmen, wobei man auch vor dem Terror gegen Zivilisten nicht zurückschreckte. Bald war kein Flugzeug auf der Welt mehr sicher. Mit einer Welle der Gewalt gelang es Haddad tatsächlich, den Konflikt zwischen Palästinensern und Israelis nach Europa zu tragen. Unzählige Menschen, überwiegend unbeteiligte Passagiere oder Passanten in den Straßen der großen europäischen Metropolen, sollten dabei sterben. Haddad hatte schnell sein Versprechen auf der PFLP-Sondertagung vergessen, wo er den Gegnern seiner Terrorstrategie, wie etwa seinem alten Weggefährten und Freund, dem PFLP-Chef Habasch, versichert hatte: »Wir werden nicht wirklich Gewalt anwenden. Es müssen nicht einmal immer israelische Ziele sein. Aber wir müssen zu einem ständigen Ärgernis, zu einem Bazillus werden, der der entwickelten Welt unter die Haut geht. Wir müssen erreichen, daß sie wegen Israel und Palästina außer sich gerät.«

Bereits ein halbes Jahr nach der Tagung der PFLP, am 23. Juli 1968, kam es dann zum ersten Gewalteinsatz. Ein von Haddad ausgebildetes Sonderkommando kaperte auf dem Flug von Rom nach Tel Aviv eine Boeing 707 der israelischen Fluggesellschaft El Al und zwang sie zur Landung in Algier. Nach über einem Monat zäher Verhandlungen ließ Haddad schließlich die Geiseln, zwölf Israelis und die zehnköpfige Besatzung, im Austausch gegen 16 Palästinenser, die in Israel im Gefängnis saßen, frei. Haddad wurde fortan in Kreisen der PFLP nur noch »der Meister« genannt, was die zwischenzeitliche Rivalität zum PFLP-Führer Habasch noch verstärkte, der lieber einen anderen Kurs eingeschlagen hätte. Aber nicht nur aus der Sicht von Haddad war die Entführung ein Erfolg. Die internationale Presse stürzte sich auf die spektakuläre Aktion, und die Palästinenserfrage wurde zum Thema Nummer eins in den Nachrichtensendungen. Haddads Taktik schien aufzugehen.

Den Israelis waren anfangs die Hände gebunden, denn die Regierungen westlicher Staaten standen den Flugzeugentführungen relativ hilflos gegenüber. Schließlich konnten sie nicht das Leben unschuldiger Passagiere riskieren und mußten deshalb auf die Forderungen der Entführer irgendwie eingehen. Selbst wenn mal eine Entführung schiefging und die Kidnapper gefaßt wurden, blieb manchen Regierungen nichts anderes übrig, als die verhafteten Luftpiraten bei der nächsten Entführung im Austausch gegen Passagiere wieder laufen zu lassen.

Nach einer gewissen Zeit reagierte Israel auf den palästinensischen Terror mit Gegenterror. Der Geheimdienst Mossad versuchte überall auf der Welt, Mitglieder von PFLP-Kommandos aufzuspüren und zu liquidieren. Auf die Beiruter Wohnung von Wadi Haddad beispielsweise wurde eine Rakete abgefeuert, die den PFLP-Führer verfehlte, jedoch seinen Sohn schwer verletzte. Der achtjährige Junge, der im Bett seiner Mutter schlief, erlitt grauenvolle Verbrennungen, die ihn ein Leben lang entstellen werden. Der Anschlag war kein Einzelfall. Auf jede Flugzeugentführung antwortete Israel mit Vergeltungsschlägen und ließ Bombenangriffe auf Beirut fliegen, wo die meisten Palästinenserorganisationen in den 70er Jahren ihre Hauptquartiere hatten. Die israelische Staatschefin Golda Meir nannte ihre Politik des Gegenterrors »aktive Selbstverteidigung«. Trotzdem blieben Flugzeugentführungen an der Tagesordnung und wurden nun auch von anderen Organisationen nachgeahmt. Allein 1969 wurden 87 Entführungsversuche registriert, wovon 70 Erfolg hatten.

Die spektakulären Aktionen waren jedesmal ein Medienereignis. Um das Interesse der Presseagenturen und Fernsehkameras in die richtigen Bahnen zu lenken, wurde bei der PFLP eigens ein Pressesprecher eingesetzt. Diese Rolle fiel Bassam Abu Sharif zu, stellvertretender Chefredakteur der PFLP-Zeitung »Al Hadaf« (Das Ziel), die damals ihre Redaktionsräume in der Corniche Mazraa in Westbeirut hatte. Sharif hatte sich seit seiner Jugend dem Befreiungskampf verschrieben und war zunächst Mitglied der Anfang der 60er Jahre von Haddad und Habasch gegründeten *Bewegung Arabischer Nationalisten* (BAN). Nach deren Zusammenschluß mit der PFLP war er sofort Mitglied des Zentralkomitees geworden. Er galt als Idealbesetzung für die Aufgabe des PFLP-Sprechers, denn neben Arabisch sprach er fließend Englisch und Französisch und wußte als Journalist sehr gut, welche Klischees er bei seinen westlichen Kollegen bedienen mußte, um in die Schlagzeilen zu gelangen. Zudem wußte Sharif beim Thema Flugzeugentführungen selbst genau, wovon er sprach. Im September 1970 hatte er an einer der spektakulärsten Aktionen der PFLP teilgenommen. Drei Kommandos waren zeitgleich aktiv geworden und hatten eine DC 8 der Swissair in Zürich, eine Boeing 707 der TWA in Frankfurt am Main und eine Boeing 747 von PanAm in Amsterdam gekapert. Alle drei Maschinen, überwiegend mit US-amerikanischen Passagieren an Bord, sollten nach New York fliegen. US-Amerikaner als Geiseln, so das Kalkül von PFLP-Führer Wadi Haddad, garantierten eine Menge Schlagzeilen. Haddad ließ zwei der gekaperten Maschinen auf einem ehemaligen Militärflughafen in der Wüste Jordaniens landen. Die Boeing 747 hingegen war für die dortige Piste zu groß, weshalb sie gezwungen wurde, in Kairo zu landen. Die Geiseln sollten gegen sechs in der Schweiz und Großbritannien verurteilte Luftpiraten ausgetauscht werden.

Aber nach den vielen Entführungen in den beiden Jahren zuvor war man in Tel Aviv nicht mehr bereit, tatenlos zuzusehen. Die israelische Polizei ließ als Reaktion auf die Entführung der drei Maschinen blitzartig 450 Araber, darunter viele Verwandte von PFLP-Führer Georges Habasch, verhaften, und die US-Regierung verlegte 25 Phantom-Jäger auf die Luftwaffenbasis Incirlik in der Türkei, um von hier aus palästinensische Ziele im Libanon zu attackieren. Haddad wußte, daß er nun den Einsatz erhöhen und die Gewaltspirale ein Stück weiter drehen mußte, wenn er nicht nachgeben wollte. Er befahl Sharif, dafür zu sorgen, daß am 12. September 1970 Kamerateams und Fotografen auf dem Wüstenflugplatz waren. Sie sollten Aufnahmen davon machen, wenn die PFLP-Kämpfer die Maschinen in die Luft jagten. Die Rechnung ging auf. Schreckensbilder von explodierenden Großflugzeugen gingen um die Welt. Das US-amerikanische Magazin »Time« machte daraus sogar eine Titelgeschichte. Auf dem Titelfoto war Sharif zu sehen, wie er mit einem Megaphon in der Hand die Geiseln instruierte, noch schnell die Flugzeuge zu verlassen.

Bei Sharif meldeten sich zu jeder Zeit Freiwillige, die sich dem Freiheitskampf der Palästinenser anschließen wollten. Sein Redaktionsbüro in Westbeirut war Anlaufstelle für Desperados und Möchtegern-Che-Guevaras aus aller Welt. Eines Morgens im Juli 1970 meldete seine Sekretärin, daß draußen mal wieder ein junger Mann warte, vermutlich ein neuer Anwärter. Auf die Frage von Sharif, wer es denn sei, antwortete sie: »Keine Ahnung. Aber er ist kein Araber. Er sagt, sein Name sei Sánchez.« Sharif wurde neugierig, ließ ihn aber noch über eine Stunde warten. Als er ihn schließlich ins Büro bat, war er überrascht. Vor ihm stand ein junger Mann, der noch ein richtiges Babygesicht hatte. Als Sharif auf ihn zuging, um ihm die Hand zu reichen, mußte er feststellen, daß dem Anwärter noch nicht einmal ein Bart wuchs. Sein Kinn war glatt wie ein Kinderpopo.

»Womit kann ich Ihnen dienen?« fragte Sharif.

»Sind Sie Mr. Sharif persönlich?«

»Ja.«

»Ich bin Student und komme aus Venezuela. Ich studiere an der Moskauer Lumumba-Universität. Ich habe euren Kampf aufmerksam verfolgt. Ich möchte der PFLP beitreten, weil ich Internationalist und Revolutionär bin.«

Sharif war mißtrauisch. Schließlich ließen die Israelis nichts unversucht, um bei der PFLP Spitzel einzuschleusen. Warum sollten sie dabei nicht auch auf junge, unerfahren wirkende Teenager zurückgreifen. Dies wäre eine perfekte Tarnung. Andererseits klang die Geschichte, die der Venezolaner dann erzählte, glaubwürdig. Er habe an der Universität in Moskau Kontakt zu palästinensischen Studenten bekommen, die ihm vom Kampf der PFLP und ihrer Ideologie erzählt hätten. Das habe ihn überzeugt. Tatsächlich verfügte die PFLP über eine starke Studentenorganisation in Moskau.

»Sie wollen also der PFLP beitreten?« hakte Sharif deshalb nach. »Wozu?«

»Um ein Kämpfer zu werden«, antwortete der junge Venezolaner.

»Kämpfer zu sein ist ein hartes Geschäft«, sagte Sharif mit einem Lächeln.

»Ich packe das schon.«

»Erzählen Sie mir von sich. Wie sind Sie zu dem Studium nach Moskau gekommen?«

»Mein Vater ist ein führender kommunistischer Politiker in Venezuela«, sagte er. »In Moskau gibt es Studienplätze für Mitglieder kommunistischer Parteien, und so bin ich dorthin gekommen. Aber ich will kein Student mehr sein. Ich möchte für die Sache kämpfen.«

Im weiteren Gespräch glänzte der Venezolaner mit seiner Weltläufigkeit, wechselte problemlos zwischen Englisch, Spanisch und Französisch, berichtete von seiner Ortskenntnis in London. Der PFLP-Funktionär beschloß, es mit ihm zu versuchen. Ihn würde man im Ausland nicht gleich als arabischen Terroristen verdächtigen. Die übliche Grundausbildung in der brütenden Hitze der jordanischen Wüste, die alle Rekruten zu durchlaufen hatten, würde im weiteren zeigen, ob der junge Südamerikaner zu etwas taugte oder ob er nur ein großmäuliger Abenteurer war. Fast teilnahmslos nahm der Venezolaner die Entscheidung von Sharif zur Kenntnis, daß er zunächst in ein Ausbildungslager bei Amman komme, ganz so, als hätte er nichts anderes erwartet.

»Noch etwas«, sagte Sharif, als der Südamerikaner sich gerade verabschieden wollte, »ich kann mich nicht daran erinnern, daß Sie mir Ihren vollen Namen genannt hätten.«

»Ilich Ramírez Sánchez«, sagte er. »Mein Vater gab mir den Namen nach Lenin.«

»Von nun an verraten Sie niemandem mehr Ihre wirkliche Identität. Wir benutzen hier alle Kampfnamen.« Sharif überlegte kurz und schlug dann vor: »Wie wäre es mit Carlos?« Der Name kommt aus dem Arabischen. Chalil, »Al Chalil Al Rahman«, bedeutet »der, den Gott liebt«, und bezieht sich auf Abraham, den sowohl die Juden als auch die Moslems verehren. Und als die Mauren den Namen »Chalil« nach Spanien brachten, wurde daraus im Laufe der Zeit »Carlos«. Sharif fand den Namen für einen Südamerikaner, der vorgab, leidenschaftlich für die arabische Sache kämpfen zu wollen, gerade passend. Der junge Südamerikaner lächelte freudig, als ihm Sharif den sprachgeschichtlichen Hintergrund seines Kampfnamens darlegte. »Carlos ist genau das richtige«, sagte der Venezolaner und machte sich auf den Weg ins Camp.

Sharifs wachsende Popularität spülte ihm aber nicht nur Rekruten ins Redaktionsbüro, sondern brachte ihn mehr und mehr auch ins Visier des Mossad. Der israelische Geheimdienst war dazu übergegangen, Palästinenser-Führer systematisch zu liquidieren und hatte bereits einen von Sharifs besten Freunden umgebracht. Er konnte sich ausrechnen, daß auch sein Name auf der Abschußliste des Mossad ganz oben stand. Entsprechend vorsichtig wurde Sharif. Wenn er sich morgens auf den Weg in die Redaktion von »Al Hadaf« in Westbeirut machte, war er von Leibwächtern umgeben. Bevor er in ein Auto stieg, kontrollierte sein Chauffeur, ob nicht irgendwo ein Sprengsatz angebracht war. Seine Post wurde ebenfalls akribisch kontrolliert. Mit der libanesischen Regierung war vereinbart worden, daß jede Sendung an den PFLP-Funktionär, egal ob Paket oder Brief, auf Sprengstoff untersucht wurde und nach der Röntgenkontrolle einen Freistempel erhielt.

Als Sharif am Morgen des 25. Juli 1972 in der Redaktion seine

Post durchsah, waren alle Briefe und Pakete mit dem entsprechenden Kontrollstempel versehen – auch das schmale Paket, auf das mit grüner Tinte in Arabisch sein voller Name geschrieben war: Bassam Taufik Abu Sharif. Der PFLP-Führer wunderte sich etwas darüber, denn nur wenige Freunde kannten den Namen seines Vaters – Taufik. Aber weil das Paket den Stempel »Sprengstoffkontrolle erfolgt« sowie das Datum des Tages trug, machte sich Sharif keine großen Gedanken. Vielmehr war er neugierig geworden, da er durch die eingerissene Verpackung erkennen konnte, daß es sich um ein Buch über Che Guevara handelte. Es gab zu dieser Zeit noch nicht viele Veröffentlichungen über den in Argentinien geborenen Revolutionär, der Seite an Seite mit Fidel Castro erfolgreich auf Kuba gekämpft hatte und dann die Revolution weiter in die Dritte Welt tragen wollte. Erwartungsfroh riß Sharif die Verpackung ab und nahm das Buch heraus. Als er darin blättern wollte, bemerkte er jedoch, daß die ersten 20 Seiten nicht aufgeschnitten waren. Als er versuchte, diesen Teil des Buches aufzuklappen, blickte er plötzlich in einen Hohlraum, in dem schwarze Drähte und ein grellroter Zünder zu erkennen waren. Er zuckte sofort zurück, doch es war zu spät. Die kleine Bombe mit Plastiksprengstoff ging in die Luft. Sie war so konstruiert, daß sie Sharif in drei Teile zerfetzen sollte. Zwei Ladungen waren so miteinander kombiniert, daß ein Teil nach oben gehen und ihm den Kopf abreißen sollte. Der andere Teil sollte nach unten wirken und Sharif die Beine abtrennen. Der Mossad ging auf Nummer sicher.

Jedoch der Tisch, auf dem Sharif die Buchbombe aktiviert hatte, war aus Eisen. Die Explosion, die nach unten ausgerichtet war, wurde dadurch etwas abgebremst. Sie riß ein dickes Loch in die Eisenplatte, verletzte Bauch und rechten Oberschenkel schwer und ließ Splitter in den ganzen Körper eindringen. Der obere Teil der Sprengladung riß ihm Daumen, Zeige- und Mittelfinger der rechten Hand und zwei Finger der linken Hand ab. Dazu wurden sein rechtes Auge und sein rechtes Trommelfell zerstört, an der Kehle und am Kiefer entstanden klaffende Wunden. Aber Sharif war nicht tot. Der Eisentisch und sein reflexhaftes Zurückweichen retteten ihm das Leben.

Zu dieser Zeit hatte Carlos schon sein zweites Trainingslager absolviert, diesmal im Libanon. Der Venezolaner war detailliert im Umgang mit Waffen und Sprengstoff unterrichtet worden. Zum

Ausbildungsplan hatten auch Vorträge über die Psychologie bei Flugzeugentführungen und Geiselnahmen gehört. Dabei ging es unter anderem um die »richtige« Formulierung von Drohungen, denn auf der anderen Seite wurden inzwischen Psychologen eingesetzt, die jedes Wort der Kidnapper daraufhin analysierten, ob es die Terroristen tatsächlich ernst meinten mit ihren Forderungen. Ausgewählte Kandidaten wurden sogar darin ausgebildet, die größten und modernsten Verkehrsmaschinen zu fliegen. Damit sie der Pilot des entführten Flugzeuges nicht hinters Licht führen konnte, mußten die Luftpiraten zum einen genau wissen, welche Handgriffe in bestimmten Situationen zu machen waren. Zum anderen galt es, für den Fall gerüstet zu sein, daß die Mannschaft des Flugzeugs getötet werden müßte und die Entführer gezwungen wären, selbst die Kontrolle über die Maschine zu übernehmen und diese sicher zu landen. Während nur wenige der Kandidaten lernten, ein Flugzeug zu fliegen, übten alle Teilnehmer des Spezialtrainings Feuerwechsel in den engen Kabinen und im Cockpit eines Flugzeuges, ganz so, wie es auch die Sicherheitsleute der israelischen Fluggesellschaft El Al trainierten, mit denen sie es schließlich einmal aufnehmen sollten. So lernten die PFLP-Kämpfer, wie man die Sicherheitskontrollen auf den Flugplätzen überlistete, und für den Fall, daß sie gefaßt wurden, studierten sie die Gesetze der jeweiligen Länder, in denen sie zum Einsatz kommen sollten. Manche wurden sogar in die Hauptstädte Europas geschickt, um Straßen und Verkehrseinrichtungen kennenzulernen. Solche Detailkenntnisse konnten bei einer Flucht von entscheidender Bedeutung sein.

Aber bis zu seinem ersten richtigen Einsatz mußte Carlos noch eine Weile warten. Er lebte inzwischen wieder in London, arbeitete zeitweilig als Spanischlehrer im Langham College und wohnte bei seiner Mutter in Phillimore Court an der High Street im Londoner Stadtteil Kensington. Seine Arbeit für die PFLP beschränkte sich zunächst auf »Forschungsaufgaben«. Carlos mußte Ziele für mögliche Terroranschläge auskundschaften und ein Netz von konspirativen Wohnungen anlegen. Der Venezolaner wußte dabei das Angenehme mit dem Nützlichen zu verbinden. Er kam auf die Idee, die Wohnungen seiner amourösen Eroberungen gleich als Versteck für seine Waffen und Dokumente zu nutzen.

Zu seinen Freundinnen gehörte auch die 16 Jahre ältere María Nydia Romero de Tobón aus Kolumbien. Sie war verheiratet und hatte drei Söhne, lebte jedoch von ihrem Ehemann, dem Rechtsprofessor Romero Buj, seit längerem getrennt. Anfang der 70er Jahre war sie mit ihrem jüngsten Sohn nach London übergesiedelt, wo sie wie Carlos Spanisch unterrichtete. Die beiden gaben ein seltsames Paar ab. Carlos war damals gerade 23 Jahre alt, wirkte immer noch etwas schüchtern, trug spießige Blazer und Flanellhosen. Nydia dagegen, knapp 40, war temperamentvoll und diskutierte gerne nächtelang über die Politik in der Dritten Welt. Beide wirkten eher wie Bruder und Schwester denn wie ein Liebespaar. Zur mütterlichen Nydia faßte Carlos so weit Vertrauen, daß er sie in seine Arbeit für die PFLP einweihte. Ihre Wohnung in Knightsbridge wurde zum entscheidenden Unterschlupf und Waffenlager.

Daneben unterhielt Carlos noch eine Beziehung zu der jungen Spanierin Maria Angela Otaola, die ebenfalls Anfang der 70er Jahre nach England gekommen war und im Westen Londons im Bistro »17« als zweite Geschäftsführerin arbeitete. Die schlanke und dunkelhaarige Baskin verfügte in der Hereford Street im Londoner Stadtteil Baywaters über ein kleines Apartment, das Carlos auch für sich zu nutzen wußte. Während sie arbeiten war, diente ihm die Wohnung als konspirativer Treffpunkt, und in einem versteckten Koffer hatte er Waffen, Anschlagspläne und Todeslisten deponiert. Für den Venezolaner war dies ein Liebesnest besonderer Art. Wenn er mit der Spanierin im Bett lag, war dies wie Sex auf einem Pulverfaß – unter ihrem Bett lagerten Plastiksprengstoff und Handgranaten.

Ende 1972 gab Carlos seine stundenweise Tätigkeit als Spanischlehrer ganz auf und widmete sich vollständig dem Kampf der Palästinenser. Er pendelte zwischen London und Paris hin und her und wurde Mitglied der Gruppe von Mohammed Budia. Offiziell war Budia Geschäftsführer des avantgardistischen »Theatre de L'Ouest«. Tatsächlich unterhielt der stadtbekannte Frauenheld als Leiter der Europaabteilung der PFLP intensive Kontakte zu internationalen Terrorgruppen wie der *Japanischen Roten Armee* (JRA), der nordirischen IRA oder der deutschen RAF.

Budia hatte einst in seinem Heimatland Algerien während des Unabhängigkeitskrieges eine Kampfgruppe der Befreiungsbewegung FLN geleitet, war dann in Paris aber der PFLP beigetreten. Er wollte von hier aus helfen, den Krieg gegen Israel in die europäischen Metropolen zu tragen. So war unter seiner Führung am

4. August 1972 eine Sabotagegruppe in der italienischen Hafenstadt Triest in die dortige Erdölraffinerie eingedrungen und hatte vier riesige Tanks in Brand gesteckt, die über 250000 Tonnen Erdöl enthielten. Als dann einen Monat später Mitglieder des palästinensischen Terrorkommandos *Schwarzer September* bei den Olympischen Spielen in München elf israelische Sportler ermordeten, ging auch der israelische Geheimdienst dazu über, eine konspirative Einsatztruppe zusammenzustellen, die direkt in Europa operieren und dort palästinensische Terroristen liquidieren sollte.

Das israelische Erschießungskommando wurde *Wrath of God* (WOG – Zorn Gottes) genannt. Auf ihrer Abschußliste stand bald auch Budia. Aber der Algerier war ein vorsichtiger Mann. Ständig wechselte er seine Wohnungen wie auch seine Freundinnen, bei denen er sich aushilfsweise einquartierte. Sein Auto unterzog er einer regelmäßigen Kontrolle. Nachdem er am 28. Juni 1973 von einer seiner Freundinnen in der Pariser Rue Boinod im 18. Arrondissement gekommen war, fuhr er mit seinem blauen Renault in den 5. Bezirk und parkte dort vor dem Gebäude der Naturwissenschaftlichen Fakultät. Er wollte in der Universität kurz jemanden treffen und noch schnell ein paar Besorgungen erledigen. Als Budia zurückkehrte, schaute er wie immer unter das Auto sowie in den Kofferraum und unter die Motorhaube. Aber von einem Sprengsatz war nichts zu sehen. Budia öffnete die Wagentür, stieg ein und setzte sich ans Steuer – doch dies löste eine tödliche Explosion aus. Die Bombe, eine Druckmine, hatte sich unter dem Fahrersitz befunden. Weil die WOG-Leute vermeiden wollten, daß die Franzosen die Israelis hinter dem Anschlag vermuteten, war die Bombe im Stile eines billigen Eigenbaus konstruiert worden. Sie war gefüllt mit scharfen Eisensplittern und Muttern. Unter der Mine war eine schwere Eisenplatte befestigt worden, damit der Druck der Explosion nicht nach unten, sondern komplett nach oben geleitet wurde. Die Sprengkraft war schließlich so groß, daß viele Muttern und Bolzen durch den Körper von Budia hindurchgingen und noch durch das Wagendach schlugen. Die französische Polizei hatte später größte Schwierigkeiten, die Leiche des Algeriers überhaupt zu identifizieren.

Der Tod von Budia veränderte die Stellung von Carlos. Während er bisher eher Laufbursche und Kundschafter der PFLP gewesen war, wurde er nun die rechte Hand des neuen PFLP-Statthalters in Europa, des Libanesen Michel Moukarbel alias »André«. Nun galt es nur noch, eine Feuertaufe zu überstehen. Carlos erhielt den Auftrag, Joseph Edward Sieff, Miteigentümer der britischen Warenhauskette Marks & Spencer, zu ermorden. Sieff war zwei Monate zuvor Präsident der Zionistenvereinigung Großbritanniens geworden und in dieser Eigenschaft unlängst Ehrengast beim Empfang der israelischen Ministerpräsidentin Golda Meir. In den Augen der PFLP reichte dies, um liquidiert zu werden.

Am 30. Dezember 1973 machte sich Carlos auf den Weg zur Stadtwohnung von Joseph Sieff. In seiner Tasche hatte er eine Pistole, eine Beretta, Kaliber 9 mm, einen Rückstoßlader mit kurz zurückgleitendem Lauf und Sperrklinkenverschluß, den auch die israelischen Streitkräfte benutzten. Carlos verschwendete keinen Gedanken an den Menschen, den er gleich umbringen sollte. Dessen Tod war eben ein Tribut an die neue Weltordnung, für die er zu kämpfen glaubte. Der 24jährige hatte leichtes Spiel. Er klingelte einfach an der Haustür. Als der Butler öffnete, hielt er diesem die Beretta unter die Nase und ließ sich unverzüglich zum Hausherrn führen. Sieffs Ehefrau beobachtete das Geschehen. Geistesgegenwärtig huschte sie ins Schlafzimmer und rief von dort die Polizei an. Die Wache registrierte den Anruf um 19.02 Uhr. Sechs Minuten später war bereits ein Streifenwagen vor dem Haus in St. John's Wood. Carlos jedoch war verschwunden, und Sieff lag in seinem eigenen Blut. Aber er lebte. Carlos hatte ihm zwar in den Kopf geschossen, das 9 mm-Projektil war zum Glück jedoch von seinen Zähnen abgelenkt worden. Sieffs Frau konnte den Täter ziemlich genau beschreiben: »Arabischer Typ, circa 25 Jahre alt, 1,77 Meter groß, schlank.« Tatsächlich war Carlos 24 Jahre alt, maß 1,76 Meter und hatte inzwischen auch abgenommen, der Drill in den palästinensischen Ausbildungscamps war nicht spurlos an ihm vorübergegangen.

Obwohl der Auftrag nicht komplett erfüllt war, denn Sieff lebte ja noch, wurde Carlos befördert. Die Kaltblütigkeit, mit der er vorgegangen war, beeindruckte PFLP-Führer Wadi Haddad derart, daß er den Venezolaner zum stellvertretenden Europachef ernannte. Zusammen mit Michel Moukarbel sollte er fortan für die Ausweitung des internationalen Netzwerkes der Organisation sorgen. Dazu nahmen die beiden alsbald Kontakt auf zu anderen Untergrundgruppen, etwa zur RAF, den *Revolutionären Zellen* (RZ) und der *Bewegung 2. Juni* in Deutschland, aber auch zu den *Roten Brigaden* in Italien, zur ETA in Spanien und sogar zur *Japanischen Roten Armee* (JRA).

Wadi Haddad interessierten dabei die Ziele der einzelnen Organisationen herzlich wenig, ihm ging es vor allem um eine gemeinsame Logistik für entsprechende Anschläge in Europa, wo er verstärkt auf das Palästina-Problem aufmerksam machen wollte. Die PFLP wiederum war für die Gruppen interessant, weil Haddads Organisation über Waffen, Geld und Ausbildungsbasen verfügte. Als am 14. September 1974 ein Kommando der JRA die französische Botschaft in Den Haag besetzte, waren Carlos und Moukarbel indirekt mit dabei. So hatte Carlos die Japaner mit Handgranaten des Typs M26 versorgt. Die Granaten mit der Seriennummer LS-14-172 B waren kurz zuvor von Aktivisten der *Revolutionären Zellen* aus US-amerikanischen Waffendepots in Weilersbach und Niesau bei Kaiserslautern gestohlen worden. Das Joint Venture der Terroristen funktionierte perfekt.

Mit der Besetzung der Botschaft in Den Haag wollte das Kommando der JRA den Genossen Yutuka Euraya freipressen, der gerade auf dem Pariser Flughafen Orly ins Netz der französischen Ermittler gegangen war. Dies wäre normalerweise Wadi Haddad völlig gleichgültig gewesen, doch sah er hier eine Chance, die internationale Dimension des palästinensischen Freiheitskampfes zu unterstreichen. Und je spektakulärer die Aktion war, desto besser. Also erließ er die Weisung, der Forderung der JRA etwas Nachdruck zu verleihen. Carlos wußte, was zu tun war.

Einen Tag nach der Botschaftsbesetzung in Den Haag, am 15. September 1975, machte sich Carlos in Paris auf den Weg zum Café »Drugstore«, einem ausgesprochenen In-Lokal der jugendlichen Szene, modern ausgestattet mit Chrom und Glas über zwei Etagen. Carlos mischte sich gegen 17 Uhr zunächst unter die Menge und ging dann in den ersten Stock. Dort fischte er seelenruhig eine jener M26-Granaten mit der Seriennummer LS-14-172 B aus seiner Jackentasche, entsicherte sie und warf sie in das Erdgeschoß hinunter. Die Handgranate, die eine Wirkungszone von mindestens 15 Metern besaß, explodierte mit einem ohrenbetäubenden Lärm. Metallsplitter und Glasscherben flogen durch das Café, bohrten sich in Mensch und Mobiliar. Wie bei dem Anschlag auf den Kaufhaus-König Sieff in London konnte Carlos erneut unerkannt entkommen. Zurück blieben diesmal zwei Tote und 34 schwerverletzte Menschen, darunter ein kleiner Junge, dem es den rechten Arm weggerissen hatte.

Die Spirale des Terrors wurde abermals weitergedreht und schien bald kein Ende mehr zu nehmen. Ein Untergrundanschlag löste den nächsten ab. Aufmerksamkeit für die palästinensische Sache gab es jetzt genug, nur lösen ließ sich auf diese Weise nichts. Ein eigenständiger palästinensischer Staat war nicht in Sicht. PLO-Chef Jassir Arafat hatte genug von dem sinnlosen Töten und wollte einlenken. Im November 1974 erklärte er vor der Vollversammlung der Vereinten Nationen in New York, wo seine Organisation nun auch für den Sicherheitsrat offiziell zugelassen wurde: »Wir sind bereit, uns mit einer kleinen Heimstatt zu begnügen und mit Israel in Frieden zu leben, bis die Israelis eines Tages aus freiem Willen beschließen, mit uns gemeinsam einen demokratischen Staat zu schaffen, wie wir ihn uns erträumen.« An die UN-Delegierten gewandt, meinte er sinnbildhaft: »Ich komme mit einem Ölzweig in der einen und mit dem Gewehr des Freiheitskämpfers in der anderen Hand. Laßt den Ölzweig nicht aus meiner Hand fallen.«

Das sahen die Kämpfer der *Volksfront für die Befreiung Palästinas* ganz anders. Der PFLP-Chef Wadi Haddad tobte. Verhandlungen mit Israel kämen einer Kapitulation gleich. Zudem erdreistete sich Arafat, für alle Palästinenser zu sprechen. Ihm saß noch das Gipfeltreffen von Rabat in den Gliedern, wo im Monat zuvor die versammelten arabischen Führer die PLO zur alleinigen legitimen Vertreterin des palästinensischen Volkes ernannt hatten, wodurch die von Arafats *Fatah* dominierte Organisation den Status einer Exilregierung bekam. Wenn Arafat nun Israel Friedensgespräche anbot, erweckte das den Anschein, als würde er dies im Namen aller Palästinenser tun. Die PFLP, immerhin nach Arafats *Fatah* die zweitgrößte palästinensische Organisation, sah dies als Verrat an der panarabischen Revolution an und wollte nun aus der PLO austreten. Arafat hatte hier wohl nicht mit Haddad gerechnet, aber der wollte ihm die Suppe kräftig versalzen.

Umgehend schickte er ein dreiköpfiges Killerkommando nach Paris. Die Palästinenser waren im Libanon in der Handhabung sowjetischer Panzerabwehrgeschosse vom Typ RPG-7 (rocket-propelled grenades) ausgebildet worden. Mit solch einer Waffe sollten sie auf dem Flughafen Orly eine vollbesetzte Maschine der israelischen Fluggesellschaft El Al in die Luft jagen. Wenn alles nach Plan lief, würden weit über 100 Menschen umkommen. So viele Todesopfer hatte es bis dahin noch bei keinem palästinensischen Terroranschlag auf europäischem Boden gegeben. Die westliche Welt würde kopfstehen, und Arafat könnte anschließend seine Friedensgespräche vergessen. Zur Absicherung der Aktion beauftragte Haddad seine neue Geheimwaffe Carlos mit der Koordinierung vor Ort. Schließlich hatte der Venezolaner beim Anschlag auf das Pariser Café bewiesen, daß er nicht davor zurückschreckte, ein Massaker auch unter völlig unbeteiligten Zivilisten anzurichten.

Erstmals schaltete Carlos diesmal auch seine internationalen Gewährsleute ein und beteiligte einen Untergrundkämpfer der *Revolutionären Zellen* direkt am Geschehen: Johannes Weinrich, Buchhändler aus Frankfurt, sollte für die Operation ein Auto besorgen und das Kommando damit zum Einsatzort bringen. Am 8. Januar 1975 mietete »Steve«, wie Weinrich bei der RZ genannt wurde, mit gestohlenen Papieren, ausgestellt auf den Namen »Fritz Müller«, am Schalter der Firma Hertz am Air Terminal »Les Invalides« einen weißen Peugeot 504. Fünf Tage später, am 13. Januar 1975, chauffierte er mit diesem Mietwagen das dreiköpfige Terrorkommando, bewaffnet mit Maschinenpistolen und Panzerabwehrgeschossen, in Richtung Paris-Orly. In der Nähe des Flughafens stoppte Weinrich den Wagen und stieg zu Carlos ins Auto, der ihnen mit einem blauen Simca gefolgt war. Beide fuhren davon, um ein paar Kilometer weiter am vereinbarten Treffpunkt, dem Friedhof von Thiamsis, auf die drei libanesischen Palästinenser zu warten, die sie nach dem erfolgreichen Anschlag sofort in Sicherheit bringen sollten.

Die Attentäter fuhren derweil mit dem weißen Peugeot nach Orly und parkten dort direkt neben der Terrasse des Flughafengebäudes. Der Libanese, der das RPG-7 abfeuern sollte, hieß Ahmed Ammar Tarek. In aller Ruhe stieg er aus, schulterte das Panzergeschoß und ging auf die kleine Terrasse, wo er das Gerät auf dem Geländer absetzte und eine Boeing 707 der El Al anvisierte, die gerade in Richtung Startbahn rollte. In der Maschine, mit dem Ziel New York, waren 136 Passagiere. Doch Tarek zielte zu hoch. Das Geschoß flog über die El Al hinweg und schlug in eine leerstehende jugoslawische DC 9 ein, die sogleich explodierte. Tarek rannte zum Auto zurück, um Nachschub zu holen. Der EL Al-Pilot sah die brennende DC 9, ignorierte die Anweisung des Towers, seine Maschine zu stoppen und startete kurzentschlossen durch. Tarek, dem es inzwischen gelungen war, ein zweites Panzergeschoß zu aktivieren, hatte nicht mehr viel Zeit. Die El Al befand sich bereits auf der Startbahn. Er ging deshalb gar nicht mehr bis zur Terrasse, sondern feuerte ans Auto gelehnt direkt von seiner Schulter aus auf das israelische Flugzeug.

Der Rückstoß war so heftig, daß er mit dem Ende seiner Waffe durch die Windschutzscheibe des gemieteten Peugeot stieß. Aber auch diesmal verfehlte der Palästinenser das Ziel. Statt der El Al traf er ein gegenüberliegendes Verwaltungsgebäude. Während Tarek schnell die Reste der Windschutzscheibe aus dem Rahmen schlug, setzten sich die beiden anderen Palästinenser ins Auto. Mit quietschenden Reifen fuhren sie zum vereinbarten Treffpunkt und stiegen dort zu Carlos und Steve in den blauen Simca um. Den weißen Peugeot ließen sie stehen. Auf der Rückbank blieben die Abschußvorrichtung sowie zwei weitere Geschosse zurück.

Das Mißgeschick der Terroristen ließ die Ermittlungsbehörden anfangs darüber rätseln, wem nun der Anschlag tatsächlich gegolten hatte. Zuerst bekannte sich eine kroatische Exilgruppe zu dem Beschuß der jugoslawischen DC 9. Danach erhielt das Beiruter Büro der französischen Nachrichtenagentur AFP einen Anruf, wonach der *Schwarze September*, eines der berüchtigten palästinensischen Terrorkommandos, als Vergeltungsaktion für einen Raketenangriff auf das PLO-Büro in Beirut den Anschlag ausgeführt habe. Kurz darauf dementierte ein weiterer Anruf, daß der *Schwarze September* die Verantwortung trage. Schließlich rief Carlos selbst bei der Nachrichtenagentur Reuter an, meldete sich mit »Kommando Mohammed Budia«, bekannte sich zu dem Anschlag und versicherte: »Das nächste Mal werden wir unser Ziel treffen.«

Die französischen Behörden nahmen die Drohung ernst. Das Polizeikontingent auf dem Flughafen Orly wurde auf 750 Mann verstärkt. Beamte der Sonderpolizei CRS, bewaffnet mit Maschinenpistolen, sicherten nun das gesamte Flughafengelände. Trotzdem wollte Carlos, daß es noch einmal versucht wird. Auch Tarek, der letztlich die Schmach zu verantworten hatte, stimmte dem riskanten Unternehmen zu, obwohl er wußte, daß es beim zweiten Mal noch aus einem anderen Grund schwerer werden würde. Denn da die RPG-7-Teile im Fond des abgestellten Peugeot zurückgeblieben waren, mußten sie nun mit einem RPG-2 vorliebnehmen, einer kleineren Panzerfaust mit entsprechend geringerer Reichweite. Um überhaupt eine Chance zu haben, die El Al-Maschine zu treffen, mußte Tarek diesmal noch näher an die Rollbahn herankommen. Doch dazu war gar keine Gelegenheit. Als Tarek sechs Tage nach dem ersten Versuch, am 19. Januar 1975, mit der geschulterten Bazooka auf die Besucherterrasse stürmte, wurde er gleich von einem der Polizisten gesichtet, der nicht lange fackelte und das Feuer eröffnete. Tarek schoß daraufhin seine Bazooka in die Halle und rannte mit zwei Komplizen, den Palästinensern Abu »Ziad« Nidal und Omar Raghdan Fares, durch die aufgeregte Menge, um in dem Gewühl zu entkommen. Ein Trupp der Spezialpolizisten verfolgte die drei Terroristen, es fielen weitere Schüsse. In der vollgedrängten Wartehalle brach Panik aus. Schreiende Mütter liefen hinter verängstigten Kindern her. Andere Fluggäste suchten Deckung hinter Säulen und Gepäckrollern, während die Terroristen sich mit den Polizisten eine wüste Schießerei lieferten.

Als die drei merkten, daß sie keine Chance mehr hatten, nahmen sie zehn Geiseln und verschanzten sich auf der Toilette im ersten Stock des Flughafengebäudes. Unter den Geiseln befand sich eine schwangere Frau mit ihrer fünfjährigen Tochter. Ihre Forderungen kritzelten die Kidnapper auf Zettel, die sie unter der Tür zur Toilette durchreichten. Sie forderten ein Flugzeug, das sie zu einem Ziel ihrer Wahl bringen sollte. Auf einem der Papiere gaben sich Tarek und seine zwei Komplizen als Mitglieder des Kommandos Budia zu erkennen. Nach 17 Stunden ließen sie die Schwangere und ihr Kind laufen. Die junge Mutter berichtete, daß die Geiseln gezwungen wurden, die ganze Zeit zu stehen. Mitten in der Nacht, als die Verhandlungen an einen toten Punkt gelangten, waren plötzlich Schüsse aus der Toilette zu hören. Der französische Innenminister Michel Poniatowski, der persönlich vor Ort die Einsatzleitung übernommen hatte, befürchtete ein Blutbad. Aber die Kidnapper hatten nur in die Decke geschossen, um die Franzosen nervös zu machen. Das war ihnen nun auch gelungen. Poniatowski lenkte ein und stellte den drei Palästinensern ein Flugzeug der Air France samt dreiköpfiger Besatzung zur Verfügung. Erst auf dem Rollfeld, kurz vor Betreten der Maschine, ließen Tarek und die zwei anderen Terroristen die restlichen Geiseln laufen. Ihr Reiseziel nannten sie nicht.

Nach dem Start befahlen sie dem Piloten, nach Beirut zu fliegen. Doch zwischenzeitlich hatte eine Reihe von arabischen Staaten den mißlungenen Anschlag bereits verurteilt. Libanon verweigerte der Maschine die Landeerlaubnis. Daraufhin flogen sie nach Damaskus, aber die Syrer erteilten den drei Terroristen ebenso eine Abfuhr wie anschließend Kuweit, Saudi-Arabien, Ägypten und sogar der Südjemen. In Bagdad durfte die Maschine schließlich zum Auftanken landen. Als nach einer weiteren Odyssee der Air France-Maschine der Treibstoff auszugehen drohte, appellierte die französische Regierung an den Irak, der mittlerweile seit 17 Stunden vagabundierenden Maschine eine Landeerlaubnis zu geben. Der Irak, der zu dieser Zeit die versöhnliche Haltung von Arafat ebenfalls ablehnte, soll, nach Recherchen des Bestsellerautors David A. Yallop, die Anschläge mit Wadi Haddad abgestimmt, wenn nicht sogar bei ihm in Auftrag gegeben haben. Nun gab Bagdad sich generös: »Dem Flugzeug wird aus humanitären Gründen und mit Rücksicht auf die französisch-irakischen Beziehungen die Landung erlaubt.«

Die Fahnder in Frankreich rätselten derweil, wer noch alles hinter dem Kommando Mohammed Budia stecken könnte. Als die Polizei den abgestellten Mietwagen schließlich fand, hatte sie eine erste vage Spur. Bei der Autoverleihfirma erfuhr man schnell, daß der weiße Peugeot von einem Deutschen namens Fritz Müller gemietet worden war. Allerdings ergab eine Rückfrage bei der deutschen Polizei, daß ein Fritz Müller vor kurzem den Diebstahl seines Führerscheins gemeldet hatte. Die betreffende Person selbst kam nicht in Frage.

Am Morgen des 24. März 1975, zwei Monate nach dem Anschlag, stürmten mehrere Dutzend Polizisten, teils mit MPi bewaffnet, das Haus Nummer 4 in der Frankfurter Holzhausenstraße, Sitz des Verlages »Roter Stern«. In der Dachwohnung fanden sie schließlich die Person, die sie suchten: Johannes Weinrich, damals 27 Jahre alt. Der Haftbefehl lautete auf »Verdacht der Unterstützung einer kriminellen Vereinigung«. Durch zwei Hinweise ihrer französischen Kollegen war die Polizei in Frankfurt Johannes Weinrich auf die Schliche gekommen. In den Tagen vor dem Anschlag auf dem Flughafen Orly hatte er sich als »Fritz Müller« in einem Pariser Hotel einquartiert. Dabei war ihm ein folgenschwerer Fehler unterlaufen. Auf dem Anmeldeformular hatte er mit Buchhändler nicht nur seinen tatsächlichen Beruf eingetragen, sondern unter der Rubrik »Anschrift des Arbeitgebers« die Adresse einer Buchhandlung notiert, die wie der Verlag »Roter Stern« in der Holzhausenstraße in Frankfurt residierte. Von dem Autovermieter in Paris hatte die Polizei eine exakte Beschreibung des schlaksigen Terroristen bekommen. Anhand der Angaben identifizierten die Angestellten der Buchhandlung dann

Johannes Weinrich. Der Rest war für die Polizeibeamten ein Kinderspiel. Auf dem Einwohnermeldeamt besorgten sie sich Weinrichs Unterlagen, so daß sie die handschriftlichen Eintragungen mit der markanten Handschrift auf dem Anmeldeformular des Hotels und dem Mietvertrag des Autoverleihers vergleichen konnten. Sie stimmten überein.

Magdalena Kopp erfuhr erst aus der Zeitung, was Weinrich konkret vorgeworfen wurde. Von der Aktion auf dem Pariser Flughafen hatte er ihr kein Sterbenswörtchen erzählt. Dies empfand sie jedoch nicht als Vertrauensbruch. Schließlich gehörte es zu den Sicherheitsregeln der RZ, selbst mit den Lebenspartnern nicht über geplante Aktionen zu sprechen. Allerdings war sie vom konkreten Tatvorwurf ziemlich überrascht gewesen. Die Beteiligung an einem Bombenanschlag auf ein voll besetztes Passagierflugzeug hätte sie »Hannes«, wie sie Weinrich liebevoll nannte, nicht zugetraut. Soviel sie wußte, hatte sich ihr Freund bisher nur an vergleichsweise harmlosen Aktionen beteiligt. So gehörte er zu den Gründungsmitgliedern des Solidaritäts-Komitees für die amerikanischen »Black Panther«, das in Deutschland stationierten US-Soldaten half zu desertieren, damit sie dem Einsatz im Vietnam-Krieg entgehen konnten. Aber auch bei seiner Arbeit für das Solidaritäts-Komitee war Weinrich nicht gerade durch gewalttätige Aktionen aufgefallen. Der einzige ernsthafte Gesetzesverstoß, den sie von ihm kannte, war seine Scheinehe. Er hatte 1971 die desertierte US-Soldatin Jessica Scott geheiratet, damit sie nicht so einfach in die USA abgeschoben werden konnte, wo ihr ein Verfahren vor dem Kriegsgericht drohte.

Seit 1972 war Magdalena Kopp mit Johannes Weinrich fest liiert. Sie hatte ihn im Frankfurter Verlag »Roter Stern« kennengelernt und sich wenig später in ihn verliebt. Sie war es auch, die dann die Initiative ergriffen hatte und den etwas schüchternen Weinrich regelrecht verführte. Schließlich sah der einfach verdammt gut aus. Mit seinem trotzigen Mund und seiner ausdrucksvollen Nase erinnerte er sie irgendwie an den Schauspieler Jean-Paul Belmondo. Doch es war mehr als ein heißer Flirt.

Für Johannes Weinrich verließ Magdalena Kopp schließlich ihren langjährigen Partner Michael Leiner, den Vater ihrer vierjährigen Tochter Anna. Dabei war Leiner ihre große Jugendliebe gewesen. Sie hatten sich Mitte der 60er Jahre in Ulm kennen- und lieben gelernt. Kopp lebte damals noch bei ihren Eltern. Ihr Vater war Postbeamter, die Mutter Hausfrau. Abends betrieben die

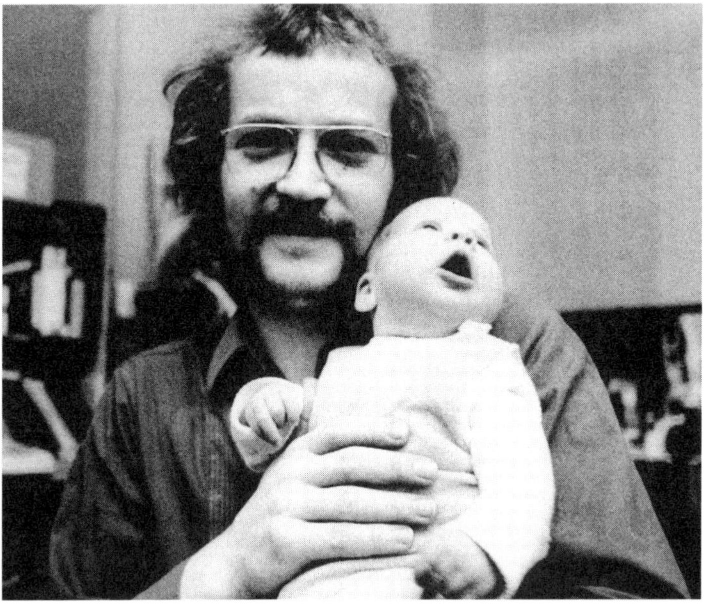

Michael Leiner, erster Lebensgefährte von Magdalena Kopp, 1970, kurz nach der Geburt der gemeinsamen Tochter Anna (oben)
Magdalena Kopp mit Tochter Anna, 1975 (unten)

Eltern nebenher noch eine kleine Gastwirtschaft. Diesem engen Milieu konnte sie bei Michael Leiner entkommen. Er studierte an der Ulmer Hochschule für Gestaltung (HfG), wo der Designer Otl Aicher und der Regisseur Alexander Kluge lehrten. Kopp, die zu dieser Zeit die Realschule besuchte, war von dem freien Studentenleben höchst angetan. Bis morgens um vier Uhr trieb sie sich auf den Parties der HfG herum. Als sie wieder einmal erst frühmorgens nach Hause kam und sie der Vater dabei erwischte, setzte es Backpfeifen. Daraufhin zog Magdalena bei den Eltern aus und quartierte sich kurzerhand bei Michael Leiner ein, auch wenn der nur eine kleine Bude im Studentenwohnheim hatte.

Inspiriert von Leiner und dessen Clique begann sie nach der Schule eine Lehre als Fotografin. Aber die Arbeit in einem Fotoladen in der schwäbischen Provinz war ihr alsbald zu langweilig. Sie brach die Ausbildung ab und ging nach Berlin, wo gerade die Studentenbewegung auf ihrem Höhepunkt war. Hier begann sie eine künstlerische Ausbildung als Fotografin an der bekannten Lette-Schule. Das Geld dafür bekam sie von den Eltern, die die Hoffnung hatten, daß ihre rebellische Tochter wenigstens auf diese Weise zu einem Abschluß käme.

Als sie dies geschafft hatte, zog sie wieder mit Michael Leiner zusammen, der inzwischen in Frankfurt gelandet war und sich als Dokumentarfilmer zu verwirklichen suchte. Obwohl sich das Pärchen finanziell kaum über Wasser halten konnte, wollten beide ein Kind. Am 19. Dezember 1970 kam dann auch Tochter Anna auf die Welt.

Alsbald stand die Frage der Jobsuche wieder an. Dabei kamen sie in Kontakt mit dem gerade gegründeten Verlag »Roter Stern«, einem linksalternativen Projekt. Dort trafen sie auf Karl-Dietrich (KD) Wolff, den letzten Vorsitzenden des *Sozialistischen Deutschen Studentenbundes* (SDS), sowie auf Johannes Weinrich und Wilfried Böse, der für den chronisch finanzschwachen Verlag immer wieder Gelder aufzutreiben verstand. Da die politische Ausrichtung der Beteiligten immer weiter auseinanderging, kam es wenig später zum großen Krach. KD Wolff und Michael Leiner wollten sich auf das Verlagsgeschäft konzentrieren, während Johannes Weinrich und Wilfried Böse handfeste politische Aktionen bevorzugten und auch vor Gewalt nicht zurückschreckten, auf jeden Fall Gewalt gegen Sachen guthießen. Heimlich arbeiteten sie bereits am Aufbau einer Untergrund-Organisation, der *Revolutionären Zellen* (RZ).

Zu den politischen kamen bald noch die privaten Differenzen. Die Arbeits- und Wohngemeinschaft litt darunter, daß Kopp sich von dem Verlagsangestellten Leiner getrennt hatte und nun mit dem Verlagsgeschäftsführer Weinrich zusammenlebte. Das konnte unter einem Dach nicht gutgehen. Kopp und Weinrich zogen deshalb aus und gingen nach Bochum, wo Johannes Weinrich zunächst einen »Linken Buchladen« eröffnete. Aber die traute Zweisamkeit scheiterte an einer dritten Person, an Tochter Anna, die wegen des plötzlichen Wegzugs aus Frankfurt rebellierte. Was nun? Nach Frankfurt zurück wollte Kopp nicht, denn dies wäre ein Zeichen von Schwäche gewesen, und einen Triumph gönnte sie Leiner nicht, der zwischenzeitlich wegen der Trennung von ihr eine Psychotherapie begonnen hatte. Also zog Kopp mit Töchterchen Anna aufs Land nach Gaiganz, in die Nähe von Erlangen. Dort arbeitete sie als Repro-Fotografin in der »Politladen Buchhandlung und Verlags GmbH«. Geschäftsführer war Gerd-Hinrich Schnepel, den Kopp über Weinrich und Böse im Verlag »Roter Stern« kennengelernt hatte. Sein Verlagssortiment bestand hauptsächlich aus Handbüchern für die Stadtguerilla, wie etwa der deutschen Ausgabe von »The Anarchist Cookbook«, das Anleitungen zum Bau von Molotow-Cocktails enthielt, oder dem für die linke Gewaltszene so wichtigen Buch »Holger, der Kampf geht weiter«, das sich auf RAF-Mitglied Holger Meins bezog, der am 9. November 1974 nach 50 Tagen Hungerstreik in der Haftanstalt Wittlich gestorben war. Bei Schnepel ließ auch die Frankfurter Sponti-Szene um den Studentenführer Daniel Cohn-Bendit ihre Broschüren und Zeitungen drucken. Joschka Fischer tauchte deshalb auch hin und wieder in Gaiganz auf, um die fertig gedruckte Sponti-Zeitung »Wir wollen alles« abzuholen.

Aber Schnepel, der wegen des Vertriebs des »Kochbuchs« alsbald ein Verfahren der Staatsanwaltschaft am Hals hatte, begnügte sich nicht damit, theoretische Instruktionen für den bewaffneten Kampf unter die Leute zu bringen. Er gehörte unter dem Decknamen »Max« auch der RZ an und beteiligte sich an ihren Aktionen. Von diesem Milieu geprägt, schloß sich auch Magdalena Kopp der Gruppierung an, hielt sich jedoch zunächst zurück, schließlich trug sie allein die Verantwortung für ihre Tochter und konnte daher nicht soviel riskieren. Ihr Engagement für die RZ beschränkte sich vorerst auf die Herstellung von falschen Pässen. Als Repro-Fotografin war es für sie ein leichtes, in gestohlene Ausweispapiere das Paßfoto eines RZ-Mitgliedes zu montieren und mit einem entsprechenden Stempel zu versehen.

Insofern war es für sie nur logisch, daß sie im Frühjahr 1975 von ihrer Freundin Brigitte Kuhlmann gefragt wurde, ob sie nicht kurz mal in London ein paar Leuten das Fotografieren und Entwickeln von Fotos beibringen könnte. Obwohl sie seit der Verhaftung ihres Freundes wußte, daß die RZ offensichtlich von ihrer ursprünglichen Zielsetzung, Gewalt nur gegen Sachen anzuwenden, abgerückt war, hatte sie das Gefühl, dies dem inhaftierten Weinrich einfach schuldig zu sein. Außerdem schätzte sie ihr eigenes Risiko als ziemlich gering ein. Schließlich sollte sie nur zwei Tage in England bleiben und bei Beginn der eigentlichen Aktion längst wieder im ruhigen deutschen Gaiganz weilen. So könnte sie Weinrich auch beim nächsten Besuch im Gefängnis stolz gegenübertreten. Was genau geplant war, wußte sie nicht, und sie sollte es erst Jahre später erfahren.

Mit Hilfe deutscher Genossen wollte Carlos alias »Johnny« in London den Botschafter der Vereinigten Arabischen Emirate, Muhammed Mahdi al Tadschir, entführen. Dabei ging es weniger darum, den Diplomaten zu liquidieren, vielmehr sollte die Kriegskasse der PFLP aufgefüllt werden. Man dachte an einen zweistelligen Millionen-Betrag. Als Muhammed Mahdi al Tadschir 1972 zum Botschafter in Großbritannien ernannt worden war, galt er als einer der reichsten Männer der Welt. Nach seiner Schulzeit in Großbritannien hatte er als Angestellter der britischen Brokerfirma Gray Mackenzie in Bahrain gearbeitet. Dort waren 1966 riesige Ölvorkommen entdeckt worden, die Geschäfte mit dem schwarzen Gold boomten. Mit Hilfe des Scheichs Raschid bin Said, dem Herrscher von Dubai, gelang es Al Tadschir, kräftig in die eigene Tasche zu wirtschaften. An sämtlichen Ölverkäufen aus Bahrain war er mit einem halben Prozent Provision beteiligt. Sein Vermögen wurde auf über sechs Milliarden Mark geschätzt, manche Quellen sprachen sogar von 30 Milliarden. Er besaß eine Reihe von herrschaftlichen Anwesen in Südengland sowie eine der größten Sammlungen von Kunstgegenständen. Muhammed Mahdi al Tadschir jedenfalls machte aus seinem Reichtum kein Geheimnis: »Eine Milliarde, zwei Milliarden, aber ich bin viel mehr wert. Mit diesem Telefon hier kann ich mir jede beliebige Summe beschaffen«, prahlte er einmal bei einem Interview.

In den Augen der PFLP-Führer gehörte Al Tadschir zu jener de-

Johannes Weinrich, der später zum »dienstältesten und gefährlichsten Terroristen Deutschlands« wird, in einer Aufnahme von 1980

kadenten arabischen Oberschicht, die in Saus und Braus lebte und sich keinen Deut um die Misere des heimatlosen palästinensischen Volkes scherte. Er war genau das richtige Ziel für Michel Moukarbel, den Europa-Chef der PFLP, mit dem zusammen Carlos die Operation bis ins kleinste Detail durchplante. Nach der Schlappe auf dem Pariser Flughafen Orly wollte man sich nicht noch einmal blamieren. Beschlossen wurde, daß Carlos die Operation mit einem deutschen Genossen allein durchführen sollte, während Moukarbel sich im Hintergrund hielt. Danach war vorgesehen, Al Tadschir nach der Entführung in die zweite angemietete Wohnung in den Commeragh Mews 12 zu bringen, wo man ihn bis zur Lösegeldzahlung gefangenhalten wollte. Dabei sollte Carlos' kolumbianische Freundin Nydia den Haushalt führen und Al Tadschir verköstigen. Als Beweis dafür, daß die Gruppe den reichen Botschafter in ihrer Gewalt hatte, waren Fotos von Al Tadschir vorgesehen, die in der zur Dunkelkammer umfunktionierten Küche in der Chesterton Road entwickelt und an die Botschaft der Vereinigten Arabischen Emirate geschickt werden sollten. Aber aus dem Plan wurde nichts. Die Observationsteams bekamen den streng bewachten Al Tadschir nur ein einziges Mal für Sekunden zu Gesicht, und ein wiederkehrendes Verhaltensmuster, wie bestimmte Anfahrtswege oder regelmäßige Besuche, war nicht zu erkennen. Carlos mußte die Aktion wieder abblasen. Das Risiko war einfach zu groß.

Moukarbel flog daraufhin nach Beirut, um Wadi Haddad zu informieren und sich von dem PFLP-Führer neue Instruktionen für die nächste Aktion zu holen. Die Fliegerei zwischen Europa und dem Nahen Osten war für Moukarbel längst Routine geworden. Nie hatte es dabei Probleme gegeben. Als er aber am 11. Juni 1975 in Beirut für den Rückflug nach Paris einchecken wollte, wurde er von libanesischen Paßbehörden aus dem Pulk der Passagiere geholt und in einen separaten Raum zum Verhör gebracht. Moukarbel fiel siedendheiß ein, daß er gerade gegen eine goldene Regel für PFLP-Kuriere verstoßen hatte, wonach Direktflüge untersagt waren. Hatte ihn dies verdächtig gemacht, oder war er bereits länger im Visier der libanesischen Behörden, die die Aktivitäten der palästinensischen Untergrundorganisationen mit zunehmender Skepsis beobachteten?

Als er vernommen wurde, kam plötzlich ein ausländischer Vertreter hinzu. Moukarbel vermutete, daß es sich um einen französischen Agenten handelte. Überraschenderweise ließ man ihn jedoch bald wieder laufen, und Moukarbel flog schnurstracks nach Paris. Er ging aber davon aus, daß ihn der französische Geheimdienst nun im Visier hatte. Um seine mutmaßlichen Beschatter abzuschütteln, flog er gleich weiter nach London. Aber auf dem Flughafen in London-Heathrow wurde er von Scotland Yard, das von den französischen Kollegen einen Tip bekommen hatte, in Empfang genommen und nach Paris zurückgeschickt.

Hier arbeitete die Spionageabwehr DST auf Hochtouren. Seit den Anschlägen auf das Café »Drugstore« und den Flughafen Orly fahndete der französische Geheimdienst nach dem ominösen Kommando Mohammed Budia. Kommissar Jean Herranz, Leiter der Nahost-Abteilung der DST, hatte sich bereits zu Lebzeiten Budias intensiv mit diesem beschäftigt. Er wußte, welche Bedeutung dieser für die PFLP hatte, ihm war jedoch unklar, wer nach dessen Ermordung nun die PFLP-Gruppe in Paris führte. Mit Hilfe von Mourkabel hoffte Herranz dem neuen Anführer auf die Spur zu kommen. Er wollte deshalb Moukarbel an der langen Leine laufen lassen, ihn jedoch komplett überwachen. Der Libanese sollte sich in Paris frei bewegen können, ohne jegliches Gefühl einer Beschattung. Herranz hoffte darauf, daß Moukarbel nach den geschickt eingefädelten Vorkommnissen in Beirut und London nervös werden und Kontakt zu seinen Leuten aufnehmen würde. Auf diese Weise wollte er an die anderen palästinensischen Mitglieder und möglichst auch an den Kopf des Kommandos Budia herankommen. Allerdings hatte Herranz keine Ahnung davon, daß für die PFLP auch Südamerikaner und Deutsche aktiv waren.

Die Taktik des Kommissars schien aufzugehen. Schon am 13. Juni 1975, nur einen Tag nach seinem mißlungenen Versuch, nach London zu kommen, rief Moukarbel bei Carlos an und vereinbarte ein Treffen in einem Pariser Café.

Carlos war wütend, als ihm Moukarbel bei dem Treffen von seinen jüngsten Erlebnissen erzählte. Abermals hatte der PFLP-Europachef gegen sämtliche Regeln der Konspiration verstoßen. Auf keinen Fall sollte man sich mit einem Genossen in Verbindung setzen, wenn einem die Fahnder auf den Fersen waren. Moukarbel mußte schließlich davon ausgehen, daß er auf Schritt und Tritt überwacht wurde. Dem Venezolaner wurde bewußt, daß er nun auch unter Observation stand. Wahrscheinlich wurden sie gerade beobachtet, wie sie hier zusammen im Café saßen.

Tatsächlich heftete sich ein Geheimdienstteam an die Fersen von Carlos und fotografierte ihn, als er später die Wohnung seiner Freundin Nancy Sánchez in der Rue Toullier verließ. Carlos vermied jeden weiteren Kontakt mit Moukarbel und brach die Verbindung ab. Moukarbel verlor daraufhin die Nerven, rief schließlich Wilfried Böse an und bat den Deutschen, er möge Carlos überreden, ihm Geld und falsche Papiere zukommen zu lassen, er müsse untertauchen. Am Vormittag des 24. Juni 1975 trafen sich Böse und Carlos im Café de l'Hôtel de Ville in der Rue de Rivoli, nicht ahnend, daß am Vortag Moukarbel von der DST verhaftet worden war. Kommissar Herranz hatte den Libanesen zehn Tage lang beschatten lassen und war zu der Überzeugung gekommen, daß Moukarbel sie zu keiner neuen Spur mehr führen würde. Carlos übergab nun Böse einen Paß und Geld für Moukarbel sowie einen zweiten Paß auf den Namen »Axel Klaudius«, den Böse künftig benutzen sollte.

Am nächsten Tag wollte Böse Moukarbel die Unterlagen übergeben und ging direkt zu dessen Wohnung in der Avenue Claude Vellefaux am Ostbahnhof, wo er geradewegs DST-Beamten in die Arme lief. Sie verhafteten den Deutschen und nahmen ihn mit aufs Revier. Aber Böse tischte ihnen eine revolutionäre Räuberpistole auf. Die falschen Pässe in seiner Tasche führe er bei sich, um in Spanien unter Diktator Franco unbemerkt der Verhaftung von Gewerkschaftern und linken Oppositionellen nachgehen zu können, da er dies dann der Öffentlichkeit bekanntmachen wolle. Die Beamten schenkten der Geschichte keinen großen Glauben, hielten den Deutschen aber für eher unbedeutend im gesuchten Umfeld der PFLP und schoben ihn kurzerhand nach Deutschland ab. In Saarbrücken wurde Böse schließlich dem Haftrichter vorgeführt. Der Vorwurf lautete auf Mitführen falscher Ausweispapiere. Böse wiederholte seine Lügengeschichte. Der Richter ließ ihn laufen – und Böse tauchte daraufhin unter.

Kommissar Herranz nahm derweil Moukarbel in die Mangel, der ihn zum eigentlichen Rädelsführer bringen sollte. Als Kopf des »Kommando Mohammed Budia« stellte sich Herranz einen ganz besonders hinterhältigen und brutalen Terroristen vor. Sowohl der Deutsche Wilfried Böse als auch der Südamerikaner, den seine Beamten bei einem Treffen mit Moukarbel fotografiert hatten, schienen ihm dafür zu unbedeutend zu sein. Auch Moukarbel selbst, der immer noch beharrlich schwieg, hielt der Kommissar eher für eine zweitrangige Figur.

Am 27. Juni 1975, dem fünften Tag der Vernehmungen, versuchte es Herranz mit einem Trick. Er legte dem Libanesen das Foto vor, auf dem er zusammen mit Carlos zu sehen war, um ihm zu signalisieren, daß man über alle seine Kontakte Bescheid wisse. Herranz fragte, warum der Mann auf dem Foto so verärgert gewesen sei, als er Moukarbel im Café getroffen habe, und ob dieser Mann ein Palästinenser sei. Moukarbel versuchte nun, einerseits Kooperationsbereitschaft zu signalisieren, um wieder frei zu kommen, andererseits nicht zu viel zu verraten. Er verneinte und erklärte dem Kommissar, der Mann auf dem Foto sei Peruaner und heiße »Carlos Martínez«. Er wußte, daß Carlos in Paris einen gefälschten Paß benutzte, der auf den Namen »Carlos Andrés Martínez Torres«, Wirtschaftswissenschaftler aus Peru, ausgestellt war. Um die Situation im Café zu erläutern, beschrieb er Carlos als Schürzenjäger, der bei dem Zusammentreffen deshalb so sauer auf ihn gewesen sei, weil er ihn bei einer Frauengeschichte in die Bredouille gebracht habe. Carlos habe mit seiner Freundin einen heftigen Streit gehabt, erklärte Moukarbel dem Kommissar, wofür er ihm die Schuld gegeben habe, weil er in Gegenwart der Freundin eine indiskrete Bemerkung über Carlos und eine andere Frau gemacht habe.

Kommissar Herranz wußte nicht so recht, was er von der Geschichte halten sollte. Einerseits hatten seine Mitarbeiter beobachtet, wie dieser Carlos nach dem Treffen mit Moukarbel in eine Wohnung in der Rue Toullier ging und dort eine Frau namens Nancy Sánchez besuchte. Andererseits wollte er Moukarbel weiter in die Enge treiben und durfte ihm deshalb nicht das Gefühl geben, daß er ihm die Geschichte abnimmt. Herranz entschied sich dafür, das Spielchen noch eine Weile weiterzutreiben. Er schlug Moukarbel vor, mit ihm zusammen diesen Carlos aufzusuchen. Wenn es sich bei der ganzen Angelegenheit tatsächlich nur um eine Frauengeschichte gehandelt habe, argumentierte der Kommissar, dürfte dies doch kein Problem sein. Moukarbel ließ sich nichts anmerken und willigte ein. Er sagte dem Kommissar, daß man diesen Carlos aller Wahrscheinlichkeit nach bei einer seiner Gespielinnen antreffen könne. Herranz rief seine Kollegen Raymond Dous und Jean Donatini herbei. Sie sollten ihn und Moukarbel zum Besuch bei diesem Peruaner namens »Carlos Martínez« begleiten. Allzu große Bedeutung maß Herranz dem Ganzen nicht bei. Sowohl er als auch seine beiden Kollegen verzichteten deshalb darauf, ihre Dienstwaffen einzustecken.

Zusammen mit Moukarbel gingen die drei DST-Beamten in die Rue Toullier, eine der ruhigeren Straßen im Pariser Viertel Quartier Latin. Das Haus Nr. 9, wo sich die Wohnung der Freundin befinden sollte, war ein weißes, sechsgeschossiges Gebäude, das Mitte des 19. Jahrhunderts für reiche Kaufleute erbaut worden war. Die Wohnung der Freundin befand sich auf der Rückseite des Hauses, in den ehemaligen Stallungen, die zwischenzeitlich zu kleinen Apartments umgebaut worden waren und in denen vorwiegend Studenten wohnten. Als sie gegen 21.40 Uhr dort ankamen, beschloß Kommissar Herranz zunächst nur mit seinem Kollegen Donatini die Wohnung aufzusuchen. Sein Kollege Dous blieb derweil mit Moukarbel im Wagen.

Nachdem er geklingelt hatte, mußte Kommissar Herranz nicht lange warten, bis jemand öffnete. Vor ihm stand dieser Carlos, ein pausbäckiger Bursche, vielleicht Anfang zwanzig und offensichtlich etwas angeheitert. In der Wohnung befanden sich weitere fünf Personen. Hier hatte gerade eine Abschiedsparty für Nancy Sánchez stattgefunden, die bereits auf dem Weg zum Flughafen war, um in ihre Heimat Kolumbien zu fliegen. Obwohl sich Herranz als Kommissar zu erkennen gab, blieb Carlos ganz cool. Er bat die beiden Herren herein und bot ihnen etwas zu trinken an. Herranz ließ sich anfangs auf das Spiel ein und versuchte Carlos in ein belangloses Gespräch zu verwickeln. Beiläufig fragte der Kommissar, ob er einen Libanesen namens Michel Moukarbel kenne. Als Carlos verneinte, schickte der Kommissar seinen Kollegen zum Auto. Wenig später, es war so gegen 22.10 Uhr, standen die beiden DST-Beamten zusammen mit Moukarbel in der Wohnung. Kommissar Herranz hielt Carlos das Foto unter die Nase, das ihn und Moukarbel in einem Pariser Café zeigte. Als sich Carlos daraufhin in Widersprüche verstrickte, bestand Kommissar Herranz darauf, die Unterhaltung auf dem Polizeirevier fortzuführen. Carlos fragte, ob er vorher noch einmal schnell auf die Toilette gehen dürfe. Herranz willigte ein, denn ganz offensichtlich hatte der Südamerikaner den ganzen Abend über kräftig getrunken, wie die vielen leeren Flaschen auf dem Tisch vermuten ließen.

Wenige Augenblicke später stand Carlos bereits wieder im Zimmer. In seiner rechten Hand hielt er einen Revolver, eine russische Tokarev 7.62. Bevor die drei DST-Beamten überhaupt reagieren konnten, hatte sie Carlos mit drei gezielten Schüssen niedergestreckt. Anschließend ging er auf Moukarbel, seinen Chef, zu, der sich mit beiden Händen die Augen zuhielt. Als Carlos direkt vor ihm stand, hob er wortlos den Revolver und schoß Moukarbel zwischen die Augen. Nachdem der Libanese zu Boden gefallen war, feuerte er ein zweites Mal auf ihn. Die Kugel traf Moukarbel in die Schläfe. Seelenruhig verließ Ilich Ramírez Sánchez die Wohnung im dritten Stock in der Rue Toullier Nr. 9 – und verschwand. 19 Jahre lang sollte er nie wieder seinen richtigen Namen benutzen. Der Mythos Carlos war geboren.

Überfall auf die OPEC-Konferenz

Libyens geheime Aufträge – Kaltblütige Morde in Wien 1975 – Eine großangelegte Geiselnahme

Carlos lief den Boulevard Saint-Germain entlang. Zielsicher steuerte er auf eine konspirative Wohnung in der Rue Amélie Nr. 11 zu. Sie gehörte Amparo Silva Masmela, einer 20jährigen Kolumbianerin, die ihre Haarfarbe ebenso häufig wechselte wie ihre Männer. Sie war Bestandteil von Carlos' Netz vielfältiger Liebschaften, das ihn im Falle von akuter Gefahr auffangen sollte. Auch unter ihrem Bett hatte er einen Koffer deponiert, in dem sich neben Sprengstoff und automatischen Waffen ein ganzes Sortiment von gefälschten Ausweispapieren befand. Letztere brauchte er dringend, um unerkannt außer Landes zu kommen. Er konnte sich an allen fünf Fingern abzählen, daß die halbe Pariser Polizei bald hinter ihm her sein würde. Schließlich hatte er drei Mitarbeiter des Geheimdienstes niedergeschossen und womöglich getötet. Ganz sicher war er sich nicht, dazu war alles viel zu schnell gegangen.

In der Wohnung von Amparo Silva Masmela fühlte er sich für den Moment sicher, denn die Kolumbianerin dürfte der Polizei vollkommen unverdächtig sein, schließlich hatte sie einen offiziellen Status und arbeitete seit drei Monaten in der Korrespondenzabteilung der Llodys Bank am Boulevard des Capucines. Carlos beschloß, eine Nacht bei ihr zu bleiben und noch ein paar Sachen zu regeln, bevor er sich endgültig absetzte. Dazu gehörten auch zwei Briefe an eine andere Bettgenossin, an Maria Angela Otaola in London, deren Wohnung im Stadtteil Baywaters für ihn ebenfalls Liebesnest, Versteck und Waffendepot in einem war.

Am nächsten Morgen machte sich Carlos dann auf den Weg. Ausstaffiert mit neuen Papieren wollte er sich zunächst nach Algier absetzen, um sich danach auf den Weg nach Aden, in die Volksrepublik Jemen, zu begeben. Hier galt es, Wadi Haddad, dem Chef der PFLP-SC, Bericht zu erstatten und ihm klarzumachen, daß sich die »Spezialabteilung« der PFLP in Europa einen neuen Statthalter suchen mußte – und er wußte auch schon, wer dafür geeignet war.

Die französische Polizei war Carlos derweil dicht auf den Fersen. Am Tatort in der Rue Toullier hatten Beamte eine Reihe von Unterlagen gefunden, aus denen eindeutig hervorging, mit wem sie es hier zu tun hatten. Es wurde zugleich ersichtlich, daß Carlos enge Verbindungen nach Deutschland unterhielt. »Deutsche ohne Führung. Kontakt Frankfurt«, stand unter anderem auf einem der Zettel.

Auf eine ganz heiße Spur stießen die Polizisten schließlich, als sie die Jackentaschen der Leiche von Moukarbel durchsuchten. Auf den Kontrollstreifen eines Scheckheftes war die Adresse der Kolumbianerin Amparo Silva Masmela gekritzelt. Als die Polizeibeamten am nächsten Tag mit großem Sicherheitsaufgebot die Wohnung in der Rue Amélie Nr. 11 stürmten, gingen ihnen fast die Augen über, als sie die Berge von Waffen entdeckten. Es fanden sich dort zwei Skorpion-Maschinenpistolen, zehn Pistolen, 15 Stangen Dynamit, sechs Kilogramm Plastiksprengstoff, drei zündfertige Bomben, 33 Ersatzmagazine Munition und 33 elektrische Zünder. Besonders aufschlußreich war der Fund von 28 Handgranaten des Typs M26 mit der Seriennummer LS-14-172 B. Sie stammten aus der gleichen Serie, die sowohl bei dem Anschlag auf das Pariser Café »Drugstore« als auch bei dem Überfall auf die französische Botschaft in Den Haag durch die *Japanische Rote Armee* verwendet worden war. Nun schloß sich für die Ermittler endgültig der Kreis. Ihnen wurde schlagartig bewußt, wer ihnen da gerade durchs Netz gegangen war, nämlich genau der Mann, nach dem sie seit Monaten fieberhaft suchten: der Kopf des palästinensischen Terrorkommandos Budia, der neben dem Massaker im »Drugstore« auch für den versuchten Panzerfaustanschlag auf die israelische El Al-Maschine verantwortlich war und der ganz offensichtlich mit japanischen Terroristen kooperierte.

Immerhin wußte die Polizei jetzt wenigstens, wie der Gesuchte aussah, denn neben den Handgranaten lag ein gefälschter Paß, ausgestellt auf »Carlos Andrés Martínez Torres« aus Peru. Das Paßbild zeigte ein fast kindliches Gesicht mit dicken Lippen, das sich halb hinter einer großen Sonnenbrille verbarg. Das Foto

Der meistgesuchte Terrorist der Welt: Ilich Ramírez Sánchez alias Carlos

zierte alsbald Fahndungsplakate in ganz Europa, auf denen nach dem »gefährlichsten Terroristen der Welt« gesucht wurde.

In den Medien wuchs derweil die Kritik am stümperhaften Vorgehen von Geheimdienst und Polizei. »Carlos – DST 3:0«, lautete am 29. Juni 1975 die Schlagzeile in der »Libération«. Wie das Ergebnis eines Fußballspiels betitelte die Tageszeitung ziemlich pietätlos ihren Bericht zu den Fahndungspannen. Schließlich hatte der DST-Beamte Raymond Dous, ein Mann in den Fünfzigern und ein hochdekorierter Kriegsteilnehmer, nicht überlebt, ebensowenig sein junger Kollege Jean Donatini, der eine Frau und zwei Kinder hinterließ. Nur Kommissar Jean Herranz war davongekommen. Die Kugel aus Carlos' russischer Tokarev hatte ihn am Hals getroffen und die Kehle schwer verletzt. Er mußte nun auch noch den ganzen Spott und die Häme der Medien ertragen, die ihm vorhielten, blauäugig und unbewaffnet versucht zu haben, einen kaltblütigen Killer zu verhaften. Der Kommissar, der sich später nie wieder dazu äußern sollte, räumte ein, daß er Carlos unterschätzt hatte.

Da die französischen Behörden nach all den Fahndungspannen der Öffentlichkeit irgendwelche Erfolge präsentieren mußten, verhaftete man wenigstens die Kolumbianerin Amparo Silva Masmela. Der französische Innenminister Michel Poniatowski wies kurz darauf auch noch drei kubanische Diplomaten aus, die angeblich mit der »Carlos-Affäre« in Zusammenhang standen. Tatsächlich hatten die Herren gelegentlich mit denselben Damen verkehrt wie Carlos, doch mehr Anhaltspunkte gab es eigentlich nicht. Poniatowski legte daraufhin noch nach und deutete eine Verwicklung der Sowjetunion an, freilich ohne dafür überhaupt einen Beweis zu haben. Doch in den Boulevardzeitungen wurde aus Carlos ganz schnell ein vom KGB ausgebildeter Superkiller.

Die Sowjetunion ging darauf in einer französischsprachigen Sendung von Radio Moskau ein: »Die französische Presse hat ausgiebig über die sogenannte Affäre Carlos berichtet. Unseren Hörern ist der Fall wohlbekannt, so daß auf Einzelheiten nicht eingegangen werden muß. Nun sind aber seine gewöhnlichen Verbrechen von Herrn Poniatowski als eine internationale Verschwörung hingestellt worden, in die bestimmte ausländische Staaten verwickelt sein sollen. (...) Zu einer Zeit, da die friedliche Koexistenz zwischen den Staaten in Ost und West zur Normalität geworden und ein grundlegender Wandel zur Entspannung in Gang gekommen ist, gibt es in Frankreich offensichtlich immer noch Politiker, die diesen Fortschritt aufhalten und zur Epoche des Kalten Krieges zurückkehren wollen. Um dieses Ziel zu erreichen, ist ihnen jedes Mittel recht. Heute ist es die Affäre Carlos.«

Die Schießerei in der Pariser Studentenwohnung in der Rue Toullier machte auch in Großbritannien Schlagzeilen. Am 1. Juli 1975 berichtete der »Guardian« darüber, daß die französische Polizei nach einem »Carlos Martínez«, einem etwas dicklichen Südamerikaner mit einem Babygesicht, suche. Den Zeitungsbericht las Barry Woodhams, ein 28jähriger Biochemiker von der Universität London. Er kannte einen Mann, auf den die Beschreibung haargenau paßte und der zudem Carlos Martínez hieß. Woodhams hatte diesen Mann einige Male bei seiner Geliebten getroffen, der Spanierin Maria Angela Otaola, die im Westen Londons im Bistro »17« arbeitete. Obwohl beide darum wußten, daß sie dieselbe Geliebte hatten, waren Woodhams und Carlos stets ungezwungen mit der Situation umgegangen, hatten sich sogar nett unterhalten und gemeinsam auf Otaola gewartet.

Als Woodhams, der zwei Jahre älter war als Carlos, der Spanierin von dem Artikel im »Guardian« erzählte, zeigte sie ihm die beiden Briefe, die sie kurz zuvor von Carlos bekommen hatte. »Liebe Angela, wie Du weißt, ist die Lage hier brenzlig geworden, und ich bin abgehauen«, war da zu lesen. »Diesen Brief schicke ich Dir in zweifacher Ausführung, einen ins Bistro und einen zu Dir nach Hause. Falls mir irgend etwas zustoßen sollte oder ich die Adresse falsch geschrieben habe, wird Dich auf jeden Fall einer erreichen. Ruf bitte meine Freundin [gemeint ist María Nydia Romero de Tobón] noch nicht an. Ich weiß nicht, wie lange ich fortbleibe, aber ich hoffe, daß ich bald zurück bin. Was den ›Chiquitín‹ [Winzling] betrifft, so habe ich den für seinen Verrat in eine bessere Welt geschickt. Küsse, Carlos.«

Für Woodhams bestand nun kein Zweifel mehr, daß die Geschichte im »Guardian« stimmte. Er nahm sich daraufhin den schwarzen Lederkoffer von Carlos vor, der in der Wohnung versteckt war. Das billige Vorhängeschloß bildete dabei kein großes Hindernis. Zuerst bekam er einen tschechischen Automatikrevolver, Kaliber 7,36 mm, zu Gesicht. Woodhams, der in Nordrhodesien aufgewachsen war und dort seinen Vater gelegentlich bei Jagdausflügen begleitet hatte, kannte sich mit Waffen etwas aus. Er sah sofort, daß dies die Ausrüstung eines Profikillers war. Der Lauf der Waffe verfügte über ein Gewinde, auf das man einen Schalldämpfer schrauben konnte. Daneben befanden sich noch Plastiksprengstoff, einige Stangen Gelatinedynamit, eine Browning, Kaliber 9 mm, sowie ein chilenischer Paß, ein kuwaitischer Führerschein, ein Stempel für britische Einreisevisa und ein grünes Metallkästchen, dessen Schloß Woodhams jedoch nicht aufbekam. Was tun mit dem Fund? Zur Polizei wollte er nicht gehen, vermutlich würden sie ihm und Angela Otaola nicht glauben, daß sie unwissend monatelang förmlich auf einem Pulverfaß in der Wohnung gelebt hatten. Anstelle der Polizei rief Woodhams deshalb den »Guardian« an.

Die Tageszeitung berichtete in großen Lettern auf ihrer nächsten Titelseite: »Waffenlager in Londoner Wohnung gefunden.« Der Artikel sparte auch nicht mit Details. So endete er damit, daß der Koffer mit den Waffen hinter einem Bücherregal gefunden worden sei, in dem auch eine Ausgabe des Romans »Der Schakal« von Frederick Forsyth gestanden habe. In dem Roman wird die Geschichte eines kaltblütigen Profikillers mit dem Decknamen »Schakal« beschrieben, der den Auftrag hat, den französischen Staatspräsidenten General de Gaulle zu liquidieren. Als Versteck benutzt die Romanfigur vorzugsweise Wohnungen von hübschen Frauen in London und Paris. Da half es wenig, daß Woodhams darauf hinwies, daß die Bücher in dem Regal ihm gehörten, und Carlos vermutlich keines davon gelesen hatte. Den Reportern vom »Guardian« war dies egal. Die Ähnlichkeit zwischen der Romanfigur und dem realen Killer war einfach zu frappierend. In den Folgeartikeln bekam Carlos stets die Zusatzbezeichnung »Der Schakal«. Später wurde sogar darüber spekuliert, ob sich Carlos von dem Roman inspirieren lassen und deshalb den Beruf des Profikillers ergriffen hatte. Jedenfalls war damit ein neues, griffiges Bild entstanden: Carlos, der Schakal.

Die Berichterstattung hatte für Woodhams und Angela Otaola unangenehme Folgen. Ihre Wohnungen wurden von der Polizei durchsucht, und beide wurden noch am selben Tag verhaftet, genau wie María Nydia Romero de Tobón, die in Carlos' Brief an Otaola vorkam. Die Kolumbianerin lebte zu dieser Zeit in der konspirativen Wohnung, die der Venezolaner einst angemietet hatte, um dort den Emirats-Botschafter Al Tadschir nach einer Entführung zu verstecken. Scotland Yard brauchte nicht sonderlich lange, um die entsprechenden Pläne aus Nydia herauszubekommen, wie es auch gelang, die wahre Identität des »Schakals« zu ermitteln: Ilich Ramírez Sánchez, Staatsbürger Venezuelas.

Aber die größte Entdeckung machten die Beamten in dem grünen Metallkästchen, das noch immer verschlossen war. Darin befand sich ein alter Kalender aus dem Jahre 1973, den Carlos als Notizbuch verwendet hatte, in dem er seine Planungen über Attentate und Morde festhielt. Auf dem Kalenderblatt vom 4. August 1973 war etwa das Vorhaben skizziert, eine internationale Konferenz von OPEC-Ministern zu überfallen. Außerdem entdeckte Scotland Yard eine Liste mit Namen von fast 750 Personen, die offensichtlich umgebracht werden sollten. An erster Stelle stand der Name des saudi-arabischen Ölministers Ahmed Saki Yamani, im weiteren folgten die Namen des britischen Dramatikers John Osborne und dessen Frau Jill Bennett sowie des Geigengenies Yehudi Menuhin.

Die Willkür dieser Liste und die Unmengen an völlig unverschlüsselten Notizen ließen die Ermittler lange rätseln und dann zu dem Schluß kommen, daß es sich bei diesem Carlos eher um einen Spinner denn um einen Terroristen handeln müsse. Zu stümperhaft waren das Waffenlager angelegt und zu laienhaft die Mordpläne entworfen worden. So würde niemals ein gefährlicher Profi handeln. In der Öffentlichkeit überschlugen sich die Spekulationen. Auch die »Times« vermutete nun, daß es sich beim »Schakal« um einen von Moskau ausgebildeten Terroristen handele, der außer Kontrolle geraten sei.

Carlos war derweil mit seinen falschen Papieren in Algier angelangt, wo er mehrere Wochen genüßlichen Urlaubs verbrachte. Nachts trieb er sich meist in einem exklusiven Nachtclub in Saint-Eugène herum, begleitet von algerischen Geheimdienstoffizieren. Ende August machte er sich dann auf den Weg nach Aden, zum Rapport bei »Meister« Haddad.

Als Carlos in dem Trainingscamp ankam, hatten dort gerade auch Mitglieder anderer Terrororganisationen Unterschlupf gefunden, etwa Peter-Jürgen Boock von der *Roten Armee Fraktion*. Zusammen mit den Palästinensern machte sich Boock über den Venezolaner lustig, dem das ausschweifende Leben in Algerien ganz offensichtlich nicht gutgetan hatte. Carlos war völlig aufgedunsen, sein Kopf wirkte wie eine Melone. Zugenommen hatten auch Bauch und Oberkörper. Die Kampfgefährten im Lager zerrissen sich jedenfalls das Maul und witzelten, daß er unter seinem Kampfanzug eigentlich einen Büstenhalter tragen müßte. Die Palästinenser setzten Carlos erst einmal auf Diät und ließen ihn ein gnadenloses Trainingsprogramm absolvieren. Schließlich hatte Wadi Haddad noch nicht entschieden, was mit ihm zu geschehen habe.

Der nunmehr 36jährige Wadi Haddad war 1939 in Safad in Galiläa/Palästina als Sohn eines griechisch-orthodoxen Lehrers geboren worden und in Jerusalem aufgewachsen. Die Gründung des Staates Israel im Jahre 1948 und der darauf folgende Krieg hatten den damals Neunjährigen zum Flüchtling gemacht. Aus dieser Kindheitserfahrung resultierte sein abgrundtiefer Haß gegen alle Juden. Der Terror gegen die Palästinenser im Vorfeld der israelischen Staatsgründung und die Vertreibung von über 600 000 arabischen Einwohnern aus dem neu geschaffenen Staat, so glaubte Haddad, gaben ihm das Recht, mit Terror zurückzuschlagen, denn nur so ließe sich ein eigener Palästinenserstaat schaffen. Haddad, der einst Medizin studiert hatte, um Menschenleben zu retten, war dazu übergegangen, für seine Überzeugung zu töten. Und das Terroristennetz in Europa spielte dabei eine entscheidende Rolle, denn ein Anschlag in einer europäischen Metropole brachte der PFLP mehr Aufmerksamkeit als jeder Überfall auf einen israelischen Kibbuz.

Um so erzürnter war Haddad, als ihm Carlos über die Ereignisse in Paris Bericht erstattete. In den Augen des Führers der PFLP-SC hatte es Carlos binnen kurzer Zeit geschafft, das sorgfältig aufgebaute Netzwerk von Helfern und Waffenlagern mit seinem Aktionismus zu zerstören. Die Liste der Pannen war ziemlich lang. Weder hatte Carlos die ihm aufgetragenen Anschläge zur Zufriedenheit ausgeführt, noch hatte er die einfachsten Sicherheitsregeln beachtet. Dadurch waren Sympathisantinnen in London und Paris verhaftet worden, genauso wie Johannes Weinrich, der deutsche Genosse, der wegen seiner Beteiligung an dem gescheiterten Bombenanschlag auf dem Pariser Flughafen Orly nun in Deutschland im Gefängnis saß. Zudem schien es mehr als fraglich, ob Michel Moukarbel wirklich ein Verräter war. Vielmehr sprach einiges dafür, daß Carlos einfach überreagiert hatte. Schließlich hatte Moukarbel den Venezolaner zuvor darüber informiert, daß er ins Visier des französischen Geheimdienstes geraten war. Aber statt unterzutauchen und vorher die Waffendepots aufzulösen, hatte es Carlos nicht einmal für nötig befunden, die Genossen darüber zu unterrichten, daß der DST an den Fersen Moukarbels klebte. Carlos war statt dessen auf die glorreiche Idee gekommen, Wilfried Böse mit Geld und Papieren direkt zu Moukarbel zu schicken, so daß der Deutsche ebenfalls zeitweilig verhaftet worden war und verschwinden mußte.

Das war für Haddad dann doch zuviel. Es bestätigte ihn noch einmal in seinen Vorurteilen gegenüber ausländischen Gefolgsleuten. Meist waren es verzogene Wohlstandsjüngelchen, die lediglich auf Abenteuer aus waren. In den Ausbildungslagern der

PFLP führten sie sich manchmal auf, als wären sie zum Erholungsurlaub dort, und beklagten sich noch über Versorgung und Unterbringung. Die Mitglieder von Organisationen wie etwa der RAF, der *Revolutionären Zellen* oder der *Japanischen Roten Armee* hatten vom Leid des palästinensischen Volkes einfach keine Ahnung. Sie waren nützliche Partner, im Krieg gegen Israel eine willkommene Fremdenlegion, doch letztlich nicht wirklich von der palästinensischen Sache erfüllt.

Was dieser Carlos angerichtet hatte, kam einer Zerschlagung der mühsam aufgebauten Organisation in Europa gleich. Selbst Haddads Kuriere konnten nicht mehr die herkömmlichen Routen benutzen, weil die Flughäfen in London und Paris inzwischen strengstens kontrolliert wurden. Das Frappierendste war für den Chef der PFLP-SC, daß dieser Dilettant noch nicht einmal Schuldbewußtsein zeigte. Stolz präsentierte Carlos statt dessen Zeitungsausschnitte, in denen er als kaltblütiger Killer beschrieben und mit der Romanfigur »Der Schakal« verglichen worden war.

Am liebsten hätte Haddad diesen Carlos einfach vor ein internes Gericht gestellt und ihn zum Tode verurteilen lassen, schließlich waren andere Mitglieder der PFLP-SC schon für weit geringere Verfehlungen hingerichtet worden. Immerhin hatte er den Tod eines Kampfgefährten sowie die Verhaftung einer Reihe von Gefolgsleuten auf dem Gewissen. Doch Haddad hatte es sich zum Prinzip gemacht, sich nicht von persönlichen Gefühlen leiten lassen. Vielmehr überlegte er, wie er den eigenwilligen Mythos, den die internationale Presse um Carlos geschaffen hatte, für die eigene Sache nutzen konnte. Zudem hatte der venezolanische Hitzkopf etwas gutzumachen, so daß man ihn in dieser Situation auch mit einer hochst riskanten Aktion beauftragen konnte. Statt ihn aus dem Verkehr zu ziehen, beschloß Haddad daher, Carlos mit einem Überfall auf die zweimal jährlich stattfindende Konferenz der Ölminister der Organisation erdölexportierender Länder (OPEC) zu betrauen, die demnächst wieder im Herzen Europas, in Wien, stattfinden sollte. Ein Terroranschlag, durchgeführt von »Carlos, dem Schakal«, würde weltweit für Schlagzeilen sorgen und die Forderung nach einem eigenständigen Palästinenserstaat nochmals mit Gewalt verdeutlichen.

Seit längerem wurde bereits über eine solche Aktion nachgedacht, zumal sich innerhalb der OPEC in jüngster Zeit einige arabische Staaten fanden, die nicht bereit waren, die palästinensische Sache mit »angemessenen« Geldbeträgen zu unterstützen, und die sich auch weigerten, einer weiteren Erhöhung der Erdölpreise zuzustimmen. Letzteres machte einige arabische Mitgliedsstaaten in der OPEC, konkret Saudi-Arabien und den Iran, nicht nur in den Augen der PFLP zu Handlangern der imperialistischen Großmächte. Besonders der libysche Diktator Muammar al Gaddafi sah dies genauso und erklärte sich gegenüber Haddad bereit, einen Überfall auf die OPEC-Konferenz mit Geld, Waffen und logistischer Hilfe zu unterstützen.

Carlos war in derartige Überlegungen schon einmal 1973 einbezogen worden, nur hatte bei den damaligen Planungen noch Michel Moukarbel eine entscheidende Rolle gespielt. Nach dessen gewaltsamem Tod mußte Carlos nun ein anderer kompetenter Mann zur Seite gestellt werden, der möglichst auch eine gewisse Kontrolle über den Venezolaner hatte. Schließlich fände die Entführung der Konferenzteilnehmer quasi unter den Augen der Weltöffentlichkeit statt, und man konnte sich keine abenteuerlichen Spontanentscheidungen leisten. Alles mußte bis ins kleinste Detail geplant werden und dann nach Drehbuch ablaufen. Haddad entschied sich deshalb für Anis Naccache alias »Khalid«, einen Libanesen, der nicht nur ein fanatischer Moslem, sondern auch ein umsichtiger Stratege war.

Im September 1975 begannen die beiden dann mit den konkreten Vorbereitungen. Carlos und Naccache trafen sich dazu in Beirut, wo der erste Operationsplan erarbeitet wurde. Danach war vorgesehen, zusammen mit vier weiteren Kämpfern die OPEC-Konferenz in Wien mit Waffen zu stürmen, möglichst viele Ölminister als Geiseln zu nehmen und von der österreichischen Regierung ein Flugzeug zu verlangen, das sie nach Libyen bringen sollte. Von Tripolis aus sollten die entführten OPEC-Minister mit einem Langstreckenflugzeug, das Libyen zur Verfügung stellen wollte, auf einer Art Propagandareise der Reihe nach in die jeweilige Hauptstadt ihres Landes geflogen werden. Dort sollte der betreffende OPEC-Minister freigelassen werden, vorausgesetzt, er hätte zuvor eine propalästinensische Erklärung verlesen und sein Land hätte einen Obolus von jeweils fünf Millionen US-Dollar an die PFLP entrichtet. Wadi Haddad wollte auf diese Weise gleich drei Fliegen mit einer Klappe schlagen. Zum einen sollte der Weltöffentlichkeit die Dringlichkeit des Palästinaproblems nochmals vor Augen geführt werden, zum anderen galt es, Geld in die ausgezehrte Kriegskasse der PFLP zu spülen und ganz nebenbei noch einem wichtigen Finanzier des palästinensischen Terrors einen Gefallen zu tun, nämlich Muammar al Gaddafi.

Auf Wunsch des libyschen Diktators gab Haddad die Weisung aus, daß während der Aktion zwei Ölminister zu liquidieren seien, und zwar der iranische Minister Dschamschid Amusegar und dessen saudi-arabischer Kollege Ahmed Saki Yamani. Gaddafi war die Ölpreispolitik Saudi-Arabiens und des Irans seit längerem ein Dorn im Auge. Saudi-Arabien trat damals für die Stabilität des Ölpreises ein, und Scheich Yamani hatte höchstpersönlich in zähen Verhandlungen innerhalb der OPEC durchgesetzt, daß der Preis für Rohöl vorerst nicht weiter angehoben wurde – und hatte damit in den Augen Gaddafis sein eigenes Todesurteil unterzeichnet. Vollstrecken sollte es nun Carlos.

Die Arbeitsteilung für Wien sah nämlich vor, daß Naccache nach dem Erstürmen des OPEC-Gebäudes für den politischen Bereich zuständig sein und sämtliche Verhandlungen führen sollte, während Carlos die Verantwortung für den militärischen Teil trug und sich um Waffen sowie die Rekrutierung und Einweisung der übrigen Kommandomitglieder zu kümmern hatte. Auf seine Empfehlung hin wurden daher neben zwei Palästinensern auch zwei deutsche Genossen einbezogen. Carlos hatte die Erfahrung gemacht, daß deutsche Terrororganisationen wie die *Revolutionären Zellen* keine eigene ideologische Ausrichtung hatten und deshalb für fast jede Aktion zu verwenden waren, ohne daß zuvor große ideologische Grundsatzdebatten geführt werden mußten. Konkret dachte Carlos an die Rekrutierung von Gabriele Kröcher-Tiedemann alias »Nada«. Sie gehörte zur *Bewegung 2. Juni*, neben der RAF und der RZ die dritte linke Terrororganisation in Deutschland. Kröcher-Tiedemann lebte im Nahen Osten im Untergrund und war erst ein paar Monate zuvor, im März 1975, in Deutschland aus der Haft freigepreßt worden. Sie hatte zu einer Gruppe von fünf Terroristen gehört, die im Austausch gegen den entführten Berliner CDU-Politiker Peter Lorenz freigekommen und nach dem Jemen ausgeflogen worden waren. Bei der Wahl des zweiten deutschen Kommandomitgliedes entschied sich Carlos für Hans-Joachim Klein alias »Angie«, benannt nach dem gleichnamigen Song der Rolling Stones. Klein war Carlos bereits vertraut, da er im April 1975 in London zu dem Kommando gehört hatte, das den Emirate-Botschafter Tadschir entführen sollte. Carlos beauftragte den Kopf der RZ, Winfried Böse, sich persönlich um die Rekrutierung von Klein zu kümmern. Ferner war Böse für die logistische Absicherung der OPEC-Operation zuständig, etwa das Besorgen von konspirativen Wohnungen in Wien und das Ausspähen des Konferenzgebäudes.

Im November 1975 wurde Hans-Joachim Klein in den Frankfurter Stadtwald bestellt. Dort warteten zwei Mitglieder der RZ auf ihn. Die konspirative Vorgehensweise war notwendig geworden, da es sich bei einem der zwei RZ-Mitglieder um Brigitte Kuhlmann handelte. Zusammen mit ihrem Lebensgefährten Wilfried Böse hatte sie es nach den Ereignissen in Paris vorgezogen unterzutauchen. Schließlich war Wilfried Böse kurzfristig verhaftet und nach Deutschland abgeschoben worden. Seitdem ging das Terroristenpärchen davon aus, daß die Behörden verstärkt ein Auge auf sie geworfen hatten. Ein Agieren nach bewährtem RZ-Muster, wonach man zur Tarnung ein ganz normales Leben führte und erst nach Feierabend aktiv wurde, war deshalb nicht mehr sinnvoll.

Kuhlmann kam gleich zur Sache. Ein vorsichtiges Abchecken, wie es in einem RZ-Leitfaden für Anwerbungsgespräche empfohlen wurde, war bei Hans-Joachim Klein nicht erforderlich. Normalerweise sollten beim Anwerber zuerst »die Motivation, das Bewußtsein und der Wille« überprüft werden, ob »er bereit und psychisch in der Lage ist, die Folgen (Knast usw.) zu überstehen, wenn er mal von den Bullen aufgerollt wird«. Aber mit Klein war das alles schon einmal durchexerziert worden, als er in London im Einsatz war. Kuhlmann verzichtete deshalb auf die sonst übliche Standardansprache, mit der die Rekruten auf Risiken aufmerksam gemacht werden und darauf, welche Sicherheitsregeln zu beachten sind. Sie kam gleich zum politischen Teil und legte in dem für die RZ typischen Kauderwelsch los: »Die Lage für den palästinensischen Widerstand ist so beschissen wie nie zuvor. In Beirut soll die letzte Schlacht geschlagen werden. Die Petro-Staaten halten sich aus der ganzen Sache heraus, teilweise sind sie sogar für ein zweites Jordan-Tal, nur soll es diesmal perfekt sein. [Gemeint ist die Ermordung vieler palästinensischer Kämpfer im »Schwarzen September« in Jordanien durch die dortigen Sicherheitsbehörden.] Die Toten haben jetzt schon das Doppelte des Jordan-Massakers erreicht. Und die Israelis pumpen Massen von Waffen auf die Phalange-Seite [rechtsradikale Partei im Libanon, deren christliche Milizen oft in Absprache mit Israel gegen linke palästinensische Gruppen wie die PFLP kämpften] und unterstützen diese sogar mit Artilleriefeuer. Gleichzeitig kapern sie die lebensnotwendigen Versorgungsschiffe des linken Widerstands. In den Lagern der palästinensischen Genossen ist die Hölle los.«

Brigitte Kuhlmann war Lehrerin von Beruf. Wohl deshalb hatte sie einen Hang zum Dozieren. Aber nun kam sie endlich zur Sache: »Die PFLP hat deshalb eine Aktion vor, um bei den Petro-Staaten wieder mehr Interesse für ihre und für die Probleme des gesamten palästinensischen Volkes zu wecken und in Erinnerung zu rufen. Wir haben zugesagt, daß einer von uns daran teilnimmt. Das ist alles sehr kurzfristig angesetzt, und wir haben deswegen einige Probleme. Die PFLP besteht darauf, daß da nur Genossen mitmachen können, die eine militärische Ausbildung schon hinter sich haben. Carlos hat deswegen gemeint, daß er es ganz gut finden würde, wenn du da mitmachen würdest; du seiest in London sehr zuverlässig gewesen. Wenn du nicht mitmachst, werden wir 'ne andere Lösung finden müssen, ist halt nur ungeheuer schwierig, weil wir einen anderen Genossen von uns erst in den Jemen schicken müßten, damit er 'ne militärische Ausbildung bekommt. Realistisch hieße dies, daß die Aktion wahrscheinlich nicht laufen wird. Es macht auch jemand mit, der einigermaßen Deutsch spricht, so daß es für dich auch keine allzu großen Sprachprobleme dabei gäbe.«

Hans-Joachim Klein war neugierig geworden. Er wollte von Kuhlmann wissen, was eigentlich geplant sei. Kuhlmann redete nun nicht länger um den heißen Brei herum: Ein Überfall auf die OPEC-Konferenz in Wien, bei dem die Delegierten der 13 Mitgliedsstaaten als Geiseln genommen werden sollten. Zunächst war Klein etwas sprachlos. Er äußerte Zweifel, ob eine solche Operation überhaupt durchführbar sei. Kuhlmann jedoch erwiderte: »Doch, das klappt, nähere Informationen bekommst du allerdings erst, wenn du dich entschieden hast, da mitzumachen.« Klein bat um zwei oder drei Tage Bedenkzeit.

Hans-Joachim Klein war am 21. Dezember 1947 geboren worden. Wenige Monate nach seiner Geburt nahm sich seine Mutter das Leben. Klein kam in ein Kinderheim, dann zu Pflegeeltern und schließlich mit zehn Jahren zu seinem leiblichen Vater, der zwischenzeitlich wieder geheiratet hatte und ihn regelmäßig windelweich schlug. Nach der Volksschule fing Klein eine Lehre als KfZ-Mechaniker an, die er aber nach drei Jahren ohne Abschluß abbrach. Mit 18 zog er von Zuhause aus, ging nach Frankfurt und jobbte als Telegrammzusteller bei der Post. 1967 wurde er beim Autodiebstahl erwischt und kam für acht Monate in Jugendhaft. Seine Entlassung aus dem Gefängnis fiel zusammen mit dem Höhepunkt der Studentenunruhen. Überall in Frankfurt wurde demonstriert, fanden Straßenschlachten statt, wurden Häuser besetzt. Klein war fasziniert von dem Studenten-Milieu. Als seine Einberufung zur Bundeswehr anstand, bekam er Kontakt zu einer Gruppe von Wehrdienstverweigerern. Doch statt ihn zu beraten, wie er sich dem Bund entziehen könnte, überredeten sie ihn, sich zur Bundeswehr einziehen zu lassen, um einerseits eine ordentliche Waffenausbildung zu bekommen und andererseits von innen heraus die Wehrkraft zu zersetzen.

Klein, der ohnehin ein Faible für Waffen hatte und stets die neusten Ausgaben irgendwelcher Waffenheftchen bei sich trug, ging darauf ein. Zugleich stieg damit sein Ansehen in der Frankfurter Sponti-Szene, wo er wegen seiner großen Klappe »Klein-Klein« genannt wurde. Für die Studenten hatte er eine Alibi-Funktion, er war sozusagen der Vorzeige-Proletarier. Später schmückten sich auch Führungsfiguren wie Daniel Cohn-Bendit gern mit ihm. Als 1974 beispielsweise der französische Schriftsteller Jean-Paul Sartre nach Deutschland gekommen war, um auf Vermittlung von Cohn-Bendit in Stammheim inhaftierte Mitglieder der RAF zu besuchen, hatte Klein als Chauffeur fungieren dürfen.

In dieser Zeit steigerte sich seine Gewaltbereitschaft immer mehr. Zunächst gehörte er zur sogenannten Putztruppe, die sich bei Demonstrationen in Frankfurt wüste Prügeleien mit der Polizei lieferte und zeitweilig von Joschka Fischer, der es später zum Außenminister der Bundesrepublik bringen sollte, angeführt wurde. Alsbald liebäugelte Klein mit den Zielen und Methoden der RAF, befürwortete deren tödliche Terroranschläge und beschimpfte Cohn-Bendit, der solche Gewalt strikt ablehnte, öffentlich als »Schwein«, »obersten Renegaten« und »Hirnakrobaten«, der wie Fischer und die anderen lediglich zu feige sei, die Revolution auch auf der Straße in die Tat umzusetzen.

Über die Terroristen Monika Haas und Rolf Pohle nahm Klein Kontakt zur RAF auf. Für die Terrororganisation besorgte er konspirative Wohnungen in Frankfurt und tauschte bei Banken

Geld um, das die RAF bei Raubüberfällen erbeutet hatte. Letztlich trat Klein aber der RAF nicht bei, weil er nicht in den Untergrund gehen und auf seine gewohnte Umgebung in Frankfurt-Bockenheim verzichten wollte. Das Konzept der RZ, deren Mitglieder in der Legalität mit all ihren Annehmlichkeiten lebten und nur zu den Terroraktionen untertauchten, entsprach ihm viel mehr.

In dieser Zeit lief Klein auch Wilfried Böse über den Weg, der in ihm einen geeigneten Kandidaten für die RZ ausmachte. Behutsam kümmerte er sich um Klein, nahm den Waffenfetischisten hin und wieder mit nach Paris zu Treffen mit Carlos, der Klein stolz seine dortige Waffensammlung vorführte. Klein war ganz angetan von Carlos, den er anfangs für einen Mafioso hielt. Ansonsten konnte Klein den Unterhaltungen von Carlos und Böse nicht folgen. Die beiden sprachen stets Englisch miteinander, eine Sprache, die Klein nicht verstand.

Zwei Tage nach dem Gespräch im Frankfurter Stadtwald traf sich Klein noch einmal mit Brigitte Kuhlmann. Er hatte sich die Sache mit dem Überfall auf die OPEC-Konferenz reichlich durch den Kopf gehen lassen. Trotzdem war er noch zu keinem endgültigen Entschluß gekommen. »Den Deutschen Bundestag zu entführen, hört sich auch ganz gut an, aber allein mit der Information kann ich keine Entscheidung treffen, die mich vielleicht sogar das Leben kosten kann«, sagte er.

Kuhlmann zögerte, doch schließlich rückte sie mit der Sprache heraus. »Alle sicherheitsrelevanten Informationen über die Konferenz und ihre Bewachung erhalten wir beziehungsweise die PFLP von Libyen, das auch selbst an der Konferenz teilnimmt. Von denen erhalten wir auch alle Waffen etc. pp., die in Wien für diese Aktion benötigt werden.«

Klein wollte nun wissen, welches Land das Terrorkommando nach Beendigung der Operation aufnähme. »Libyen nimmt das Kommando auf«, sagte Kuhlmann, »obwohl vorher die Minister Yamani und Amusegar erschossen werden sollen. Der erste ist von Saudi-Arabien und der andere von Persien und darüber hinaus seines Zeichens Innenminister und Chef des Geheimdienstes SAVAK.«

Klein war baff. Mord gehörte bislang nicht zu den Mitteln der *Revolutionären Zellen*. Darin unterschied sich die RZ ganz bewußt von der RAF. Bislang galt das Credo: Gewaltaktionen beschränken sich auf Anschläge gegen Sachen. Außer mit Bombenanschlägen hatte sich die RZ bislang mit eher phantasievollen Aktionen hervorgetan. Topmanagern von Energiekonzernen waren nicht bestellte Waschmaschinen, komplette Einbauküchen oder Särge samt Rechnung ins Haus geliefert worden, und vor vier Monaten hatten sie in Berlin 120 000 gefälschte Sammelfahrscheine der BVG im Wert von 360 000 Mark sowie Schwarzfahrertips unter die Leute gebracht. Aber Aktionen, bei denen Menschen ums Leben kommen könnten, wurden strikt abgelehnt.

Klein wunderte sich über die Kehrtwende bei Kuhlmann und Böse und deren Bereitschaft zu Mordaktionen. Aber vielleicht hatte dies auch damit zu tun, daß die beiden zwischenzeitlich wie die RAF-Mitglieder ebenfalls im Untergrund lebten, sich also voll und ganz dem Terrorismus verschrieben hatten und es vermutlich dann auf einen Mord auch nicht mehr ankam.

Gegen die Ermordung des iranischen Geheimdienstchefs Amusegar hatte Klein nichts einzuwenden. Über den SAVAK und dessen Foltermethoden war ihm genug Schreckliches zu Ohren gekommen. Doch die Liquidierung des saudi-arabischen Ölministers Ahmed Saki Yamani wollte ihm nicht recht einleuchten. Nach einigem Hin und Her sagte er schließlich trotzdem zu, jedoch mit der Einschränkung, seine endgültige Entscheidung erst dann zu treffen, wenn er mit Carlos persönlich über den Zweck der Aktion und deren Ablauf gesprochen habe. Brigitte Kuhlmann gab sich damit erst einmal zufrieden.

Anfang Dezember 1975 ging es dann los. Zusammen mit Brigitte Kuhlmann fuhr Klein zunächst nach Zürich, damit später nicht so einfach die Spur zurückverfolgt werden könnte. Dort mietete sich Klein unter dem Namen »Christian von der Decken« für zwei Tage im Hotel »Hinter Sternen« ein. Im Nachbarzimmer quartierte sich Gerd-Hinrich Schnepel unter seinem richtigen Namen ein. Schnepel war neben Wilfried Böse der heimliche Kopf der RZ. Aber Schnepel und Böse teilten zu der Zeit nicht nur die politischen Ziele, sondern auch die Frau. Brigitte Kuhlmann schlief deshalb bei Schnepel im Zimmer, während Böse sich mit dem geliehenen Paß eines RZ-Mitgliedes namens Hermann Feiling in ein anderes Hotel einquartierte. Nach zwei Tagen fuhren alle mit der Bahn weiter nach Wien.

Im selben Zug saß auch Carlos, ohne daß dies die RZ-Mitglieder wußten. Davon erfuhren Klein und Böse erst, als sie ihn ein paar Tage später zufällig in Wien trafen. Carlos lief ihn geradezu in die Arme, als er ein Hutgeschäft verließ, wo er sich eine Baskenmütze im Che-Guevara-Look gekauft hatte. Carlos war kaum wiederzuerkennen. Die Radikalkur im palästinensischen Ausbildungslager hatte ihn verändert. Er war wieder schlank und hatte sich zudem einen Schnurrbart und Koteletten wachsen lassen. Mit seiner Baskenmütze und dem langen Trenchcoat, den er trug, stach er regelrecht aus der Menge hervor. Aber den zur internationalen Fahndung ausgeschriebenen Terroristen störte dies wenig. Ausgelassen lud er seine deutschen Gefährten zum Essen ein. Bei dieser Gelegenheit erfuhren die beiden Deutschen näheres über die bevorstehende Aktion. In den folgenden Tagen würden die anderen Mitglieder des Kommandos, Gabriele Kröcher-Tiedemann alias »Nada« sowie die drei Araber, eintreffen, erklärte Carlos. Der Treffpunkt sei das Café »Demel«. Und spätestens am 19. oder 20. Dezember, versicherte er, würde die Operation über die Bühne gehen.

Während Carlos im Hotel »Hilton« abgestiegen war, hatten sich die Deutschen eine günstige Pension am Stephansdom gesucht. Zwischenzeitlich waren vier weitere Mitglieder der RZ in Wien eingetroffen. Sie mieteten sich jeweils zu zweit eine Wohnung außerhalb Wiens, kundschafteten das OPEC-Gebäude aus und durchforsteten mehrere Zeitungsarchive auf der Suche nach brauchbaren Berichten über frühere OPEC-Sitzungen.

Eine Woche später suchte Carlos entgegen jeder Absprache Klein und Böse in deren Hotel auf. Auf dem Zimmer von Böse kam es zu einer hitzigen Unterredung. Carlos referierte zuerst über den geplanten Ablauf der Aktion. Weil Klein kein Wort Englisch verstand, mußte Böse alles übersetzen. Dabei wurde noch einmal deutlich, daß die Idee zu dem Überfall von Libyen stammte. Von einem Mitglied der libyschen OPEC-Delegation, so versicherte Carlos, würde er in den nächsten Tagen auch die notwendigen Informationen über die Sicherheitsmaßnahmen im OPEC-Gebäude und die entsprechenden Waffen erhalten, die im Diplomatengepäck aus Tripolis nach Wien gebracht würden. Danach klärte Carlos Hans-Joachim Klein über den geplanten Ablauf des Überfalls auf.

In der Phase eins sollte ein sechsköpfiges Kommando in das Gebäude eindringen und die Ölminister sowie die Bediensteten der OPEC als Geiseln nehmen. Carlos machte dabei deutlich, daß er der Chef des Kommandos sei. Für den Fall, daß ihm etwas passiere, würde Anis Naccache, Kampfname »Khalid«, das Sagen haben. Zu dem sechsköpfigen Kommando würden außerdem zwei Palästinenser mit den Decknamen »Jussuf« und »Josef« gehören, sowie Klein alias »Angie« und Gabriele Kröcher-Tiedemann alias »Nada«. Letzere hatte Carlos nach ihrer Freipressung im Trainingscamp kennengelernt. Mit den Geiseln als Pfand würden sie das Verlesen eines Manifestes verlangen und dann ein Flugzeug.

Danach würde Phase zwei der Operation beginnen. Mit dem Flugzeug ginge es nach Tripolis, wo man mit den Geiseln in einen Langstrecken-Jet umsteigen werde. Damit flögen sie einen Ölminister nach dem anderen in sein Heimatland, wo er freigelassen würde, nachdem er eine propalästinensische Erklärung abgegeben habe. Sollte sich ein Minister weigern, würde er erschossen werden. »Ausgenommen sind die Minister von Saudi-Arabien und Persien«, sagte Carlos, »die werden sowieso erschossen, und zwar von mir.«

Überhaupt gelte es, bei der ganzen Aktion hart durchzugreifen: »Wer Widerstand leistet, wird sofort erschossen; wer den Befehlen nicht unverzüglich nachkommt, wird erschossen; wer versucht zu entkommen, wird erschossen; wenn jemand hysterisch wird und anfängt zu kreischen und ausflippt, wird er erschossen.« Carlos setzte unmißverständlich noch hinzu: »Wenn ein Mitglied des Kommandos meinen Befehlen nicht nachkommt oder seine vorher besprochenen Anweisungen nicht erfüllt und somit die Operation gefährdet, wird derjenige erschossen.«

Als Böse Hans-Joachim Klein diese Instruktionen ins Deutsche übersetzte, rastete dieser aus. Er brüllte Carlos an, verbat sich, zu einem Killer umfunktioniert zu werden, und fragte schließlich: »Ist dir eigentlich klar, daß man mit einer Waffe nicht nur töten, sondern auch verletzen kann?« – »Wenn einer Widerstand leistet oder einem Befehl nicht sofort nachkommt, muß er erschossen werden«, brüllte Carlos zurück. »Das ist eine Überlebensfrage des Kommandos, weil die Sicherheitsbehörden draußen nicht lange auf sich warten lassen werden. Wenn die kommen, und wir haben in der Zeit den Laden nicht unter Kontrolle, haben wir verloren. Und was 'ne hysterische Sekretärin betrifft, so muß die sehr wohl sofort zum Schweigen gebracht werden, weil das sehr schnell eine Massenpanik nach sich ziehen kann, die dann nicht mehr unter Kontrolle zu bringen ist. Das alles hat also mit Killen überhaupt nichts zu tun, sondern ist eine militärische Notwendigkeit im politischen Kampf.«

Wilfried Böse versuchte Klein zu beschwichtigen: »Es ist schon richtig, daß wir keine Killer sind und sein wollen. Nimm doch nicht alles so wörtlich, was Carlos da sagt. Ich kenne ihn jetzt lange genug, um zu wissen, daß er gerne übertreibt und auf den Putz haut.«

Wohlweislich verschwieg Böse, wie gut er Carlos wirklich kannte. Kein Wörtchen sagte er zu Klein über dessen kaltblütige Morde in Paris. Für den Fall, daß bei der OPEC-Operation eine Geisel tatsächlich ausflippen sollte, riet Böse dem immer noch besorgten Klein: »Es ist schon richtig, daß es keinen Grund dafür gibt, einen zu erschießen, nur weil er ausflippt oder hysterisch wird. Es gibt auch keinen Grund, jemanden zu erschießen, weil er abhauen will, aber verhindern muß man das natürlich. Ein Schuß ins Bein langt ja auch.«

Irgendwie schaffte es Böse, Klein zu beruhigen und von der Sache zu überzeugen. Zum Schluß hatte Klein nur noch eine Bitte: Sollte er bei dem Überfall eine Verletzung davontragen, die ihn zum Krüppel machen würde, möge man ihn erschießen. Aber vorerst kam es sowieso nicht zum Überfall auf die OPEC. Die Aktion mußte verschoben werden. Gabriele Kröcher-Tiedemann und die drei Araber waren nicht zum vereinbarten Termin in Wien eingetroffen. Doch Carlos machte gute Miene zum bösen Spiel. In Wien klappe alles bestens, ließ er Haddad per schriftlicher Nachricht wissen, man kümmere sich um die geeignete Unterkunft, Böse und seine ganze »Familie« (Deckname für die RZ) seien auch hier, und Klein sei ganz glücklich, mit ihm, Carlos, »Urlaub zu machen«. Allerdings sei Kröcher-Tiedemann noch nicht eingetroffen, kam Carlos beiläufig zum eigentlichen Grund seines Schreibens, dabei brauche man sie dringend, »und zwar nicht nur wegen ihrer Qualitäten, sondern auch zum Übersetzen«, da sonst Klein, der kein Englisch spreche, nicht mitkommen könne.

Als er von dem libyschen Kontaktmann weder Waffen noch die Informationen über den Ablauf der OPEC-Konferenz erhielt, verlor selbst Carlos seine Ruhe und drohte, alles abzublasen. Wilfried Böse tätigte daraufhin ein paar Telefonate. Ein weibliches RZ-Mitglied brachte anschließend zwei Koffer nach Wien. Darin befanden sich zwei Schnellfeuergewehre M 16, eine Maschinenpistole Skorpion, zwei Revolver, eine Pistole sowie 20 Kilo Sprengstoff nebst Zünder aus einem Depot der RZ. Kaum waren die Waffen aus Deutschland mit großem Risiko über die Grenze nach Österreich gebracht worden, erhielt Carlos endlich von einem Diplomaten aus der libyschen Botschaft die Insider-Informationen über die OPEC-Konferenz sowie die versprochenen Waffen. Es handelte sich dabei um sechs fabrikneue Pistolen und Revolver, drei Maschinenpistolen sowie zahlreiche Handgranaten. Weil die libyschen Waffen qualitativ besser waren, wurden bis auf den Sprengstoff die anderen Waffen wieder nach Deutschland zurückgeschickt. Als am 19. Dezember auch noch Gabriele Kröcher-Tiedemann und die drei Araber eintrafen, schien der Operation nichts mehr im Wege zu stehen. Statt wie ursprünglich geplant am 20. Dezember sollte es nun am 21. Dezember 1975 losgehen.

An diesem Tag hatte Klein Geburtstag. Um Mitternacht köpfte deshalb Böse eine Flasche Whisky. Zuvor teilte Carlos noch die Kommandomitglieder ein und verteilte die Waffen. Für sich selbst nahm er eine MPi und eine Pistole. Anis Naccache alias »Khalid« bekam ebenfalls eine MPi und zwei Handgranaten, während »Jussuf« eine Pistole und Sprengstoff erhielt. Der Plan sah vor, daß die drei in den Konferenzraum der OPEC stürmen sollten, wo »Jussuf« sogleich den Sprengstoff an den Wänden anzubringen hatte. Gabriele Kröcher-Tiedemann (»Nada«) erhielt eine Pistole und den Auftrag, die Aufzüge im Gebäude zu bewachen. Klein wurden eine kleinere Pistole, ein Revolver und zwei Handgranaten zugeteilt. Er sollte alle Personen auf Waffen untersuchen und in den Konferenzsaal bringen. »Josef« schließlich erhielt eine MPi und zwei Handgranaten sowie die Weisung, Klein Feuerschutz zu geben.

Als sich die sechs Terroristen am nächsten Vormittag auf den Weg zur OPEC machten, war es eiskalt. Einen Teil ihrer Waffen hatten sie unter ihren dicken Jacken versteckt, die sperrigen Maschinenpistolen hingegen sowie Handgranaten, Plastiksprengstoff, Batterien und Sprengkapseln waren in Adidas-Sporttaschen verstaut. Dazu führte jeder noch eine Packung Vitamin-C-Tabletten und Amphetamin bei sich, für den Fall, daß sie längere Zeit ohne Schlaf auskommen müßten. Mit den Sporttaschen unter dem Arm stiegen die sechs in die Straßenbahn und fuhren zur Haltestelle am Karl-Lueger-Ring, der gegenüber sich die OPEC-Zentrale befand.

Es war 11.40 Uhr, als sie das siebenstöckige Gebäude betraten und sich zu den Aufzügen begaben. Im Foyer stand eine kleine

Gruppe von Journalisten, die auf das Ende der Konferenz warteten. »Da ist wohl die Delegation aus Angola«, lästerte einer von ihnen, angesichts des unkonventionellen Äußeren der Gruppe. Der afrikanische Staat hatte gerade die Aufnahme in die OPEC beantragt. Carlos fragte einen der Journalisten betont sachlich, ob die Konferenz noch im Gange sei. Nachdem dieser bejaht hatte, gingen die Terroristen mit ihren schwer gefüllten Taschen zu den Aufzügen und fuhren in den ersten Stock zum Sitzungssaal. Hans-Joachim Klein zog sich schnell noch eine Kapuze über den Kopf, Gabriele Kröcher-Tiedemann band sich einen Schal vors Gesicht.

An der Rezeption saß Edith Heller. Die Empfangsdame telefonierte gerade. Als sie den Hörer wieder aufgelegt hatte und aufschaute, standen zwei Männer vor ihr. Der eine trug eine Baskenmütze und eine Lederjacke, der andere eine Kapuze. Beide waren bewaffnet. Es waren Carlos und Klein. »Wo ist der Konferenzraum?« fragte Klein. Ängstlich schaute Edith Heller hinüber zur Glastür, wo zwei Polizisten standen.

Die Inspektoren Josef Janda und Anton Tichler waren in Gedanken schon fast in den Weihnachtsferien. Sie hatten nur noch eine Stunde und 20 Minuten Dienst. Beide waren in Zivil und trugen unter ihren Jacken Dienstpistolen vom Typ Walther PPK, Kaliber 7,65. Inspektor Tichler erkannte sofort, daß sie gegen diese bewaffnete Gruppe keine Chance hatten. Die Terroristen waren deutlich in der Überzahl. Er versuchte, unbemerkt zu entkommen und Verstärkung zu ordern. Möglichst unauffällig ging er auf den Aufzug zu. Dort stand bereits die Kaffee-Serviererin Hette Czeczelitz in der geöffneten Fahrstuhltür und wartete auf ihn. Tichler hatte es fast geschafft. Gerade wollte er den Aufzug besteigen, als eine Frauenstimme ihn auf englisch fragte: »Sind Sie Polizist?« Ohne sich umzudrehen, nickte Tichler mit dem Kopf und hob die Hände. In diesem Moment krachte auch schon ein Schuß. Die Kugel traf Tichler direkt unterhalb des Haaransatzes im Genick. Der Polizist fiel vornüber in den Aufzug. Er war auf der Stelle tot. Gabriele Kröcher-Tiedemann, die Todesschützin, zerrte die Kaffee-Serviererin aus dem Lift, schob die Leiche von Tichler hinein und drückte auf den Knopf. Der Aufzug fuhr ins Erdgeschoß, wo sich die Tür automatisch öffnete und die Leiche ein Stück herausrollte. Die Dienstpistole von Tichler steckte noch im Halfter unter seiner Jacke. Er hatte gar nicht erst versucht, sich zu wehren.

An der Rezeption war Edith Heller derweil gezwungen worden, sich auf den Boden zu werfen. Todesmutig hatte die Empfangsdame dabei mit ihrer linken Hand einen Telefonapparat mitgezogen, saß nun unter der Empfangstheke und wählte hektisch die Nummer der Wiener Polizei: »Hier ist OPEC. Überall wird geschossen«, flüsterte sie in den Hörer.

»Wer sind Sie?« fragte die Stimme am anderen Ende der Leitung.

»OPEC! OPEC! Hier ist die OPEC!« erklärte Heller verzweifelt. Im Hintergrund krachten Schüsse.

Als Hans-Joachim Klein bemerkte, daß die Empfangsdame telefonierte, schrie er sie an: »Aufhören!«

Als Edith Heller nicht reagierte und einfach weiter telefonierte, schoß er den Apparat kaputt. Klein war jedoch völlig verdattert, als die Empfangsdame daraufhin zum nächsten Hörer griff. Sie ließ sich auch nicht davon abhalten, als Klein sie noch einmal anbrüllte. Schließlich schoß er die gesamte Rezeptionsanlage zusammen.

Als Kröcher-Tiedemann vom Fahrstuhl zurückkam, sah sie einen arabischen Mann in Richtung Treppenhaustür gehen. Es war der irakische Leibwächter Ala Saces al Khafazi. Kämpferin »Nada«, die sich zur Tarnung eine Strickmütze aufgesetzt und einen Schal um die Nase gebunden hatte, trug einen eleganten Maxi-Rock und einen schweren Ledermantel mit Pelzkragen. Beides erwies sich jetzt als hinderlich. So schnell sie in dem langen Rock konnte, lief sie dem Iraker hinterher und rief ihn an. Als er sich umdrehte, drückte sie einfach ab. Der Iraker hielt noch abwehrend die Hand hoch. Aber die Kugel durchdrang seine Hand und traf ihn im Gesicht. Er fiel zu Boden und röchelte schwer.

Carlos bemühte sich inzwischen, die Geiseln vom Eingangsbereich und vom Korridor weg zu bekommen. Er schnappte sich deshalb Janda, den zweiten Zivilpolizisten, und sperrte ihn in einen der leeren Büroräume. Als Carlos das angrenzende Zimmer auf der linken Seite des Korridors kontrollieren wollte, stand er plötzlich Jussuf Izmirli gegenüber, einem Angehörigen der libyschen Delegation, den man offensichtlich nicht eingeweiht hatte. Ismirli jedenfalls war völlig überrascht und griff spontan nach Carlos' Maschinenpistole. Carlos konnte gerade noch mit der linken Hand die Waffe am Schulterriemen festhalten und zog blitzschnell mit der rechten eine Pistole aus dem Hosenbund. Als der Libyer die Waffe sah, ließ er los und drehte sich um. Carlos schoß ihm kaltblütig in den Rücken und die Schulter. Die Wucht war so groß, daß der Libyer herumgewirbelt wurde. Schwer verletzt blickte er dem Schützen direkt ins Gesicht. Carlos feuerte daraufhin noch dreimal auf den wehrlosen Mann. Eine Kugel bohrte sich in den Oberkörper des Libyers, eine andere durchschlug seinen Schädel und eine weitere seinen Hals und streifte einen Kuwaiti, der auf der anderen Seite des Raums stand, am Arm.

Während Carlos wie wild um sich schoß, rief Janda aus dem Nebenzimmer bei der Wiener Polizeidirektion am Schottenring an, denn hier funktionierte das Telefon noch. »Kriminalinspektor Janda, Abteilung I. Überfall auf OPEC. Es wird mit Maschinenpistolen geschossen.« Der Anruf wurde auf einem Tonband aufgezeichnet. Es war 11.44 Uhr und 50 Sekunden.

Absprachegemäß war Anis Naccache direkt in den Konferenzraum zu den Ölministern gegangen. Nachdem der Libanese den kleinen Saal betreten hatte, jagte er zuerst eine Salve aus seiner Maschinenpistole in die Decke, um sich Respekt zu verschaffen. Auf die Delegierten regneten Glassplitter und Putz herab. »Hinlegen. Hinlegen«, brüllte Naccache. Die Delegierten ließen sich sofort auf den Boden fallen. Kurz darauf betrat Carlos den Saal. Vor ihm kauerten die mächtigsten Männer der Welt auf der Erde. Gemessen an der Finanzkraft der Länder, die diese elf Ölminister repräsentierten, waren sie zusammengenommen gut und gerne 100 Milliarden Dollar schwer. Carlos und seiner Gruppe war es gelungen, die wohl reichste Geiselgruppe der Welt in ihre Gewalt zu bringen. Er genoß den Moment des Triumphes. Schließlich stellte er sich den zitternden Ministern vor: »Mein Name ist Carlos. Vielleicht haben Sie schon von mir gehört.«

Um keinen Zweifel aufkommen zu lassen, wer bei diesem Terrorkommando das Sagen hatte, befahl Carlos: »Jussuf, leg den Sprengstoff aus.« Anschließend durchschritt Carlos wie ein Feldherr den Konferenzsaal. Zu den palästinensischen Kommandomitgliedern rief er: »Habt ihr Yamani gefunden?« Bevor überhaupt einer der Terroristen etwas sagen konnte, meldete sich eine Stimme: »Ich bin hier.« Carlos ging zum saudi-arabischen Ölminister und begrüßte ihn scheinbar freundlich.

Aus dem Korridor waren derweil Schüsse zu vernehmen, lange Feuerstöße aus automatischen Waffen. Zwischendurch brüllte jemand etwas, aber die Worte gingen im Lärm des Feuergefechts unter. Kurz darauf war eine ohrenbetäubende Explosion zu hören. Beißender Rauch drang in den Konferenzraum.

Scheich Yamani kauerte auf dem Boden und murmelte einen Koranvers: »Zur rechtschaffenden Seele wird er sagen: O du Seele, in vollkommener Ruhe und Erfüllung. Kehre heim zu deinem Herrn, sei zufrieden und erfreue Ihn. Reihe dich ein unter Seine Gläubigen. Ja, komm in meinen Himmel.« Seit er wußte, daß Carlos, der »Schakal«, das Kommando führte, ahnte Yamani, daß es ihm an den Kragen gehen sollte. Dem Scheich, einem der bekanntesten und reichsten Araber überhaupt, war zugetragen worden, daß man im Sommer in einer konspirativen Londoner Wohnung eine Todesliste von Carlos gefunden hatte, auf der sein Name weit oben stand.

Die Wiener Polizei reagierte inzwischen auf die eingegangenen Telefonanrufe. Um 11.50 Uhr raste ein siebenköpfiges Einsatzkommando vor die OPEC-Zentrale. Vier Mann sicherten die Eingänge, die drei anderen stürmten in das Gebäude, vornweg der 52jährige Polizeibeamte Kurt Leopolder, mit kugelsicherer Weste und einer Uzi-Maschinenpistole im Anschlag. Als erstes erblickte Leopolder seinen toten Kollegen Tichler. Die Leiche des Polizisten blockierte die automatische Aufzugtür, weshalb Leopolder die Treppe in den ersten Stock hoch stürmte. Dort lag der irakische Sicherheitsmann mit dem Gesicht nach unten in einer Blutlache. Vorsichtig kroch Leopolder zu ihm hin, drehte ihn um und stellte fest, daß der Mann noch lebte. In diesem Moment pfiffen ihm Kugeln um die Ohren. Sofort legte er sich flach neben den schwerverletzten Iraker. Als er vorsichtig den Kopf hob, erkannte er einen bärtigen Mann, der mit einer Maschinenpistole in der Hand in seine Richtung feuerte. Es war »Josef«, der zusammen mit Klein den Eingangsbereich sicherte.

Leopolder schoß zurück. Er feuerte so lange in die Richtung der Terroristen, bis das Magazin seiner Uzi leer war. Obwohl er ganz offensichtlich nur das Mauerwerk getroffen hatte, hörte er einen der Terroristen laut stöhnen. Vor Schmerzen gekrümmt hielt sich Klein den Bauch. Ein Querschläger hatte ihn erwischt.

Leopolder glaubte, nun eine Chance zu haben. Schnell stand er auf, um den Korridor zu überqueren und beim Empfang Dekkung zu suchen. Aber weit kam er nicht. Klein hatte seine 9 mm-Makarov gezogen und feuerte wie wild in Richtung des Polizisten, den er anbrüllte, endlich zu verschwinden. Dazu warf

»Josef« noch eine Handgranate in den Korridor, die laut explodierte. Als Leopolder erneut versuchte, aufzustehen und Deckung zu suchen, spürte er ein taubes Gefühl in den Beinen und im Gesäß. Als er dorthin griff, bemerkte er eine klebrige Flüssigkeit. Seine Hand war rot vom eigenen Blut. Vorsichtig kroch er zum Treppenabsatz zu seinen beiden Kollegen zurück, die zwischenzeitlich den Iraker zu sich gezogen hatten. Die Polizisten entschlossen sich zum Rückzug. Als sie den Iraker vorsichtig die Treppe hinunter trugen, mußte er würgen. Ala Saces al Khafazi, dem die deutsche Terroristin Gabriele Kröcher-Tiedemann ins Gesicht geschossen hatte, erstickte gerade an seinem eigenen Blut.

Klein schleppte sich derweil in die Küche. Nervös zündete er sich eine Zigarette an und untersuchte seinen Bauch. Er war überrascht. Die Wunde blutete nicht einmal. Es war lediglich ein kleines, sauberes Loch zu sehen.

Im Konferenzsaal gab Carlos den Gentleman. Als er den venezolanischen Ölminister Valentin Hernández Acosta auf dem Fußboden liegen sah, ging er zu seinem Landsmann hin, tippte ihm auf die Schulter und erklärte großzügig: »Dr. Hernández, Sie können aufstehen. Ihnen wird nichts geschehen.«

Ungläubig schaute dieser zu Carlos auf. »Ich kenne Sie sehr gut, Doktor«, erwiderte der »Schakal«.

»Wer sind Sie?« fragte Hernández Acosta.

»Ich bin Ilich Ramírez Sánchez aus Venezuela. Wir teilen die Anwesenden in drei Gruppen auf: in Freunde, Neutrale und Feinde. Sie gehören selbstverständlich zur neutralen Gruppe.«

Carlos benahm sich, als handelte es sich nicht um eine blutige Geiselnahme, sondern um ein zufälliges Zusammentreffen alter Bekannter. Vertrauensselig erzählte er Hernández von seiner Zeit in London und den Cocktailparties im Kreise lateinamerikanischer Diplomaten. »Eine sehr gute Freundin meiner Mutter, Deborah Herrara, hat oft von Ihnen gesprochen«, erklärte Carlos.

Insgesamt 70 Geiseln hatten die Terroristen inzwischen in ihrem Gewahrsam. Als »Feinde« galten die Delegierten aus Saudi-Arabien, dem Iran, den Vereinigten Arabischen Emiraten und Katar. Sie schickte Carlos an das obere Ende des Konferenzsaales. Zu den »Freunden« zählte er die Iraker, Algerier, Libyer und Kuweitis. Sie mußten sich an die Fensterwand setzen, die an den Dr.-Karl-Lueger-Ring grenzte und die »Jussuf« auf Befehl von

Carlos mit Sprengstoffstäben präparierte. Als sich der Araber dabei mit den Zündschnüren verhedderte, stöhnte Carlos laut auf: »Ich habe es ihm tausendmal gezeigt, und er kriegt es immer noch nicht hin.«

Im Fall, daß die Polizei das Gebäude stürmen würde, sollte der Sprengsatz gezündet werden. Demnach würden die »Freunde« als erste sterben. Zu dieser Gruppe gehörten auch die österreichischen OPEC-Angestellten und drei Palästinenser.

Die »Neutralen« bestanden aus den Delegierten aus Nigeria, Venezuela und Indonesien. Sie mußten an der gegenüberliegenden Wand Platz nehmen. Eine vierte Gruppe, bestehend aus weiteren Österreichern und zwei Briten, wurde zusätzlich am unteren Ende des Raumes plaziert. Dies war ebenfalls ein neuralgischer Punkt, da sich dort die Türen befanden, die zum Korridor führten, wo bis vor kurzem noch geschossen worden war.

Entgegen der ursprünglichen Absprache mit Anis Naccache riß Carlos nun auch die Verhandlungen an sich. Er zückte einen Zettel, auf den er ein Manifest und die Forderungen des Terrorkommandos per Hand geschrieben hatte. Diese mußte Gruzelda Carey, die britische Sekretärin des OPEC-Generalsekretärs M.O. Feyide aus Nigeria, unverzüglich abtippen. Danach verlangten die Kidnapper folgendes: alle zwei Stunden sollte das beigefügte Kommuniqué im Rundfunk verlesen werden, für den nächsten Morgen sei um sieben Uhr ein Omnibus bereitzustellen, der das Kommando und seine Geiseln zum Flughafen bringen solle, wo ein aufgetanktes Flugzeug mit Besatzung zu warten habe, um sie an ein Ziel ihrer Wahl zu bringen. Sollte den Forderungen nicht nachgekommen werden, würde alle 15 Minuten eine Geisel erschossen.

Als sie mit der Abschrift fertig war, schickte Carlos die junge Britin damit zum Einsatzkommando der Polizei. Vorsichtig lief sie den Korridor entlang und rief ständig nach allen Seiten: »Nicht schießen, bitte nicht schießen!«

Zur selben Zeit schleppte sich Hans-Joachim Klein in den Konferenzsaal. Sein Bauch fing an, fürchterlich zu schmerzen, und er bekam einen Höllendurst. Als Carlos sah, daß Klein ernsthaft verletzt war, rief er zu den Geiseln hinüber: »Ist ein Arzt anwesend?« Klein hatte Glück. Mofia Tonjo Akobo, der Ölminister aus Nigeria, war studierter Mediziner. Er untersuchte den Deutschen und sah sofort, wie gefährlich die Verletzung war. »Wenn er

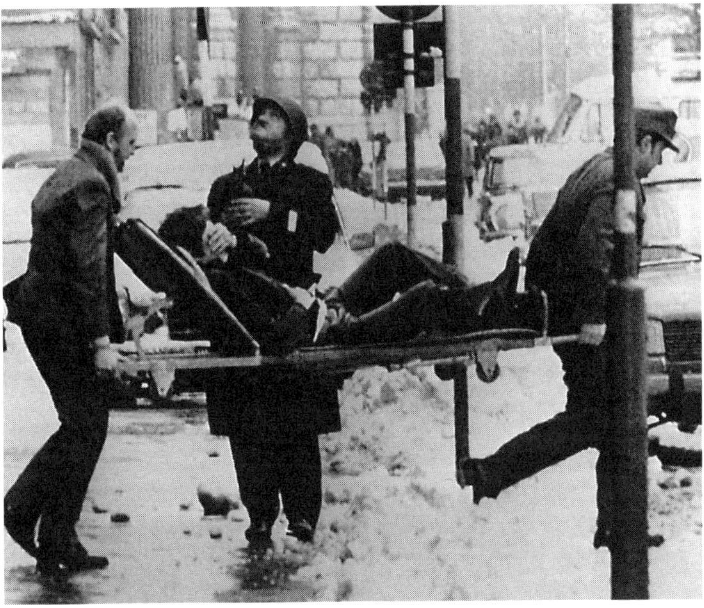

Der Terrorist Hans-Joachim Klein wird beim Überfall auf die OPEC-Konferenz 1975 in Wien bei einer Schießerei schwer verletzt und muß ins Krankenhaus gebracht werden

nicht umgehend operiert wird«, erklärte der Nigerianer, »muß er sterben.« Carlos leitete daraufhin alles Erforderliche in die Wege. Mit Hilfe einer Geisel wurde Klein gegen 13.10 Uhr zum Ausgang des OPEC-Gebäudes gebracht. Zuvor hatte ihm Carlos noch die Waffen und Ausweispapiere abgenommen.

Als Klein vor die Tür trat und sich den Bauch hielt, eilten zwei behelmte Polizisten herbei, die annahmen, daß es sich um eine verletzte Geisel handelte. Sie fragten ihn nach seinem Namen. Klein zog sich wegen der heranstürmenden Fotografen instinktiv das Jackett über den Kopf und rief darunter hervor: »My name is ›Angie‹.« Danach wurde er ohnmächtig. Man legte ihn auf eine Bahre und transportierte ihn mit Blaulicht in das Allgemeine Krankenhaus in Wien. Dort wurde er umgehend operiert. Die Ärzte wunderten sich dabei, daß Klein überhaupt noch lebte. Die Kugel war oberhalb des Bauchnabels eingedrungen und hatte Dickdarm und Zwölffingerdarm durchschlagen sowie die Bauchspeicheldrüse beschädigt.

Nach der Operation kam es im Aufwachraum der Unfallstation zu einer seltsamen Begegnung. Neben Klein lag Kurt Leopolder, mit dem er sich Stunden zuvor noch einen Kampf auf Leben und Tod geliefert hatte. Leopolder erkannte Klein sofort wieder und signalisierte, daß es sich hier keineswegs um eine Geisel, sondern um einen der Attentäter handelte. Klein wurde daraufhin noch am Krankenbett erkennungsdienstlich behandelt. Es wurden Fingerabdrücke genommen und Fotos gemacht. Mit einem Leben in der Legalität sollte es damit vorbei sein.

Im OPEC-Gebäude bemühte sich Carlos derweil um Verhandlungen mit der österreichischen Regierung. Als Vermittler verlangte er den libyschen Botschafter Al Ghadamsi. Aber die Österreicher konnten den Diplomaten nicht erreichen, da sich dieser gerade in Prag aufhielt. Ein Ersatz war nicht in Sicht. Die Verhandlungen gerieten somit ins Stocken, bevor sie überhaupt richtig begonnen hatten. Schließlich erklärte sich der irakische Diplomat Rijad al Assawi bereit, als Vermittler zu fungieren. Seine Aufgabe sollte es sein, die Forderungen von Carlos an die österreichischen Behörden zu überbringen und die entsprechenden Antworten zurückzuleiten. Für Al Assawi war diese Rolle alles andere als eine leichte Aufgabe. Immerhin hatten die Terroristen gerade einen seiner Landsleute ermordet. Als er das erste Mal das OPEC-Gebäude betrat, mußte der Diplomat seine Wut im Zaun halten, zumal ihn die Terroristen grob nach Waffen durchsuchten. Danach tauchte Carlos auf und wiederholte seine bereits schriftlich geäußerten Forderungen.

Der Iraki lächelte und sagte: »Zunächst wüßte ich gern, mit wem ich es zu tun habe.«

»Wir sind Revolutionäre, keine Kriminellen. Wir sind der Arm der Arabischen Revolution«, antwortete Carlos.

Der Iraker lächelte wieder. »Aber Sie sind kein Araber.«

»Wir arbeiten für die Revolutionäre aller Welt«, erwiderte Carlos.

»Wie können Sie Revolutionäre sein, wenn Sie Leute erschießen?«

»Wir haben uns verteidigt. Wir mußten die OPEC angreifen, und man hat versucht, uns daran zu hindern.«

Danach entschuldigte sich Carlos förmlich bei dem irakischen Diplomaten dafür, daß dessen Landsmann erschossen worden war. Bevor Al Assawi das OPEC-Gebäude wieder verließ, rief ihm Carlos noch hinterher: »Sagen Sie ihnen, daß ich aus Venezuela bin und mein Name Carlos ist. Sagen Sie ihnen, ich bin der berühmte Carlos. Man kennt mich.«

Zurück im Konferenzraum ging der Terrorist von Gefangenengruppe zu Gefangenengruppe und beruhigte die Geiseln. Niemandem werde etwas zustoßen, wenn er sich den Weisungen gemäß verhalte, versicherte er.

Danach rief er den saudi-arabischen Scheich Yamani zu sich und ging mit ihm in einen Nebenraum. Dort versicherte er dem Scheich, daß er persönlich großen Respekt vor ihm habe. Aber er würde ein Exempel statuieren und ihn umbringen müssen, falls der österreichische Rundfunk sein Manifest nicht wie gefordert bis 18 Uhr senden würde.

Doch im entscheidenden Moment zeigte sich Carlos noch einmal großzügig und akzeptierte eine Überschreitung des Ultimatums um eine halbe Stunde. Um 18.22 Uhr wurde das Kommuniqué dann in einer Radiosendung des ORF verlesen. Es war ein sechseinhalb Seiten langes Pamphlet. Etwas wirr und zusammenhanglos zog Carlos darin gegen die westliche Nahost-Politik vom Leder und forderte die gewaltsame Befreiung Palästinas. Unterschrieben hatte der Venezolaner mit einem von Wadi Haddad eigens für diese Operation erfundenen Namen: *Der Arm der arabischen Revolution*.

Für einen Moment atmete Scheich Yamani auf. Aber kurz darauf erfuhr er von seinem venezolanischen Kollegen, daß er sowieso sterben sollte. Carlos hatte seinem Landsmann Hernández Acosta nämlich anvertraut, daß er Yamani und den iranischen Minister Amusegar töten werde. Amusegar, der auch davon erfuhr, bat Hernández daraufhin, Carlos zu fragen, wieviel Geld er haben wolle, um von seinem Mordvorhaben abzulassen. Hernández versuchte zu vermitteln. Aber Carlos lehnte zunächst ab: »Ich werde sehr gut bezahlt. Ich brauche kein Geld.«

Der Venezolaner ließ jedoch nicht locker und bat Carlos, das Angebot noch einmal in Ruhe zu überdenken. Wenig später erwog der Terrorist »gewisse Forderungen« an den saudi-arabischen König und den iranischen Schah. Dem widersprach jedoch Hernández Acosta: »Carlos, Sie verlangen etwas von diesen Regierungen und können am Ende enttäuscht werden. Die werden nicht sonderlich nett zu Ihnen sein. Die Saudis und Iraner sind Technokraten. Sie haben es hier nicht mit unmittelbaren Angehörigen zu tun. Die Männer, deren Leben Sie bedrohen, sind keine Mitglieder der königlichen Familie. Hier gelten andere Regeln.«

»Sie haben ihr System wohl durchschaut, was?« erwiderte Carlos.

»Ja, allerdings«, meinte Hernández.

Carlos willigte ein, nochmals über mögliche Forderungen nachzudenken. Zu seinem Landsmann Hernández faßte er durch diese Gespräche immer größeres Vertrauen. Am Ende vertraute er ihm sogar eine schriftliche Nachricht für seine Mutter in Venezuela an: »Liebe Mama, ich liebe Dich, mir geht es gut«, kritzelte er auf ein Stück Papier.

Inzwischen war auch der österreichische Bundeskanzler Bruno Kreisky in Wien eingetroffen, der sich zum Zeitpunkt des Überfalls im 500 Kilometer entfernten Skiort Lech im Weihnachtsurlaub befunden hatte. Gleich nach seiner Ankunft übernahm er die Verhandlungen mit Carlos. Um kein Blutbad zu riskieren, wollte Kreisky auf die Forderungen der Terroristen so weit wie möglich eingehen, stimmte sich dazu aber mit den betroffenen Ländern ab. Die Meinung der diplomatischen Vertretungen war jedoch einhellig: Man solle die Forderungen erfüllen. Kreisky ließ daraufhin Carlos über den irakischen Diplomaten Rijad al Assawi ausrichten, daß zum geforderten Termin ein Flugzeug bereitstehen werde. Was jedoch die Forderung beträfe, den verletzten Hans-Joachim Klein mit auszufliegen, so würden die behandelnden Ärzte dringend von einem Transport abraten. Dies würde den sicheren Tod von Klein bedeuten. Bundeskanzler Kreisky bot Carlos an, daß Klein so lange unbehelligt in Wien bleiben könne, bis er transportfähig sei. Danach würde man ihn in ein Land seiner Wahl ausfliegen. Im Gegenzug forderte Kreisky, daß die gekidnappten OPEC-Angestellten und alle anderen Geiseln sofort nach der Landung im Zielflughafen freigelassen werden.

Als der irakische Diplomat dies den Terroristen übermittelte, bekam Carlos einen Wutanfall: »Hier gibt nur einer Befehle, und das bin ich! Ich allein entscheide, wer geht und wer bleibt.« In Bezug auf Klein erklärte er unmißverständlich: »Mir ist es egal, wenn er im Flugzeug stirbt. Wir sind zusammen gekommen, und wir fliegen zusammen weg.« Mit einem Grinsen fügte er hinzu: »Sagen Sie Kreisky, daß ich alle Tricks kenne.«

Gegen Mitternacht entspannte sich die Atmosphäre im Konferenzraum etwas. Es sah aus, als würden alle Forderungen erfüllt und als sei die schwierigste Zeit vorbei. Pappbecher, Teller und aufgerissene Zigarettenpackungen lagen verstreut auf den Tischen und auf dem Fußboden herum. Während einige Geiseln schliefen, saß Carlos an einem der Tische und rauchte genüßlich eine Zigarette nach der anderen. Gegen sechs Uhr morgens kam wieder Bewegung ins OPEC-Gebäude. 35 Geiseln ließ Carlos in der Bibliothek einsperren, wo sie das Ende der Geiselnahme abwarten sollten. Die anderen 35 Geiseln, darunter die elf Ölminister, wollte er persönlich mitnehmen. Carlos forderte sie auf, ihre Wintermäntel mitzunehmen. »Aber Sie werden sie nicht lange brauchen. Sie kommen bald wohin, wo es warm ist.« Er war sich sicher, daß Kreisky sein Wort halten würde.

Tatsächlich fuhr um 6.40 Uhr der Bus, der die Terroristen und ihre Geiseln zum Flughafen bringen sollte, am Hintereingang des OPEC-Gebäudes vor. Carlos wartete noch 40 Minuten, dann verließ er allein das Gebäude, um das Fahrzeug zu inspizieren. Gemächlich lief er um den gelben Bus herum, begutachtete ihn von allen Seiten und stieg schließlich ein, um unter die Sitze zu schauen. Das schwer bewaffnete Einsatzkommando der österreichischen Polizei, das jeden seiner Schritte aufmerksam beobachtete, beeindruckte ihn offensichtlich überhaupt nicht. Genauso gemächlich, wie er gekommen war, ging er anschließend wieder in das Gebäude zurück.

Wenig später trat Carlos erneut aus dem Haus, diesmal mit einem hellen Trenchcoat und umgehängter Maschinenpistole versehen. In Fünfer-Gruppen folgten die Geiseln. Carlos stellte sich so in Position, daß er sie direkt im Schußfeld hatte. Nachdem alle 35 Personen den Bus mit der Aufschrift »Sonderfahrt« bestiegen hatten, ging es zum 16 Kilometer entfernten Flughafen, wo bereits seit zwei Stunden eine DC 9 der österreichischen Fluggesellschaft Austrian Airlines wartete. Kurz hinter dem Bus mit den Geiseln fuhr ein Krankenwagen mit Hans-Joachim Klein. Bei ihm war ein Arzt, der sich freiwillig gemeldet hatte, den verletzten Terroristen auf dem Flug zu begleiten.

Auf dem Rollfeld halfen der Arzt und Carlos, die Trage mit Klein als erstes ins Flugzeug zu schaffen. Danach mußten die elf Ölminister sowie 19 Delegierte und Mitarbeiter an Bord. Die restlichen fünf Geiseln konnten im Bus bleiben. Als alle schließlich an Bord waren, verließ Carlos noch einmal das Flugzeug. Er

Mit einem Sonderbus werden die gekidnappten Ölminister und OPEC-Delegierten zum Flughafen Wien gebracht, wo sie Carlos in eine Maschine nach Algier treibt

kam die Gangway herunter und ging auf den österreichischen Innenminister Otto Rösch zu, der das seltsame Schauspiel aus nächster Nähe beobachtet hatte. Carlos streckte ihm die Hand entgegen. Etwas irritiert ergriff der Innenminister die Hand von Carlos, der sich mit den Worten verabschiedete: »Es tut mir leid, daß dies in Österreich passieren mußte.«

Danach machte der Terrorist auf dem Absatz kehrt. Zurück im Flugzeug wies er den Kapitän und dessen Kopiloten an: »Sie gehen ins Cockpit und machen Ihre Arbeit, und wir machen unsere.« Kurz darauf, um 9.14 Uhr, rollte die Maschine auf die Startbahn 12 des Wiener Flughafens. Der Einsatzplan der Terroristen sah nun Teil zwei der Operation vor. Die Liquidierung des saudi-arabischen OPEC-Ministers Ahmed Saki Yamani und dessen iranischen Kollegen Dschamschid Amusegar.

Irrflug durch den Nahen Osten

Flucht nach Algerien – Ölminister des Iran und Saudi-Arabiens kaufen sich frei – Rapport im Südjemen

Johannes Weinrich saß wie gebannt vor seinem Transistorradio. Aufmerksam lauschte er den Nachrichten, in denen ausführlich über die Operation der Genossen in Wien berichtet wurde. Er war zufrieden. Die Geiselnahme brachte die gewünschte Aufmerksamkeit. Zweifelsohne war dies die bislang spektakulärste Aktion der PFLP auf europäischem Boden. Am liebsten wäre er dabei gewesen. Aber das ging leider nicht. Er war erst vor einem Monat, am 18. November 1975, aus der Haft entlassen worden. Ein Arzt hatte bei ihm ein Nierenleiden diagnostiziert. Mit dem medizinischen Gutachten war es seinem Anwalt gelungen, eine Haftunfähigkeit durchzusetzen. Allerdings nur gegen eine Kaution von 10 000 DM. Das Geld hatte er sich von seinem Vater leihen müssen, was ihm etwas unangenehm war. Aber viel schwerer wogen die Auflagen, die ihm bei der Haftentlassung gemacht worden waren. Unter anderem mußte er sich regelmäßig bei der Polizei melden. Unter diesen Voraussetzungen war eine Beteiligung an einer Operation natürlich undenkbar.

Als er am nächsten Morgen die Zeitung in die Hand nahm, traf Weinrich fast der Schlag. Auf der Titelseite war neben dem großen Bericht über die Operation ein Foto abgedruckt, auf dem Hans-Joachim Klein ganz deutlich zu erkennen war. Es zeigte ihn, wie er sich vor Schmerz gekrümmt den Bauch hielt und, gestützt von zwei uniformierten österreichischen Polizisten, das OPEC-Gebäude verließ. Offensichtlich war Klein verletzt worden. Aber als wesentlich schlimmer noch erachtete Weinrich, daß Klein nun auch enttarnt war. Sicherlich würden ihn die Behörden bald identifiziert haben und wieder anfangen, in der Frankfurter Szene herumzuschnüffeln, wie sie es bereits nach seiner eigenen Verhaftung getan hatten. Weinrich hoffte nur, daß »Klein-Klein«, wie man ihn nannte, ausnahmsweise seine Klappe hielt und nicht zuviel ausplauderte, solange er im Krankenhaus und unter Medikamenteneinfluß war.

Über die Aktion selbst erfuhr Weinrich aus der Zeitung nichts genaues. War sie nun erfolgreich beendet worden oder nicht? Er wurde nervös, mußte dringend Nachrichten hören. Doch seine Eltern, bei denen er sich mit seiner Freundin Magdalena Kopp über Weihnachten einquartiert hatte, sollten möglichst nichts von seinem gesteigerten Interesse mitbekommen. Er gab Magdalena ein Zeichen, die sofort begriff. Umgehend verwickelte sie seine Eltern in ein Gespräch, so daß er sich ohne große Erklärungen aus dem Wohnzimmer in einen anderen Raum begeben konnte, um Radio zu hören. Sein Vater, Lehrer an einem Gymnasium in Schwerte, und seine Mutter hatten schließlich keine Ahnung davon, daß er tatsächlich in den Anschlag auf das israelische Passagierflugzeug in Paris verwickelt war. Sie hielten ihn für unschuldig, für ein Opfer der Justiz. Johannes Weinrich, mittlerweile 28 Jahre alt, wollte seine Eltern so lange wie möglich in dem Glauben lassen, daß er mit Terrorismus nichts zu tun habe.

In den Radionachrichten wurde ausführlich über die Geiselnahme in Wien berichtet. Er erfuhr, daß es drei Tote gegeben hatte, und daß das sechsköpfige Kommando besonders kaltschnäuzig und brutal vorgegangen war. Ausführlich wurde in diesem Zusammenhang über den Anführer Carlos, den »Schakal«, berichtet, der bereits in London und Paris in diverse Anschläge verwickelt gewesen sei. Es gab auch schon erste Interviews mit freigelassenen Geiseln, die erzählten, wie sich besonders der Anführer der Terroristen aufgeführt habe. Weinrich konnte sich gut vorstellen, daß Carlos aus der Sache eine Riesenshow gemacht hatte. Er war eben ein Mann, der ausgesprochen freundlich wirken konnte, der mitunter ein bißchen eitel seine guten Manieren vorführte, aber im nächsten Moment ohne mit der Wimper zu zucken einen Menschen über den Haufen schießen konnte. Genauso hatte er ihn in Paris kennen- und schätzengelernt. Von Carlos ging einfach eine Faszination aus. »Der Mann hat ein Geheimnis«, hatte er einmal seiner Freundin Magdalena Kopp erklärt. Daß Carlos gelegentlich ein ziemliches Großmaul sein konnte, sah er ihm deshalb nach. Der Mann war schließlich Südamerikaner, ein Macho eben.

Erleichtert nahm Weinrich die Nachricht zur Kenntnis, daß das Kommando vor wenigen Minuten in einem Flugzeug der Austrian Airlines Wien verlassen hatte. Doch dann kam ein Hinweis, der ihn aufschreckte. Neben den 30 Geiseln, so sagte der Nachrichtensprecher, wäre auch ein verletzter Terrorist mit an Bord, bei dem es sich vermutlich um einen Deutschen handele. Es würde also nicht mehr lange dauern, bis sie Hans-Joachim Klein identifiziert hätten. Womöglich wußten es Polizei und Verfassungsschutz längst, nur hielt man sich aus ermittlungstechnischen Gründen in der Öffentlichkeit noch zurück, um in der Zwischenzeit das Umfeld abzugrasen und die Organisation im Hintergrund zu suchen. Für Hans-Joachim Klein würde es ein Zurück in die Legalität nicht mehr geben. Nach Brigitte Kuhlmann und Wilfried Böse war er binnen eines halben Jahres nun schon das dritte Mitglied der »Familie«, das in den Untergrund mußte. Weinrich fragte sich, wann er selbst gezwungen sein würde unterzutauchen. Wie lange konnte man noch an der Taktik festhalten, daß ein Leben in der Legalität die beste Tarnung sei. Weinrich schoß durch den Kopf, was das alles für Konsequenzen hätte, auch in seiner Beziehung zu Magdalena Kopp.

Als er im Knast saß, hatte sich Magdalena rührend um ihn gekümmert, regelmäßig geschrieben und ihn so oft wie möglich besucht, einmal sogar mit ihrer kleinen Tochter Anna zusammen. Nach seiner Haftentlassung waren sie gemeinsam in den Schwarzwald gefahren, hatten sich dort eine kleine Wohnung gemietet und es sich gutgehen lassen – sozusagen Erholungsurlaub für einen verdienten Kämpfer, bezahlt mit dem Geld der RZ.

Magdalena war dabei sehr ausgelassen, wie sie überhaupt für jeden Spaß und auch manchen Blödsinn zu haben war. Wenn es sich anbot, übernahm sie gern kleinere Rollen in Spiel- oder Dokumentarfilmen. In dem Kultstreifen »Am Ama Am Amazonas« beispielsweise spielte sie eine Nonne, die sich vor einer Spinne zu Tode erschreckt. Einer der Regisseure des Films hatte sic in einem Interview für ein anderes Projekt gefragt, was sie einmal werden wolle. Daraufhin Magdalena Kopp ohne zu zögern: »Glücklich!« Weinrich kannte seine lebenslustige Freundin gut und mußte deshalb davon ausgehen, daß für Kopp ein Leben im Untergrund, irgendwo im Nahen Osten, nicht in Frage kam. Gespannt wartete er vor dem Radio darauf, daß endlich etwas über das Ziel der Geiselnehmer berichtet würde.

Nachdem die Maschine gestartet war, gab Carlos dem Piloten den Befehl, Kurs auf Algier zu nehmen. Anschließend ging er in den Passagierraum, setzte sich zu Yamani und fing eine Unterhaltung an. Der saudi-arabische Scheich war es mittlerweile gewohnt, daß der Mann, auf dessen Todesliste er stand, sich mit ihm unterhielt, als wären sie alte Bekannte. Bereits in Wien hatte Carlos vor dem Scheich damit geprahlt, daß er persönlich 40 Terroristen ausgebildet habe, die überall auf der Welt nach Belieben zuschlagen könnten. Als er ihm auch noch private Dinge erzählte, hatte Yamani den Mut gefaßt und ihm diskret Geld angeboten: »Was haben Sie vor, sagen Sie mir, was Sie brauchen.« Jedoch von einem Moment auf den anderen war aus dem netten Plauderer wieder der zynische Terrorist geworden. »Was ich vorhabe?« hatte Carlos geantwortet, »ich habe eine Waffe und kann Sie einfach umbringen. Was könnte ich also von Ihnen wollen? Sie sind nur noch am Leben, weil ich es will.«

Aber nun im Flugzeug zeigte sich Carlos wieder von seiner charmanten Seite und plauderte mit dem Ölminister über die Politik im Nahen und Mittleren Osten, erzählte ihm, daß er 1970 im Bürgerkrieg auf Seiten der Palästinenser gegen die Armee des jordanischen Königs Hussein gekämpft habe. Carlos genoß es offensichtlich, sich mit dem steinreichen Scheich zu unterhalten, quasi in Augenhöhe mit einem Mann, der noch berühmter war als er selbst. Sein Reichtum und luxuriöser Lebensstil waren legendär und füllten seit Jahren die Klatschspalten der Yellow Press. Wenn Yamani in London bei Harrods einkaufen wollte, öffnete das Kaufhaus an diesem Tag nur für ihn die Tore und sperrte die gemeinen Kunden solange aus. Ein Privileg, das ansonsten nur der Königin zuteil wurde.

Yamani, der in Harvard Jura studiert hatte und bereits mit 30 Jahren im Vorstand einer großen Ölgesellschaft saß, fragte nun Carlos, warum er nach Algier flog und nicht wie geplant nach Tripolis. »Ich konnte die Einladung der Algerier einfach nicht länger ausschlagen. Sie haben mit der Operation nichts zu tun, aber andererseits können sie meinen Plan auch nicht vereiteln. Wir bleiben höchstens zwei Stunden in Algier. Ich werde einige Minister, die ich eigentlich in Libyen auf freien Fuß setzen wollte, schon in Algier von Bord lassen.« Yamani hatte jedoch den Eindruck, daß Carlos in Libyen mit Schwierigkeiten rechnete. Er sagte dies dem Terroristen auch. Carlos lachte nur: »Ganz im Gegenteil! Der libysche Ministerpräsident wird uns am Flughafen empfangen.«

Im hinteren Teil des Flugzeuges lag Hans-Joachim Klein. Die Ärzte in Wien hatten ihn notdürftig für den Transport hergerichtet. Der Begleitarzt achtete darauf, daß Klein ausreichend mit Sauerstoff, Blutplasma und Glukose versorgt wurde. Vorsichtshalber hatte er dem Terroristen auch ein Schmerzmittel verabreicht. Neben dem Begleitarzt kümmerte sich den ganzen Flug über Gabriele Kröcher-Tiedemann um Klein. Sie saß neben der Krankenbahre, wischte ihm zärtlich mit einem Tuch den Schweiß von der Stirn, benetzte seine trockenen Lippen mit etwas Saft und flüsterte dem Halbbewußtlosen beruhigende Worte ins Ohr. Als der Begleitarzt dies sah, war er gerührt und hielt die beiden für ein Liebespaar. Tatsächlich kannten sich Kröcher-Tiedemann und Klein kaum. Die Frau, die vor wenigen Stunden zwei Menschen, einen davon mit Genickschuß, niedergeschossen hatte, verfügte offenbar über zwei Gesichter.

Nicht viel anders verhielt es sich mit Carlos, der ausgerechnet einen libyschen Delegierten erschossen hatte. Nun ging er im Flugzeug auf den libyschen Ölminister zu und entschuldigte sich dafür. »Vielleicht hat mich Ihr Landsmann für einen Juden gehalten. Wegen meiner Nase, verstehen Sie? Die Leute halten mich oft für einen Juden.«

Wie ein pflichtbewußter Flugbegleiter der Austrian Airlines spazierte Carlos durch die Sitzreihen und kümmerte sich um die Geiseln, als wären sie seine Gäste. Hernández Acosta, der venezolanische Ölminister, jammerte, daß es doch sehr unangenehm sei, so ganz ohne Papiere und Geld reisen zu müssen.

»Kein Problem, Dr. Hernández. Wenn Sie Geld benötigen, lassen Sie es mich wissen. Wieviel brauchen Sie? Tausend Dollar? Oder zweitausend?«

»Lieber nicht, Carlos. Wenn ich mir von Ihnen Geld borge, muß ich Sie wiedersehen, damit ich es zurückzahlen kann. Und darauf verzichte ich lieber.«

Carlos bewies Humor, lachte herzhaft und setzte sich zu Mofia Tonjo Akobo, dem nigerianischen Ölminister. Akobo bat seinen Entführer um ein Autogramm. Carlos ließ sich nicht zweimal bitten und schrieb auf ein Stück Papier: »Ilich Ramírez Sánchez, Wien – Algier, 22. Dezember 1975.« Der Bitte eines anderen Ölministers um ein gemeinsames Erinnerungsfoto konnte der Killer bedauerlicherweise nicht nachkommen, da niemand im Flugzeug einen Fotoapparat dabei hatte.

Gegen 13.30 Uhr Ortszeit setzte die DC-9 auf dem Flugfeld in

Algier auf. Die Maschine wurde auf einen Stellplatz dirigiert, der normalerweise für das Flugzeug des Präsidenten reserviert war. Dort wartete auch bereits ein Krankenwagen, der Hans-Joachim Klein in das nächstgelegene Hospital brachte. Carlos verließ ebenfalls das Flugzeug – auf Wunsch der Behörden unbewaffnet. Er wurde in die VIP-Lounge geführt, wo ihn der algerische Präsident Houari Boumedienne empfing.

Während Carlos' Abwesenheit hatte Anis Naccache alias »Khalid« das Kommando an Bord übernommen. Als der Chef nach einer Stunde noch immer nicht zurück war, wurde Naccache zunehmend nervös, Schweißperlen rannen ihm über das Gesicht. Dem venezolanischen Ölminister Hernández Acosta fiel das auf. Er sprach Naccache darauf an: »Was ist los?« – »Irgend etwas ist schief gelaufen. Carlos hat mir gesagt, daß ich das Flugzeug mitsamt den Passagieren in die Luft sprengen soll, wenn er in einer Stunde nicht zurück ist. Und das war vor vierzig Minuten.«

Dem Venezolaner stockte der Atem. »Hören Sie, Khalid. Meinen Sie nicht, daß Sie mit Carlos noch mal Kontakt aufnehmen sollten, bevor Sie das Flugzeug und uns in die Luft jagen? Vielleicht hat er einfach die Zeit vergessen, vielleicht sitzt er auf der Toilette, was weiß ich.«

Kurz darauf erschien ein gutgelaunter Carlos. Die ganze Aufregung war umsonst gewesen. Er hatte einfach nicht mehr auf die Uhr gesehen. Stolz verkündete er, daß er nun sein Versprechen wahr machen werde und die sogenannten »Neutralen« unter den Geiseln freilasse. Dies waren die Minister aus Nigeria, Venezuela und Indonesien sowie zehn Mitarbeiter aus »neutralen« Ländern. Als Hernández Acosta das Flugzeug verließ, drückte Carlos seinem Landsmann zwei Patronen als Souvenir in die Hand. »Sagen Sie mir, Carlos«, fragte dieser zum Abschied, »hätten Sie uns wirklich erschossen?«

»Dr. Hernández, seien Sie versichert, Sie wären der allerletzte gewesen.« Hernández Acosta, der mit zunehmender Dauer der Geiselnahme das Gefühl bekommen hatte, zu Carlos ein Vertrauensverhältnis aufgebaut zu haben, erschauerte.

Die Situation wurde nun zunehmend brenzliger. Im Flugzeug blieben 17 Geiseln zurück, darunter der saudi-arabische Ölminister Yamani und sein iranischer Kollege Amusegar. Carlos befahl dem Piloten, die Maschine zu starten und Kurs auf Tripolis zu nehmen. Er war sehr müde und nahm deshalb eine Vitamin-C-

Tablette zu sich. Dem österreichischen Piloten, der ihn dabei beobachtete, sagte er lächelnd: »Bald sind wir zu Hause.« Allerdings ließ Carlos offen, welches Land er genau meinte, Libyen, Syrien oder Irak. Alle drei Staaten waren, zusammen mit Algerien, dafür bekannt, die PFLP-SC aktiv zu unterstützen.

Zwei Stunden später erreichten sie Tripolis. Als sie den Flughafen der libyschen Hauptstadt anflogen, meldete sich der Tower: Die Flugsicherung verweigerte der DC-9 kategorisch die Landeerlaubnis. Fluchend zerrte Carlos den libyschen Ölminister Essedin Mabruk ins Cockpit. Mit zitternder Stimme teilte dieser über Funk seinen Landsleuten mit: »Die Situation im Flugzeug ist äußerst angespannt. Die Entführer sind schwer bewaffnet und werden uns mit Sicherheit umbringen, wenn Sie ihre Anweisungen nicht befolgen. Sie müssen uns landen lassen! Ich verlange, daß der Ministerpräsident wegen einer Angelegenheit von höchster Dringlichkeit zum Flughafen gerufen wird.« Zwei Stunden später, 19.10 Uhr Ortszeit, durfte die Maschine schließlich landen. Das Flugzeug wurde zu einer Rollbahn weit weg vom Hauptgebäude dirigiert. Carlos wurde über Funk mitgeteilt, daß er auf keinen Fall libyschen Boden betreten dürfe. Dies war nicht gerade jene Art von grandiosem Empfang, die Carlos vollmundig dem saudi-arabischen Scheich Yamani angekündigt hatte.

Die Nerven der Terroristen lagen nun blank. Sie hatten über zwei Tage nicht mehr geschlafen. Gabriele Kröcher-Tiedemann schaute im Cockpit vorbei und bekam plötzlich einen Heulkrampf, Anis Naccache, der sich mit Amphetaminen vollgepumpt hatte, mußte sich übergeben. Carlos, ebenfalls hundemüde, schluckte weiterhin Vitamine und Amphetamine, um wach zu bleiben. Er entfloh dem Elend im Cockpit, ging in den Passagierraum zu den Geiseln und setzte sich zu Yamani, den er im Auftrag der Libyer noch erschießen sollte. Carlos versuchte, seine Nervosität zu verbergen und plauderte mit dem Mann erneut, als wäre er mittlerweile sein bester Freund. Er erzählte Yamani von seiner Kindheit in Venezuela, von seinem Studium in Moskau und vor allem von seinen vielen Affären. Gegen Mitternacht, die Libyer hatten sich noch immer nicht geäußert, wie es mit dem Flugzeug und den Geiseln weitergehen sollte, verlor Carlos in Anwesenheit von Yamani die Beherrschung: »Diese Leute hier haben keine Disziplin«, schimpfte er über die Libyer, seine eigentlichen Auftraggeber, »mit denen kann man einfach nicht zusammenarbeiten.«

Carlos kochte vor Wut. Er fragte sich, welches Spiel die Libyer mit ihm spielten. Vermutlich waren sie einfach sauer, weil er einen ihrer OPEC-Delegierten erschossen hatte. Aber vielleicht versuchten sie hinter seinem Rücken auch ein Geschäft zu machen und verlangten von Saudi-Arabien und dem Iran Lösegeld für die Freilassung von Yamani und Amusegar. Carlos hatte keine Ahnung. Die Libyer weigerten sich beharrlich, mit ihm zu reden. Anis Naccache, sein Stellvertreter, mußte deshalb mit ihnen verhandeln. Aber sie hielten den Libanesen nur hin. Dabei war im Vorfeld der Operation vereinbart worden, daß sie von den Libyern ein größeres Flugzeug gestellt bekommen, um mit den restlichen Geiseln weiter nach Bagdad und Aden fliegen zu können. Um den guten Willen der Entführer zu demonstrieren, entließen Carlos und Naccache fünf Geiseln, darunter auch den libyschen Ölminister. Doch die Libyer beeindruckte das wenig. Der Befehlshaber im Tower des Flughafens zog sich nun auf die Behauptung zurück, die libysche Fluggesellschaft verfüge über kein so großes Flugzeug, wie es die Entführer forderten, weshalb erst eines im Ausland gechartert werden müsse. Das könne jedoch dauern.

Gegen 4 Uhr morgens hatte Carlos genug. Er ging ins Cockpit, legte dem österreichischen Piloten freundschaftlich die Hand auf die Schulter und befahl, die Maschine zu starten, mit Kurs zurück nach Algier. Als sie die Grenze zu Tunesien überflogen, kam Carlos wieder ins Cockpit gestürzt und befahl, in Tunis zu landen. Der Pilot nahm Kontakt zum dortigen Tower auf. Aber die Tunesier verweigerten die Landeerlaubnis. Carlos verlor völlig die Beherrschung, verlangte von dem Piloten, daß er trotzdem landen solle. Der Pilot erwiderte, daß die Tunesier die Maschine einfach abschießen würden. »Keine Angst, Captain, die werden schon nicht auf Sie schießen«, brüllte Carlos. »Die haben gar keine Raketen. Ich weiß Bescheid. Ich will, daß Sie ganz tief über Tunis hinwegfliegen und ihnen einen gehörigen Schrecken einjagen. Und dann landen Sie.«

Vorsichtig machte der Pilot Carlos darauf aufmerksam, daß eine DC-9 ein schwerfälliges Passagierflugzeug sei und keine Sportmaschine. Aber ihm blieb nichts anderes übrig. Als er schließlich eine Linkskurve flog und dabei etwas an Höhe verlor, gab der Copilot Carlos ein Zeichen, er solle einmal aus dem Fenster auf die Landebahn des Flughafens blicken: Die Tunesier hatten einfach die Flughafenbeleuchtung ausgeschaltet. Die Landebahn war stockdunkel. Carlos blieb nichts anderes übrig, als den Befehl zum Durchstarten zu geben, mit dem neuen Flugziel Algier.

Die Maschine ging nun auf Westkurs. Hinter ihnen war bereits die Morgendämmerung zu sehen. Vor ihnen zog ein Gewitter auf, blaue Blitze erleuchteten den Horizont. Die übermüdeten Gesichter der Piloten wurden deutlich, doch die Entführer hatten dafür kein Auge, sie konnten sich selbst kaum noch auf den Beinen halten. Als sie schließlich den algerischen Luftraum erreichten, fehlte wieder die Landeerlaubnis. Sie mußten zunächst noch fast eine ganze Stunde in einer Warteschleife kreisen, bis sie endlich wieder in Algier landen durften. Carlos verließ sofort die Maschine und begab sich zu Verhandlungen in die VIP-Lounge des Flughafengebäudes. Für Yamani und Amusegar begann nun die Stunde der Wahrheit. Sie wußten, ihr Leben lag jetzt allein in den Händen der Algerier.

Carlos verlangte umgehend ein größeres Flugzeug, eine Boeing 707, um damit nach Bagdad fliegen zu können. Seine algerischen Verhandlungspartner machten ihm jedoch deutlich, daß sie nur über eine Boeing 727 verfügten, womit ein Nonstop-Flug nach Bagdad nicht möglich wäre. Aber der algerische Ministerpräsident Boumedienne, der sich in die Verhandlungen einschaltete, bot Carlos etwas ganz anderes: Viel Geld, wenn er die Geiseln laufen ließ, auch Yamani und Amusegar.

Nachdem ihn die Libyer wie den letzten Dreck behandelt hatten, sah Carlos eigentlich keinen Grund mehr, die beiden Ölminister auftragsgemäß zu liquidieren. Warum also nicht ein sattes Lösegeld kassieren? Allerdings mußte er davon erst noch seine Kampfgefährten im Flugzeug überzeugen, die ja auf einen anderen »Kampfauftrag« eingeschworen worden waren. Als Carlos zurück an Bord war, ging er zuerst zu Yamani und Amusegar. »Ich habe da ein Problem, und ich weiß nicht, was ich tun soll. Es betrifft Sie beide. Was soll ich mit Ihnen anfangen? Ich bin Demokrat, aber Sie beide haben ja keine Ahnung, was das ist, Demokratie. Ich werde mich jetzt mit meinen Kameraden zusammensetzen und beratschlagen, was mit Ihnen geschehen soll. Danach werde ich Ihnen mitteilen, zu welcher Entscheidung wir gelangt sind.«

Im vorderen Teil des Flugzeuges setzte sich Carlos mit den anderen Entführern zusammen. Anis Naccache und Gabriele Kröcher-Tiedemann fanden den Vorschlag, die Operation abzubrechen und das Geld zu kassieren, nicht akzeptabel. Sie plädierten für die konsequente Erfüllung des Auftrages. »Aber wenn wir sie umbringen«, erwiderte Carlos, »bekomme ich das Geld nicht.« Er zeigte sein Verständnis von Demokratie und sprach ein Machtwort als Kommandochef.

Danach ging er zu Yamani und Amusegar, die die hitzige Debatte der drei aus der Entfernung beobachtet hatten, ohne jedoch etwas verstehen zu können. »Wir sind übereinstimmend zu dem Entschluß gekommen, Sie beide am Mittag freizulassen«, verkündete Carlos. »Und damit ist Ihr Leben außer Gefahr.«

»Warum warten wir dann bis Mittag?« fragte Yamani.

»Ich will warten, bis sich die allgemeine Aufregung etwas gelegt hat«, antwortete Carlos. Er bot den beiden Ministern an, so lange das Kabinenlicht abschalten zu lassen. »Sie können dann friedlich mit der Gewißheit ein Schläfchen machen, daß Ihr Leben nicht mehr in Gefahr ist.« In diesem Moment kam Gabriele Kröcher-Tiedemann hinzu und schrie Carlos an: »Fuck you!«

Scheich Yamani glaubte noch nicht so richtig daran, daß ihn die Terroristen am Leben lassen würden, zumal Carlos kurz darauf erneut das Flugzeug verließ. Als er nach zwei Stunden zurückkam, rief er erneut seine Kameraden zusammen. Er erklärte ihnen, daß die Algerier ihre Pläne kannten. »Sie haben gedroht, uns alle umzubringen, falls wir Yamani etwas tun.« Es gäbe keine andere Möglichkeit, als die Aktion abzubrechen.

Carlos weckte nun die Geiseln und erklärte, daß sein Kommando eigentlich vorhatte, Yamani und Amusegar zu liquidieren und daß es bei dieser Entscheidung auch bleiben werde, nur im Moment habe man beschlossen, sie noch einmal gehen zu lassen. »Wenn sie auch diesmal mit dem Leben davonkommen, so werden wir sie letztendlich irgendwann töten, egal wo sie sich aufhalten werden«, setzte er drohend hinzu. Seine Mitkämpfer hörten dies mit Wohlwollen.

Zusammen mit den zwölf restlichen Geiseln verließen die Terroristen anschließend das Flugzeug. Algerische Soldaten geleiteten die Ölminister und Mitarbeiter in eine Lounge im Flughafengebäude, die Terroristen wurde in eine benachbarte Lounge geführt, die nur durch eine Glasscheibe von der anderen getrennt war. Anis Naccache ging jedoch noch einmal hinüber, direkt zu

Yamani: »Ich will Sie nur wissen lassen, daß ich Sie schneller umbringen werde, als Sie erwarten. Auch Carlos will Sie nicht am Leben lassen.« Yamani sah das Flackern in den Augen von Naccache, der noch seinen Revolver im Schulterhalfter stecken hatte. Dem algerischen Außenminister, der daneben stand, war der vernichtende Blick des Libanesen ebenfalls nicht entgangen. Schnell drückte er Naccache ein Glas Orangensaft in die Hand. Für einen kurzen Moment war dieser abgelenkt, genügend Zeit für die algerischen Sicherheitsbeamten, um Naccache zu packen und nach draußen zu bringen. Beide Gruppen wurden streng separiert.

Damit war die »Operation OPEC« endgültig beendet. Carlos und seine Gefolgsleute wurden in drei schwarzen Limousinen in die Innenstadt von Algier gebracht. Wieviel Geld der Schah von Persien und der König von Saudi-Arabien dafür bezahlt hatten, damit ihre Ölminister am Leben blieben, sollte niemand jemals erfahren. Alsbald blühten deswegen die Gerüchte. Es war von fünf Millionen Dollar die Rede, aber auch von 50 Millionen.

In Algier wurde Carlos im legendären »Albert I« einquartiert, ein Hotel aus der Zeit der Belle Époque. Er bekam das Zimmer 555. Als erstes griff er zum Telefonhörer und meldete ein Ferngespräch an. Es war eine Nummer in Caracas/Venezuela. Der Killer mußte Mama Bescheid sagen, daß es ihrem »El Gordo« gut ging.

Als Hans-Joachim Klein das volle Bewußtsein erlangte, fand er sich im Hospital »Moustafa« in Algier wieder. Von dem Flug hatte er so gut wie nichts mitbekommen, nicht einmal die Liebkosungen von Gabriele Kröcher-Tiedemann. Die Schmerzmittel, die ihm der Begleitarzt gespritzt hatte, waren zu stark gewesen.

In seinem Krankenzimmer wurde Klein rund um die Uhr vom algerischen Geheimdienst bewacht, unter anderem von einer wunderhübschen jungen Frau, wie Klein mit einer gewissen Zufriedenheit feststellte. Sie wechselte sich auf ihrem Wachposten mit einem Mann ab, der ausgezeichnet Deutsch sprach, weil er eine Weile in Heidelberg gelebt hatte. So verging die Zeit mit angeregten Gesprächen.

Am 28. Dezember 1975 bekam Klein dann Besuch. Die fünf Kommandomitglieder, alle voll bewaffnet, schauten nach ihrem Mitkämpfer. Gabriele Kröcher-Tiedemann zeigte sich wieder von ihrer mütterlichen Seite. Die 24jährige umsorgte den verletzten Gefährten, als wäre er ihr Baby. Zugleich war es ein Abschied.

Am nächsten Tag sollte sie mit den drei Palästinensern in den Südjemen weiterfliegen, wo die PFLP einen ihrer wichtigsten Stützpunkte unterhielt. Carlos wiederum versicherte Klein, er werde solange auf ihn warten, bis dessen Verletzung einen Transport zuließe. In Wahrheit wollte er wohl noch etwas Zeit gewinnen, denn mit Sorgen sah er dem Treffen mit Wadi Haddad, dem Chef der PFLP-SC, entgegen. Wenn ihm schon Kröcher-Tiedemann an den Kragen wollte, weil er die Ölminister nicht liquidiert hatte, was würde erst »der Meister« mit ihm anstellen?

Am 1. Januar 1976 war es dann soweit. Hans-Joachim Klein konnte das Krankenhaus verlassen und bestieg mit Carlos' Hilfe ein Flugzeug in Richtung Südosten.

Genau zur selben Zeit startete in der Bundesrepublik die Geheimoperation »Müll« des Bundesamtes für Verfassungsschutz (BfV). Agenten des deutschen Inlandsgeheimdienstes brachen in der Nacht vom 1. auf den 2. Januar 1976 in das Landhaus des Atomphysikers Klaus Traube ein, den sie verdächtigten, Verbindungen zu den Terroristen zu unterhalten. Sie fotografierten die Wohnung sowie das Notizbuch von Traube und suchten fieberhaft nach einem geeigneten Platz für eine »Wanze«. Gewöhnlich schlossen sie die verdeckten Sender hinter einer Fußbodenleiste oder in einer Steckdose an den Stromkreis an, doch hier im Landhaus waren die Wände so getüncht worden, daß die Farbe auch über Scheuerleisten und Steckdosen ging, so daß die Agenten sie nicht ab- und wieder anschrauben konnten, ohne sichtbare Spuren zu hinterlassen. Nach längerem Hin und Her entschieden sie sich deshalb für die Installation eines batteriebetriebenen Senders, dessen Betriebsdauer bis zu 1200 Stunden reichte. Die Rückseite des Schreibtisches, der neben einem Bücherregal direkt an der Wand stand, schien ihnen dafür das ideale Versteck.

Diese illegale Aktion hatte zwei Tage zuvor, am 30. Dezember 1975, der Präsident des Bundesamtes für Verfassungsschutz, Richard Meier, ohne jegliche Rechtsgrundlage persönlich angeordnet. Der Bundesnachrichtendienst (BND) leistete ihm dabei Amtshilfe und schickte einen Schlüsselexperten, der die Tür zum Landhaus des Wissenschaftlers fachmännisch öffnete. Seinen Vorgesetzten hatte Meier nicht unterrichtet. Bundesinnenminister Werner Maihofer (FDP) erfuhr erst wesentlich später von diesem spektakulären Lauschangriff auf den prominenten Atomphysiker.

Anlaß für die Operation war die Tatsache, daß Klaus Traube die Frankfurter Rechtsanwältin Inge Hornischer kannte, die wiederum die Freundin von Hans-Joachim Klein war. Gelegentlich hatte das Paar auch bei Traube in dessen Landhaus übernachtet, und zwar in einer Art »Matratzengruft«, wie die Verfassungsschützer vermerkten. Dies allein machte Traube in den Augen des Verfassungsschutzpräsidenten offensichtlich so verdächtig, daß er in ihm eine Gefahr für die Bundesrepublik, wenn nicht sogar für die gesamte westliche Welt sah. Schließlich war Klaus Traube einer der wichtigsten Männer der deutschen Atomindustrie. Er war Topmanager bei der Interatom, einer Tochterfirma der zu Siemens gehörenden Kraftwerk Union (KWU), die die Entwicklung und Bauvorbereitung des Schnellen Brüters in Kalkar am Niederrhein betrieb. Traube gehörte nach Auskunft von Siemens weltweit zu den drei Personen, »deren fachliche Kenntnisse und Qualifikationen für diese Aufgabe ausreichen«.

Für Verfassungsschutzpräsident Meier verdichtete sich die Bekanntschaft von Traube mit Hans-Joachim Klein zu einem Bedrohungsszenario gigantischen Ausmaßes, wonach der Terrorismus kurz davor stünde, eine atomare Dimension anzunehmen. Seine Befürchtungen behielt der sonst so verschwiegene Geheimdienstmann offensichtlich nicht lange für sich, denn kurz darauf kolportierten Zeitungen das Gerücht, der Superterrorist Carlos besitze womöglich eine kleine Atombombe.

Parallel zu diesen Geheimdienstaktionen ging man auch in der Politik hart zur Sache. Im Bundestag wurde fieberhaft an einer Ergänzung des Strafgesetzbuches gearbeitet, wonach künftig die Mitgliedschaft oder die Unterstützung einer »terroristischen Vereinigung« genügte, um zu einer Gefängnisstrafe verurteilt zu werden – ohne daß eine konkrete Beteiligung an einer Straftat nachgewiesen werden mußte.

Beamte des Bundeskriminalamtes (BKA) reisten derweil mit Fahndungsmaterial im Gepäck kreuz und quer durch die Lande, um mögliche Verbindungsleute der OPEC-Attentäter ausfindig zu machen. Darunter befand sich eine Lichtbildmappe mit Fotos von Carlos, Hans-Joachim Klein sowie einigen Mitgliedern der RAF und der *Bewegung 2. Juni*. Die Beamten gingen davon aus, daß neben Klein noch weitere Deutsche an der bis dahin spektakulärsten Aktion des internationalen Terrorismus auf europäischem Boden beteiligt gewesen waren. Besonders im Verdacht hatten sie Gabriele Kröcher-Tiedemann, da sie erst wenige Monate vor dem Überfall auf die OPEC aus der Haft freigepreßt worden war.

Allerdings taten sich die BKA-Fahnder schwer mit ihren Ermittlungen, zumal sich ihre Kollegen in Österreich geradezu dilettantisch bei der Tatortsicherung angestellt hatten. Weder in den Räumen des OPEC-Gebäudes noch im Flugzeug oder zumindest in dem Autobus, der die Terroristen und Geiseln zum Flughafen gebracht hatte, waren Fingerabdrücke gesichert worden. Die Beamten des BKA wußten deshalb lediglich, daß unter den sechs Entführern auch eine Frau war. Da sie jedoch ihre Haare unter einer Strickmütze verborgen und einen Schal um die Nase gebunden hatte, war es für die Polizei schwer, von den Geiseln eine brauchbare Täterbeschreibung zu bekommen. Eine Geisel sagte aus, bei der Terroristin habe es sich eindeutig um eine Araberin gehandelt, eine andere wollte gehört haben, daß sie deutsch gesprochen hatte. Ebenso dürftig waren die übrigen Zeugenaussagen zur Person der Terroristin. Oft beschränkten sich die Angaben auf »klein« oder »zart«. Selbst dem Copiloten, der sich mit der Terroristin immerhin fast 36 Stunden in einem Flugzeug aufgehalten hatte, war lediglich im Gedächtnis haften geblieben, daß die Terroristin »kleine Brüste hatte«. Diese vagen Angaben reichten der Generalstaatsanwaltschaft aber aus, am 17. Februar 1976 einen Haftbefehl gegen Gabriele Kröcher-Tiedemann wegen des dringenden Tatverdachts der Beteiligung am OPEC-Überfall zu erlassen.

Carlos und Klein waren inzwischen nach diversen Abstechern in andere Länder des Nahen Ostens im Jemen angekommen. Umgehend begaben sie sich zum Rapport bei Wadi Haddad. Der Palästinenserführer empfing sie in einem Haus der PFLP-SC in Aden, das sich ganz in der Nähe der chinesischen Botschaft befand. Neben den Kommandomitgliedern des OPEC-Überfalls waren auch Wilfried Böse und dessen Lebensgefährtin Brigitte Kuhlmann von den *Revolutionären Zellen* aus Deutschland anwesend. Von ihnen allen erwartete Haddad nicht nur einen ausführlichen Bericht über den genauen Ablauf, sondern auch eine schonungslose Selbstkritik und eine kritische Einschätzung der jeweils anderen Kommandomitglieder während des Einsatzes.

Hans-Joachim Klein forderte deshalb, daß neben Böse und Kuhlmann auch die anderen RZ-Mitglieder, die an der Vorberei-

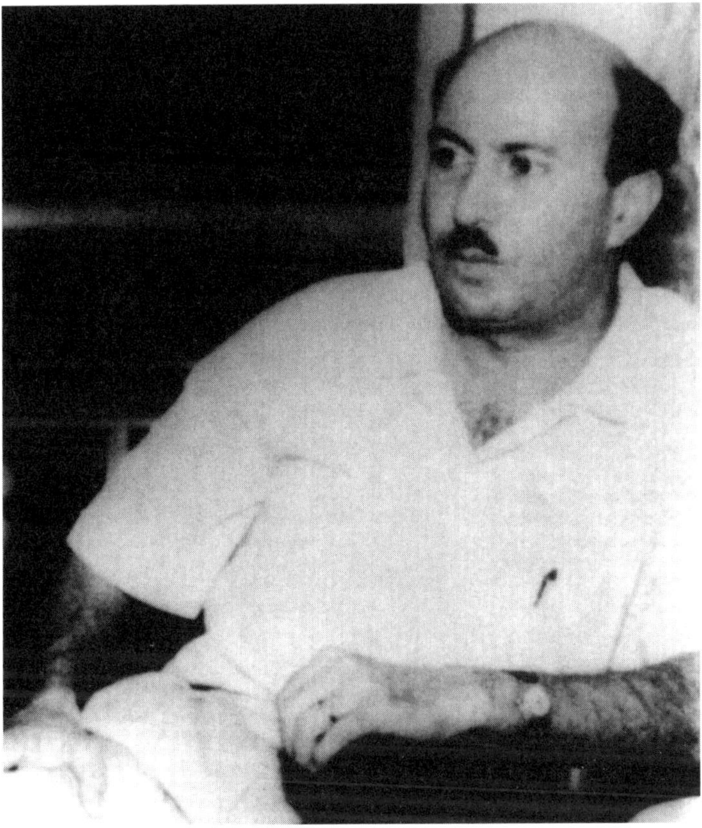

Der Drahtzieher des internationalen Terrorismus: Wadi Haddad, Chef der palästinensischen Organisation PFLP-SC

tung der OPEC-Operation beteiligt gewesen waren, an der Sitzung teilnehmen sollten, denn nur wenn auch die Planung im Vorfeld kritisch unter die Lupe genommen werde, könne der spätere Verlauf richtig eingeschätzt werden. In der Manier eines Feldherrn gab Haddad dem Deutschen jedoch zu verstehen, daß er nicht daran denke, sich mit »Soldaten« an einen Tisch zu setzen. Klein protestierte noch einmal, bis ihm Böse zuraunte, daß es besser wäre, wenn er endlich das Maul hielte.

Klein hatte richtig vermutet, daß er als erster in die Mangel genommen werde. Ihm wurde vorgeworfen, daß er beim OPEC-Überfall die Empfangsdame nicht gleich liquidiert hatte, als diese versuchte, die Polizei anzurufen. Damit habe er das ganze Unternehmen gefährdet. Lautstark versuchte sich Klein gegen die Vorwürfe zu wehren. Aber da er noch immer kein Englisch sprach, wurde er von seinen Dolmetschern Böse und Kuhlmann zurückgepfiffen, noch bevor sie Haddad seine Äußerungen übersetzten. Sie gaben ihm energisch zu verstehen, daß es hier um übergeordnete Interessen gehe. Die RZ hätte zu lange daran arbeiten müssen, einen so engen Kontakt zur PFLP aufzubauen, als daß man dies nun durch seine vorlauten Äußerungen aufs Spiel setzen wolle. Klein schwieg daraufhin beleidigt.

Danach war Carlos an der Reihe. Ausschweifend und langatmig berichtete er, wie er in Wien mehrfach versucht habe, sich mit den libyschen Gewährsleuten wegen der versprochenen Waffen und Insider-Informationen zu treffen, was aber immer wieder gescheitert und erst am 19. Dezember 1975, also einen Tag vor dem ursprünglich geplanten Datum des Überfalls, gelungen sei. Böse pflichtete Carlos bei und nutzte die Gelegenheit, gegenüber Haddad die RZ in ein positives Licht zu stellen. Um die OPEC-Aktion nicht zu gefährden, hätte die RZ das Risiko auf sich genommen und spontan auf dem schnellsten Weg Waffen nach Wien geschmuggelt. Danach nahm Carlos den Faden wieder auf. Diplomatisch betonte er, daß Libyen selbstverständlich ein Verbündeter sei. Im gleichen Atemzug kritisierte er dann vorsichtig das Verhalten der Libyer in Tripolis, die entgegen der Absprache dem Kommando kein Langstreckenflugzeug zur Verfügung gestellt hätten. Deshalb habe er auf eigene Faust den Plan ändern müssen und die Maschine nach Algier zurückfliegen lassen, wo er den saudi-arabischen und den iranischen Ölminister mit Rücksicht auf das »Gastland« nicht habe liquidieren können.

Carlos wußte nicht, daß Haddad die Vorgänge längst aus anderer Perspektive kannte. Gabriele Kröcher-Tiedemann hatte dem »Meister« bereits vor dieser Auswertung ihre Sicht der Dinge schriftlich zukommen lassen. Darin rechnete sie mit Carlos ab. Obwohl sich die Libyer nicht an ihr Versprechen gehalten hätten und das Kommando nach Algier zurückfliegen mußte, habe es keine Veranlassung gegeben, auf »den Hauptgrund für diese Operation«, die Ermordung der beiden Minister, zu verzichten.

Carlos hingegen referierte bei der Nachbesprechung munter seine Sicht. Bereits nach der ersten Ankunft in Algier habe ihn die algerische Regierung aus Angst vor einem Blutbad gebeten, die Operation zu beenden. Später, in Tripolis, wäre er vom algerischen Außenminister über Funk angefleht worden, nach Algier zurückzukommen und niemanden zu töten.

Für einen kurzen Moment verlor Haddad, der bislang nur zugehört hatte, die Contenance. Die algerische Regierung habe gewußt, daß es sich um eine Operation der PFLP-SC handelte und daher mit Tötungen zu rechnen war, herrschte er Carlos vor allen anderen an. »Was war los mit dir? Hast du die Lust am Töten verloren?« wollte Haddad wissen. Er sei »dem psychischen Druck zum Opfer gefallen«, antwortete Carlos kleinlaut. Sie seien alle total erschöpft gewesen, und nachdem Libyen sie im Stich gelassen hatte, sei ihm klar geworden, daß die Operation zu Ende gehe und daß in solch einer Situation die Erschießung nicht mehr durchgeführt werden könne. Allerdings räumte Carlos ein, daß »Josef« und »Nada« bis zum Schluß dafür plädiert hätten, die beiden Minister wie geplant zu erschießen. Aber er habe sich dagegen entschieden, zumal bei ihm der Eindruck entstanden sei, die Ermordung würde bei der arabischen Bevölkerung nicht auf Verständnis stoßen. Das viele Geld, das ihm versprochen worden war, wenn er die beiden laufen ließe, erwähnte Carlos natürlich mit keinem Sterbenswörtchen.

Über acht Stunden dauerte die Aussprache. Alles wurde akribisch von Haddads Sekretärin mitgeschrieben. Insgesamt umfaßt das Protokoll 42 Seiten. Den größten Teil nehmen die verzweifelten Erklärungsversuche von Carlos ein, denn Haddad hatte kaum etwas gesagt und meist nur mit unbewegter Miene zugehört. Carlos ahnte, was dies bedeutete.

Flugzeugentführung nach Entebbe

Trainingslager im Jemen für Kämpfer der *Revolutionären Zellen* (RZ) – Ausschluß von Carlos aus der PFLP-SC – Kidnapping einer Air France-Maschine aus Tel Aviv 1976 – Israelische Befreiungsaktion in Uganda

Im ersten Augenblick erkannte Magdalena Kopp ihn nicht wieder. Statt Anzug und Krawatte wie damals in London trug er nun bequeme Freizeitkleidung. Er war auch viel schlanker, hatte sich die Haare und buschige Koteletten wachsen lassen. Zudem wirkte er etwas zurückhaltender. Kein Wunder, großmäuliges Gebaren war nicht mehr erforderlich. Jeder im Ausbildungslager wußte, mit wem er es zu tun hatte und begegnete ihm mit einem gewissen Respekt. Schließlich war er seit der OPEC-Aktion eine Art Berühmtheit. Auf dem Wiener Flughafen hatte es einer der Paparazzi geschafft, ihn zu fotografieren, als er sich per Handschlag vom österreichischen Innenminister verabschiedete. Damals trug er eine Baskenmütze, aus der seine dichten, schwarzen Haare hervorquollen. Magdalena Kopp mußte sich eingestehen, daß er auf dem Foto ein bißchen Che Guevara ähnelte. Vermutlich war dies auch gewollt. Das Foto hatten viele Zeitungen wie einen Steckbrief gedruckt, versehen mit dem Hinweis: Carlos, der »Schakal« – der meistgesuchte Terrorist der Welt.

Magdalena Kopp beschloß, ihn einfach zu ignorieren. Zu gut konnte sie sich noch an ihre erste Begegnung erinnern, als er sich in London in der Dunkelkammer an sie herangemacht hatte. Das war nun fast ein Jahr her, doch das Erlebnis hatte sich eingegraben, denn selten war ihr bisher ein so aufdringlicher, penetranter Typ begegnet. Damals nannte er sich noch »Johnny«, und sie hatte keine Ahnung gehabt, wer er wirklich war. Für sie verkörperte er lediglich irgendeinen südamerikanischen Schnösel, der es halt bei jeder versuchte. Mittlerweile wußte sie jedoch Bescheid. In den Zeitungen war ausführlich von seinen Aktionen und den damit verbundenen Toten zu lesen gewesen, sowohl in Paris als auch in Wien. Er war offensichtlich kalt und berechnend. Sie wollte darauf achten, daß es hier im Lager nicht noch einmal zu einem Zwischenfall wie in London kam. Zum Glück waren die meisten Ausbilder und Teilnehmer im Lager gläubige Moslems. Männer und Frauen wurden deshalb getrennt untergebracht. Erstmalig war sie froh über diese Ausgrenzung der Frauen.

Ursprünglich wollte Magdalena Kopp gar nicht zur Guerillaausbildung in den Jemen fahren. Schließlich war sie Mutter einer fünfjährigen Tochter. Bei der Frankfurter Gruppe der *Revolutionären Zellen* hatte es deshalb im Vorfeld eine hitzige Debatte gegeben. Sabine Eckle (Deckname »Judith«) plädierte vehement dafür, daß Mütter zu keinen militärischen RZ-Aktionen herangezogen werden sollten. Eckle, die wie Kopp aus der Nähe von Ulm stammte, sorgte sich etwas um ihre Freundin, denn sie wußte, was auf diese zukam. Eckles Lebensgefährte Rudolf Schindler (Deckname »Philipp«) war als gelernter Werkzeugmacher innerhalb der RZ für technische Dinge wie etwa die Herstellung von Sprengstoffzündern zuständig, so daß sie einen guten Überblick über die hochriskanten Aktionen der vergangenen Jahre hatte. Johannes Weinrich sah das jedoch anders. Da der Lebensgefährte von Magdalena Kopp selbst nicht in das Camp der Palästinenser reisen konnte, weil er sich seit seiner Haftentlassung einmal in der Woche bei der Polizei melden mußte, wollte er wenigstens eine Guerillaausbildung für seine Freundin. Er bedrängte Magdalena Kopp sogar, die Erziehungsberechtigung für ihre Tochter Anna sicherheitshalber an Michael Leiner, den leiblichen Vater, zu übertragen. Die anderen in der RZ redeten ihr ebenfalls kräftig zu. Unter Tränen unterschrieb sie schließlich die Formulare. Wenig später durfte sie ihre Tochter nur noch an den Wochenenden sehen. Mehr Besuchszeit ließ Michael Leiner, der Vater, nicht zu, da er noch immer nicht seine Enttäuschung über Magdalenas Weggang überwunden hatte. Als Zeichen seines Protestes gegen ihr politisches Engagement meldete er Anna zudem in einer jüdischen Schule an. Für Magdalena Kopp wurde die Situation damit vollends grotesk: Während sie in einem palästinensischen Trainingscamp ausgebildet wurde, um gegen den Zionismus und Israel zu kämpfen, lernte ihre Tochter die Grundlagen der jüdischen Kultur kennen.

Über Umwege war Kopp in den Jemen gereist. In Aden, der südjemenitischen Haupt- und Hafenstadt am Ausgang des Roten Meeres, hatte sie ein Jeep abgeholt und in das vier Stunden entfernte Camp gebracht. Die Auffahrt zum Ausbildungslager war steil und felsig gewesen, mitunter schien es fast senkrecht einen Berg hinaufzugehen. Geröll hatte sich gelegentlich gelöst und war den Abhang hinunter gedonnert. Aber der jemenitische Chauffeur beherrschte den Jeep perfekt. Das Lager selbst war streng bewacht und bestand im wesentlichen aus einem großen Gebäude, einem einst herrschaftlichen Kolonialhaus. Es stammte noch aus der Besatzerzeit der Briten. Das Haus hatte zwei Stockwerke und rundherum einen nicht überdachten Balkon. Auf dem flachen Dach befand sich ein turmartiger Aufbau. Dort waren, wie am Eingang des Lagers, Wachen postiert. Sie konnten von oben aus die gesamte Umgebung überblicken. Hinter dem Haus war noch ein bißchen Platz zum Berg hin. Danach fielen die Felsen steil ab. In der Ebene, fast am Fuß des Berges, lag eine kleine Ansiedlung von strohbedeckten Lehmhäusern, Ställen und ein paar Gehegen, dahinter kleine Gärten und Felder. Mehr fruchtbaren Boden hatten die Jemeniten hier der Stein- und Sandwüste nicht abtrotzen können.

Im Lager wurde Magdalena Kopp bereits erwartet. Vor ihr waren Brigitte Kuhlmann, Wilfried Böse sowie die vier anderen Mitglieder der RZ, die in Wien bei der Vorbereitung des Überfalls auf die OPEC-Konferenz geholfen hatten, eingetroffen. Ebenfalls anwesend waren Hans-Joachim Klein, noch schwer gezeichnet von seiner Schußverletzung, und der inzwischen legendäre »Schakal«, Carlos. Er wurde ihr als Ausbildungsleiter vorgestellt. Kurz darauf stießen weitere Teilnehmer zur Gruppe. Bis auf zwei Basken kamen alle aus Deutschland und waren Mitglieder der *Revolutionären Zellen*. Einige hatte Kopp zuvor noch nie gesehen, etwa Herman Feiling, einen Studenten aus Heidelberg. Dies war kein Zufall. Die RZ war damals in separate Zellen aufgeteilt, die unabhängig voneinander im Rhein-Main-Gebiet unter der internen Bezeichnung »Süden«, in Hamburg und Niedersachsen als »Norden«, in Nordrhein-Westfalen als »Pott« und in Berlin als »Insel« operierten. Außerhalb der eigenen Zelle kannte man nur zwei oder drei Kontaktleute mit Klarnamen, meist waren dies Brigitte Kuhlmann und Wilfried Böse. Das Prinzip der Konspiration wurde auch im Ausbildungslager aufrechterhalten. Alle stellten sich deshalb nur mit ihren Decknamen vor. Während Magdalena Kopp bei »Vera« blieb, nannte Böse sich jetzt »Mahmood« und Kuhlmann »Halimeh«. Gerd-Hinrich Schnepel, der bislang als »Max« galt, weil so sein Schäferhund hieß, wollte fortan »Sharif« gerufen werden – eine Hommage an den Schauspieler Omar Sharif, wie er ihr erklärte. Seit der Zeit in Schnepels Druckerei im fränkischen Gaiganz, wo Kopp als Reprofotografin gearbeitet und auch Johannes Weinrich nach seiner Haftentlassung Unterschlupf gefunden hatte, mochte sie Schnepel. Er war einfach ein bißchen anders als die übrigen RZ-Mitglieder. Trotz der ideologischen Reden und dem revolutionären Getue hatte er sich eine gewisse Unbekümmertheit bewahrt. Unterhaltsam konnte er beispielsweise über die Vorzüge von ökologischem Landbau referieren.

Carlos jedenfalls war von dem Deutschen so angetan, daß er ihm erklärte: »Wenn ich Präsident von Venezuela bin, wirst du mein Landwirtschaftsminister.« Schnepel lachte über diesen Scherz, doch Carlos verzog keine Miene. Er meinte es tatsächlich ernst. Irgendwann würde er als verdienter Revolutionär in sein Heimatland zurückkehren und Politik mit legalen Mitteln machen, am besten als Präsident, verkündete er.

Die Ausbildung wurde von Tag zu Tag härter. Vor Sonnenaufgang ging es zum einstündigen Ausdauerlauf in die Steinwüste hinaus, was bei Magdalena Kopp alsbald zu blutigen Entzündungen führte. Ein chinesischer Quacksalber im nächstgelegenen Dorf entfernte den Eiter und beschaffte ein Antibiotikum. Nach ein paar Tagen Küchendienst ging es für sie weiter. An den Vormittagen stand trotz der brutalen Hitze Nahkampfausbildung auf dem Programm, eine Mischung aus Judo und Karate. Nachmittags ging es zumeist an den Schießstand. Carlos unterrichtete die Gruppe dort im Umgang mit Sprengstoff und Handgranaten sowie allen möglichen Waffen, von der Pistole über das leichte Maschinengewehr bis hin zu Raketen- und Granatwerfern. Als Magdalena Kopp wieder einmal mit Handfeuerwaffen auf Blechdosen schoß, schlich sich Carlos von hinten an sie heran. Mit dem einen Arm umschlang er sie plötzlich, den anderen führte er zu ihrer Pistolenhand, um vorgeblich beim Zielen korrigierend einzugreifen. Auf sein Kommando hin mußte sie abdrücken. Eine Blechdose fiel scheppernd auf den Felsboden. Carlos hielt sie weiter in seinen Armen fest und säuselte ihr mit südamerikanischem Akzent ins Ohr: »Du hast ausgesprochen viel Talent.« Es war die gleiche Anmache wie damals in London, diesmal sogar direkt vor den Augen der anderen. In ihr stieg erneut Zorn auf, doch sie wollte es zu keinem Eklat kommen lassen.

Nach vier Wochen Abenteuerurlaub in der Steinwüste Südjemens ging es zurück nach Deutschland. Als die anderen ihre Sachen zusammenpackten, wurde Hans-Joachim Klein schmerzlich bewußt, daß es für ihn kein Zurück mehr gab. Seit dem OPEC-Überfall kannte die halbe Welt sein Gesicht. Sein Foto war in jeder Zeitung in Deutschland abgedruckt gewesen. Mittlerweile hatte die Polizei für Hinweise, die zu seiner Verhaftung führten, eine Belohnung von 50 000 DM ausgesetzt. Klein begriff schlagartig, daß sein Leben nie wieder so sein würde, wie es einmal war.

In diesem Moment brach eine große Sehnsucht in ihm auf. Er vermißte seine Freundin Inge Hornischer. Zudem hatte er ihr gegenüber ein schlechtes Gewissen. Der Anwältin in Frankfurt war seinetwegen vorübergehend die Berufszulassung entzogen worden. In der Presse diffamierte man sie als »Terroristenbraut«. Ihr wollte er soviel sagen. Schon vor Wochen hatte er damit begonnen, einen Brief an sie zu schreiben, doch war er es nicht gewohnt, seine widerstreitenden Gedanken und Gefühle in Worte zu fassen. Schließlich wollte er ihr erklären, was er eigentlich nicht erklären konnte: warum er in Wien dabeigewesen war. Fast vier Wochen schrieb er an dem Brief. Er versicherte ihr darin, daß er aus der Guerilla aussteigen wolle, da dort Methoden angewandt würden, gegen die er einst auf der Straße protestiert hatte. Klein versprach seiner Freundin, daß er sich sofort stellen würde, falls sie seinetwegen noch einmal Schwierigkeiten bekommen sollte. Letztlich bekam der Brief, den er mit seiner ungelenken Handschrift verfaßte, den Umfang eines kleinen Taschenbuches. Er steckte ihn in einen Umschlag, versiegelte ihn und übergab ihn im Beisein von Wilfried Böse an Rudolf Schindler.

Schindler, der in Frankfurt als Feinmechaniker arbeitete, sollte den Brief mit nach Deutschland nehmen, ihn ausreichend frankieren und einfach abschicken. Aber kaum daß Klein ihm den langen Text anvertraut hatte, öffnete ihn Schindler und gab ihn Böse. Die beiden mißtrauten Klein. Nachdem sie den Brief gelesen hatten, war für sie sofort klar, daß er nicht abgeschickt werden dürfe. Aus ihrer Sicht hatte Klein zu viele Interna ausgeplaudert. Wenn der Brief in falsche Hände geriete, könnte dies schlimme Folgen für andere RZ-Mitglieder haben, so ihr Urteil. Das Werk wurde umgehend vernichtet.

Die anderen waren längst wieder in Deutschland, und Klein wartete vergeblich auf ein Zeichen seiner Freundin. Per Zufall erfuhr er dann, was mit dem Brief geschehen war. Wilfried Böse, der zusammen mit seiner Lebensgefährtin Brigitte Kuhlmann im Jemen geblieben war, geriet mit Klein in einen heftigen Streit. Ein Wort gab das andere. Der Konflikt eskalierte. Böse brüllte Klein an, er solle das Maul nicht so weit aufreißen, schließlich schreibe er Briefe, in denen er über Kapitulation nachdächte. Es dauerte einen Moment, bis Klein begriff, was dies bedeutete. Böse konnte nicht mehr zurück und gestand, daß er und Schindler den Brief gelesen hatten. Dabei hätten sie festgestellt, daß er der Guerilla schweren politischen Schaden zufügen könnte, da ihn die legale Linke vermutlich für ihre Zwecke mißbrauchen würde. »Deshalb wurde er nach dem Lesen nicht zugestellt, sondern verbrannt«, erklärte Böse. »Das mußt du verstehen.« Klein war außer sich. Am liebsten hätte er Böse über den Haufen geschossen. Aber er hatte keine Waffe bei sich. Wortlos verließ er den Raum.

Wilfried Böse war sich bewußt, daß soeben eine Freundschaft in die Brüche gegangen war. Aber schließlich ging es hier um Größeres als private Gefühle. Der nächste Auftrag stand bevor, den er und Brigitte Kuhlmann auf Geheiß von Wadi Haddad auszuführen hatten, und nicht Klein, der vorgab, wegen seiner Schußverletzung noch nicht wieder einsatzfähig zu sein. Erstmals sollte unter der Führung von deutschen Terroristen ein palästinensisches Kommando ein Flugzeug kapern. Wie schon bei dem OPEC-Überfall würde dies die internationale Dimension des palästinensischen Befreiungskampfes unterstreichen und weltweit für Schlagzeilen sorgen.

Dazu fand nach der vierwöchigen Grundausbildung alsbald eine zweite Schulung statt, das sogenannte Special training. Es erfolgte in einem anderen Lager und ging über mehrere Monate. Dabei wurden alle Varianten von Flugzeugentführungen und Geiselnahmen durchgespielt. Zuerst brachte man den beiden Deutschen bei, wie sie ihre Waffen durch die Kontrollen am Flughafen schmuggeln konnten. Dazu wurden die Waffen in ihre Bestandteile zerlegt und anschließend in Föhn, Radio und Kamera geschickt wieder eingebaut. Auf diese Weise konnten kleinere Pistolen für Durchleuchtungsgeräte weitgehend unsichtbar gemacht und so als Handgepäck an Bord gebracht werden.

Als nächstes stand psychologische Schulung auf dem Lehrplan. Den Deutschen wurde von ihren palästinensischen Trainern vermittelt, wie man Geiseln mit einem geschickten Mix aus Einschüchterung und Freundlichkeit in Angst und Abhängigkeit halten konnte. In unzähligen Rollenspielen wurden Situationen geprobt, die bei einer Geiselnahme auftreten können. Danach folgte ein hartes Fitneßprogramm, um das lange Durchhalten ohne Schlaf zu trainieren. Schließlich ging es um die technische Seite einer Flugzeugentführung. Auf Schautafeln sowjetischen Ursprungs erläuterten die Trainer Eigenarten und Unterschiede der verschiedenen Flugzeugtypen. Die beiden Deutschen lernten, was welche Instrumente im Cockpit bedeuten und wie man Reichweite und Kerosinverbrauch des Fliegers ermittelt. Dazu gab es für jede Maschine ein Handbuch, dem man die Basisdaten entnehmen konnte. Darin wurden auch die wichtigsten Instrumente erklärt, vom Geschwindigkeitsmesser über die Treibstoffanzeige bis hin zu den Navigationsinstrumenten. Das Wichtigste sei, so wurde den beiden immer wieder eingeschärft, sich von den Piloten nicht austricksen zu lassen. Sollte der Flugzeugführer trotz Intervention ihren Befehlen nicht folgen, so müßten sie zur Abschreckung sofort den Copiloten erschießen. In einer nachgebauten Kabine übten sie Feuerwechsel im engen Cockpit.

Nach dem intensiven Simulationstraining ging es des Nachts zum Flughafen nach Aden, wo an Bord einer echten Boeing 707 alle möglichen Situationen einer Entführung und Geiselnahme noch einmal durchgespielt wurden.

Auch Carlos wollte an der geplanten Flugzeugentführung teilnehmen und hatte sich Wadi Haddad dazu ausdrücklich angeboten. Auf diese Weise sollte seine Scharte vom OPEC-Überfall möglichst wieder ausgewetzt werden. Doch Haddad lehnte ab. Frustriert verließ Carlos daraufhin das Lager im Jemen. Er reiste in den Libanon und besuchte dort Bassam Abu Sharif, der ihn einst für die PFLP rekrutiert hatte.

Abu Sharif merkte sofort, daß mit Carlos etwas nicht stimmte. Normalerweise war es immer ein großes Hallo, wenn der Venezolaner auf Besuch kam. Carlos sprühte dann vor Charme, bedachte Abu Sharifs Ehefrau Amal mit Blumen und Komplimenten. Meist blieb er zum Essen, und Amal verwöhnte ihn zum Nachtisch mit süßem Gebäck. Danach zogen sich Abu Sharif und Carlos gewöhnlich zurück. Es folgten lange Gespräche, bis tief in die Nacht.

Der PFLP-Funktionär hatte Carlos von Anfang an gemocht.

Abu Sharif war sogar ein wenig stolz darauf, Carlos für die Organisation entdeckt zu haben. Nach dem Anschlag von 1972, als eine Paketbombe Abu Sharif um ein Haar getötet hätte, entwikkelte sich aus der anfänglichen Zuneigung sogar tiefe Freundschaft. Carlos eilte damals sogleich ins Krankenhaus, um ihn zu besuchen. Vier Jahre später war Abu Sharif von dem Attentat noch immer schwer gezeichnet. Sein vernarbtes Gesicht verbarg er so gut es ging hinter einer großen, dunklen Pilotenbrille. Auf dem rechten Auge war er völlig blind, auf dem anderen hatte er nicht wieder die volle Sehkraft erlangt. Seine Hände waren verstümmelt. Trotzdem war es eine Meisterleistung der behandelnden Mediziner gewesen, ihn wieder so weit herzustellen. Aus seinem gesamten Körper und dem Gesicht hatten sie Dutzende Granatsplitter entfernen müssen, den Kiefer setzten sie mit Drähten mühsam wieder zusammen, und ein plastischer Chirurg verhalf ihm zu neuen Lippen und Zähnen.

Abu Sharif freute sich über den Besuch von Carlos. Es versprach, ein unterhaltsamer Abend zu werden. Schließlich verstand es Carlos, seine Taten in den schillerndsten Farben zu präsentieren. Der Palästinenser war schon gespannt auf die Details der OPEC-Aktion. Selten hatte ein Mitglied der PFLP für solche Schlagzeilen gesorgt. Carlos war nun ein Mythos, in seinem Metier die Nummer eins in der Welt. Aber wie ein strahlender Held sah Carlos nicht gerade aus. Vielmehr wirkte er niedergeschlagen. Entgegen seiner Art war er unaufmerksam, einsilbig und irgendwie geistesabwesend. Sogar Amal, die ihn wieder wie einen Sohn umsorgte, würdigte er kaum eines Blickes. »Ich bin entlassen«, sagte er unvermittelt. »Haddad hat mich hinausgeworfen. Ich bin nicht länger bei euch, man hat mich aus der PFLP ausgeschlossen.«

Abu Sharif wollte mehr wissen, doch es dauerte eine Weile, bis Carlos bereit war, die Hintergründe zu schildern. Etwas kleinlaut gab er zu, bei der OPEC-Aktion nicht wie geplant die beiden Minister Amusegar und Yamani erschossen zu haben. Abu Sharif sagte nichts dazu. Für ihn war klar, daß Carlos damit einen Befehl mißachtet hatte, wofür es keine Entschuldigung gab. Als Führer der PFLP-SC durfte Haddad so etwas nicht dulden. Carlos erzählte schließlich, daß ihn Haddad mit den Worten verabschiedet habe: »Stars sind schlecht für das Ausführen von Anordnungen. Du hast meine Weisungen nicht befolgt. In meinen Operationsteams ist kein Platz für Stars. Du kannst gehen.«

Als Carlos halbwegs seine Fassung wiedererlangt hatte, vertraute er Abu Sharif seine Zukunftspläne an. Er würde seine eigene Gruppe aufbauen, vielleicht in Südamerika, wo es genügend Faschisten gäbe, die man bekämpfen müsse. Abu Sharif schwieg. In seinen Augen hatte Carlos nicht das Zeug dazu, eine eigene Organisation logistisch zu führen. Dazu bedurfte es eines kühlen Kopfes, hoher Selbstdisziplin und strategischen Geschicks. Über all das verfügte Carlos aber nicht, ihm fehlte das Geniale, das man dafür brauchte. Bisher hatte er lediglich als Exekutor gehandelt, der ohne Zweifel eiskalt und zuverlässig töten konnte. Doch als Exekutor hatte er nun versagt.

Für Wilfried Böse und seine Lebensgefährtin Brigitte Kuhlmann wurde es am Morgen des 27. Juni 1976 ernst. Mit dem Flug 763 der Singapore Airlines begaben sie sich zunächst von Bahrein aus nach Athen, wo sie um 6.17 Uhr landeten. Brigitte Kuhlmann trug einen dunkelblauen Rock, eine hellblaue Bluse und flache Schuhe, wie sich später ein Wachmann erinnerte. Die Flugscheine wiesen sie als »Mrs. Ortega« und »Mr. Garcia« aus. In einiger Entfernung standen bei der Einreise zwei junge Männer mit arabischen Pässen. Sie waren mit derselben Maschine nach Athen gekommen. Laut ihren Tickets hießen sie »Fahim al Satti« und »Hosni Albou Waiki«. Wie die beiden Deutschen warteten auch sie auf den Flug 139 der Air France-Maschine von Tel Aviv nach Paris, die um die Mittagszeit in Athen zwischenlandete. Die Sicherheitsvorkehrungen auf dem Flughafen der griechischen Hauptstadt waren mehr als lasch. Seit Tagen hatte ein Streik des Bodenpersonals dazu geführt, daß die Flughafenpolizei selbst die notwendigsten Kontrollen außer acht ließ. Die vier Terroristen konnten deshalb ohne Leibesvisitation und Gepäckkontrolle in das Flugzeug nach Paris gelangen.

Bereits kurz nach dem Start, gegen 12.10 Uhr, zückten die vier ihre Waffen. Böse und einer der Araber stürmten von hinten in das Erste-Klasse-Abteil, um kurz darauf mit vorgehaltenen Pistolen das Cockpit zu erobern. Nach etwa einer Minute meldete sich Brigitte Kuhlmann, die in der ersten Klasse gesessen hatte, über den Bordlautsprecher. Mit aufgeregter Stimme teilte sie auf englisch mit, daß die Maschine unter der Kontrolle der »Che-Guevara-Gruppe« und der »Gaza-Einheit der PFLP« stehe. Sie forderte alle Passagiere auf, die Hände hochzuheben und sich nicht zu rühren. Während Kuhlmann hysterisch ihre Kommandos brüllte, stellte sich ein Araber zwischen erster und Business-Klasse auf. In der einen Hand hielt er einen Revolver, in der anderen eine Handgranate ohne Sicherheitsstift. Die vier Luftpiraten hatten binnen weniger Minuten die Maschine komplett unter ihre Kontrolle gebracht. Insgesamt befanden sich 257 Geiseln in ihrer Gewalt. Diese mußten nun einzeln vortreten und eine Leibesvisitation über sich ergehen lassen. Alle Widerstandsregungen sollten ausgeschlossen, die Betroffenen eingeschüchtert werden.

Die Flugaufsicht im Tower von Athen verlor gleich nach dem Start den Kontakt zur Air France-Maschine. Es herrschte Ratlosigkeit. Wenig später ging folgende Nachricht um die Welt: »Flug 139 mit vielen Israelis an Bord ist entweder abgestürzt oder entführt worden. Die Maschine ist ein Airbus der Air France, der heute morgen kurz vor neun Uhr vom Ben-Gurion-Flughafen in Tel Aviv startete.« Die Meldung erreichte das israelische Kabinett gegen 13.30 Uhr, gerade als Ministerpräsident Yitzhak Rabin die routinemäßige Sonntagssitzung beenden wollte. Nachdem sein Sicherheitsdienst umgehend die Passagierlisten durchgecheckt und dabei festgestellt hatte, daß in Athen eine unbekannte Anzahl von Arabern zugestiegen war, rechnete Rabin mit dem schlimmsten. »Ich befürchte eine Entführung«, sagte Rabin zu Yehezkel Dror, dem wissenschaftlichen Berater des Verteidigungsministers. »Sehen wir doch den Tatsachen ins Auge. Noch nie haben unsere Feinde einen solchen Beutezug gemacht – rund hundert Juden, die vielleicht in der ganzen Welt einflußreiche Verwandte und Freunde haben. Und jeder von ihnen wird unter Druck weich werden.« Dror stimmte ihm zu. Er war Experte und wußte, was dies bedeutete. Gerade war seine vielbeachtete Studie erschienen »Wie man mit einem Terrorismus fertig wird, der sich mit Wahnsinns-Regimes verbindet«. Er drängte den Ministerpräsidenten zur unverzüglichen Einrichtung eines Krisenstabes.

Inzwischen hatte das entführte Flugzeug seine Nordwest-Route Richtung Paris längst verlassen und war in Richtung Südwesten abgeschwenkt. Es steuerte die Mittelmeerküste Libyens an und bereitete sich auf den Landeanflug auf Bengasi vor. Die Air France-Maschine umkreiste noch mehrmals den Flugplatz, bevor sie auf der schmalen Landepiste aufsetzte. Wilfried Böse informierte die Geiseln, daß sämtliche Türen mit Sprengstoff versehen seien, jeder Fluchtversuch für alle tödlich enden würde. Jeder möge ruhig an seinem Platz bleiben. Seine Komplizen sammelten derweil die Pässe der Geiseln ein und steckten sie in einen Nylonbeutel. Wenig später begann das Auftanken der Maschine. Abends gegen 19 Uhr wurde den Stewardessen erlaubt, Essen und Trinken zu verteilen. Als danach mehrere Geiseln gleichzeitig auf die Toilette wollten, verlor Brigitte Kuhlmann die Nerven und schrie sie hysterisch an. Wilfried Böse versuchte anschließend, die Situation wieder zu entspannen und entschuldigte sich bei den Passagieren für »den Vorfall und die Mißhelligkeiten«. Er informierte die Geiseln darüber, daß man so bald wie möglich weiterfliegen werde. Zwei Stunden später rollte das Flugzeug tatsächlich auf die Startbahn. Über das Ziel wurden die Insassen jedoch im unklaren gelassen.

Währenddessen bekam der Krisenstab in Tel Aviv langsam eine leise Ahnung davon, wer hinter der Flugzeugentführung steckte. In Libyen hatten die Terroristen eine weibliche Geisel freigelassen, weil sie schwanger war und eine Frühgeburt nicht ausgeschlossen schien. Die Frau wurde nach London ausgeflogen, weil sie einen britischen Paß besaß. Tatsächlich stammte sie aus Petach Tikva in Israel. Durch die Aussagen der Frau, die Scotland Yard in London sofort an Israel weiterleitete, erfuhr man in Tel Aviv von dem vierköpfigen Entführungskommando, das sich aus Arabern und Deutschen zusammensetzte. Der Krisenstab vermutete daraufhin Wadi Haddad, den Anführer des linksradikalen Flügels der PFLP, hinter der Aktion. Kein anderer verfügte über so viel Erfahrung im Terrorismus und über so gute Verbindungen zu internationalen Terrororganisationen wie dieser Radikale aus dem Libanon. Seit Jahren war er das Nervenzentrum für die Verbindungen der Palästinenser mit deutschen, südamerikanischen, irischen und japanischen Terroristen, die sich bereitwillig für Morde und Attentate zur Verfügung stellten. Nur Haddad war in den Augen der Analysten des Mossad zudem in der Lage, die erforderliche ausländische Unterstützung zu organisieren. Zu seinen Helfern zählten Staatsoberhäupter und Diktatoren wie Libyens Muammar al Gaddafi, die in ihrem ausgeprägten Haß gegen Israel auch radikalen Gruppen wie der PFLP zur Seite standen. Dies wurde unter anderem daran deutlich, daß sie Wadi Haddad, der aus Angst vor einem weiteren Attentat ständig seinen Wohnsitz wechselte, bereitwillig Unterschlupf gewährten. Der Mossad sah diese Annahme bestätigt, da Gaddafi auch diesmal dem entführten Flugzeug in Libyen Landeerlaubnis gewährt hatte, es betanken und wieder starten ließ. Der ganze Ablauf der Aktion erinnerte deutlich an den Überfall auf die OPEC-Konferenz in Wien, wo vor einem halben Jahr unter Führung von Carlos, dem »Schakal«, ebenfalls ein palästinensisches Kommando aus Arabern und Deutschen zugeschlagen hatte. Damals war Wadi Haddad nach Ansicht der Mossad-Analysten ebenfalls der Hintermann gewesen, der die Geiselnahme der Erdölminister im Auftrag von Gaddafi eingefädelt hatte. Ob Carlos auch dieses Mal dabei war, konnte zunächst nicht geklärt werden. Bislang waren die Entführer in der Air France-Maschine noch nicht identifiziert. Die entlassene Geisel hatte von keinem Südamerikaner an Bord berichtet, aber womöglich zog der »Schakal« zusammen mit seinem »Meister« Wadi Haddad im Hintergrund die Fäden.

Morgens um drei Uhr des 28. Juni 1976 landete die Maschine schließlich in Uganda auf dem Flughafen von Entebbe. Auch Böse war erleichtert, was er sogleich den Geiseln zu vermitteln suchte. Höflich bedankte er sich bei ihnen für ihre Geduld. Er erklärte, seine Organisation stünde in Verhandlungen mit den ugandischen Behörden. Staatschef Idi Amin persönlich werde bald vorbeikommen und sie über alles Weitere informieren. Danach bat er die Geiseln, die Maschine zu verlassen, im Flughafengebäude gäbe es einen bequemen Raum für sie. Als alle gemeinsam das Gebäude betraten, wurden die Entführer von sechs bewaffneten Arabern stürmisch begrüßt und umarmt. Daneben standen ugandische Soldaten, die zur Verwunderung der Geiseln ganz so taten, als wäre es das normalste der Welt, daß auf dem von ihnen bewachten Flugplatz eine von Terroristen entführte Maschine unbehelligt landete. Viele begriffen die Welt nicht mehr.

Wilfried Böse hatte nicht ohne Grund auf Geheiß von Wadi Haddad den Flughafen von Entebbe ansteuern lassen, wußte er doch um die gewandelte Haltung von Diktator Idi Amin. Jahrelang war Uganda von Israel unterstützt worden, dessen Militärberater hatten Armee und Polizeieinheiten in dem afrikanischen Land ausgebildet und technisches Gerät zur Verfügung gestellt. Als die Regierung in Tel Aviv jedoch einen von Idi Amin Anfang 1972 geplanten Angriff auf das Nachbarland Tansania nicht unterstützen wollte, brach der Diktator abrupt mit seinen bisherigen Förderern. Dutzende von israelischen Familien mußten binnen weniger Stunden Uganda von Entebbe aus verlassen. Amin schlug sich auf die andere Seite. Er erklärte öffentlich seine Bereitschaft zur Unterstützung der arabischen Völker im Kampf gegen Zionismus und Imperialismus. Gemeinsam mit Gaddafi forderte er die Befreiung aller besetzten arabischen Gebiete und die Rückkehr der Palästinenser in ihre Heimat. Nachdem ihm Gaddafi Millionen von Dollars an Wirtschaftshilfe zugesagt hatte, durfte sogar die PLO ihre Zelte in Uganda aufschlagen. Das Haus in Kampala, das früher die Israelis benutzt hatten, stellte er nun demonstrativ der *Palästinensischen Befreiungsorganisation* zur Verfügung. Im Landesinnern durften PLO-Kämpfer Trainingslager errichten. Palästinensische Einsatzkommandos erhielten auf russischen MiG-Flugzeugen eine Spezialausbildung. Im Oktober 1975, ein knappes Jahr vor der Entführung der Air France-Maschine nach Entebbe, schilderte Radio Uganda das »harte Training« einer Schwadron »palästinensischer und ugandischer Selbstmordflieger« im Süden des Landes. Der zivilen Luftfahrt wurde offiziell empfohlen, »bis auf weiteres« dieses Gebiet weiträumig zu umfliegen.

Wilfried Böse fühlte sich in Uganda froh und ziemlich sicher. Im Flughafengebäude hielt er eine theatralische Ansprache an die Geiseln. Sie sollten nicht vergessen, daß er und seine Freunde keine kaltblütigen Mörder seien. Vielmehr hätten sie im Namen der PFLP nur deshalb das Flugzeug gekapert, um die Aufmerksamkeit der Weltöffentlichkeit auf die Verbrechen Israels in Palästina zu lenken. Danach verlas er seine Forderungen. Im Austausch gegen die Geiseln verlangte er die Freilassung von 53 Häftlingen bis zwölf Uhr mittags des 1. Juli 1976. Auf der Liste, die ihm Wadi Haddad zusammengestellt hatte, standen die Namen von Kampfgefährten der PFLP, die in den vergangenen Jahren in Israel, Frankreich, Kenia, der Schweiz und Deutschland gefangengenommen worden waren. Darunter befanden sich mit Werner Hoppe und Jan-Carl Raspe von der RAF sowie Ralf Reinders, Ingrid Schubert, Fritz Teufel und Inge Viett von der *Bewegung 2. Juni* auch sechs Deutsche, die Böse teilweise persönlich kannte. Am prominentesten auf der Liste war aber wohl Erzbischof Hilarion Capucci, Oberhaupt der griechisch-katholischen Gemeinde von Ost-Jerusalem. Der Geistliche war zwei Jahre zuvor zu zwölf Jahren Haft verurteilt worden, weil er in seinem Wagen, der diplomatische Immunität genoß, Waffen für palästinensische Befreiungskämpfer transportiert hatte.

Am Abend dieses 28. Juni trat Wilfried Böse kurz vor dem

Abendessen wiederum mit einer Liste in der Hand vor die Geiseln. Er befahl nun, daß diejenigen, deren Namen er gleich verlesen werde, ihre Sachen packen, die Haupthalle verlassen und in einen Nebenraum gehen sollten. Nachdem Böse vier oder fünf Namen verlesen hatte, machte sich Unruhe breit. Eine alte Frau begann laut zu weinen. Sie hatte den Holocaust überlebt, trug noch immer die tätowierte Häftlingsnummer am Arm und fühlte sich zurückversetzt ins Konzentrationslager. Sie sah im Geiste die langen Reihen von Häftlingen und hörte die Anweisungen der SS-Schergen: »Juden nach rechts!« Die Assoziation der alten Frau kam nicht von ungefähr: Alle Namen, die Wilfried Böse mit deutschem Akzent gerade aufrief, waren die von Juden. Er, der deutsche Linksterrorist, selektierte die Geiseln in Juden und Nicht-Juden.

Am nächsten Morgen erschien Idi Amin. Der ugandische Diktator hatte einen seiner Söhne dabei, der vielleicht sieben oder acht Jahre alt war. Beide trugen die gleichen Phantasieuniformen, dekoriert mit den gleichen Orden. »Big Daddy«, wie der Diktator in der Weltpresse genannt wurde, paradierte durch die Halle, lachte laut und schüttelte allen die Hände. »Willkommen, willkommen in Uganda«, sagte er immer wieder. Im Nebenraum begrüßte er die israelischen Geiseln mit »Shalom«. Als ihn eine junge israelische Mutter mit »Mr. President« anredete, wies er sie zurecht und sagte: »Ich bin Seine Exzellenz Al-Hajji, Feldmarschall Doktor Idi Amin Dada, Inhaber des britischen Viktoriakreuzes, DSO, MC und vom Allmächtigen zu eurem Retter bestimmt.« Anschließend ließ er ein opulentes Frühstück auffahren. Die Geiseln applaudierten brav. »Big Daddy« hob dann zu einer langen Rede an, in der er darauf verwies, daß die Palästinenser das Recht auf einen eigenen Staat hätten, was ihnen aber die Zionisten und Imperialisten verweigern würden. Dagegen wende sich der gerechte Zorn der Unterdrückten.

Die Mienen der Angehörigen des Krisenstabes in Tel Aviv verfinsterten sich noch mehr, als sie erfuhren, daß die entführte Maschine in Entebbe gelandet war. Sie ahnten, daß die ganze Aktion vor allem gegen Israel gerichtet war, was sich dann bestätigte, als die Forderungen der Entführer über Radio Uganda verbreitet wurden. Falls die 53 inhaftierten Gefährten – 40 davon in Israel – nicht bis zum Mittag des 1. Juli freigelassen würden, drohten die Entführer das Flugzeug mit allen Passagieren in die Luft zu jagen.

Der Sender präsentierte außerdem »Big Daddy« als »Unterhändler« zwischen den Entführern und Israel. Damit war klar: Obwohl es sich bei dem entführten Flugzeug um eine französische Maschine der Air France handelte, das Kidnapping in Griechenland begonnen hatte und Inhaftierte aus fünf Ländern freigepreßt werden sollten, ging es den Terroristen vorrangig um Israel. Offensichtlich war nur deshalb keine Maschine der El Al ausgesucht worden, weil man um die ausgefeilten Sicherheitsvorkehrungen bei der israelischen Fluggesellschaft wußte. Aber auch bei einer anderen Maschine, die aus Tel Aviv kam, war die Chance natürlich relativ groß, daß ein Großteil der Passagiere Israelis wären. Ein raffinierter Plan, wie die Analysten im Krisenstab einräumen mußten. Die Meinungen, wie darauf angemessen zu reagieren sei, gingen deutlich auseinander. Während die einen eine militärische Lösung forderten, plädierten andere Minister für die Freilassung der PLO-Gefangenen in Israel. Vertreter des Mossad warteten mit dem Plan für einen Gegenschlag auf. Ihre Agenten hatten herausbekommen, daß Idi Amin in den nächsten Tagen an einer Konferenz der Organisation für afrikanische Einheit auf Mauritius teilnehmen wollte. Sie schlugen vor, den größenwahnsinnigen Diktator dort zu entführen.

Während man hinter verschlossenen Türen weiterhin verzweifelt nach einer Lösung suchte, trafen neue Nachrichten aus Entebbe ein. Die Entführer hatten überraschend 47 Geiseln freigelassen. Sie waren bereits unterwegs nach Paris. Nach diesem Hoffnungszeichen signalisierte Tel Aviv dem selbsternannten Unterhändler Verhandlungsbereitschaft. Doch als am späten Abend des 29. Juni die entlassenen Geiseln in Paris eintrafen und von ihren Erfahrungen berichteten, war die Hoffnung schnell zerstoben. Danach deutete alles darauf hin, daß Idi Amin mit den Entführern unter einer Decke steckte und keineswegs ein ehrlicher Vermittler sein würde. Der Bericht über die Selektion der Geiseln schließlich brachte einen sofortigen Stimmungsumschlag in Israel. Ministerpräsident Rabin gab den Militärs den Befehl, sich auf eine Befreiungsaktion vorzubereiten. Eine Eliteeinheit auf der Militärbasis in der Wüste nahe Beersheba wurde alarmiert und machte sich startklar. Ein Team israelischer Vernehmungsspezialisten flog zeitgleich nach Paris, um weitere Einzelheiten von den entlassenen Geiseln zu erfahren. Sie mußten herausbekommen, wo genau die Verschleppten untergebracht waren, wieviele Terroristen und wieviele Soldaten sie bewachten.

Die Spezialisten wußten aus Erfahrung, daß sich traumatisierte Geiseln an viele Kleinigkeiten nicht mehr genau erinnern können. Sie hatten deshalb einen Arzt dabei, der die Betroffenen notfalls unter Hypnose setzen sollte, um ihrem Unterbewußtsein die für einen Militäreinsatz lebenswichtigen Details zu entlocken.

Zum Glück gab es in Israel gleich mehrere Militärs und Konstrukteure, die sich bestens auf dem Flughafen von Entebbe auskannten. Schließlich war er einst von Israelis im Auftrag der ugandischen Regierung erbaut worden, rund 21 Meilen von der Hauptstadt Kampala entfernt, in der Nähe des Viktoriasees. Es existierten noch genaue Lagepläne und maßstabsgetreue Modelle, sowohl vom neuen Flughafen mit dem Kontroll- und Radarturm als auch vom alten Flughafengebäude, wo jetzt die Geiseln eingesperrt waren. Günstige Voraussetzungen für eine Militäroperation, doch dafür fehlte es an Zeit. In wenigen Stunden bereits würde das Ultimatum ablaufen.

Als am Morgen des 1. Juli 1976 der Krisenstab um 7.45 Uhr beim Premierminister in Tel Aviv erneut zusammentrat, war man sich einig, daß keine andere Wahl mehr bestand, als sich auf Verhandlungen mit Idi Amin und den Entführern einzulassen. Man wollte vorschlagen, alle Geiseln im Austausch gegen die 40 in Israel inhaftierten Gefangenen freizulassen, um komplizierte Konsultationen mit den anderen Ländern zu vermeiden. Mitten in die Beratungen des Krisenstabes platzte eine Nachricht von Idi Amin. Per Telefon teilte der Diktator mit, Radio Uganda würde um 13 Uhr eine wichtige Meldung senden.

Zur Überraschung aller vermeldete der Sender dann, daß die Entführer weitere 100 Geiseln freilassen würden. Gleichzeitig erweiterten sie aber ihre Forderungen. Neben der Freilassung der 53 inhaftierten Gesinnungsgefährten verlangten sie nun auch noch ein Lösegeld in Höhe von fünf Millionen US-Dollar. Außerdem überraschten sie durch die Mitteilung, daß das Ultimatum bis Sonntag, den 4. Juli 1976, verlängert werde.

Im Krisenstab konnte sich zunächst niemand einen Reim darauf machen. Erst nach einigen Telefonaten mit Idi Amin löste sich das Rätsel. Der eitle Diktator hatte beschlossen, während der Konferenz der Organisation für afrikanische Einheit auf Mauritius als »Unterhändler« aufzutreten, um auf diese Weise internationale Anerkennung zu erhalten. Um seinem Auftritt noch mehr Dramatik zu verleihen, mußte die Geiselnahme im heimischen Entebbe noch so lange andauern. Anschließend wollte er bei der

Übergabezeremonie möglichst dabei sein. Den Entführern war nichts anderes übriggeblieben, als sich dem Wunsch ihres Gastgebers zu beugen.

Kurz vor seinem Abflug nach Mauritius suchte Idi Amin am Morgen des 2. Juli 1976 noch einmal die verbliebenen Geiseln im Flughafengebäude auf. Er erzählte den israelischen Staatsbürgern, daß Israel sich weigere, die Forderungen der Entführer zu akzeptieren. Die Lage sei daher für die Betroffenen sehr ernst, zumal das Gebäude von Sprengstoff umgeben sei und die Entführer nicht zögern würden, es in die Luft zu jagen, falls die Forderungen nicht erfüllt würden. Er empfahl den Geiseln daher, einen Brief an ihre Regierung aufzusetzen, in dem sie Israel zum Nachgeben auffordern sollten. Er versprach, dafür zu sorgen, daß dieser Brief dann in Zeitungen und im Radio veröffentlicht werde. Mit staatsmännischer Attitüde erklärte »Big Daddy« den Geiseln, daß er nunmehr für zwei Tage nach Mauritius zu einer Konferenz fliege, dort aber die Lage der Geiseln zur Sprache bringen werde.

In den Räumen des alten Flughafengebäudes breitete sich Panik aus. Stürmische Debatten zwischen Fürsprechern und Gegnern eines solchen Briefes entbrannten. Die Nervosität übertrug sich auch auf die Terroristen. Als ein untersetzter bärtiger Mann, der Französisch mit starkem jiddischen Akzent sprach, nicht schnell genug einem Befehl nachkam, schlug Brigitte Kuhlmann hart auf ihn ein. Wilfried Böse gab derweil die Rolle des Verständnisvollen. Er unterhielt sich einfühlsam mit einer Geisel. Es handelte sich dabei um einen israelischen Anwalt, der in Israel den Terroristen Kozo Okamoto, Mitglied der *Japanischen Roten Armee* (JRA), verteidigt hatte. Okamoto stand auf der Liste der inhaftierten Terroristen, die im Tausch gegen die Entebbe-Geiseln freikommen sollten. Er war zu lebenslanger Haft verurteilt worden, nachdem er 1972 im Auftrag der PFLP auf dem Flughafen von Tel Aviv ein Massaker mit 24 Toten und Dutzenden von Schwerverletzten angerichtet hatte. Dem Anwalt vertraute Böse an, daß er ein ähnliches Schicksal auch einkalkuliert habe.

Die unerwartete Verlängerung des Ultimatums eröffnete dem Krisenstab wieder alle Optionen. Auch ein militärisches Eingreifen war nun möglich. Aber die Mehrheit setzte weiterhin auf Verhandlungen mit den Entführern. Es war gerade eine hitzige Diskussion über das weitere Vorgehen im Gange, als den Krisenstab eine neue Hiobsbotschaft ereilte. Der Mossad hatte ein Telefonat von Wadi Haddad aus Mogadischu, wo der PFLP-SC-Führer einen seiner vielen Stützpunkte unterhielt, mit den Entführern in Entebbe abgefangen. In dem Telefongespräch, versicherte der Mossad, habe Haddad dem Anführer des Terrorkommandos eingeschärft, die restlichen israelischen Geiseln auf jeden Fall zu ermorden – auch wenn die Freilassung der inhaftierten Gefährten geklappt haben sollte. Hinzu kam eine chiffrierte Meldung aus der israelischen Botschaft in Paris. Das Spezialteam hatte dort die zwischenzeitlich eingetroffene zweite Gruppe der freigelassenen Geiseln vernommen und von diesen auch detaillierte Aufzeichnungen des Kapitäns der Air France-Maschine erhalten, der noch bei den restlichen Geiseln geblieben war. Danach kam man in der Botschaft zu der Einschätzung: »Amins Charakteranalyse muß geändert werden. Seine Tendenz war bisher, aus Gründen der Publicity die Verhandlungen zu verlängern. Doch ihm liegt auch daran, es mit den Genossen von der PLO und PFLP nicht zu verderben, die gern schießen. Es ist nicht unwahrscheinlich, daß Amin dem Beginn von ›Schau-Hinrichtungen‹ am Sonntag früh [4. Juli 1976] zustimmen wird.«

Im Krisenstab plädierte nun der Mossad-Chef Jitzhak Hofi für ein sofortiges militärisches Eingreifen: »Wenn wir unsere Leute sterben lassen, ist die Flut nicht mehr zu stoppen. Kein Jude wird irgendwo mehr sicher sein. Hitler hätte aus dem Grab heraus doch noch gesiegt!« Nach einem kurzen Moment des Zögerns stimmte auch Ministerpräsident Rabin zu: »Wir versuchen es.« Er erteilte der Eliteeinheit, die seit Beginn der Entführung in der Wüste von Beersheba eine mögliche Befreiung von Geiseln übte, den Einsatzbefehl.

Israel erhielt von Kenia »aus humanitären Gründen« das Einverständnis, von Nairobi aus seine Militäroperation zu organisieren, was schon für das Auftanken israelischer Maschinen auf dem Weg nach Entebbe wichtig war. Die frühere Zusammenarbeit der Geheimdienste machte sich nun bezahlt. Zunächst flog eine Gruppe von sogenannten Katsas, Einsatzoffizieren des Mossad, nach Nairobi. Zwei von ihnen überquerten mit einem Gummiboot den Viktoriasee und gingen ganz in der Nähe des Flughafens von Entebbe an Land. Ihr Spionageauftrag war einerseits das Auskundschaften der Bewachung der Geiseln und andererseits zu überprüfen, ob sich im 21 Meilen entfernten Kampala weitere Palästinenser befanden. Nach dem Rauswurf der Israelis aus

Uganda hatte Idi Amin das frühere israelische Botschaftsgebäude ausgerechnet Palästinensern als Stützpunkt überlassen. Von dort aus betrieben sie ihre Operationen gegen das pro-israelische Apartheids-Regime in Südafrika. Die Katsas mußten nun in Erfahrung bringen, ob der Stützpunkt zur Zeit besetzt war, denn dann war zu befürchten, daß die kampferprobten Guerilleros versuchen könnten, bei einer israelischen Befreiungsaktion dem Entführungskommando zu Hilfe zu eilen.

Aber die beiden Undercover-Agenten des Mossad konnten Entwarnung geben. Zum einen war der palästinensische Stützpunkt verwaist, und zum anderen wurden die Geiseln im alten Flughafengebäude von Entebbe neben den zehn Terroristen gerade einmal von 15 sehr angespannt und nervös wirkenden ugandischen Soldaten bewacht. Sonst befand sich außer den Piloten und dem Bodenpersonal von elf MiG-Kampfflugzeugen, Idi Amins kleiner Luftwaffe, kaum Militär auf dem Flughafen. Allerdings wurde vermutet, daß sich eine Elitetruppe bei dem etwa eine Meile vom Flughafen entfernten Hauptquartier Amins aufhalte.

Danach flogen weitere Agenten des Mossad mit einer kleinen Cessna-Maschine über den Viktoriasee nach Uganda hinüber, um Luftaufnahmen von der Start- und Landebahn in Entebbe sowie den umliegenden Gebäuden zu machen. Die Aufnahmen sowie die Berichte der zwei Katsas wurden umgehend nach Tel Aviv zum Planungsstab geschickt, wo fieberhaft an der Vorbereitung einer militärischen Blitzaktion gearbeitet wurde. Allen war nach den Berichten klar, daß die Eliteeinheit nur wenige Minuten zur Verfügung haben würde, um die Geiseln zu befreien, wollte man keinen Gegenangriff von ugandischen Truppen aus der Hauptstadt riskieren, die vielleicht eine knappe Stunde bis zum Flughafen benötigen würden.

Doch zuvor begann die Schlacht an der Propagandafront. Die PFLP meldete sich zu Wort und bekannte sich offiziell zu der Flugzeugentführung: »Wir haben Flug 139 an uns gebracht, um der Welt unsere Absicht vor Augen zu führen, in Israel den Zionismus durch eine sozialistische Demokratie zu ersetzen. Mit dieser Maschine bezahlt Frankreich für seine Unterstützung der militärischen Intervention Israels im Libanon, mit der es die Aufmerksamkeit von unserer Sache ablenken wollte.«

Der Mossad reagierte darauf und lancierte Meldungen über die Brutalität des PFLP-Führers Wadi Haddad und seine menschenverachtende Terrororganisation. Damit sollte möglichen Kritikern eines Militärschlages der Wind aus den Segeln genommen werden. Denn im Krisenstab war man sich bewußt, daß die Operation »Donnerschlag«, wie sie intern jetzt genannt wurde, im nachhinein von vielen Ländern verurteilt werden würde.

Da die Analysten auch vermuteten, daß neben Haddad, der im Hintergrund die Fäden zog, vermutlich wieder Carlos dabei sein würde, entschloß sich der Mossad zu einem Trick, um ihn möglichst lebend zu fangen. Man lancierte eine Falschmeldung über seinen angeblichen Aufenthaltsort, um ihn in seinem tatsächlichen Quartier, das man in der Nähe der Entführten vermutete, in Sicherheit zu wiegen und zu leichtfertigen Handlungen zu verleiten. So ließ man in Montreal, dem Schauplatz der Olympischen Spiele von 1976, den Hinweis durchsickern, daß sich der »Schakal« im Lande befinde. Kanadische Polizisten verteilten daraufhin Flugblätter mit dem Fahndungsfoto des meistgesuchten Terroristen der Welt. Sowohl das Olympische Komitee als auch die kanadische Regierung waren in heller Aufregung. Es machte sich die Angst breit, daß, wie schon vier Jahre zuvor in München, erneut ein Anschlag auf die Olympischen Spiele geplant sei.

Derweil bereitete die israelische Spezialeinheit die letzte Phase der Operation »Donnerschlag« vor. Sie begann am Sonntagabend des 4. Juli 1976.

Auf dem Flughafen Embakasi in Nairobi landeten kurz hintereinander zwei unmarkierte Boeings 707, die als fliegende Krankenhäuser eingerichtet waren. Im Schutz der Dunkelheit verließen 50 israelische Fallschirmjäger die Lazarettflugzeuge und begaben sich zum Viktoriasee. Dort bliesen sie Schlauchboote auf, setzten nach Uganda über und hielten sich in Ufernähe auf dem Wasser bereit, um notfalls den Flughafen von Entebbe zu stürmen. In Israel war diese Aktion bis zur Perfektion geübt worden.

Währenddessen landeten in Nairobi vier mit Tarnfarbe gestrichene israelische Maschinen des Typs C-130 Herkules. Nach dem Auftanken flogen die Transporter so tief es ging weiter in Richtung Entebbe. Dabei kam ein neu entwickeltes Gerät zum Einsatz, das den ugandischen Radar störte, damit die Eliteeinheit unbemerkt landen konnte. Die Überraschung war perfekt. Nachdem die ersten zwei Herkules-Maschinen gelandet waren, fuhren blitzschnell Jeeps und Schützenpanzer heraus, die mit rückstoßfreier leichter Artillerie bestückt waren. Sie eröffneten sofort das Feuer auf den Kontrollturm, noch bevor dort in all der Verwirrung ein entsprechender Funkspruch abgesetzt werden konnte. Anschließend rasten die Fahrzeuge in Richtung Kampala, um eventuell anrückende Elitetruppen aus dem nahegelegenen Hauptquartier Amins abzufangen.

Eine weitere Einheit stürmte derweil das neue Flughafengebäude, während sich in ihrem Schutz die Sprengstoffexperten an den elf MiG-Jägern von Idi Amins Luftwaffe zu schaffen machten. Die Maschinen sollten in die Luft gejagt werden, damit sie die israelischen Herkules-Maschinen nicht noch angreifen und auf dem Rückflug beschießen konnten. Zudem wollte man verhindern, daß auf diesen MiGs weiterhin palästinensische Piloten geschult wurden, um später womöglich Einsätze gegen Israel zu fliegen.

Zeitgleich zu diesem Geschehen landeten die beiden anderen Herkules-Maschinen auf dem alten Rollfeld von Entebbe, das sich quer zur neuen Landebahn befand und vom Kontrollturm des neuen Flughafens wegen eines dazwischen liegenden Hügels nicht eingesehen werden konnte. Eine Maschine mit medizinischen Versorgungsgeräten und einem kleinen Kontingent von Soldaten wartete zunächst am Ende der Landebahn, während die andere Maschine mit gedrosselten Motoren direkt vor das alte Flughafengebäude rollte, wo die Terroristen die jüdischen Geiseln gefangenhielten. Im Bauch des riesigen Flugzeuges befand sich ein schwarzer Mercedes von genau demselben Typ, den Idi Amin mit Vorliebe benutzte. Er war so umgebaut worden, daß darin neun schwerbewaffnete Spezialsoldaten Platz fanden. Sie hatten sich die Gesichter und Hände mit schwarzer Theaterfarbe eingeschmiert und trugen schwarze Hemden und Barette, genau wie die Leibgarde von Amin. Als die Herkules zum Stehen gekommen war, fuhr zuerst der Mercedes von der Rampe und nahm Kurs auf die Flughafenwache beim alten Kontrollturm. Als dort der Wagen vorfuhr, nahmen die Soldaten sofort Haltung an und salutierten. Währenddessen flogen die Wagentüren auf und die israelischen Soldaten schossen die Wachen nieder.

Zur selben Zeit näherte sich eine andere Einheit dem alten Flughafengebäude, wo die Geiseln festgehalten wurden. Dies war die heikelste Phase der Operation, denn nun ging es darum, die wachhabenden Terroristen zu liquidieren, ohne dabei Geiseln zu gefährden. Dafür waren die besten Schützen ausgewählt worden. Denn bereits die ersten Schüsse mußten töten, um längere Feuergefechte zu vermeiden.

Als die schwarzgekleideten israelischen Elitesoldaten im Schutz der Dunkelheit unbemerkt das Gebäude erreichten, standen Wilfried Böse und Brigitte Kuhlmann vor dem Eingang und unterhielten sich mit einigen ugandischen Offizieren. Brigitte Kuhlmann konnte gerade noch das Magazin in ihre Kalaschnikow schieben, bevor sie tödlich getroffen wurde. Böse hingegen war wie paralysiert. Er zielte zuerst mit seiner Waffe auf die heranstürmenden Soldaten, dann auf ein paar Geiseln, die sich im Eingangsbereich aufhielten. Anscheinend konnte er sich nicht entscheiden, ob er sich lieber verteidigen oder seine Gefangenen erschießen sollte. Da wurde er schon von den Kugeln des israelischen Kommandos durchsiebt.

Über die Leichen der beiden Deutschen hinweg rannten die Männer der Anti-Terror-Einheit in die Halle des Flughafengebäudes. »Auf den Boden! Runter!« brüllten sie auf Hebräisch. Wie traumatisiert kamen die Geiseln den Befehlen nach. Alle legten sich flach auf den Boden, Mütter warfen sich schützend über ihre Kinder. Zwei der palästinensischen Terroristen, die sich in der Halle befanden, eröffneten geistesgegenwärtig das Feuer, der eine mit einem Schnellfeuergewehr, der andere mit einem Revolver. Als die israelischen Soldaten registrierten, aus welcher Richtung die Schüsse kamen, feuerten sie einfach mit ihren Uzis zurück. Im Feuerhagel brachen die Terroristen tot zusammen, aber auch unter den Geiseln gab es Tote. Die 56jährige Ida Borochowich wurde zunächst von einem Querschläger getroffen und blutete stark. In der UdSSR hatte sie einst zu den Vorkämpferinnen gehört, die für Juden das Recht erstritten, nach Israel ausreisen zu dürfen. Ihr Sohn Boris Shlein mußte nun mit ansehen, wie einer der herbeigeeilten Terroristen seine verletzte Mutter erschoß, bevor er Sekunden später selbst getötet wurde, wie auch zwei weitere Terroristen.

Die Halle füllte sich mit Rauch, Mörtelstücke fielen von der Decke. Während der größten Schießerei, die eine Minute und 45 Sekunden dauerte, gab es unter den Geiseln einen weiteren Toten. Es war der 19jährige Jean-Jacques Maimoni, der erst fünf Jahre zuvor von Nordafrika nach Israel ausgewandert war. Er hatte sich zwischendurch einmal aufgerichtet und war dabei von der Salve einer israelischen Uzi getroffen worden. Pasko Cohen, ein 52jähriger Direktor einer israelischen Krankenversicherung, der noch die Tätowierung eines deutschen Konzentrationslagers am Arm trug, versuchte, dem jungen Mann zu helfen, wurde dabei aber selbst lebensgefährlich verletzt. Ärzte und Sanitäter brachten ihn wenig später zusammen mit anderen verletzten Zivilisten und Soldaten in die dafür bereitstehende Herkules mit medizinischer Einrichtung.

Die Männer der Spezialeinheit jagten derweil die übrigen Terroristen und suchten das obere Stockwerk ab. In einem der Ruheräume entdeckten sie zwei Bewaffnete, die sich unter den Betten verkrochen hatten. Eine andere Spezialeinheit, die im Nordflügel der Abfertigungshalle operierte, faßte dort den zehnten Terroristen, und zwar Jagal Naji al Aga, einen engen Freund von Wadi Haddad, wie sich später herausstellte. Alle Terroristen wurden erschossen.

Auf dem Flugplatz draußen trat der Kampf in die letzte Phase. Die Israelis wurden vom nahegelegenen ugandischen Kontrollturm aus beschossen. »Yonny ist getroffen! Yonny ist verwundet! Sanitäter!« rief plötzlich jemand. Für einen kurzen Moment waren die Männer wie gelähmt. Yonny war der Kommandeur ihrer Einsatztruppe, Oberstleutnant Jonathan Netanjahu, ein älterer Bruder des späteren Ministerpräsidenten Benjamin Netanjahu. Er lag mit dem Gesicht nach unten auf dem freien Platz vor dem Haupteingang des Gebäudes und verlor viel Blut. Im Rücken waren mehrere Einschüsse zu erkennen. Er versuchte aufzustehen, fiel aber wieder hin und verlor das Bewußtsein. Als der Sanitäter kam, war es bereits zu spät. Netanjahus Unterbefehlshaber übernahm das Kommando. Mit Bazooka-Geschossen und Maschinengewehr-Garben griffen die Israelis nun den Tower an. Er wurde in Schutt und Asche gelegt.

Auf dem Rollfeld wurde danach das erste Flugzeug gedreht, um die Geiseln aufzunehmen. Mit Megaphonen dirigierten Soldaten die immer noch auf dem Boden Liegenden zur Öffnung am Heck der Herkules. Der Himmel hinter dem 200 Meter hohen Hügel, der den alten Flughafenbereich von dem neuen trennte, wurde währenddessen von einem gewaltigen Donnerschlag und einem roten Feuerschein erfüllt. Die ersten MiG-Jäger waren gerade in die Luft gegangen.

Auch die israelischen Schützenpanzer und Jeeps kehrten von ihrem Einsatz auf der Kampala Road zurück. Aus dem Hauptquartier von Amin waren ihnen keine Panzer sowjetischer Bauart entgegengekommen, sondern nur ein paar Kleinlastwagen mit ugandischen Soldaten, die man Richtung Flugplatz entsandt hatte, ohne offenbar zu wissen, was dort eigentlich geschah. Für

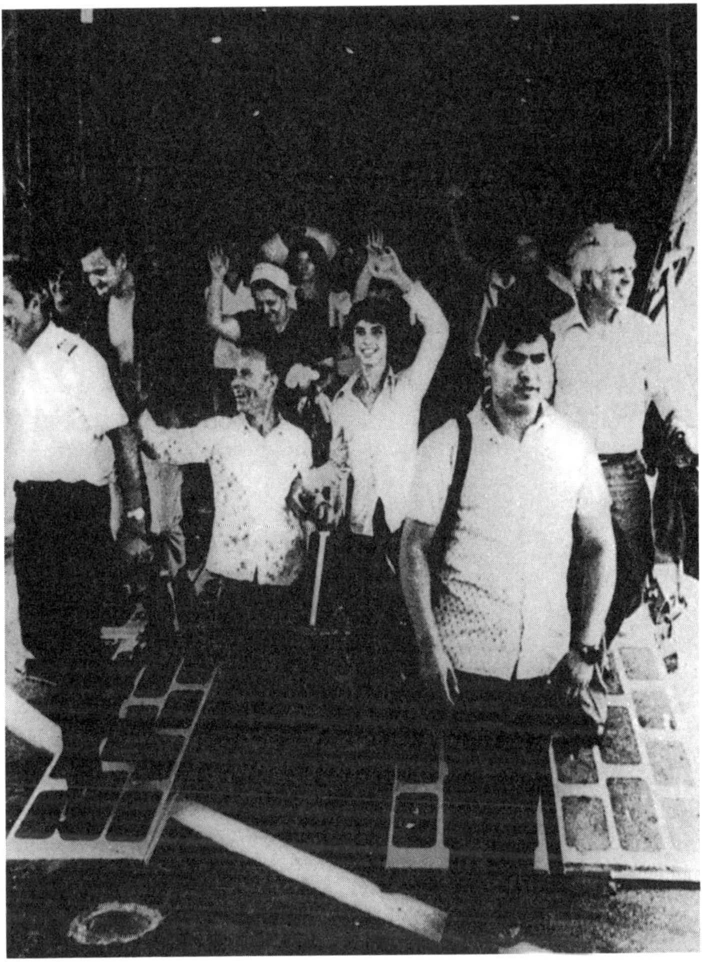

Die Geiseln der Entebbe-Entführung nach der geglückten Befreiung durch ein israelisches Sonderkommando bei ihrer Ankunft in Tel Aviv

die israelischen Schützenpanzer stellten sie kein großes Problem dar.

Insgesamt dauerte die Befreiungsaktion ganze 53 Minuten. Dabei wurden alle zehn Terroristen und eine unbekannte Anzahl von ugandischen Soldaten getötet. Kurz nach Mitternacht landeten die ersten der vier Herkules-Transporter wieder in Nairobi. An Bord befanden sich die befreiten Geiseln sowie die ersten Verletzten, die sofort in die bereitstehende Lazarettmaschine gebracht wurden. Die Schwerverletzten fuhr man in das Kenyatta State Hospital in Nairobi, darunter war auch Pasko Cohen, der jedoch die Nacht nicht überleben sollte. Damit stieg die Zahl der Toten auf israelischer Seite auf fünf. Neben Cohen und dem Kommandeur sowie den zwei Geiseln, die im Kreuzfeuer tödlich getroffen worden waren, mußte später noch der Tod einer weiteren Geisel beklagt werden. Es handelte sich um die 75jährige Britin Dora Bloch, die gleich nach der Ankunft des entführten Flugzeuges in Entebbe schwer erkrankt und deshalb in ein Krankenhaus von Kampala gebracht worden war. Dort soll sie vom ugandischen Diktator Idi Amin in einem Wutanfall mit bloßen Händen erwürgt worden sein.

Innerhalb von 30 Minuten landeten dann auch die anderen drei Herkules-Transporter in Nairobi. Weitere verletzte Soldaten mußten medizinisch versorgt werden. Während die Maschinen aufgetankt wurden, konnten auch die 50 Fallschirmjäger wieder an Bord genommen werden, die sich zwischenzeitlich auf dem Viktoriasee in Bereitschaft gehalten hatten, aber nicht eingreifen mußten. Nach 40 Minuten startete die erste Maschine mit Kurs auf Israel. Zwei Stunden, bevor es hell wurde, verließ die letzte Herkules Nairobi. Die Operation »Donnerschlag« war erfolgreich beendet.

Deutsche Stadtguerilla

Urlaub der Terroristen in Jugoslawien und Irak – Die Spaltung der RZ – Versuchter Brandbombenanschlag in Aachen

Carlos saß in der Sonne, schlürfte einen Drink und freute sich auf die abendliche Zechtour durch die Nachtclubs von Korcula. Der 27jährige Venezolaner amüsierte sich prächtig. Während die Sportwelt fürchtete, er könnte ein Attentat auf die Olympischen Spiele in Montreal verüben und der Mossad ihn in Uganda wähnte, genoß der meistgesuchte Terrorist der Welt sein Leben als Tourist auf der jugoslawischen Ferieninsel.

Carlos war nicht allein. Hans-Joachim Klein begleitete ihn. Der Deutsche hatte es im Palästinenser-Camp im Jemen nach einem halben Jahr nicht mehr ausgehalten. Er brauchte dringend einen Tapetenwechsel. Die Schußverletzung war inzwischen recht ordentlich verheilt. Die Palästinenser hatten Verständnis für ihn, schließlich stand einem verdienten Kämpfer auch Erholungsurlaub zu. Den Ostblockstaat Jugoslawien schätzte man als sicher ein. Daß es dort ein Treffen mit Carlos geben sollte, erzählte Klein natürlich niemandem, denn mittlerweile hatte sich im Palästinenser-Lager herumgesprochen, daß Wadi Haddad den Venezolaner der PFLP verwiesen hatte.

Klein störte das wenig, bewunderte er doch Carlos für seinen Mut und seine Weltgewandtheit. Der Venezolaner beherrschte fünf Sprachen, las jeden Morgen Unmengen von Zeitungen und kannte sich bestens in der Weltpolitik aus. Während die deutschen Genossen Klein immer wieder hatten spüren lassen, daß der gelernte KfZ-Mechaniker ihnen intellektuell nicht ganz gewachsen sei, wurde Klein von Carlos dagegen immer ernst genommen. Zudem hatte Klein das Gefühl, es mit einem Mann von Welt zu tun zu haben, der sich gern teuer kleidete und nur in Luxushotels abstieg. Der Venezolaner sah darin keinen Widerspruch zu seiner politischen Überzeugung. Freimütig bezeichnete er sich als einen Bourgeois. Andererseits amüsierte sich Klein über die Spleens von Carlos. Dieser verbrachte unglaublich viel Zeit im Badezimmer, wo er sich nach dem Duschen ausgiebig puderte und cremte. Seiner Eitelkeit machte nur zu schaffen, daß er fast Brüste wie eine Frau hatte. Im Palästinenser-Lager war er einmal von Wadi Haddads Stellvertreter gefragt worden, ob er sich nicht von einem plastischen Chirurgen das Gesicht verändern lassen wolle. Immerhin war nach dem Überfall auf die OPEC-Konferenz sein Gesicht fast so bekannt wie das von Mick Jagger, dem Sänger der Rolling Stones. Aber Carlos hatte daran wenig Interesse, er erkundigte sich statt dessen bei Haddads Abgesandtem, ob der Schönheitschirurg ihm nicht das Fett aus der Brust absaugen könne.

Carlos wiederum mochte Hans-Joachim Klein, der sich in seinen Augen bei jeder Aktion bisher bewährt hatte, sowohl in London, wo sie den Botschafter der Vereinigten Arabischen Emirate kidnappen wollten, als auch in Wien beim Überfall auf die OPEC-Konferenz. Als damals die Polizei versucht hatte, das Gebäude zu stürmen, war Klein sofort dazu übergegangen, das Feuer zu eröffnen. Mittlerweile hatte der Deutsche auch soviel Englisch gelernt, daß man sich halbwegs vernünftig mit ihm unterhalten konnte. Carlos kam es in den Sinn, Klein für seine eigene Organisation zu rekrutieren. Vorsichtig testete er, ob dafür eine Bereitschaft vorhanden war, indem er ihm freimütig erzählte, daß ihn Wadi Haddad aus der PFLP ausgeschlossen hatte und er nun erwäge, eine neue Gruppe aufzubauen. Klein reagierte keineswegs irritiert.

Wiederholt kamen sie auf die gerade abgelaufene Entführung in Entebbe. Besonders Klein hatte dazu Redebedarf, schließlich war ursprünglich geplant gewesen, daß er daran verantwortlich teilnehmen sollte, denn Wadi Haddad wollte unbedingt Europäer mit Erfahrung im Kommandounternehmen haben. Doch Klein saß noch die OPEC-Aktion in den Knochen, weshalb er auf seine Schußverletzung verwiesen und sich vorsichtshalber noch mal zur Nachbehandlung ins Krankenhaus nach Aden begeben hatte. Wohl deshalb war die Wahl auf Böse und Kuhlmann gefallen, obwohl beide noch nie derartige Großaktionen ausgeführt hatten. Sie waren bisher eher die Organisatoren im Hintergrund gewesen.

Nun saßen sie zusammen in einem First-Class-Hotel auf Korcula und sprachen über das tödliche Ende ihrer Wegfährten. Dabei erfuhr Hans-Joachim Klein erstmals auch Details, die ihn erschreckten. Im Jemen, wo er vom Ausgang der Aktion in Entebbe erfahren hatte, war nicht darüber gesprochen worden, daß Böse und Kuhlmann die Geiseln in Juden und Nicht-Juden getrennt hatten. Klein wollte es einfach nicht in den Kopf, daß ausgerechnet zwei linke Revolutionäre in der Manier von Nazis gehandelt hatten. Der Vorgang betraf ihn persönlich. Schließlich war seine Mutter von den Nazis wegen »Rassenschande« ins Konzentrationslager Ravensbrück gesteckt worden.

Carlos hingegen beschäftigte dieser Aspekt weniger. Zur völligen Verwunderung von Klein war er vor allem vom Ablauf der israelischen Befreiungsoperation fasziniert. Wenn dem Feind ein militärisches Glanzstück gelungen sei, erklärte er dem verdutzten Freund, müsse man dies einfach anerkennen und daraus lernen.

In den Zeitungen wurde noch immer darüber gemutmaßt, inwieweit Carlos an der Flugzeugentführung nach Entebbe beteiligt war. Mittlerweile machte man ihn auch für das Massaker bei den Olympischen Spielen 1972 in München verantwortlich. Es gab kaum noch ein Attentat oder eine Flugzeugentführung, bei denen Carlos nicht die Finger im Spiel gehabt haben sollte. Der internationale Terrorismus brauchte einfach ein Gesicht.

Carlos schienen die Verdächtigungen nicht zu stören. Vielmehr genoß er den zweifelhaften Ruhm. Die Zeitungen waren voll mit Geschichten über ihn. Immer wieder wurden Parallelen gezogen zu dem kaltblütigen Auftragskiller aus dem Roman »Der Schakal« von Frederick Forsyth. Carlos wurde mehr und mehr zum Mythos. Manchmal wurde er an drei Orten gleichzeitig gesehen, dann wieder wurde er für tot erklärt, ermordet vom Mossad oder von seinen eigenen Leuten. Kurz nach Entebbe erschien auch das erste Buch über Carlos. Der britische Journalist Colin Smith hatte eine aufsehenerregende Biographie über den meistgesuchten Terroristen der Welt verfaßt. Carlos platzte fast vor Stolz.

Irritiert vermerkte Hans-Joachim Klein, daß Carlos allmählich zum Größenwahnsinn neigte. Als in den Zeitungen die Fahndungsplakate abgedruckt wurden, mit denen man die Beteiligten an der OPEC-Aktion suchte, und zur Ergreifung eines jeden die Belohnung von jeweils 50000 DM ausgeschrieben wurde, vertrat Carlos die Ansicht, daß auf seinen Kopf eine höhere Belohnung ausgesetzt sein müßte. Allen Ernstes überlegte er, deswegen einen Beschwerdebrief an das BKA zu schreiben.

Dabei waren ihm die Fahnder dichter auf den Fersen, als ihm lieb sein konnte. Mitarbeiter des französischen Geheimdienstes hielten sich zu dieser Zeit in Jugoslawien auf, um die Sicherheitslage für den anstehenden Staatsbesuch von Präsident Giscard d'Estaing zu überprüfen. Als der jugoslawische Geheimdienst Sluzba Drzavne Bezbednosti (SDB) feststellte, daß seine französischen Kollegen Carlos entdeckt hatten, mußte er unverzüglich reagieren.

Nachts um drei Uhr suchten sie zuerst Klein in seinem Hotel auf. Obwohl dieser mit falschen Papieren eingereist und auch entsprechend angemeldet war, sprachen sie ihn mit seinem richtigen Namen an. Klein wußte sofort Bescheid. Er war enttarnt. Aber der SDB wollte ihn gar nicht verhaften. Man informierte ihn lediglich, daß er sich aus Sicherheitsgründen an einen anderen Ort begeben müsse. Danach holten sie Carlos ab, der zur Konspiration in einem anderen Hotel abgestiegen war. Anschließend ging es in die Zentrale des SDB, wo Carlos und Klein jeweils ein Zimmer zugewiesen wurde, eingerichtet mit allem erdenklichen Luxus. Es fehlten lediglich die Klinken an der Tür.

Die Terroristen wurden vorzüglich behandelt. Wenn Klein deutsche Zeitungen oder Kaffee verlangte, bekam er dies umgehend. Am nächsten Tag tauchte eine Dolmetscherin auf, die etwas über die Hintergründe seines Aufenthaltes in Jugoslawien in Erfahrung bringen wollte. Aber Klein sagte immer nur einen Satz, wie es ihm von Haddad für solche Fälle eingeschärft worden war: »Ich bin Mitglied der PFLP, ich rede nur mit meinem Chef.«

Ein paar Tage später wurden Klein und Carlos unter großem Sicherheitsaufwand in ein abgedunkeltes Auto gesetzt, um zum Flughafen gebracht zu werden, von wo aus es nach Bagdad gehen sollte. Carlos wurde unterwegs extrem nervös. In seinem Flugplan, in dem sämtliche internationale Verbindungen in den Nahen Osten verzeichnet waren, gab es den angekündigten Flug nicht. Er flüsterte Klein zu, daß der SDB sie beide wohl umlegen wolle. Als der Wagen durch einen Wald fuhr, dachten sie, nun wäre es soweit. Aber die ganze Aufregung war umsonst. Auf dem Flughafen wartete eine Sondermaschine für jugoslawische Gastarbeiter, die zu Einsätzen in den Nahen Osten flogen. Deshalb war der Flug auch auf keinem Verbindungsplan verzeichnet. Die Terroristen mußten sich jedoch nicht zu den Leiharbeitern in die Touristenklasse setzen, für sie waren Plätze in der ersten Klasse reserviert. Es gab Kaviar und Champagner soviel sie wollten.

Carlos entspannte sich wieder und kehrte den Weltbürger heraus. Er erklärte Klein den feinen Unterschied zwischen kräftigem

Beluga- und fein gesalzenem Malossol-Kaviar. Doch als das Flugzeug unangekündigt in Damaskus einen Zwischenstop einlegte, war es mit der Champagner-Laune von Carlos schlagartig vorbei. Und tatsächlich zeigten die Syrer großes Interesse an dem bekannten Terroristen und seinem Kompagnon. Das Bodenpersonal blockierte während des Tankens die Räder der Maschine und wollte sie nicht weiterfliegen lassen. Der jugoslawische Flugkapitän kam aufgeregt zu Carlos und Klein in die erste Klasse. »Die machen Sabotage, die wollen euch haben«, berichtete er. »Aber dies ist exterritoriales Gebiet. Hier kann euch nichts passieren.« Der Chefpilot schlug den beiden vor, sie sollten mit ihm nach vorne ins Cockpit kommen. Carlos, der eine Heidenangst hatte, nahm eine Axt, die im Flugzeug für Notfälle mitgeführt wurde, um sich wenigstens irgendwie verteidigen zu können. Als Männer das Flugzeug betraten und sich als Bordmechaniker ausgaben, wurde es brenzlig. Sowohl der Flugkapitän als auch Carlos und Klein sahen sofort, daß es sich dabei nie und nimmer um Techniker handelte. Unter ihren Overalls waren sie sichtbar bewaffnet. Der Flugkapitän erklärte Carlos und Klein kurzerhand zu Staatsgästen Jugoslawiens. Die angeblichen Mechaniker zogen sich daraufhin zurück. Schließlich gelang es dem Flugkapitän auch, einen Funkkontakt mit Belgrad herzustellen. Die Intervention von jugoslawischer Seite in Damaskus zeigte Wirkung. Nach fünf Stunden durfte die Maschine nach Bagdad weiterfliegen.

Bei der Ankunft dort hatte wiederum Klein Angst. Schließlich war bei dem Überfall auf die OPEC-Konferenz ein irakischer Sicherheitsbeamter von ihnen erschossen worden. Würden sie deshalb womöglich verhaftet werden? Die Befürchtungen waren zu seiner Überraschung jedoch unbegründet. Sie wurden überschwenglich begrüßt und bekamen sofort Leibwächter des irakischen Geheimdienstes zur Seite. Das Verhältnis zu diesen Bewachern wurde mit der Zeit geradezu freundschaftlich. Ein hoher Geheimdienstmann lud sie sogar zur Hochzeit seines Bruders ein, etwa 120 Kilometer von Bagdad entfernt, mitten in der Wüste. Über 2000 Gäste feierten dort ein Fest wie aus den Märchen von Tausend-und-eine-Nacht. Man verehrte sie wie Helden, wie mutige Kämpfer, die die westliche Welt das Fürchten gelehrt hatten. Für Klein war das ein kultureller Schock. Es war noch gar nicht so lange her, da hatte er in Frankfurt linken Studenten bei Schlägereien mit der Polizei zur Seite gestanden und anschließend monatelang in der kargen jemenitischen Wüste gelebt. Nun saß er auf einmal am Tisch von hochrangigen Politikern und Geheimdienstlern, logierte in feudalen Gästehäusern der Regierung und wurde in dicken Straßenkreuzern durch Bagdad chauffiert. Als sie eines Tages an der deutschen Botschaft vorbeikamen, konnte er es sich nicht verkneifen, wie ein kleines Kind die Zunge herauszustrecken. Doch letztlich fühlte er sich in diesen Kreisen fremd.

Carlos hingegen genoß die privilegierte Existenz und das Leben auf großem Fuß. Er offenbarte dem Deutschen sogar die Quelle seines finanziellen Reichtums, lag sie doch in der gemeinsamen Aktion in Wien begründet. Daß er entgegen dem ursprünglichen Auftrag die beiden OPEC-Minister nicht liquidiert hatte, war ihm gut entgolten worden. »Ich habe von Algerien finanzielle und andere Vorteile versprochen bekommen, wenn ich Yamani und Amusegar am Leben lasse und die ganze Aktion abbreche. Die PFLP hätte mich ohnehin nicht schützen können, wenn die Saudis und die Perser hinter mir her wären, um meinen Kopf zu bekommen.«

Klein traf diese Nachricht wie ein Schock, er war völlig desillusioniert. Sollte es bei dem Überfall in Wien letztlich nur um schnöden Mammon gegangen sein, hatte er dafür sein Leben riskiert und seine ganze bisherige Existenz aufs Spiel gesetzt? War er von Carlos nur ausgenutzt worden, diesem Lebemann und selbsternannten Bourgeois? Klein wollte nur noch weg. Mangels Alternative entschloß er sich, in das Palästinenser-Lager im Jemen zurückzugehen. Er verabschiedete sich kühl von Carlos. Es sollte ein Abschied für immer werden.

Ernüchterung machte sich auch bei einem Teil der *Revolutionären Zellen* in Deutschland breit. Der Verlauf der Aktion in Entebbe hatte zu heftigen internen Auseinandersetzungen geführt. Viele verurteilten das Vorgehen des Kommandos, die Geiseln in Juden und Nicht-Juden aufzuteilen, was in den Medien besonders herausgestellt worden war. Andere wiederum, dazu gehörte auch Magdalena Kopp, konnten sich nicht vorstellen, daß Kuhlmann und Böse so etwas getan hatten. Sie hielten dies für einen Propagandatrick der Israelis, die damit nur ihre eigenmächtige Militäroperation moralisch legitimieren wollten. Die Debatte gipfelte in der Frage, ob man sich weiterhin für internationale Aktionen von der PFLP einspannen lassen wollte oder ob man sich nicht besser auf den »Kampf gegen den Imperialismus, insbesondere gegen den der USA« mit Zielen in der Bundesrepublik konzentrieren sollte. Der Streit führte letztlich zur Spaltung.

Unter der Führung von Sabine Eckle und ihrem Lebensgefährten Rudolf Schindler formierte sich jener Teil der RZ, der seine Aktionen auf Deutschland beschränken wollte. Um die Abgrenzung vom Rest der RZ deutlich zu machen, nannten sie sich RZ-DAF (*Revolutionäre Zellen – Die Andere Fraktion*). Nach einigen spektakulären Anschlägen, unter anderem auf die Siegessäule in Westberlin 1991, löste sich die RZ-DAF 1992 endgültig auf.

Der andere Teil der RZ, dem Johannes Weinrich und Magdalena Kopp angehörten, entschloß sich, auf internationaler Ebene aktiv zu bleiben. Zusammen mit Gerd-Hinrich Schnepel war Weinrich nach dem Tod von Wilfried Böse gar zum Anführer dieses Teils der RZ aufgestiegen. Böse selbst hatte noch vor der Operation in Entebbe die beiden für den Fall, daß er bei der Flugzeugentführung ums Leben kommen sollte, testamentarisch zu seinen Nachfolgern bestimmt.

Trotz der Spaltung hielten Weinrich und Schnepel weiterhin Verbindung zu der anderen Gruppierung. Schließlich versuchten sie auch, Mitglieder der RZ-DAF von der Falschheit ihrer Thesen zu überzeugen und für eine Mitarbeit in ihrer Gruppierung zu gewinnen. Schnepel bemühte sich dabei besonders um einen jungen Lehramtsanwärter, der wie er aus Papenburg stammte und von Anfang an bei der RZ mitgemacht hatte. Es handelte sich um Gerhard Heinrich Albartus, Sohn eines Polizeibeamten. Albartus hatte Anfang der 70er Jahre in Berlin an der Freien Universität Pädagogik studiert und dort bei den Wahlen der Studentenvertreter für die Gruppe »Sozialistisches Studium« kandidiert. Er war ein gutgewachsener Bursche mit tiefschwarzem, welligem Haar, und er hatte stets ein heiteres Lächeln parat. Die Frauen in der RZ schwärmten für den sympathischen Schönling. Allerdings wurde ihr Verlangen von Albartus nicht erwidert. Der Pädagoge war homosexuell, wie er einmal Magdalena Kopp gestand. Weinrich und Schnepel wiederum hatten auf Albartus aus anderen Gründen ein Auge geworfen. Zum einen hatten sie Vertrauen zu Albartus, da sie ihn schon aus der Zeit vor der RZ kannten, als sie gemeinsam die Zeitschrift »Erziehung und Klassenkampf« herausgebracht hatten. Zum anderen hatte sich Albartus immer als besonders couragierter Aktivist ausgezeichnet. Ihm fehlte es weder an Mut noch an Engagement. Vielmehr mußte man ihn eher bremsen. Der angehende Lehrer war ein Draufgänger, der eine ungeheure Energie entwickeln konnte, wenn es darum ging, eine Sache zum Erfolg zu führen.

Am 3. Januar 1977 verließ Gerd Albartus gegen 10.30 Uhr seine Wohnung in Dortmund. Der 27jährige fuhr mit seinem Pkw nach Köln und parkte dort in der Nähe des Neumarkts. Gegen 13 Uhr betrat er das Restaurant der Imbiß-Kette »Wimpy«. Albartus traf sich dort mit Enno Schwall, ebenfalls Mitglied der RZ. Schwall, Diplomsoziologe von Beruf, war in Begleitung eines weiteren Kampfgenossen. Die drei plauderten etwa eine halbe Stunde lang über Belangloses, bevor sie sich zusammen in das nahegelegene Café »Möllmann« aufmachten. Dort trafen sie sich mit einer weiteren Genossin der RZ. Nun ging es nicht länger um Belangloses. Im Flüsterton unterrichteten Albartus und Schwall die anderen über die Einzelheiten eines geplanten Anschlages. An diesem Abend beabsichtigten sie, in dem Aachener Kino »Gloria-Palast« eine Brandbombe zu legen. Dort lief in der Spätvorstellung um 21 Uhr der Film »Unternehmen Entebbe«. Der Streifen war am 23. Dezember 1976 in die deutschen Kinos gekommen und schilderte die spektakuläre Befreiung der Geiseln in Entebbe. Diesen Film lehnte die RZ ab. Sie bezeichnete ihn als einen »üblen Hetzfilm«, der einen völkerrechtswidrigen Überfall der »Zionisten« zeige, »imperialistische Gewalt verherrliche und rassistische Unterdrückung sowie Mord an Palästinensern und Afrikanern legitimiere«. Gerd Albartus hatte auch noch ein persönliches Motiv. Böse und Kuhlmann waren für ihn immer Vorbilder gewesen. Er hatte die beiden, die ihn einst für die RZ angeworben hatten, geradezu bewundert. Einen Kinofilm, in dem die Mörder von Böse und Kuhlmann als Helden dargestellt wurden, konnte er nicht hinnehmen.

Das Ganze war als konzertierte Aktion angelegt. Zur gleichen Zeit sollten auch in anderen Kinos, in denen der Streifen lief, Brandbomben hochgehen. Die RZ hatte dazu ein Bekennerschreiben vorbereitet: Der Film verherrliche den Mord an »deutschen und palästinensischen Genossen«, hieß es darin, die Wirklichkeit würde bis zur Unkenntlichkeit verdreht. »Den Zuschauern wird dieser Dreck als Abenteuerfilm verkauft: Die Israelis sind die Helden, gut und menschlich; die ›Terroristen‹ sind das Böse schlechthin, Abschaum, außerdem wahnsinnig und durchgeknallt.« Dagegen wurde der Kampf der Palästinenser von der RZ gerechtfertigt, weil er »sich nicht gegen die Juden, sondern gegen den Zionismus als Staatsform und Ideologie« richte. Allen Ernstes wurde in dem Schreiben dann noch behauptet: »Die Entführung von Entebbe sollte nicht Leben vernichten, sondern Leben retten und zurückgeben, das in israelischen und europäischen Gefängnissen zerstört wird. Die Aktion war so angelegt, daß auch das Leben der Geiseln geschont war und erst durch den israelischen Angriff gefährdet wurde.« – »Die Methode ist bekannt, so wie im Faschismus Propagandafilme gedreht wurden, die das deutsche Volk emotional auf Judenmord und Antifaschistenhetze einstimmen sollten, so werden wieder Filme gedreht, die dem weltweiten Völkermorden, den immer neuen Grausamkeiten des Imperialismus an Befreiungsbewegungen moralische und politische Unterstützung geben sollen.« In dem Schreiben wurde die sofortige Absetzung »des Hetzfilmes« gefordert sowie zum »Boykott aller nachfolgenden Entebbe-Filme« aufgerufen. »In der Ablehnung dieses Films formiert sich erneut die Bewegung, der die Genossen Wilfried Böse und Brigitte Kuhlmann ihr Leben gegeben haben: dem internationalen Kampf gegen Ausbeutung, Rassismus und politische Unfreiheit.« Unterzeichnet war der Brief mit »Revolutionäre Zellen/Kämpfer für ein freies Palästina«, daneben prangte ein fünfzackiger Stern mit der Inschrift RZ.

Die Unterredung der vier Terroristen dauerte knapp 30 Minuten. Danach verließen Albartus und Schwall das Café. Als sie zur Tür hinausgingen, erhoben sich am Nebentisch zwei Männer und folgten ihnen. Sie waren Albartus bereits seit dem Morgen auf den Fersen. Die beiden Polizisten von der Abteilung Staatsschutz beschatteten ihn schon seit dem 15. Dezember 1976.

An diesem Tag war Albartus dabei ertappt worden, als er einen Pkw stehlen wollte. Er hatte dazu die sogenannte Auszieherkralle benutzt, mit der Profis gewöhnlich die Schließzylinder der Lenkradschlösser knacken. Da diese Auszieherkrallen wiederholt von Terrororganisationen benutzt worden waren, um sich schnell Fluchtfahrzeuge zu beschaffen – die *Revolutionären Zellen* hatten eigens dafür eine entsprechende Anleitungsbroschüre herausgegeben –, war Albartus unter Terrorismusverdacht geraten, zumal die Polizei bei einer anschließenden Hausdurchsuchung weitere verräterische Gegenstände fand. Neben Auszieherkrallen gehörten dazu Ausgaben des »Revolutionären Zorn« und ein Flugticket, ausgestellt auf den Namen »Mr. Boese«.

Die Polizei hegte nun die Hoffnung, über Gerd Albartus endlich der RZ auf die Spur zu kommen, was zuvor noch nie geglückt war. Bei der RAF wie auch bei der *Bewegung 2. Juni* war es im Laufe der letzten Jahre gelungen, eine ganze Reihe von führenden Mitgliedern zu verhaften. Mit Andreas Baader, Ulrike Meinhof und Gudrun Ensslin konnte fast die komplette Führungsebene der RAF ausgeschaltet werden. Mit Inge Viett, die mit der Entebbe-Aktion freigepreßt werden sollte, saß eine Anführerin der *Bewegung 2. Juni* im Gefängnis. Doch bei der RZ tappten die Ermittler noch immer im dunkeln. Die Polizei kannte weder die Mitgliederzahl noch die Entwicklungsgeschichte, geschweige denn die Struktur der Organisation.

Die RAF war seit 1969 aktiv, die *Bewegung 2. Juni* – benannt nach dem Tag der Erschießung des Westberliner Studenten Benno Ohnesorg 1967 durch die Polizei – trat erstmals 1972 hervor. Die erste Aktion der *Revolutionären Zellen* fand in der Nacht zum 17. November 1973 statt. Es war ein Bombenanschlag auf das Bürohaus der US-Elektronikfirma ITT in Berlin, bei dem erheblicher Sachschaden entstand. Gleich in der Nacht darauf schlug die RZ ein zweites Mal zu. Es explodierte ein Sprengsatz in Nürnberg am Gebäude der Firma Standard-Elektrik-Lorenz (SEL), einer Tochtergesellschaft des ITT-Konzerns. Kurz darauf bekannte sich die RZ in einem Schreiben an die Deutsche Presseagentur zu beiden Anschlägen: »Wir haben deshalb ITT-Niederlassungen angegriffen, weil ITT verantwortlich ist für die Ermordung und Folter chilenischer Frauen, Arbeiter und Bauern. Unsere Anschläge in Berlin und Nürnberg sind Teil des antiimperialistischen Kampfes.«

Die Ermittler waren damals einigermaßen ratlos. Eine dritte Organisation im Bereich des Linksterrorismus hatte niemand vermutet. Es folgten weitere Anschläge, unter anderem auf ein israelisches Verkehrsbüro in Frankfurt am Main und auf eine zum Korf-Konzern gehörende Kranbaufirma in Mannheim. Die Polizei stand vor einem Rätsel, konnte sich die Motive nicht erklären. Erst in den Bekennerbriefen wurde die Absicht der neuen Terrororganisation allmählich deutlich. »Unsere jetzige Aktion richtet sich gegen den imperialistischen Profitzusammenhang, der zwischen dem Kapital in der BRD und den Zionisten besteht. Wir haben eine der Niederlassungen der Korf-Gruppe angegriffen, weil Korf sich in diesem dreckigen Profitgeschäft besonders hervorgetan hat. Die gleichzeitige Aktion gegen das Israelische Verkehrsbüro richtet sich gegen die Niederlassung der Zionisten in der BRD.« Unterschrieben war der Brief mit »Revolutionäre Zellen – PFLP Kommando Mohammed Budia«.

Damit hatte die Polizei erstmals einen Anhaltspunkt über die ideologische Ausrichtung der RZ. Man vermutete einen palästinensischen Hintergrund. Aber die nächsten Angriffe der RZ wiesen in eine ganz andere Richtung. Es handelte sich dabei um Bombenanschläge auf das Ausländerpolizeiamt in Berlin und auf Gebäude der Industrie- und Handelskammern in Mainz und Ludwigsburg im April 1975. »Die Kapitalistenverbände sind verantwortlich für die Krisen, die dieses Scheißsystem in immer kürzeren Abständen produziert«, hieß es dazu in nachgereichten Bekennerschreiben. Die Ausländerpolizei wiederum wurde beschuldigt, »die ausländischen Arbeiter zu unterdrücken, die ins Land geholt und wieder davongejagt werden«. Als ein Jahr später, im Juni 1976, bei einem Sprengstoffanschlag auf das Hauptquartier der US-Streitkräfte in Frankfurt, bei dem es erstmals auch Verletzte gab, das Bekennerschreiben mit »Revolutionäre Zellen – Brigade Ulrike Meinhof« unterzeichnet war, sah die Polizei überhaupt nicht mehr durch. Sollte bewußt Verwirrung geschaffen werden? Ulrike Meinhof, Gründungsmitglied der RAF, war einen knappen Monat zuvor, am 9. Mai 1976, erhängt in ihrer Zelle im Gefängnis in Stuttgart-Stammheim aufgefunden worden. Was aber hatte die RZ mit der RAF zu tun?

Erst als in der linken Szene eine Zeitschrift der RZ, »Revolutionärer Zorn«, auftauchte, bekamen die Ermittler ein vages Bild von der neuen Organisation. »Widerstand auf allen Ebenen, in allen Bereichen, mit allen Mitteln, ist die einzige Möglichkeit, Mensch zu bleiben, Mensch zu werden«, hieß es in den Heften, auf deren Titelblatt immer ein fünfzackiger Stern mit der Inschrift RZ gedruckt war. »Was wir wollen ist, Gegenmacht in kleinen Kernen organisieren, die autonom in den verschiedenen gesellschaftlichen Bereichen arbeiten, kämpfen. (...) Und irgendwann mal, wenn wir ganz viele Kerne sind, ist die Stoßrichtung für die Stadtguerilla als Massenperspektive geschaffen.«

Bereits in der ersten Ausgabe des »Revolutionären Zorn« bekannte sich die RZ zu zwölf Anschlägen. Erläuternd hieß es zu dieser »RZ-Anschlagtafel 1973–1975«: »Die Aktionen der *Revolutionären Zellen* lassen sich in drei Bereiche unterteilen: antiimperialistische Aktionen gegen die Beteiligung der USA (ITT) am Putsch in Chile, gegen die chilenischen Faschisten in der BRD und Westberlin; Aktionen gegen die Filialen und Komplizen des Zionismus in der BRD.« In einer anderen Ausgabe wurden »Modellfälle des bewaffneten Kampfes« aufgeführt. Neben Sprengstoff- und Brandanschlägen gehörten dazu auch Überfälle und Entführungen. Letztere, hieß es, seien ein probates Mittel zur »Befreiung der Genossen im Knast«, was als ein Hauptanliegen der RZ bezeichnet wurde.

Als Modell dafür wurden zwei Aktionen vom Frühjahr 1975 genannt: Zum einen die Entführung des Berliner CDU-Vorsitzenden Peter Lorenz, der mitten im Wahlkampf von der *Bewegung 2. Juni* gekidnappt worden und im Austausch gegen inhaftierte Terroristen wieder auf freien Fuß gekommen war. Zu den Freigepreßten gehörte damals auch Gabriele Kröcher-Tiedemann, die wenige Monate später mit anderen RZ-Mitgliedern am Überfall auf die OPEC-Konferenz in Wien beteiligt war.

Das andere angeführte Paradebeispiel hatte kein so unblutiges Ende genommen. Am 24. April 1975 war vom RAF-Kommando »Holger Meins« im schwedischen Stockholm die deutsche Botschaft besetzt worden. Die Terroristen forderten die Freilassung von 26 inhaftierten Kampfgefährten, darunter Johannes Weinrich. Der Lebensgefährte von Magdalena Kopp saß zu diesem Zeitpunkt wegen seiner Beteiligung beim Anschlag auf ein israelisches Passagierflugzeug auf dem Pariser Flughafen Orly in Haft. Die Bundesregierung ließ sich jedoch nicht auf einen Austausch ein. Nachdem sie bei der Entführung von Lorenz bereits klein beigegeben hatte, wollte sie sich nicht länger erpressen lassen. Nachdem die Ablehnung übermittelt worden war, explodierte aus nie ganz geklärten Umständen um Mitternacht eine Bombe in der besetzten Stockholmer Botschaft. Zwei Botschaftsangehörige starben, wie auch Ulrich Wessel vom beteiligten RAF-Kommando. Ein weiteres Kommando-Mitglied, Siegfried Hausner, erlag nach seiner Auslieferung an die Bundesrepublik seinen schweren Verletzungen.

Aus diesen Bezugspunkten in den RZ-Schriften versuchten sich die Ermittler nun ein Bild zusammenzusetzen. Ihnen wurde klar, daß es unter den drei deutschen Terrororganisationen offensichtlich eine Vernetzung gab, trotz gelegentlicher Rivalitäten und unterschiedlicher ideologischer Ausrichtungen. Gleichzeitig erkannten sie, daß es eine Internationalisierung der Aktivitäten gab. Sowohl bei dem Überfall auf die OPEC-Konferenz in Wien als auch bei der Flugzeugentführung nach Entebbe waren deutsche Terroristen maßgeblich beteiligt, ohne daß die Ermittlungsbehörden im Vorfeld auch nur irgendwelche Anhaltspunkte gehabt hatten.

Indessen spitzte sich die Lage in der Bundesrepublik immer mehr zu. Allein 1976 gab es etwa 150 Bomben- und Brandanschläge in 50 Städten. Auf beiden Seiten waren viele Tote zu beklagen. Die sozialliberale Regierung unter Bundeskanzler Helmut Schmidt (SPD) wußte sich nicht anders als mit einer erheblichen Verschärfung von Gesetzen zu helfen, wobei auch in Kauf genommen wurde, daß bewährte Prinzipien der Rechtsstaatlichkeit unterlaufen wurden. Dazu gehörten der »Staatsschutzparagraph« 88a (Verfassungsfeindliche Befürwortung von Straftaten) sowie das »Maulkorbgesetz«, der Paragraph 130a (Anleitung zu Straftaten). Danach konnten Verlage, Druckereien, Buchläden und Wohngemeinschaften unter dem Vorwand durchsucht werden, daß dort eventuell »Gewalt befürwortende« Schriften hergestellt oder verbreitet würden. Am 24. Juni 1976, wenige Tage vor der Flugzeugentführung nach Entebbe, verabschiedete der Bundestag das erste »Anti-Terror-Gesetz«. Danach konnte der Schriftverkehr zwischen Gefangenen und ihren Anwälten überwacht werden, durften Anwälte nur noch einen Mandanten verteidigen, und mit dem Paragraphen 129a wurde der Straftatbestand der »Bildung und/oder Mitgliedschaft in einer terroristischen Vereinigung« geschaffen. Fortan mußten Strafverfolgungsbehörden einem Verdächtigen nicht mehr die persönliche Beteiligung an einer Terroraktion nachweisen, um ihn ins Gefängnis stecken zu können, sondern es reichte aus, wenn eine Mitgliedschaft in einer entsprechenden Organisation nachgewiesen werden konnte.

Den *Revolutionären Zellen* stand die Polizei jedoch weiterhin hilflos gegenüber. Dafür waren zwei Gründe ausschlaggebend. Im Gegensatz zur RAF, die sehr hierarchisch strukturiert war, agierte die RZ nur in Kleingruppen von vier bis fünf Personen, die oft nichts von den anderen Zellen und deren Aktivitäten wußten. Außerdem lebten die Mitglieder der RZ nicht wie die Angehörigen der *Bewegung 2. Juni* oder der RAF im Untergrund. Vielmehr studierten sie oder gingen ganz normalen Berufen nach und tauchten nur kurz für die Durchführungen ihrer Anschläge ab. Die »Feierabendterroristen«, wie sie in der Presse oft bezeichnet wurden, hatten durch ihr Leben in der Legalität die beste Tarnung.

Geradezu elektrisiert waren deshalb die Ermittlungsbehörden, als sie per Zufall auf die Spur von Gerd Albartus stießen. Über ihn wollte man in das Innere der mysteriösen Organisation vorstoßen. Seit dem Autoeinbruch wurde er daher rund um die Uhr beschattet. Als Albartus zusammen mit Enno Schwall das Café »Möllmann« in Köln wieder verlassen hatte, hielten die Beschatter fest, wie Albartus aus dem Kofferraum seines Wagens eine weiße Einkaufstüte herausnahm und in die Wohnung von Enno Schwall im Stadtteil Ehrenfeld brachte. Genauso registrierten sie, daß beide gegen 18 Uhr die Wohnung wieder verließen, wobei Schwall einen Aktenkoffer, eine Reisetasche und einen großen Faltkarton mit sich führte. Nicht sehen konnten sie, daß sich darin unter anderem ein sechsschüssiger Revolver, ein mit sechs Hohlspitzpatronen gefülltes Schnelladegerät und zahlreiche verräterische Dokumente befanden. Das Ganze wurde bei einem früheren Studienfreund von Schwall ausgeladen. Danach fuhren die beiden in einem klapprigen VW-Bus in Richtung Aachen. Kaum dort angekommen, fuhren sie zweimal die Strecke zwischen Filmtheater »Gloria-Palast« und dem Verteilerkreis Europaplatz ab, von wo man am schnellsten zu den Auffahrten gleich mehrerer Autobahnen gelangte. Danach erst parkten sie den Wagen in der Heinrichsallee, rund 300 Meter vom Kino entfernt. Weil Schwall für seine alte Kiste keinen zweiten Schlüssel besaß, versteckte er ihn an der vorderen Stoßstange, damit jeder von ihnen notfalls das Fahrzeug auch allein benutzen konnte.

Während Albartus zwei Kinokarten besorgte, ging Schwall noch eine Kleinigkeit essen. Er wartete im »Adria-Grill« auf Albartus. Kurz vor 21 Uhr verließen sie zusammen das Lokal. Schwall holte noch schnell eine Aktentasche aus dem Auto, in der eine Brandbombe steckte. 100 Meter vor dem »Gloria-Palast« trennten sich die beiden. Während Schwall direkt auf das Kino zusteuerte, wechselte Albartus die Straßenseite, ging ein Stück eine Nebenstraße entlang, bevor er plötzlich umdrehte und ebenfalls in das Filmtheater ging.

Verabredet war, daß sich Schwall in die letzte Logenreihe des Ranges setzte und dort auch die Bombe plazierte. Albartus sollte sich am anderen Ende in eine vordere Reihe setzen und Schwall gegebenenfalls absichern. Als Albartus das Kino betrat, saß Schwall verabredungsgemäß an der äußersten Ecke der letzten Reihe, Platz Nr. 148. Albartus wählte auf der anderen Seite einen Platz in der Reihe unmittelbar davor. Von dort aus konnte er den

Der Bombenleger der Revolutionären Zellen: *Gerd Albartus*

ganzen Kinosaal überblicken und Schwall zur Not ein unauffälliges Zeichen geben. Allerdings hatten weder Albartus noch Schwall bemerkt, daß ihnen zwei Polizeibeamte in Zivil gefolgt waren. Während der eine Beamte direkt hinter Albartus Platz nahm, ging der andere jedoch ins Parkett, so daß er Schwall aus den Augen verlor, zumal dieser durch ein Ehepaar in der Sitzreihe davor verdeckt wurde.

Der Film begann pünktlich. Unauffällig zog Schwall aus seiner Aktentasche die Einkaufstüte, die zuvor Albartus mitgebracht hatte. Darin befand sich die rund sechs Pfund schwere Brandbombe aus einem Thermitgemisch aus Aluminiumpulver und Eisenoxid, das unter sehr starker Hitzeentwicklung abbrennt und normalerweise zum Schweißen von Eisenbahnschienen benutzt wird. Um die notwendige Zündtemperatur zu erreichen, sollte zuerst ein anderes Gemisch aus Rohrzucker und natriumchlorathaltigem Unkrautvernichtungsmittel zur Explosion gebracht werden. Beide Gemische waren getrennt in Kunststoffklarsichthüllen abgefüllt und mit Klebeband fest miteinander verbunden worden. In den Päckchen mit dem Gemisch aus Rohrzucker und Natriumchlorat steckten auch die Zündköpfe, zwei parallel geschaltete Gasanzünderglühköpfe. Als Stromversorgung für die Zünder dienten vier 1,5-Volt-Batterien, die ebenfalls mit Klebeband aneinander befestigt waren. Ein Verbindungskabel führte vom Pluspol der Batterien zu einer Eieruhr. Das Kabelende war mit einer Lötperle versehen und einfach an das Gehäuseoberteil der Uhr geklebt worden. Ein zweites Kabel verband wiederum die beiden Zünder mit der Eieruhr. Dabei war das eine Ende des Kabels, das ebenfalls mit einer Lötperle versehen war, so an der Aufzugsscheibe der Uhr angeklebt, daß es sich mit der Lötperle des anderen Kabels berührte, sobald die Eieruhr abgelaufen war. Damit wäre der Stromkreis geschlossen, und die Bombe würde hochgehen. Die Uhr ließ sich auf maximal 60 Minuten einstellen und gestattete so eine Zündverzögerung bis zu einer Stunde.

Nach gut der Hälfte des 90-Minuten-Filmes versuchte Schwall, den Brandsatz scharf zu machen. Aber im Dunkeln war dies einfacher gedacht als getan. Er mußte höllisch aufpassen, daß er nicht durch eine Unachtsamkeit den Stromkreis schloß und der Brandsatz in seinem Schoß explodierte. Ganz vorsichtig griff er in die Einkaufstüte. Trotz aller Behutsamkeit raschelte es dabei so laut, daß sich das Ehepaar vor ihm pikiert umdrehte. Schwall hörte sofort auf, an der Bombe herumzufingern und wartete eine Weile, bevor er es noch einmal versuchte. Wieder raschelte er dabei unfreiwillig mit der Tüte und mußte den vorwurfsvollen Blick des entnervten Ehepaares ertragen. Nach einer Weile gelang es ihm endlich, die Kabel miteinander zu verbinden und den Küchenwecker aufzuziehen. Die Zündeinrichtung war so eingestellt, daß die Bombe in etwa einer Stunde hochgehen mußte. Schwall stand nun auf und ging Richtung Ausgang. Als er am Sitz Nr. 145 vorbeikam, stellte er unauffällig die Plastiktüte in die Nische zwischen der letzten Stuhlreihe und der Rückwand des Kinosaals. Ohne das Ende des Films abzuwarten, verließ er das Kino. Albartus wartete hingegen das Ende der Vorstellung ab. Sie trafen sich anschließend beim Auto und fuhren so schnell es ging nach Köln zurück. Das Observationsteam der Polizei folgte ihnen. Es war von der Filmvorführung offensichtlich so beeindruckt, daß es nichts davon mitbekommen hatte, daß dort eine Brandbombe deponiert worden war.

Das Uhrwerk lief planmäßig ab. Nach einer Stunde sprang der Zeiger der Aufzugsscheibe auf die Nullstellung. Doch nichts passierte. Die beiden Lötperlen hatten sich knapp verfehlt. Am nächsten Morgen um sechs Uhr fand die Putzfrau des Kinos den Brandsatz. Sie rief sofort die Polizei. Gegen neun Uhr trafen Bombenexperten ein, die versuchten, mit einem ferngelenkten Spezialgerät die Bombe zu entschärfen. Aus einer Entfernung von 20 Zentimetern wurde die Tüte mit Schrottkugeln von einem Roboter beschossen. Auf diese Weise wollte man die Zündkabel durchtrennen. Doch das Vorhaben mißlang. Die Schrotgeschosse entzündeten den Brandsatz, die Bombe ging hoch. Es entstand ein Sachschaden von über 8 000 DM.

Einen Tag später gingen bei der »Rheinischen Post«, der »Neuen Ruhrzeitung« und der »Deutschen Presseagentur« die vorbereiteten Bekennerschreiben ein, da die RZ davon ausging, der Brandanschlag solle totgeschwiegen werden. Der Rest war für die Polizei ein Kinderspiel. Albartus und Schwall wurden noch am selben Tag verhaftet. Beide stritten jedoch ab, für den versuchten Brandanschlag verantwortlich zu sein, wie sie auch eine Mitgliedschaft in der RZ leugneten. Bei den anschließenden Hausdurchsuchungen wurden jedoch weitere Beweismaterialien gefunden. In der Wohnung von Albartus lagen mehrere Ausgaben des »Revolutionären Zorn« und eine Merkschrift mit dem verräterischen Titel: »Was planen die *Revolutionären Zellen*?« herum.

Die Polizei verkaufte die Verhaftung der beiden als großen Erfolg im Kampf gegen die RZ. Daß es den beiden Terroristen gelungen war, unter den Augen eines Oberservationsteams des Staatsschutzes unbemerkt eine Bombe zu deponieren, blieb dabei unerwähnt.

Der Weg in den Untergrund

Versteck für einen Kämpfer in Italien – Ausstieg und Bedrohung aus den eigenen Reihen – Mordpläne gegen jüdische Repräsentanten in Deutschland

Hans-Joachim Klein bereute es, in das Ausbildungslager im Jemen zurückgekehrt zu sein. Seit Monaten saß er hier nun schon fest. Ohne die Erlaubnis von Wadi Haddad durfte niemand das Lager verlassen. Es wäre auch kaum möglich gewesen, denn zu Beginn hatte jeder seinen Paß abgeben müssen. Haddad war nach dem Debakel von Entebbe noch vorsichtiger geworden. Er wollte Klein, der in Europa per Haftbefehl gesucht wurde und für dessen Ergreifung 50000 DM Belohnung ausgesetzt waren, nicht einfach mit falschen Papieren nach Europa reisen lassen. Zu leicht hätte er in die Fänge der Polizei geraten können und dann womöglich irgend etwas ausgesagt. Als Schutzbehauptung erklärte er Klein: »Über deine Rückkehr können nur die Anführer der RZ entscheiden.« Auf die Nachfrage, wer denn das jetzt sei, gab Haddad Klein einen Brief zu lesen. Es handelte sich um das besagte Testament von Wilfried Böse, das Gerd-Hinrich Schnepel und Johannes Weinrich als seine Nachfolger bestimmte. Klein erschrak. Weinrich hatte er noch nie sonderlich ausstehen können. Für ihn war das eher ein Klugscheißer, der sich immer über andere in der Gruppe stellen wollte. Mit ihm war eine Verständigung gewiß kaum möglich. Aber letztlich ging es Klein auch nicht mehr darum, sich mit der RZ-Führung gut zu stellen, sondern es kam ihm vor allem darauf an, hier wegzukommen und möglichst einen Absprung zu finden. Zuviel war seit dem Überfall auf die OPEC passiert, an die vermeintlich hehren Ziele der Organisation konnte er nicht mehr glauben. Wilfried Böse selbst hatte ihm unfreiwillig die Augen geöffnet. Um Haddad als großen Geldgeber und Waffenlieferanten bei Laune zu halten, war der frühere RZ-Chef auf die Idee gekommen, Simon Wiesenthal zu ermorden. Der Nazi-Jäger hatte es zu Weltruhm gebracht, weil es ihm gelungen war, den NS-Massenmörder Adolf Eichmann in Südamerika aufzuspüren, der dann vom Geheimdienst Mossad nach Israel entführt worden war, wo man ihm den Prozeß gemacht hatte. Für diese »Kooperation mit den Zionisten« sollte Wiesenthal liquidiert werden. Haddad hatte dagegen nichts einzuwenden, versprach sogar finanzielle und technische Unterstützung.

Klein war empört. Ein derartiger Kampf gegen die Nationalsozialisten war für ihn durchaus legitim. Selbst der ansonsten nicht so zimperliche Carlos konnte über das Vorhaben nur den Kopf schütteln. Daß es nicht zur geplanten Ermordung von Wiesenthal kam, war letztlich nur der Tatsache geschuldet, daß Böse in Entebbe dem israelischen Spezialkommando zum Opfer gefallen war. Für Klein war die persönliche Schmerzgrenze endgültig überschritten.

Doch wie aus der jemenitischen Steinwüste wegkommen? Zunächst galt es, die Zeit totzuschlagen. Da kam ihm das Angebot recht, neu eingetroffene Deutsche im Schießen auszubilden.

Bei den sechs Kämpferinnen und Kämpfern handelte es sich um Mitglieder der *Bewegung 2. Juni*. Neben Gabriele Kröcher-Tiedemann (»Nada«), die Klein noch bestens vom Überfall auf die OPEC-Konferenz kannte, gehörte auch Inge Viett dazu, die gerade in Deutschland für Schlagzeilen gesorgt hatte. Zunächst sollte sie im Tausch gegen die Geiseln von Entebbe freigepreßt werden, doch als dies scheiterte, nahm sie ihr Schicksal selbst in die Hand und organisierte am 7. Juli 1976 einen spektakulären Ausbruch aus der Frauenhaftanstalt Lehrter Straße in Westberlin.

Als der übliche Grundkurs in Guerilla-Ausbildung nach vier Wochen beendet war, konnten die sechs Mitglieder der *Bewegung 2. Juni* nicht wie geplant nach Europa zurückkehren. Wadi Haddad befand sich nicht im Lager, und ohne dessen Einverständnis durfte niemand das Areal verlassen, wie Klein aus eigener leidvoller Erfahrung wußte. Inge Viett war hell empört. Es begann eine Zeit des Wartens.

Nach zweieinhalb Monaten hatten die sechs die Nase endgültig voll und beschlossen, die Bevormundung durch Wadi Haddad nicht länger hinzunehmen. Sie empörten sich laut, verlangten, den »Meister« endlich zu sprechen, und sandten Kuriere mit ultimativen Briefen zu ihm. Als sich abzeichnete, daß er nachgeben würde, kam Klein eine Idee. Kurzerhand gab er seinen Austritt aus der RZ bekannt und schloß sich der *Bewegung 2. Juni* an. Schließlich hatte er die »Todesschwelle« aus der Legalität bereits überschritten und mußte nun auch im Untergrund leben, genau wie die Kämpfer des *2. Juni*.

Kleins Kalkül ging auf. Der Wechsel brachte ihm tatsächlich das ersehnte Ticket nach Europa, denn nun konnte ihn Haddad nicht mehr mit der Begründung festhalten, die Chefs der RZ hätten über seinen weiteren Verbleib zu entscheiden. Nach über acht Monaten im Camp durfte er endlich den Jemen verlassen.

Über diverse Umwege reiste er nach Norditalien in eine kleine Berghütte im Aosta-Tal, die einst von der RZ als Ausweichquartier für Notfälle eingerichtet worden war. Doch richtig zum Verschnaufen kam Klein hier nicht, denn die *Bewegung 2. Juni* wollte von ihrem neuen Mitglied sogleich Taten sehen. Zum Glück war der erste Auftrag relativ harmlos. Mit zwei anderen Gruppenmitgliedern sollte er Waffen aus einem Depot in Belgien herbeischaffen. Der Weg dorthin führte ihn über Brüssel, wo er durch Zufall einen alten Bekannten aus Frankfurter Tagen traf, einen Menschen, dem er vertrauen konnte. Klein sah die Chance gekommen, seinen Ausstieg vorzubereiten, ehe ihn die *Bewegung 2. Juni* zu neuen abenteuerlichen Aktionen schicken konnte. Im Jemen hatten die Kämpfer allen Ernstes Wadi Haddad vorgeschlagen, den Papst in Rom zu entführen, um im Austausch auf einen Schlag sämtliche inhaftierte Genossen in Deutschland freizubekommen. Haddad konnte sie nur mit dem Argument davon abbringen, daß kein Land der Welt es sich leisten könnte, ein Terrorkommando aufzunehmen, das den Papst als Geisel hielt.

Hastig kritzelte Klein ein paar Zeilen auf ein Stück Papier, steckte es in einen Umschlag und gab es dem Bekannten aus Frankfurt mit. Er sollte das Schreiben Matthias Beltz, einem seiner besten Freunde, persönlich übergeben. Klein wußte, daß er sich darauf verlassen konnte. Nun galt es nur noch, den Absprung richtig zu organisieren.

Doch kaum war er in seiner Berghütte zurück, erreichte ihn der nächste Auftrag. Nun sollte er in der Schweiz Waffen und Munition kaufen sowie eine Paßbehörde ausspionieren, damit dort später Ausweispapiere entwendet werden konnten. Klein war dies jedoch zu riskant. Endlich gab es die berechtigte Hoffnung, aussteigen zu können, da wollte er sich nicht der Gefahr einer Verhaftung aussetzen. Also ließ er seine Kontaktleute wissen, daß er wieder zu der RZ zurückkehren werde und daher nicht mehr für den *2. Juni* arbeite. Die Antwort ließ nicht lange auf sich warten: »Du weißt zuviel, besonders im internationalen Rahmen!« Die Drohung war unmißverständlich.

Klein begriff, daß nach seinem Ausstieg nicht nur die Polizei nach ihm fahnden würde, sondern vermutlich auch seine ehemaligen Mitkämpfer. Doch zunächst einmal mußte er in seiner Waldhütte abwarten, bis sich die Freunde aus Frankfurt bei ihm meldeten. Um die Zeit irgendwie sinnvoll rumzubringen, begann der Schulabbrecher und Kfz-Mechaniker zum zweiten Mal in seinem 29jährigen Leben einen größeren Text zu verfassen, eine Art Lebensbeichte, aus der einmal ein Buch werden sollte.

Er verspürte einen enormen Erklärungsbedarf. Warum hatte er sich eigentlich auf den Überfall der OPEC-Konferenz eingelassen, obwohl von vornherein Morde eingeplant waren? Er schrieb: »Ich war am 21. Dezember 1975 als Mitglied ›eines Arms der arabischen Revolution‹ (der sich dann auch noch selbst amputierte) dabei, als in Wien die OPEC-Minister als Geiseln genommen wurden. (...) Drei Menschen wurden dabei ermordet. Daß zwei davon Sicherheitsbeamte waren, nimmt dem nichts an Gewicht. Nichts! Jeder hat das Recht auf Leben, natürlich auch ein Bulle! Man kann nicht einzelne Berufsgruppen herausselektieren und zu ›lebensunwertem‹ Leben abstempeln. Da wären wir, meine hochverehrten Theoretiker vom Freundeskreis des bewaffneten Kampfes, nämlich wieder beim Faschismus.«

Es war ein kalter, aber klarer Februartag im Jahre 1977. Überall lag noch Schnee im Aosta-Tal. Johannes Weinrich und Magdalena Kopp waren unterwegs zu Hans-Joachim Klein. Den eigentlichen Grund des Besuches kannte Kopp nicht. Weinrich hatte nur eine Andeutung gemacht, daß Klein mittlerweile ein unsicherer Kandidat geworden sei, der offensichtlich nicht wisse, was er wolle. Daher war vereinbart worden, daß Kopp in Kleins Beisein nur mit ihrem Decknamen »Vera« angesprochen werden sollte. Nach langem Suchen fanden sie schließlich die entlegene Hütte am Rande des Dorfes Leverogne.

Weinrich gab sich betont freundlich, hatte etwas zu lesen mitgebracht, auch Zigaretten sowie reichlich Essen und Trinken. Doch Klein rührte nichts an. Er erklärte statt dessen, daß die RZ genauso wie die *Bewegung 2. Juni* künftig auf seine Hilfe verzichten müsse. Er wolle lieber seine eigene Gruppe aufbauen. Weinrich verzog keine Miene, sondern appellierte an Klein: »Wir müssen Abu Hani [Deckname von Wadi Haddad] beweisen, daß unsere angeschlagene Truppe trotz Entebbe nach wie vor steht, und außerdem wollen wir einiges von ihm: Aufnahmeland für die Gefangenen, Waffen, und vor allem brauchen wir wieder Geld. Abu Hani will, daß wir Leute für seine Operationen zur Verfügung stellen. Das können wir momentan einfach nicht erfüllen.« Daher sei es wichtig, daß Klein zur RZ zurückkehre. Wenig später trennte man sich, ohne einander nähergekommen zu sein.

Klein saß der Schreck noch lange in den Gliedern. Die beiden waren unangemeldet aufgetaucht, hatten plötzlich einfach vor seiner Hütte gestanden. Er mochte sich nicht vorstellen, was passiert wäre, wenn sie das Manuskript in die Hände bekommen hätten. Die spontane Ausrede, er wolle eine eigene Gruppe gründen, war wohl auch nicht besonders überzeugend. Klein wurde es zunehmend unwohl. Besonders Weinrichs Freundin, dieser »Vera«, mißtraute er. Sie hatte etwas unnahbares, saß meist nur still in der Ecke und sagte kaum ein Wort. Was führten die beiden im Schilde? Er hatte schon üble Geschichten darüber gehört, wie die RZ mit Abtrünnigen umging. Es wurden belastende Fotos oder Dokumente zusammengestellt, die man dann in der Öffentlichkeit lancierte, so daß der legale Schutz für ein RZ-Mitglied verloren ging.

Als die erste Aufregung verflogen war, setzte sich Klein wieder an sein Buch. Es sollte nicht nur eine innere Abrechnung werden, sondern zugleich auch eine Anklageschrift. Er wollte aufräumen mit den linken Mythen und der Verklärung des bewaffneten Kampfes. Er wollte die Lebenslügen der selbsternannten Revolutionäre aufzeigen, die ihre Ideale für Typen wie Haddad oder Carlos verrieten und sich mit diesen Killern gemein machten. Denn Aktionen, bei denen unschuldige Menschen getötet wurden oder Menschen wegen ihres jüdischen Glaubens ermordet werden sollten, waren für Klein nichts anderes als linker Faschismus. »Schweigen ist die größte Pflicht eines Revolutionärs«, begann er, »Reden zur rechten Zeit aber auch!!!« Er schrieb mit einer Wut im Bauch. Und es tat gut, alles loszuwerden. Es hatte etwas Befreiendes, Reinigendes. Aber bei allem Groll wollte er niemanden denunzieren oder gar ins Gefängnis bringen, weshalb er bei seinen Schilderungen nur die Decknamen benutzte. Trotzdem war ihm klar, daß er sich mit diesem Text zum Todfeind der RZ machte.

Er achtete daher stets darauf, daß beim Schreiben sein geladener Revolver, DMe ZBR Zbrojovka 38, griffbereit auf dem Tisch lag. Mehrmals probte er den Ernstfall, einen plötzlichen Besuch von Mitgliedern der RZ oder der *Bewegung 2. Juni* und das schnelle Verschwindenlassen seines Skriptes. Einmal warf er fast 30 Seiten in den brennenden Ofen, weil er glaubte, Schritte zu hören. Aber es war nur eine Katze, die um die Hütte strich. Als er das erkannt hatte, war es für das Manuskript schon zu spät. Es brannte lichterloh. Er mußte wieder von vorn anfangen.

Den nächsten Besucher hingegen hatte Klein sehnsüchtig erwartet. Es war sein Freund Matthias Beltz, der nach dem Jurastudium in Frankfurt inzwischen erfolgreich als Kabarettist unterwegs war. Nach 15 Monaten begegnete Klein dem ersten Menschen aus dem Zivilleben wieder, mit dem er offen reden konnte. Es sprudelte nur so aus ihm heraus. Nachdem er ausführlich berichtet hatte, was alles vorgefallen war, überlegten beide, was nun zu tun sei. Allerdings wußte Matthias Beltz auf die Schnelle nicht, wie er seinem alten Freund helfen sollte. Er konnte ihm nicht empfehlen, sich der Polizei zu stellen. Das Urteil der Richter stünde fest: lebenslänglich. Schließlich ging es beim Überfall auf die OPEC-Konferenz um »gemeinschaftlichen Mord«, soviel war dem studierten Juristen klar. Andererseits begriff er, daß Klein mittlerweile nicht nur die Polizei, sondern auch seine früheren Genossen fürchten mußte. Es galt also, ein neues Versteck zu suchen. Nur wo? Er schlug Klein vor, sich in Deutschland mit ihrem früheren gemeinsamen Freund Daniel Cohn-Bendit vertraulich zu beraten, da dieser über weitreichende internationale Kontakte verfüge.

Klein stimmte dem zu, gab aber zu bedenken, daß ihm vermutlich nicht mehr viel Zeit blieb, bis wieder irgendwelche Mitkämpfer bei ihm auftauchen würden. Zudem gab es noch einen anderen Grund, so schnell wie möglich ein sicheres Versteck zu finden. Klein hatte erfahren, daß die RZ plante, Heinz Galinski, den Vorsitzenden der Jüdischen Gemeinde von Westberlin, sowie den Vorsitzenden der Jüdischen Gemeinde in Frankfurt am Main, Ignaz Lipinski, zu ermorden. »Dies will ich verhindern«, erklärte Klein und berichtete Beltz von seinem Buchprojekt. Aber eine Veröffentlichung sei natürlich erst möglich, wenn er sich in Sicherheit befände, denn danach wäre er als »Verräter« vermutlich vogelfrei. Beltz leuchtete dies ein. Er versprach, sofort mit Cohn-Bendit über alles zu reden und alsbald Kleins Ausstieg zu arrangieren. Auf jeden Fall wollte er in fünf Wochen wieder vorbeischauen. Dann sollte auch der erste Teil des Manuskriptes übergeben werden.

In den nächsten vier Wochen tippte Klein auf einer billigen Reiseschreibmaschine seine handschriftlichen Aufzeichnungen mühsam mit zwei Fingern ab. Um auf keinen Fall von Genossen der RZ dabei ertappt zu werden, zog er sich fürs Tippen tageweise in ein kleines Hotel zurück. Letztlich wurden es über 70 eng beschriebene Maschinenseiten. Die 200 Blätter des handgeschriebenen Skriptes verbrannte er umgehend.

Als in der zweiten Aprilwoche 1977 nachmittags jemand kräftig an die Tür seiner Hütte klopfte, war Klein sofort bewußt, daß es sich nur um unangenehmen Besuch handeln könne. Schnell ließ er das Manuskript auf erprobte Weise verschwinden und griff nach dem Revolver. Durch ein kleines Erkerfenster erkannte er Johannes Weinrich, das neue »Familienoberhaupt« der RZ, vor der Tür. Er wollte gar nicht richtig hereinkommen, sondern war in Eile. Gerd-Hinrich Schnepel, der andere RZ-Chef, warte unten in der Stadt, zusammen mit einer neuen Rekrutin, die ihnen einige Probleme bereite, erklärte er. Sein Vorschlag war ein gemeinsames Abendessen, um einmal in Ruhe über alles zu reden. Klein war unter der Bedingung dazu bereit, daß Weinrich allein komme. So könnte er gegebenenfalls noch mit ihm fertig werden, auch ohne Revolver.

Gegen 21 Uhr stand Weinrich wieder vor der Tür, um ihn abzuholen. Als erstes fragte Klein, ob er tatsächlich allein sei. »Ja!« antwortete Weinrich. Allerdings gab der RZ-Chef vor, einen anderen Termin zu haben, denn zufällig sei ihm eine ausländische Genossin begegnet, mit der er schon seit längerem einmal reden wollte, und diese habe nur heute abend Zeit. Dafür käme er morgen zu einem ausgiebigen Frühstück in der Hütte vorbei. Klein fragte noch, ob er die am Nachmittag versprochenen Zeitungen mitgebracht habe. Weinrich sagte, er habe sie im Auto liegen lassen, werde sie ihm aber gleich vorbeibringen. Klein ging mit vor die Hütte und erklärte: »Ich gehe mit zum Auto.« Weinrich wehrte ab: »Das ist nicht nötig.« Klein folgte ihm trotzdem. Als er in der Dunkelheit die Umrisse des weißen Volvo ausmachte, bemerkte er plötzlich, daß ein Mann aus dem Wagen stieg. Durch die aufflammende Innenbeleuchtung beim Öffnen der Tür konnte er ihn deutlich sehen. Klein glaubte sogar, noch eine zweite Person im Wagen ausmachen zu können. Wütend schaute er Wein-

Der erste Aussteiger aus dem Terrorismus der RZ: Hans-Joachim Klein

rich an, der umständlich versuchte, ihm die Situation zu erklären. Klein schnappte sich Weinrich. »Hier stinkt 'ne Menge. Behalt deine Zeitungen.« Er stieß Weinrich weg, stürzte zur Hütte und verriegelte hinter sich die Tür.

Schleunigst griff er seine zur Flucht vorbereitete Tasche, stopfte noch ein paar Sachen und das Manuskript hinein und verschwand durch die Hintertür. Schnell rannte er die Straße zum Dorf hinauf, wo er sich im einzigen Gasthof des Ortes ein Taxi rufen ließ, das um diese Zeit aus einer 30 Kilometer entfernten

Stadt geholt werden mußte. Der Preis war ihm in diesem Moment jedoch ganz egal. Er wollte nur so schnell wie möglich weg, denn er war sich ziemlich sicher, daß Weinrich und Schnepel gekommen waren, um ihn zu liquidieren.

Wadi Haddad erfuhr in seinem Hauptquartier in der irakischen Hauptstadt von den Vorgängen um Hans-Joachim Klein und bestellte daraufhin Gerd-Hinrich Schnepel zum Rapport zu sich. Aber als Schnepel in Bagdad ankam, war Haddad nicht mehr anzutreffen. Obwohl er hier mit Frau und Kindern lebte, hatte er wieder mal seinen Aufenthaltsort gewechselt, selbst zur Überraschung seiner engsten Mitarbeiter. Der Führer der PFLP-SC vertraute so gut wie niemandem.

Schnepel blieb nichts weiter übrig, als sich hinzusetzen und einen schriftlichen Bericht zu verfassen. »Lieber Abu Hani«, begann Schnepel am 18. April 1977 seinen Text. »Mein Freund und ich hatten keine Probleme«, log er. »Ich würde Dir gerne alles erzählen, aber Sami sagte mir, daß Du erst wieder in zirka 15 Tagen in Bagdad bist. So lange kann ich leider nicht warten, weil ich gerade 40 Tage von Zuhause weg war.« Schnepel versprach jedoch, am 5. oder 6. Mai 1977 nach Bagdad zurückzukehren. »Bitte organisiere meinen schnellen Transfer, heute habe ich nämlich neun Stunden im Transitbereich verbringen müssen«, bat er noch, denn spätestens am 8. Mai müsse er wieder zurückfliegen, da er zwei Tage später einen Gerichtstermin »wegen ein paar Verstößen gegen Paragraphen« habe. »Wenn ich nicht bei Gericht erscheine, werden sie mich verhaften.«

Schnepel mußte sich vor der 7. Strafkammer des Landgerichtes Nürnberg-Fürth verantworten, da ihm »Vergehen gegen das Bayerische Pressegesetz in Tateinheit mit einem vorsätzlichen Vergehen gegen das Waffengesetz« sowie »Verunglimpfung des Staates« zur Last gelegt wurden. Zweieinhalb Jahre zuvor waren bei einer Razzia in seiner Buchhandlung »Politladen GmbH« in der Hindenburgstraße 17 in Erlangen Publikationen wie »Der Kampf gegen die Vernichtungshaft« und »The Anarchist Cookbook« beschlagnahmt worden. Das Verfahren war für Schnepel besonders bitter, da seine »Politladen Buchhandlung und Verlags GmbH« in Erlangen sowie die dazugehörige Druckerei im benachbarten Gaiganz längst bankrott waren und er inzwischen ganz andere Probleme hatte.

Als »Familienoberhaupt« der RZ war er sozusagen hauptamtlicher Revolutionär und reiste auf Kosten und im Auftrag von Haddad durch die Welt. Meist handelte es sich um irgendwelche Kurierdienste, die er und Weinrich für den Palästinenser zu erledigen hatten. Nach dem Rauswurf von Carlos aus der PFLP und dem Tod der beiden Deutschen Wilfried Böse und Brigitte Kuhlmann waren sie dabei, für Haddad ein neues Europa-Netzwerk aufzubauen. Es galt, Kontakte zu den *Roten Brigaden* in Italien, der ETA in Spanien und den anderen Organisationen in Deutschland zu knüpfen. Dies alles mußte verdeckt geschehen und war daher nicht ganz billig.

»Wir haben wieder ein Geldproblem«, schrieb Schnepel am 18. April 1977 in seinem Brief an Haddad, denn der letzte Vorschuß von 8000 Dollar, umgerechnet zirka 18000 DM, war längst aufgebraucht. Allein die diversen Flugtickets hatten 24050 DM verschlungen, wie Schnepel detailliert auflistete, genau wie die einzelnen Kosten für Hotels, Taxis und Mietwagen bis hin zu Souvenirs und Zigaretten. Insgesamt hatten er und Weinrich in den letzten 40 Tagen 37000 DM ausgegeben. Schnepel bat den »Meister« daher, ihm baldmöglichst den Fehlbetrag von 19000 DM zukommen zu lassen, denn Schnepel und Weinrich hatten das fehlende Geld aus der Kriegskasse der RZ genommen. »Es war nicht einfach gewesen«, schrieb er, »unseren nichtsahnenden Kameraden zu erklären, warum wir in so kurzer Zeit all dieses Geld brauchten.«

Die Reisen seien nicht nur zeitaufwendig und teuer, sondern mittlerweile auch gefährlich geworden, berichtete Schnepel weiter. So seien Weinrich und Kopp am 6. April an der grünen Grenze zur Schweiz festgehalten worden, da sie 10000 DM in bar bei sich hatten. Erst nach mehrstündigen Verhören und umständlichen Erklärungen habe man sie wieder ziehen lassen. In dieser Situation sei es unmöglich gewesen, tags darauf den Transport eines bestimmten Koffers über die Grenze vorzunehmen, da an diesem Tag ein Kommando der *Rote Armee Fraktion* namens »Ulrike Meinhof« auf offener Straße den Generalbundesanwalt Siegfried Buback erschossen habe. Seitdem herrsche eine Art Ausnahmezustand in Deutschland. Überall liefe man Gefahr, in eine Polizeikontrolle zu geraten, besonders an den Grenzen. Schnepel schlug Haddad deshalb vor, daß es die beiden im nächsten Monat nochmals mit der »Koffer-Verabredung« versuchen sollten.

Nur beiläufig ging Schnepel in seinem acht Punkte umfassenden Bericht auf Hans-Joachim Klein ein. »Wir haben wieder Kontakt mit ›Angie‹«, schrieb er, vorsichtshalber Kleins Decknamen benutzend. »Das Ergebnis war, daß er erklärte, unsere Organisation verlassen zu wollen, um sein eigenes Ding zu machen. Wir wissen nicht, was. Von jetzt an steht er nicht mehr unter unserer Verantwortung.«

Nur eine Woche später, am 26. April 1977, saß Hans-Joachim Klein in Mailand in einem Hotel und verfaßte ebenfalls einen längeren Brief. Nach dem Überraschungsbesuch von Schnepel und Weinrich wollte er nicht mehr warten, bis Matthias Beltz und Daniel Cohn-Bendit einen Unterschlupf für ihn gefunden hätten. Er hatte das Verlangen, so schnell wie möglich einen Schlußstrich unter seine Karriere als Guerillakämpfer zu ziehen. »Ich habe genug angestellt«, begann er seine schriftliche Ausstiegserklärung, die er für das Korrespondentenbüro des Nachrichtenmagazins »Der Spiegel« in Rom vorgesehen hatte.

»Sie werden es (neben anderem) sicherlich ungewöhnlich finden, daß diesem Schreiben als ›Anlage‹ ein Revolver, Kaliber 38, nebst Munition etc. beigefügt ist. Noch dazu von einem, der zu Gewalttaten jeglicher Art fähig ist und deshalb doch sein ›Handwerkszeug‹ nicht aus den Händen geben sollte«, tippte Klein in seine Reiseschreibmaschine. Etwas umständlich und langatmig begründete er dann auf fünfeinhalb Seiten seinen Rückzug aus der Terrorszene und die näheren Umstände. Zum einen hätten ihn die »Zynik und Gefühllosigkeit« sowie die »Mittel und Methoden« der Guerilla letztlich »zum Kotzen und vor allem zum Nachdenken« gebracht. Zum anderen habe er auf eine günstige Gelegenheit warten müssen, um persönlichen Kontakt zu alten Freunden zu finden, denn »in der Westdeutschen Wanzenrepublik bei befreundeten Genossen anzurufen oder ihnen zu schreiben, ging nicht«. Seine Helfer, die er »Jemande« taufte, könne er nicht nennen. »Es ist ja noch immer strafbar, einen steckbrieflich Gesuchten zu unterstützen.« Klein deutete außerdem an, daß er zwischenzeitlich seine früheren Freunde von der RZ mehr fürchte als die Polizei.

»So, jetzt komme ich dazu, warum ich Sie bzw. den ›Spiegel‹ bemühe«, erklärte Klein nach gut der Hälfte des Briefes. »Wir wollen zwei Morde verhindern!« Präzisierend hieß es: »Die zwei, die umgebracht werden sollen, damit die Logistik der ›Revolutionären‹ Zelle wieder stimmt, sind zum einen: der Galinski von der jüdischen Gemeinde in Westberlin. Der andere ist der Leiter der jüdischen Gemeinde in Frankfurt. (...) Die sollen beide erschossen werden, und zwar in allernächster Zeit. Die Vorbereitungen laufen dazu auf Hochtouren. Viele werden mich bestimmt als Verräter beschimpfen. Ich kann es nicht ändern. Ich habe niemanden verraten, sondern nur was verhindert, von dem ich meine, das es 'ne Wahnsinnstat ist. (...) Was die Guerilla dazu meinen wird, ist mir klar: Die wird suchen nach mir.« Das Schreiben signierte Klein mit seinen Fingerabdrücken, damit beim Bundeskriminalamt die Authentizität des Briefes zweifelsfrei festgestellt werden konnte.

Am 3. Mai 1977 erreichte der Brief samt Revolver, DMe ZBR Zbrojovka 38, sowie einer Tüte mit zwölf Patronen das »Spiegel«-Büro in Rom. Der Brief wurde in der nächsten Ausgabe des Nachrichtenmagazins auszugsweise veröffentlicht. Der Überraschungscoup war Klein gelungen. Das Lager der Linken war danach gespalten. Viele sahen in ihm einen Verräter. Andere bekundeten demonstrativ ihre Solidarität: »Nein Jochen, Du bist kein Verräter, Du bist unser Genosse und Freund, mit dem wir, wenn es die Umstände erlauben, unser Leben gern wieder teilen werden«, hieß es in dem von Cohn-Bendit herausgegebenen »Pflasterstrand«. Gleichzeitig arbeitete Cohn-Bendit mit Matthias Beltz unter Hochdruck daran, ein sicheres Versteck für Klein zu finden. Zugleich mußte ein Netz von Unterstützern geknüpft werden, die bereit wären, Klein langfristig finanziell unter die Arme zu greifen, ohne selbst zu wissen, wo er sich aufhielt. Schließlich würde sich Klein Zeit seines Lebens auf der Flucht befinden, und zwar nicht nur vor der Polizei, sondern auch vor seinen früheren Genossen. Cohn-Bendit und Beltz waren sich bewußt, daß sie höllisch aufpassen mußten, denn bereits eine klitzekleine Unachtsamkeit konnte genügen, um die Polizei oder die RZ auf die Spur von Klein zu bringen.

Sie entschlossen sich, der RZ eine Nachricht zukommen zu lassen, um der Stadtguerilla zu signalisieren, daß sie nichts zu befürchten hätte, wenn sie Klein in Ruhe ließe. Getarnt wurde das Ganze als anonymer Leserbrief, den der »Pflasterstrand« abdruckte. »Genossinnen und Genossen! Wir müssen etwas sagen: Wir gehören zu dem JEMAND, von denen Genosse Jochen Klein in seinem Brief spricht. Auch wenn wir nicht vollständig damit einverstanden sind, wie Genosse Klein an die Öffentlichkeit getreten ist, halten wir es für unsere revolutionäre Pflicht, ihn zu unterstützen. Er ist ein Revolutionär. Er will niemand verraten, er nennt keine Namen.« Allerdings machten Cohn-Bendit und Beltz auch unmißverständlich klar, daß sie notfalls dazu bereit wären, ein paar Mitglieder der RZ hochgehen zu lassen. »Alle Versuche, uns zu ermitteln, um das Todesurteil (Outside-Operation) an dem Genossen Klein vollstrecken zu können, werden als das behandelt, was sie sind: Bullen-Aktivitäten. (›Angie‹ an Familie: Warum haben ›Nada‹ und ›Johnny‹ in Wien ...?) Wir kennen viele Namen. Wir würden nicht davor zurückschrecken, sie zu nennen. Der Kampf geht weiter! JEMAND.«

Schnepel ahnte, wer sich hinter diesem »Jemand« versteckte. Es konnte nur die alte Clique von Klein aus der Frankfurter Sponti-Szene und der mittlerweile aufgelösten Organisation *Revolutionärer Kampf* (RK) sein. Schließlich hatte Klein außerhalb der RZ-»Familie« nur zu wenigen Menschen Kontakt gehabt. In Frage kamen Joschka Fischer, den er von gelegentlichen Treffen aus der Druckerei in Gaiganz kannte, sowie Daniel Cohn-Bendit und Matthias Beltz. Sie hatten sich von der Militanz völlig verabschiedet, ihnen war inzwischen alles zuzutrauen.

Nach Absprache mit anderen RZ-Mitgliedern entschied sich Schnepel dafür, mit einem Leserbrief im »Pflasterstrand« zu antworten. Am 24. Mai 1977 – inzwischen war er in Fürth zu einer Freiheitsstrafe von zwei Jahren ohne Bewährung verurteilt worden, die man jedoch nicht vollstreckte, da seine Anwälte Revision beim Bundesgerichtshof eingelegt hatten – schickte er ein langes Schreiben mit der Überschrift »Die Hunde bellen, und die Karawane zieht weiter« an die Redaktion. Darin beteuerte er, daß normalerweise keiner, der aus der RZ aussteige, irgend etwas zu befürchten habe. Allerdings liege der Fall bei Hans-Joachim Klein etwas anders. »HJK ist für die Guerilla weltweit ein Problem – nicht weil er sich politisch getrennt hat; das kann jeder, ohne daß ihm auch nur ein Haar gekrümmt wird. Er ist ein Problem, weil die Art seines Aussteigens die Befürchtung begründet, daß er auch vor dem Verrat konkreter Einzelheiten, Strukturen, Treffpunkte, Namen nicht zurückschreckt. Die ersten Namen im JEMAND-Brief, die Veröffentlichung angeblicher Pläne, deren Durchführung er angeblich damit vereitelt, sind die ersten Signale – auch für die Bullen, daß er zum Deal bereit ist, wenn er's nicht mehr aushält oder wenn sie ihn erwischen.«

Was die konkreten Hinweise Kleins betraf, bemerkte Schnepel lediglich: »Ihr fahrt auf HJKs Horrorstory ab, statt zu überlegen, welche Rolle Galinski spielt für die Verbrechen des Zionismus, für die Grausamkeiten der imperialistischen Armee Israels, welche Propaganda- und materielle Unterstützungsfunktion dieser Typ hat, der alles andere ist, als nur ›jüdischer Gemeindevorsitzender‹, und: was man dagegen machen müßte und was man in einem Land wie unserem dagegen machen kann ... Ihr entzieht euch dieser politischen Auseinandersetzung und geilt euch auf an dem behaupteten (antisemitischen?) Faschismus der RZ und ihrer Hintermänner.« Die von Klein erhobenen Vorwürfe, die RZ plante, Galinski in Berlin und Lipinsky in Frankfurt umzubringen, wurden nicht dementiert.

Tatsächlich arbeitete die RZ zu dieser Zeit fieberhaft an antiisraelischen Vergeltungsschlägen als Antwort auf Entebbe. Daher konnte die RZ größere Fahndungsaktionen der Polizei um keinen Preis gebrauchen. Schnepel warnte die »Jemande« unmißverständlich davor, die Polizei ins Spiel zu bringen. »Eure ›revolutionäre‹ Auseinandersetzung – nämlich die Bullen zu Hilfe zu rufen – wird unter Umständen einige von uns hinter Gitter bringen, wenn ihr so weitermacht; damit werden wir dann allerdings umzugehen wissen! Die Guerilla ist nicht erpreßbar.«

Schnepels Drohung war ernstgemeint. Der Hinweis im »Jemand«-Brief auf »Nada« ließ die RZ vermuten, daß Klein gegenüber seinen Helfern die wahre Identität von Gabriele Kröcher-Tiedemann preisgegeben hatte. Zudem hatte Klein im »Spiegel« angekündigt, daß er weitere Veröffentlichungen plane: »Der Stapel Papier, der jetzt von mir und meinen Erfahrungen im nationalen wie im internationalen Guerilla-Theater, und zwar hinter deren Kulissen vorliegt, soll außer einem tiefen Einblick auch was Wichtiges erreichen. Nämlich den Genossen, (...) die damit spekulieren, da mitzumachen, den Sprung in den ›Untergrund‹ zu ersparen.«

Panik machte sich in der Terrorszene breit. Wollte Klein wirklich auspacken? Wen alles konnte er denunzieren? Immerhin wußte er durch seinen langen Aufenthalt im jemenitischen Ausbildungscamp von der engen Kooperation der *Revolutionären Zellen* und der *Bewegung 2. Juni* mit Wadi Haddad und dessen PFLP-SC. Mit Klein als Kronzeugen könnte somit erstmals die Verflechtung der deutschen Organisationen im internationalen Netzwerk des Terrorismus belegt werden.

Kurz darauf wurde bei einer Beratung der betroffenen Gruppen und Personen im Nahen Osten das »Thema der Hinrichtung« von Klein ausgiebig erörtert. Die Mitglieder der *Bewegung 2. Juni* waren sogar dafür, einen entsprechenden Beschluß zu veröffentlichen. Die anwesenden Mitglieder der RAF, die durch Kleins Ausstieg am wenigsten zu befürchten hatten, waren jedoch dagegen. Es sei notwendig, sich dem Thema durch »Arbeit« und nicht durch Veröffentlichungen zuzuwenden. Sie forderten, nicht lange darüber zu reden, sondern Klein vielmehr schnellstmöglich aufzustöbern und zu liquidieren. Sicherheitshalber wurde aber zuvor noch einmal zusammengetragen, was Klein alles wußte, um gegebenenfalls Schutzmaßnahmen einleiten zu können. Unter der Überschrift »All that Angie knows« entstand eine Expertise von mehreren Seiten, die detailliert auflistete, wo sich Klein überall aufgehalten hatte und wem er dort alles begegnet war. Das reichte von den verschiedenen Treffen mit Carlos über die Deck- oder Klarnamen von Waffenlieferanten für den OPEC-Überfall bis hin zu Organisationsabläufen in den Trainingscamps und der Lage von Stützpunkten in Italien, Jugoslawien, Algerien, Irak, Kuwait und Somalia.

Weinrich brauchte das Papier gar nicht erst zu lesen. Er wußte auch so, daß Klein sowohl seinen Decknamen als auch seine wahre Identität kannte wie auch seine Bedeutung innerhalb der RZ. Nach dem Vorfall im Aosta-Tal würde ihn Klein wohl auch als ersten verpfeifen. Die anderen sahen dies genauso. Wenn er nicht riskieren wollte, noch einmal verhaftet zu werden, mußte er so schnell wie möglich untertauchen. Dies war zwar ein Verstoß gegen das Prinzip der RZ, die ja im Gegensatz zur RAF und zur *Bewegung 2. Juni* ein Leben in der Illegalität ablehnte, aber Weinrich war das in diesem Moment egal. Das dreiviertel Jahr im Gefängnis hatte ihm gereicht.

Es war ein Schritt mit weitreichenden Konsequenzen, denn er bedeutete auch eine Trennung von Magdalena Kopp. Da die Gefahr für sie, nach Aussagen von Klein ebenfalls verhaftet werden zu können, eher gering war, gab es keinen Grund, sich zusammen mit Weinrich ins Ausland abzusetzen, zumal sie auch ihre kleine Tochter nicht zurücklassen wollte. Außerdem stand ihr nicht der Sinn nach einem Leben in entlegenen arabischen Wüstencamps, die Wochen im Jemen saßen ihr noch in den Knochen. Weinrich mußte also allein versuchen, sich nach Algier durchzuschlagen, um sich dann Haddad oder Carlos endgültig anzuschließen.

Im Juni 1977 besuchte er noch einmal seine Eltern in Schwerte und seine jüngere Schwester Ute und deren Mann in Bochum, die wie seine Eltern als Lehrer arbeiteten. Doch keinem konnte er sagen, warum er eigentlich gekommen war und was er vorhatte. Die Familie wußte nichts von seinem Doppelleben. Alle gingen davon aus, daß er seit dem Abbruch seines Germanistikstudiums als Buchhändler arbeitete. Als er sich verabschiedete, hatte er Mühe, sich nicht anmerken zu lassen, daß dies vielleicht ein Abschied für immer sein würde.

Inzwischen war Hans-Joachim Klein in Frankreich bei Bekannten von Cohn-Bendit untergekommen und arbeitete am zweiten Teil seines Buches. Von hier aus verfolgte er mit Interesse die Reaktionen auf seinen Ausstieg, wobei ihn besonders ärgerte, daß er von den *Revolutionären Zellen* in dem Brief an den »Pflasterstrand« als Lügner und Schwätzer hingestellt worden war. Die Genossen von einst taten so, als hätte er sich ihre Mordpläne aus den Fingern gesogen. Da er sich nicht unmittelbar dazu äußern konnte, schrieb er die Antwort in sein Buchmanuskript. Für ihn war es unverständlich, »daß ihr Galinski und Lipinski, diese geplanten Morde an den beiden, jetzt auf einmal abstreitet. Nur soviel noch: Das Gedächtnis scheint doch etwas nachzulassen, nicht wahr, ›Steve‹ [Weinrich]? Deine Freundin ›Vera‹ [Kopp] hatte dich schon mal daran erinnern müssen, daß du momentan nicht länger aus Deutschland wegbleiben kannst, weil (Original-Zitat, das ich nie vergessen werde): ›Da hast du doch keine Zeit, da willst du doch den Galinski umlegen.‹«

Neben der Arbeit an dem Manuskript war das Leben für Klein ohne rechten Inhalt. Nie hatte er sich so einsam gefühlt. Cohn-Bendit und Beltz konnten ihn nur selten besuchen, und Bekanntschaften traute er sich nicht zu schließen. Zu groß war die Gefahr. Noch verfügte er über keine neue Identität. In der beklemmenden Situation vertraute er alles seinem Buch an, schrieb über seine Ängste, Gefühle und all das, was ihm fehlte: »Eines davon ist die Beziehung zu einer Frau, und damit meine ich ganz gewiß nicht nur das Bumsen. Dieser Verzicht machte und macht ... ach, ich weiß nicht, wie ich das zu Papier kriegen soll. Auf jeden Fall, in dem Moment, wo du das Haus verläßt und siehst die Frauen auf der Straße, im Park mit ihren Freunden, im Schwimmbad, in 'ner Kneipe – es macht deinen Kopf nicht besser. Und wenn du dann ›nach Hause‹ zurückkehrst und im Nebenzimmer bumsen gerade deine Gastgeber, so kannste denen das ja schlecht verbieten.«

Die Rote Armee Fraktion schlägt zu

Entführung von Arbeitgeberpräsident Schleyer – Die Erstürmung der »Landshut« in Mogadischu – Der »deutsche Herbst« 1977 – Die *Organisation Internationaler Revolutionäre* (OIR) entsteht

Als Magdalena Kopp im Dezember 1977 auf dem Flughafen von Algier eintraf, war sie von der Begrüßung durch Johannes Weinrich einigermaßen überrascht. Ihr Freund trug einen eleganten Anzug, vor dem Terminal wartete ein schwarzer Mercedes mit Chauffeur. Weinrich sah besser aus denn je, und dies spiegelte ihr nicht nur die monatelange Sehnsucht vor. Seit einem halben Jahr hatten sie sich nicht gesehen, kaum miteinander gesprochen. Nie wußte sie genau, wo er sich gerade aufhielt, ob in Algier, Bagdad oder einem entlegenen Stützpunkt von Wadi Haddad. Zudem fürchtete sie, abgehört zu werden. Daher lief der Kontakt meist nur über kurze schriftliche Mitteilungen, die sie sich per Kurier zukommen ließen. Auf diese Weise konnte einige Male auch verabredet werden, daß er sie zu einer vereinbarten Zeit in einer öffentlichen Telefonzelle anrief. Diese Vorsicht war dringend geboten, denn in Deutschland war der Teufel los. Seit Ende Juli, einen Monat nach dem Untertauchen von Weinrich, hielt die RAF die Republik mit einer Reihe von spektakulären Aktionen in Atem. Überall war Polizei auf den Straßen, Bahnhöfe, Flughäfen und Grenzübergänge wurden strenger überwacht als je zuvor.

Am 30. Juli 1977 hatte die RAF den Vorsteher der Dresdner Bank, Jürgen Ponto, erschossen. Nur einen Monat später, am 25. August, war ein Attentat auf die Bundesanwaltschaft in Karlsruhe fehlgeschlagen. Die Zeitautomatik der Raketenabschußanlage, einer sogenannten Stalinorgel, hatte versagt. Am 5. September wurde Hanns-Martin Schleyer entführt, der für die RAF den Prototypen des Ausbeuters darstellte. Er war in Personalunion Präsident der Bundesvereinigung der Deutschen Arbeitgeberverbände und des Bundesverbandes der Deutschen Industrie, dem Dachverband von 95 000 Betrieben, in denen acht Millionen Lohnabhängige arbeiteten. Dazu hatte er 15 Aufsichtsratsposten inne, war Mitglied der CDU und Honorarkonsul von Brasilien, wo Mord und Folter als legitimes Mittel zur Verteidigung der marktwirtschaftlichen Ordnung galten. Zudem war er früher als Nazi aktiv gewesen, hatte es während des Krieges als junger SS-Untersturmführer zum Leiter des »Zentralverbandes der Industrie für das Protektorat Böhmen und Mähren« gebracht, in welcher Eigenschaft er die Eingliederung des tschechischen Industriepotentials in Hitlers Kriegswirtschaft betrieb. Damit verkörperte Schleyer das Feindbild schlechthin.

Bei seiner Entführung hatte ein vierköpfiges RAF-Kommando mit Schleyers Fahrer und seinen drei Sicherheitsbeamten kurzen Prozeß gemacht. Binnen Sekunden hatten sie über 300 Schüsse auf die vier Männer abgefeuert. Sie verwendeten dabei Bleikopfmunition, die in die Körper der Getroffenen große Löcher reißt, und sogenannte Hochrasanz-Geschosse vom Kaliber 5,6 Millimeter, die bei jedem Treffer tödlich sind, da sie im Körper Schockreaktionen auslösen. Die Fernsehbilder vom Tatort mit dem durchsiebten Begleitfahrzeug und den großen Blutlachen lösten allgemeines Entsetzen aus. Es begann die größte Fahndungsaktion der Nachkriegsgeschichte.

Für Magdalena Kopp war es in dieser Situation aussichtslos, das Land zu verlassen und ihren Freund zu besuchen. Das Risiko, mit gefälschten Ausweispapieren in eine Polizeikontrolle zu geraten, war einfach zu groß. Sie mußte warten. Mit Spannung verfolgte sie derweil den Fortgang der Entführung. Die Kidnapper verlangten im Austausch gegen Schleyer die Freilassung von elf RAF-Gefangenen, denen insgesamt 56 Morde und Mordversuche sowie zehn Raubüberfälle und zahlreiche andere Verbrechen zur Last gelegt wurden. Auf der Liste der Personen, die in ein Land ihrer Wahl ausreisen sollten, befanden sich auch die RAF-Gründer Andreas Baader, Gudrun Ensslin, Jan-Carl Raspe und Irmgard Möller. Die meisten von ihnen waren im Hochsicherheitstrakt von Stuttgart-Stammheim untergebracht. Unterzeichnet war das Forderungspapier mit »Kommando Siegfried Hausner«, benannt nach jenem RAF-Mitglied, das 1975 beim Überfall auf die deutsche Botschaft in Stockholm ums Leben gekommen war. Damals hatte die RAF vergeblich die Freilassung von 26 Gefangenen gefordert, darunter auch Mitglieder anderer Organisationen wie Johannes Weinrich von der RZ. Magdalena Kopp war klar, daß sich die Regierung auch diesmal nicht auf die Forderungen der RAF einlassen würde.

Doch zunächst wurde eine Nachrichtensperre verhängt, niemand sollte erfahren, was der »Große Krisenstab« unter Bundeskanzler Helmut Schmidt (SPD) plante, zu dem auch die Oppositionsführer und diverse Landeschefs gehörten. Dort beschloß man, »die Geisel Hanns-Martin Schleyer lebend zu befreien, die Entführer zu ergreifen und vor Gericht zu stellen, um die Handlungsfähigkeit des Staates und das Vertrauen in ihn im In- und Ausland nicht zu gefährden. Das bedeutet auch: die Gefangenen, deren Freilassung erpreßt werden soll, nicht freizugeben«. Es herrschte Konsens darüber, daß der Staat Stärke zeigen müsse und sich nicht länger von Terroristen erpressen lassen dürfe. Dabei wurden auch radikale Positionen diskutiert. Der bayerische Ministerpräsident Franz Josef Strauß (CSU) beispielsweise schlug die sofortige Einrichtung eines Standgerichts vor: Für jede ermordete Geisel sollte ein inhaftierter RAF-Terrorist erschossen werden. Aber soweit wollte man dann doch nicht gehen. Statt dessen wurde beschlossen, über alle RAF-Gefangenen Isolationshaft zu verhängen und ihnen den Kontakt mit ihren Anwälten zu untersagen. Für eine solche »Kontaktsperre« gab es zwar keine Rechtsgrundlage, aber man rechtfertigte dies einstweilen mit »Staatsnotstand«. Drei Wochen später, am 28. September, verabschiedete der Bundestag dann im Schnellverfahren ein entsprechendes Gesetz.

Da nicht klar war, wo sich Schleyer befand und wie man ihn befreien könnte, versuchte die Bundesregierung zunächst, auf Zeit zu spielen, in der Hoffnung, die Polizei käme bald auf eine heiße Spur. Zu dieser Hinhaltetaktik gehörte es, daß die inhaftierten RAF-Mitglieder schriftlich befragt wurden, in welches Land sie ausgeflogen werden wollten. Neben Irak, Südjemen, Libyen und Algerien wurden dabei auch Vietnam, Angola, Moçambique, Guinea-Bissau und Äthiopien angegeben. Hans-Jürgen Wischnewski, Staatsminister im Bundeskanzleramt, oblag es nun, diese Länder zu bereisen und entsprechende Einverständniserklärungen einzuholen. Erstes Reiseziel Wischnewskis war Algier. Dort ließ ihn Staatsminister Boumedienne jedoch wissen, daß man mit Terroristen nichts mehr zu tun haben wolle. Algerien bereue es, 1975 auf Bitten des österreichischen Kanzlers Kreisky die Entführer der Ölminister um Carlos aufgenommen zu haben. Danach sei Algerien als Terroristen-Freund verschrieen worden. Listig schränkte Boumedienne jedoch ein: Für den Fall, daß die deutsche Regierung aus humanitären Gründen darum bitten würde, könne man über eine Aufname der RAF-Häftlinge noch einmal nachdenken.

Die nächste Station war Tripolis. Dort stieß Wischnewski auf geradezu feindliche Ablehnung. Der libysche Staatschef Gaddafi ließ ihm ausrichten, er sei verärgert, in deutschen Zeitungen immer als der Finanzier des internationalen Terrorismus dargestellt zu werden. Ein klares Nein erhielt der deutsche Kanzleramtsminister auch in Aden. Die Demokratische Volksrepublik Jemen hatte sich 1975 bereit erklärt, die fünf gegen den entführten Berliner CDU-Chef Peter Lorenz freigepreßten Terroristen aufzunehmen, und habe dann erleben müssen, daß einige davon, wie Gabriele Kröcher-Tiedemann, zehn Monate später am OPEC-Überfall teilgenommen hätten. In Bagdad bekam Wischnewski zu hören, der Irak wolle mit den RAF-Terroristen grundsätzlich »nichts zu tun haben«. Daß dies eine dreiste Lüge war, konnte der Minister nicht wissen, denn zum gleichen Zeitpunkt befanden sich vier Mitglieder des insgesamt 20köpfigen Kommandos »Siegfried Hausner« bereits in der irakischen Hauptstadt, darunter auch Brigitte Mohnhaupt, die erst kurz vor Beginn der Anschlagserie aus dem Gefängnis in Stuttgart-Stammheim entlassen worden war und nun in der RAF den Ton angab. Während in Deutschland die anderen Mitglieder des Kommandos Schleyer in einer Wohnung gefangenhielten, organisierte sie von Bagdad aus die Absetzbewegung aller Beteiligten nach Abschluß der Aktion.

Wadi Haddad war ebenfalls in der Stadt. An dem Chef der PFLP-SC nagte noch immer die Schmach der gescheiterten Aktion in Entebbe. Mit großem Interesse verfolgte er daher die Entführung des deutschen Wirtschaftsbosses durch die RAF. Es war zweifelsohne die logistisch aufwendigste und von der Medienwirksamkeit her die spektakulärste Aktion der deutschen Freunde. Doch zeichnete sich ab, daß die Bonner Regierung den Forderungen der Terroristen auf keinen Fall nachkommen werde, auch wenn dies den Tod Schleyers bedeutete. Um der Forderung nach der Freilassung der elf Gefangenen mehr Nachdruck zu verleihen, mußte also noch vor Ablauf des Ultimatums eine zweite Aktion gestartet werden. Aber dazu schien die RAF weder personell noch organisatorisch in der Lage. Haddad kam daher auf die Idee, den Deutschen mit einem entsprechenden Coup unter die Arme zu greifen. Zwar war die Zusammenarbeit mit der RAF bisher eher schwierig gewesen, da vor allem Andreas Baader darauf bestanden hatte, vorrangig in Deutschland aktiv zu werden und hier langfristig eine politische Organisation aufzubauen, doch nun war Baader inhaftiert, und Haddad sah die Chance gekommen, die RAF enger an sich zu binden. Als Emissär schickte er einen Deutschen aus der ihm näherstehenden RZ: Johannes Weinrich.

Brigitte Mohnhaupt und die drei anderen RAF-Mitglieder waren ziemlich verwundert, in Bagdad plötzlich auf Johannes Weinrich zu treffen. Obwohl Mohnhaupt die letzten fünf Jahre im Gefängnis verbracht hatte, war sie doch auf dem Laufenden und wußte, daß Weinrich seit dem Tod von Wilfried Böse und Brigitte Kuhlmann in Entebbe zum Chef der RZ aufgestiegen war. Trotzdem begrüßte sie ihn äußerst distanziert. Zum einen hatte die RAF schon immer ein spannungsreiches Verhältnis zur RZ, auf deren »Feierabendrevolutionäre« man eher herabschaute, zum anderen erschien ihr dieser Weinrich mit seinem piekfeinen Zweireiher und einem Ledertäschchen am Handgelenk eher wie ein erfolgreicher Jungmanager und nicht wie ein ernstzunehmender Kämpfer.

Weinrich wiederum ließ Mohnhaupt spüren, wer hier in Bagdad an der Seite der Einflußreichen und Mächtigen saß, und erklärte: »Abu Hani [Wadi Haddad] wundert sich, wieso ihr ihn nicht darum bittet, euch mit einer Aktion zur Seite zu stehen.« Den Gesichtern der vier RAF-Mitglieder entnahm er, daß sie tatsächlich noch nicht daran gedacht hatten und wohl immer noch daran glaubten, allein ihre Genossen aus dem Gefängnis zu bekommen. Mohnhaupt antwortete kühl und spürbar herablassend: »Na gut, fein, daß du mir das jetzt gesagt hast, ich nehm' das hier mal zur Kenntnis. Bei dem nächsten Routinegespräch mit Abu Hani werde ich das auch ansprechen.«

Als die RAF-Gruppe Haddad wenig später zu einem »Routinegespräch« aufsuchte, erbat sie tatsächlich umgehende Hilfe. Der »Meister« offerierte ihnen gleich zwei Möglichkeiten: eine Geiselnahme in der deutschen Botschaft in Kuweit und die Entführung einer Lufthansa-Maschine von Palma de Mallorca nach Frankfurt. »Beide Aktionen sind fertig vorbereitet, ihr könnt euch aussuchen, welche«, erklärte Haddad. Die RAF-Leute entschieden sich ohne lange zu zögern für die Flugzeugentführung. Mit einer Botschaftsbesetzung hatten sie in Stockholm bereits schlechte Erfahrungen gemacht.

Neben der nachdrücklichen Forderung nach sofortiger Freilassung der inhaftierten Genossen sollte nun auch noch ein kräftiges Lösegeld gefordert werden. Mohnhaupt wollte von der Bundesregierung ursprünglich eine Million DM verlangen, doch Haddad war damit nicht einverstanden. »Wenn die das zahlen, dann zahlen sie auch zehn Millionen. Wenn die den Austausch wollen, dann kommt es darauf nicht mehr an«, sagte er. Schließlich sollte sich die Aktion für die PFLP-SC nicht nur ideell und strategisch, sondern vor allem auch unmittelbar finanziell lohnen.

Am 13. Oktober 1977, fünf Wochen nach Beginn der Schleyer-Entführung, war es dann soweit. Mit einigen Minuten Verspätung startete gegen 13 Uhr die Lufthansa-Maschine »Landshut« in Palma de Mallorca mit Kurs auf Frankfurt am Main. An Bord waren 86 Passagiere und fünf Besatzungsmitglieder. Nach einer halben Stunde, die Maschine befand sich gerade über Marseille, brachte ein vierköpfiges Terrorkommando namens »Martyr Halimeh« unter der Führung eines »Captain Mahmud« das Flugzeug in seine Gewalt. Die Namen sollten eine Reminiszenz an die beiden in Entebbe erschossenen RZ-Mitglieder sein. »Halimeh« war der Deckname von Brigitte Kuhlmann und »Mahmud« der von Wilfried Böse gewesen.

»Captain Mahmud« hieß in Wirklichkeit Zohair Jousuf Akache und war mit Bedacht ausgewählt worden. Er hatte auf dem Londoner Chelsea College of Aeronautical and Automobil Engineering Flugzeugtechnik studiert und auf einer Cessna ein wenig fliegen gelernt. Zur Not konnte er also eine Maschine wie die nun entführte Boeing 737 selbst zum gewünschten Zielflughafen steuern. Obwohl erst 23 Jahre alt, gehörte Akache zu den erfahrenen Kämpfern in der PFLP-SC. Er hatte bereits als »Josef« an der Seite von Carlos beim Überfall auf die OPEC-Konferenz in Wien mitgewirkt, wo er sich zusammen mit Hans-Joachim Klein eine wilde Schießerei mit den anstürmenden österreichischen Polizisten geliefert hatte. Aber auch danach hatte sich der junge Palästinenser durch Kaltblütigkeit hervorgetan. Vor fünf Monaten, am 10. April 1977, hatte er in London den ehemaligen Ministerpräsidenten von Nord-Jemen sowie dessen Frau und einen Angehörigen der jemenitischen Botschaft erschossen. Er paßte die drei vor einem Londoner Hotel ab, als sie gerade ihren Dienst-Mercedes bestiegen, öffnete seelenruhig die Fronttür und schoß sie mit einer Pistole mit Schalldämpfer gezielt nieder.

Nach dem Rauswurf von Carlos hatte Haddad Jousuf Akache bewußt zum Nachfolger aufgebaut. Bei ihm war er sich sicher, denn er war kein abenteuerhungriger Internationalist, sondern ein Palästinenser, der von klein auf das Leid seines Volkes erlebt hatte. Seine Eltern mußten 1948 vor den Israelis aus Palästina fliehen, weshalb Akache in einem kärglichen Flüchtlingslager am Rande von Beirut aufgewachsen war. Seine Wut auf Israel war grenzenlos, lieber würde er bei der Flugzeugentführung sterben, als zu kapitulieren. Er hatte genügend Sprengstoff dabei, um im Notfall das Flugzeug samt allen Insassen in die Luft zu jagen.

Akache wurde dann auch seinem Ruf als eiskalter Killer gerecht. Nachdem er den Flugkapitän gezwungen hatte, zunächst zu einem Zwischenstop nach Aden zu fliegen, fühlte er sich dort von ihm hintergangen, weil er unerlaubte Kommunikationsversuche unternahm. Kurzerhand schoß er ihm in den Kopf. Die Leiche wurde aufrecht stehend im hinteren Garderobenschrank des Flugzeugs verstaut. Das Blut mußte vom Personal mit Tüchern aufgewischt werden, die ausgetretene Gehirnmasse ließ er mit einer Kehrschaufel zusammenfegen und vor dem Start aus dem geöffneten Cockpit-Fenster werfen.

Schließlich landete die »Landshut« nach einer mehrtägigen Odyssee in der somalischen Hauptstadt Mogadischu, wo die PFLP-SC einen ihrer Stützpunkte unterhielt. Hierher beorderte Akache auch die RAF-Gefangenen und stellte der Bundesregierung ein entsprechendes Ultimatum. Kurz vor Ablauf der Frist baten die deutschen Behörden um eine kleine Verlängerung, da das Flugzeug mit den Gefangenen in Deutschland zwar schon gestartet sei, aber erst in einigen Stunden eintreffen könne. Akache gab nach, ließ aber den deutschen Vermittler im Flughafentower von Mogadischu wissen: »Wenn Ihre Regierung des westdeutschen Regimes glaubt, es werde hier ein zweites Entebbe geben, dann träumt sie.«

Allerdings war Akache und seinen drei Gefolgsleuten im Flugzeug entgangen, daß am gegenüberliegenden Ende des Flughafens inzwischen eine andere deutsche Maschine gelandet war. An Bord der Boeing 707 befand sich eine Elitetruppe des Bundesgrenzschutzes, die GSG 9. Diese Anti-Terroreinheit war nach dem Massaker bei den Olympischen Spielen in München 1972 gegründet worden. Fünf Jahre lang hatten die Männer für ihren ersten Einsatz trainiert. Am 18. Oktober 1977 konnten sie nun zeigen, was ihre Ausbildung wert war. Nach dem Vorbild der Befreiungsaktion in Entebbe durch israelische Spezialeinheiten schlichen sich die Spezialisten im Schutz der Dunkelheit an das

Ein vierköpfiges Terrorkommando entführte 1977 die Lufthansamaschine »Landshut« nach Mogadischu, um damit inhaftierte Genossen der RAF freizupressen

Flugzeug heran. Just in dem Augenblick, als der deutsche Vermittler im Tower per Funk mit Akache über die Modalitäten des Austauschs verhandelte, wozu sich der Anführer im Cockpit aufhalten mußte, zündeten sie direkt unter dem Kanzel-Fenster eine Blendgranate. Für einen Moment war Akache dadurch handlungsunfähig. Sofort öffneten die Grenzschützer gleichzeitig die Flugzeugtüren an Bug und Heck sowie die beiden Notausgänge über den Tragflächen. Im Innern der Maschine schossen sie zunächst mit Platzpatronen und brüllten: »Köpfe runter! Wo sind die Schweine?« Dann eröffneten sie scharfes Feuer auf die Terroristen.

Binnen sieben Minuten war die Operation »Feuerzauber« vorüber. Akache und zwei weitere Terroristen waren tot, lediglich die Palästinenserin Souhaila Sayeh überlebte schwerverletzt. Von den Passagieren kam wie durch ein Wunder niemand zu Schaden. Lediglich eine Stewardeß erlitt Beinverletzungen, als die Terroristen in auswegloser Lage eine Packung Plastiksprengstoff zur Explosion brachten. Damit mußte Wadi Haddad nur ein Jahr nach Entebbe eine weitere Niederlage hinnehmen.

Aber auch für die RAF endete das Unternehmen mit einem Fiasko. Nachdem die Nachricht von der geglückten Geiselbefreiung in Somalia um die Welt gegangen war, wurden am nächsten Morgen im Gefängnis von Stuttgart-Stammheim Andreas Baader und Gudrun Ensslin tot in ihren Zellen aufgefunden. Baader hatte sich allem Anschein nach mit einer Pistole vom Typ FEG, Kaliber 7,65, in den Kopf geschossen, Ensslin hatte sich mit dem Lautsprecherkabel ihrer Stereoanlage erhängt. Jan-Carl Raspe starb später im Krankenhaus an den Folgen von Schußverletzungen, die er sich vermutlich auch selbst zugefügt hatte. Lediglich Irmgard Möller, die vier Messerstiche in der Brust hatte, überlebte.

Einen Tag später, am 19. Oktober, fanden in Mühlhausen französische Polizisten einen grünen Audi mit Bad Homburger Kennzeichen. In seinem Kofferraum befand sich die Leiche des ermordeten Hanns-Martin Schleyer.

Der Tod des Arbeitgeberpräsidenten entsetzte Politik und Öffentlichkeit. Unverhohlen wurde über die Einführung der Todesstrafe diskutiert. Die Polizei erhöhte ihren Fahndungsdruck. Allein im Herbst 1977 wurden binnen drei Monaten 1,2 Millionen Personenkontrollen durchgeführt und entsprechende Daten in den Computern des BKA gespeichert, angereichert mit allen nur erdenklichen Informationen aus Einwohnermeldeämtern, Zollbehörden oder privaten Firmen. In den Großrechnern ließ man nach bestimmten Rastern verdächtige Personengruppen ermitteln. Das konnten beispielsweise Mieter eines Stadtgebietes sein, die ihre Stromrechnungen bar bezahlten. Dies wurde vom BKA als Anhaltspunkt dafür gewertet, daß es sich um eine konspirative Wohnung von Terroristen handeln könnte. Die neue Ermittlungsmethode ging als sogenannte Rasterfahndung in die Kriminalgeschichte ein.

Kritiker und Datenschützer gaben jedoch zu bedenken, daß bei den neuen Ermittlungsmethoden und Gesetzesverschärfungen quasi die ganze Bevölkerung unter Generalverdacht stünde. Aber die mahnenden Stimmen verhallten ungehört. Die Angst vor Terroristen war größer als die vor einem allmächtigen Staatsapparat. Laut Umfragen billigten 60 Prozent der Bevölkerung den harten Kurs der Bundesregierung.

Den Mitgliedern der *Revolutionären Zellen* konnte diese Art der Fahndung wenig anhaben, da sie ja als vermeintlich ganz normale Bürger ihren Berufen nachgingen. Die RAF war dagegen stärker beeinträchtigt. In den folgenden sechs Wochen wurden mit Knut Folkerts, Gerd Schneider und Christoph Wackernagel die ersten drei der insgesamt 20 Kommandomitglieder der Schleyer-Entführung verhaftet.

Daß in dieser Zeit, am 9. November 1977, auch gegen Johannes Weinrich erneut ein Haftbefehl erlassen wurde, hatte andere Gründe. Seine Beteiligung am Anschlag auf eine Maschine der israelischen Fluglinie El Al in Paris lag fast drei Jahre zurück. Damals war unter der Leitung von Carlos am 13. Januar 1975 auf dem Flughafen Orly von einem palästinensischen Terrorkommando ein sowjetisches Panzerabwehrgeschoß vom Typ RPG-7 auf eine mit 136 Passagieren besetzte Boeing 707 abgefeuert worden, das sein Ziel nur knapp verfehlt hatte. Weinrich, der hierbei als Chauffeur tätig gewesen war, mußte bekanntlich kurz darauf in Untersuchungshaft. Er hatte jedoch jede Tatbeteiligung abgestritten, und da es an Beweisen fehlte und er ein akutes Nierenleiden hatte, wurde er nach acht Monaten vorläufig aus der Untersuchungshaft entlassen, wenig später mußte auch der Haftbefehl aufgehoben werden.

Dies hatte sich inzwischen geändert, denn die französische Polizei war auf neues Belastungsmaterial gestoßen. Als sie einst in der konspirativen Wohnung von Carlos in der Rue Toullier, in der Carlos sowohl seinen damaligen Vorgesetzten Moukarbel als auch zwei französische Sicherheitsbeamte erschossen hatte, auf diverse handschriftliche Abrechnungen mit angehefteten Tankquittungen und Hotelrechnungen gestoßen waren, wußten die Ermittler damit zunächst nichts anzufangen. Offensichtlich handelte es sich um die Spesenabrechnung eines Komplizen von Carlos. Erst als ihnen sehr viel später klar wurde, daß Carlos auch etwas mit dem Anschlag auf dem Flughafen Orly zu tun hatte, sahen sie sich die Unterlagen noch einmal an und bemerkten, daß das Datum auf der Hotelrechnung und den Quittungsbelegen in zeitlicher Nähe zu dem Anschlag in Orly stand. Nun nahmen sie die alte Spur zu Weinrich wieder auf, den sie verdächtigten, der Verfasser der handschriftlichen Abrechnung zu sein. Von ihren Kollegen aus Deutschland erhielten sie ein Foto von ihm, mit dem sie zu der Autovermietung gingen, bei der damals der Fluchtwagen geliehen worden war. Der Angestellte, der einst die Formalitäten abgewickelt hatte, identifizierte Weinrich sofort und zweifelsfrei.

Als die Bundesanwaltschaft in Karlsruhe die Ermittlungsergebnisse der Franzosen auf den Tisch bekam, erließ man unter dem Aktenzeichen 1 BJs 127/77 erneut gegen Weinrich Haftbefehl. Allerdings wurde ihm nicht versuchter Mord in 136 Fällen, sondern lediglich »gefährlicher Eingriff in den Luftverkehr« zur Last gelegt, ein Straftatbestand, der bereits nach fünf Jahren verjährte. Überhaupt schienen die Ermittler angesichts der großen Probleme mit der RAF den Fall Weinrich nicht mit höchster Priorität zu behandeln. Schließlich lag der Anschlag längere Zeit zurück und hatte sich zudem im Ausland abgespielt.

Für Weinrich bedeutete der Schritt der Ermittlungsbehörden jedoch eine schlagartige Veränderung seines Lebens. War er zunächst nur vorsorglich untergetaucht, weil er nicht wußte, was Klein über ihn ausplaudern könnte, stand nun fest, daß er ein international gesuchter Terrorist war, Kompagnon des berüchtigten Carlos. Einen Weg zurück nach Deutschland gab es damit nicht mehr. Dies hatte auch Konsequenzen für seine Beziehung zu Magdalena Kopp. An ein Treffen mit ihr war vorerst nicht zu denken, denn vermutlich wußten die Ermittler inzwischen von ihrer Beziehung und würden sich an ihre Fersen heften.

Kopp verstand die ganze Aufregung nicht. Sie hielt die Vorsichtsmaßnahmen für übertrieben. In Deutschland hatte niemand davon Kenntnis genommen, daß Weinrich zur Fahndung ausgeschrieben war. In keiner Zeitung war davon etwas zu lesen gewesen. Statt dessen wurde darüber spekuliert, ob Carlos nicht längst tot sei, liquidiert von seinen eigenen Leuten oder von einem Mordkommando des Mossad. Angesichts der Ereignisse des »Deutschen Herbstes«, wie in den Medien die Anschlagserie der RAF bezeichnet wurde, schien das Bild des »Schakals« immer mehr zu verblassen.

In Deutschland dominierten weiterhin die Schleyer-Entführung und ihre Folgen die öffentliche Diskussion. Nicht nur die Polizei und die Politiker fragten sich, wie die RAF-Gefangenen im sichersten Gefängnis Deutschlands an Schußwaffen gelangen konnten. Die plausibelste Erklärung war, daß die Rechtsanwälte der RAF-Gefangenen die Waffen in den Hochsicherheitstrakt von Stuttgart-Stammheim geschmuggelt hatten. Die Rechtsanwälte wiederum, allen voran Otto Schily, der Verteidiger von Gudrun Ensslin, begegnete diesem Verdacht mit einer anderen

These. Er setzte bei einer Pressekonferenz im Bonner »Tulpenfeld« das Gerücht in die Welt, die Gefangenen hätten nicht Selbstmord begangen, sondern seien hingerichtet worden. Damit hatte der RAF-Anwalt, der 20 Jahre später als Bundesinnenminister ein kompromißloser Terroristenjäger werden sollte, die Legende von Stammheim geschaffen und für Teile der linken Szene aus den Terroristen Märtyrer gemacht.

Nach Monaten der Trennung und keinerlei auffälligen Aktionen gegen die RZ, entschied sich Weinrich in der Vorweihnachtszeit 1977 dann doch für ein Wiedersehen mit seiner Freundin. Er bat sie, nach Algier zu kommen und dabei die komplette Vergrößerungstechnik für ein Fotolabor mitzubringen. Haddad hatte ihn darum gebeten. Wozu sie benötigt wurde, wußte Weinrich selbst nicht, doch Nachfragen waren in solchen Fällen nicht üblich. Keiner sollte zuviel wissen.

Kopp machte sich mit dem schweren Gepäck umgehend auf den Weg. Sicherheitshalber fuhr sie zunächst mit dem Zug nach Paris, wo sie dann mit gefälschten Papieren von Orly aus eine Direktmaschine nach Algier nahm.

Es war für beide ein eigentümliches Gefühl, sich nach so vielen Monaten wieder gegenüberzustehen. Obwohl Weinrich nicht viel sagte, spürte Magdalena Kopp, daß er sie ebenso vermißt hatte wie sie ihn. Auf dem Flughafen vermieden sie große, auffällige Gesten. Auch im Mercedes Richtung Algier schwiegen sie die meiste Zeit. Als Kopp wissen wollte, warum sie die schwere Laborausrüstung hatte schleppen müssen, antwortete Weinrich knapp: »Die ist für Abu Hani.« Kopp begriff, daß er vor dem Chauffeur das Thema nicht weiter vertiefen wollte.

Der Wagen hielt schließlich vor einem noblen Gebäude an der Peripherie der Hauptstadt. Als sie die geräumige Wohnung betrat, erkannte Kopp sofort, daß dies nicht zu vergleichen war mit den schäbigen Unterkünften, die sie aus dem Jemen kannte. Es gab ein großes Wohnzimmer, zwei Schlafzimmer, ein komfortabel eingerichtetes Bad und eine offene Küche, die allerdings wenig benutzt schien. Wenn man Hunger hat, erklärte ihr Weinrich, sagte man einfach dem Chauffeur Bescheid, der dann umgehend das gewünschte Essen herbeiholte. Offensichtlich war das Leben im Untergrund nicht halb so schlimm, wie sie es sich immer ausgemalt hatte, bemerkte Kopp. Allerdings mußte sie zu ihrer Überraschung feststellen, daß Weinrich nicht allein in der Wohnung lebte. Aus dem zweiten Schlafzimmer trat plötzlich ein Mann, den sie erst auf den zweiten Blick erkannte. Es war Carlos, der sie gestenreich wie eine alte Bekannte begrüßte. Er gab hier deutlich erkennbar den Ton an.

In den folgenden Tagen besuchten Kopp und Weinrich an der Seite von Carlos fast jeden Abend eine Party, die von irgendeinem hochrangigen Geheimdienstoffizier oder algerischen Politiker gegeben wurde. Mit Erstaunen sah sie dabei, daß man Carlos wie einen Staatsgast hofierte und daß es Weinrich ganz offensichtlich genoß, im Schatten des berühmten Terroristen zu agieren. In der Tat war Carlos ein richtiger Partylöwe. Er wußte zu scherzen, kleine Anekdoten zu erzählen und vieldeutige Anspielungen zu machen. Er wirkte ausgesprochen selbstsicher in der Art, wie er mit den algerischen Politikern und Geheimdienstleuten umging. Zu fortgeschrittener Stunde begann er gern, mit den anwesenden Damen zu flirten, wobei er auch vor Kopp nicht haltmachte. Er nahm dabei keine Rücksicht darauf, ob Weinrich gerade anwesend war oder nicht. Offensichtlich schien er sich der Loyalität Weinrichs absolut sicher zu sein. Auf jeden Fall war Carlos bewußt, daß Weinrich seit seiner Flucht von ihm abhängig war, und zwar nicht nur im materiellen Sinne. Kopp störten diese kleinen Flirts nicht, solange es in größeren Runden geschah. Auf eine Art, die sie sich nicht erklären konnte, fing es sogar an, ihr zu gefallen. Um die Zuwendung des berühmten Mannes wurde sie von der Umgebung manches Mal sogar richtig beneidet.

Die Tage nutzte Kopp für ausgiebige Erkundungstouren durch Algier. Der Chauffeur, der sich als Mitarbeiter des algerischen Geheimdienstes entpuppte, schlüpfte dabei in die Rolle des Fremdenführers und schleuste sie unbehelligt durch das Labyrinth der Kasba, dem weltberühmten Altstadtviertel mit seinen engen Gassen und vielen Händlern. Während es bei den Abendgesellschaften mit reichlich Alkohol eher westlich zuging und mit Rücksicht auf die Gäste französisch oder englisch gesprochen wurde, erlebte Kopp tagsüber den arabischen Alltag in den Straßen der verwinkelten Hauptstadt. Zu ihrer Überraschung gingen die meisten Frauen nur verschleiert auf die Straße.

Wenn sie von ihren Exkursionen zurückkam, war Weinrich zumeist schon unterwegs. Obwohl er mit dem verstoßenen Carlos zusammenlebte, hielt er gleichwohl engen Kontakt zu Haddad, der offensichtlich von diesem Doppelspiel nichts wußte. Carlos hingegen schlief immer sehr lange. Er war oft gerade erst aufgestanden, wenn Kopp mittags wieder in die Wohnung kam. Dann verschwand er zumeist für eine halbe Ewigkeit im Bad. Sie konnte sich beim besten Willen nicht vorstellen, wie man so lange für eine Morgentoilette brauchen konnte.

Eines Tages kam Carlos nur mit einem Handtuch um die Hüften aus dem Bad, hielt ihr eine Tube mit Creme entgegen und bat sie, ihm damit den Rücken einzureiben. Kopp war verwirrt. Die Situation hatte etwas Aufdringliches und Peinliches. Schließlich war es in ihren Augen durchaus etwas Intimes, jemandem den Körper einzucremen. Jede Distanz ging so verloren. Andererseits hatte es auch etwas Komisches und Prickelndes zugleich, wie der meistgesuchte Terrorist der Welt so völlig schutzlos vor ihr stand und sie mit einer Art Hundeblick schweigend anflehte. Sie merkte, wie ihr anfänglicher Widerstand unter diesem Blick langsam schmolz. Schließlich nahm sie ihm die Tube aus der Hand und begann, seinen Rücken kräftig einzureiben. »Das ist eine Ehre«, sagte Carlos, als sie fast fertig war. »Für wen?« fragte sie. »Natürlich für dich!« antwortete Carlos.

Im Beisein von Weinrich fragte er sie am Nachmittag ganz unverhohlen, ob sie nicht auf Dauer zu ihnen kommen wolle. Da Carlos wußte, wie sehr sie an ihrer Tochter hing, bot er ihr zugleich an, die siebenjährige Anna mitzubringen. Sie würden dann zusammen in ein größeres Haus ziehen, und ihre Tochter könnte in Algier zur Schule gehen. In der Nähe gäbe es eine ausgezeichnete muslimische Privatschule. Weinrich war von der Idee ebenfalls ganz begeistert. Doch Kopp sah das anders. Sie wußte, daß sie ihre Tochter nicht einfach mitbringen konnte, da sie bei ihrem früheren Mann lebte, und in einem Land, in dem die meisten Frauen nur verschleiert auf die Straße gehen durften, sollte sie schon gar nicht aufwachsen. Freundlich bedankte sie sich für das Angebot, lehnte aber ab, zumal es für sie noch keine Notwendigkeit gab, ihr Leben in der Legalität aufzugeben und in den Untergrund zu gehen. Wenige Tage später flog sie auf Umwegen zurück nach Frankfurt.

Vier Monate später hielt Carlos seine Zeit für gekommen. Wadi Haddad war am 1. April 1978 an Leukämie gestorben. Die Leiche des Anführers der PFLP-SC wurde nach Bagdad überführt, wo man ihn in einem feierlichen Staatsakt beisetzte. Selbst PFLP-Chef Georges Habasch kam in die irakische Hauptstadt, um dem alten Weggefährten die letzte Ehre zu erweisen, auch wenn sie sich vor Jahren wegen der Frage der Gewaltanwendung zerstritten hatten. Haddads elfjähriger Sohn hielt eine bewegende Grabrede. Bei aller Trauer war einer der anwesenden Gäste zugleich sehr froh über den Tod des »Meisters«. Carlos hatte in den vergangenen Monaten begreifen müssen, daß er politisch chancenlos war, solange der Anführer der PFLP-SC noch lebte. Weder ein nahöstlicher Diktator noch irgendein Geheimdienstchef war bereit, ihm Geld für eigene Aktionen zu geben, so freundlich sie sich auch zeigten. Es hatte sich herumgesprochen, daß er von Haddad zur »persona non grata« erklärt worden war. Das konnte sich jetzt ändern.

Außerdem war nun die Angst vorbei, daß sich Haddad doch noch einmal an ihm rächen könnte, wenn er erführe, daß er nicht nur den Befehl zur Liquidierung der iranischen und saudi-arabischen Erdölminister verweigert, sondern dafür auch noch von der anderen Seite viel Geld versprochen bekommen hatte. Nach dem Rauswurf aus der PFLP-SC hatte Carlos deshalb ein Testament geschrieben und es bei den *Revolutionären Zellen* hinterlegt, als eine Art Lebensversicherung. Über gezielt gestreute Informationen war auch Haddad von der Existenz des Schreibens unterrichtet worden, verbunden mit dem Hinweis, daß darin Informationen über Aktionen und Pläne der PFLP-SC sowie kompromittierende Dinge über Wadi Haddad festgehalten seien.

Tatsächlich war Haddad durchaus zuzutrauen gewesen, Carlos bei sich bietender Gelegenheit für immer aus dem Weg räumen zu lassen. Schließlich war er auch nicht davor zurückgeschreckt, ahnungslose Kampfgefährten in den Tod zu schicken. Den Deutschen Bernd Hausmann etwa hatte er mit einer versiegelten Aktentasche als Kurier nach Israel geschickt. Als er auf dem Flughafen »Ben Gurion« zur Kontrolle seine Tasche öffnen mußte, flog er samt der Beamtin in die Luft. Von der Bombe, die in der Tasche für einen solchen Fall eingebaut war, hatte Hausmann nichts gewußt.

Auch sonst war Haddad nicht zimperlich gewesen und hatte eine regelrechte Blutspur hinterlassen. In den vergangenen zehn Jahren waren von seiner PFLP-SC in Dutzenden Ländern Bombenanschläge verübt, Menschen entführt und Massaker angerichtet worden. Dabei ging es keineswegs immer um politische Ziele, sondern oft nur darum, die Kriegskasse wieder aufzufüllen, aus der auch Haddad sein komfortables Leben bestritt. Nach einer Reihe von erfolgreichen Entführungsaktionen war er sogar dazu übergegangen, von den großen Fluggesellschaften regelrecht Schutzgelder zu erpressen. Erst nach Haddads Niederlage in Entebbe hatten die Airlines ihre Zahlungen eingestellt.

Von all den Dingen erfuhren bald auch das Bundeskriminalamt (BKA) und der für Auslandsaktivitäten zuständige Bundesnachrichtendienst (BND). Allerdings ging dies nicht auf erfolgreiche Ermittlungsarbeit zurück, sondern auf einen Überläufer aus dem Umfeld von Haddad. Nach dessen Tod diente sich Khaled Djihad den Deutschen als Agent an. Sein Motiv: Er war in Marion Folkerts, die Schwägerin des inhaftierten RAF-Terroristen Knut Folkerts, verliebt, die er im Ausbildungscamp im Jemen kennengelernt hatte. Als die Deutsche wegen mutmaßlicher Unterstützung der RAF am 28. Mai 1978 verhaftet wurde, entschloß sich Djihad zum Übertritt. Er erzählte den Behörden in Wiesbaden und Pullach alles über die PFLP-SC und ihre Verbindungen zu deutschen Organisationen sowie zu den gesuchten Terroristen Klein und Weinrich. Im Gegenzug verlangte er die Freilassung seiner großen Liebe Marion Folkerts.

Als Bodyguard und ständiger Begleiter von Haddad hatte Djihad tatsächlich Einblick in alle wichtigen Operationen gehabt. Er war für die deutschen Dienste ein derartiger Glücksfall, daß man sich entschloß, das neue Wissen erst einmal geheimzuhalten, um Djihad als V-Mann in der PFLP-SC weiterarbeiten zu lassen. Auf diese Weise versprach man sich, rechtzeitig Hinweise auf die geplanten Anschläge deutscher Terroristen zu erhalten. Daß Djihad glaubwürdig war, meinten die deutschen Geheimdienstexperten daran zu erkennen, daß er auf Nachfrage die Identität von »Nada« gelüftet hatte, die beim OPEC-Überfall zwei Menschen erschossen hatte. Als Gabriele Kröcher-Tiedemann später allerdings verhaftet und nach Jahren in Köln vor Gericht gestellt wurde, erhielt sie einen Freispruch, da das Gericht es nicht als zweifelsfrei erwiesen ansah, daß sie mit »Nada« identisch sei. Die Generalbundesanwaltschaft und das BKA wußten es besser, doch behielten sie ihr Wissen lieber für sich, um ihren V-Mann nicht zu gefährden. Die Quelle »11055« sollte noch eine Weile sprudeln.

Nach dem Tod von Haddad fiel jedoch auch die PFLP-SC allmählich auseinander, so daß Djihad nur noch an begrenzte Informationen herankam. Gleichzeitig stiegen für Carlos die Chancen, ins Geschäft zurückzukehren und endlich eine eigene Gruppe auf dem Terrormarkt zu etablieren. Er wußte, daß die Nachfrage dafür groß war. Spätestens bei der OPEC-Aktion war ihm klargeworden, daß Haddad letztlich nichts anderes als ein Auftragnehmer von Gaddafi war, der mit der Ermordung von zwei einflußreichen Erdölministern die Preispolitik der OPEC zu seinen Gunsten beeinflussen wollte. Nach dem Tod von Haddad fehlte nun ein wichtiges Verbindungsglied in der internationalen Terrorkette, jemand, der solche Aufträge entgegennehmen und von entsprechenden Guerillatrupps ausführen lassen konnte. Carlos beabsichtigte daher, eine entsprechende Gruppierung aufzubauen, der er den Namen *Organisation Internationaler Revolutionäre* (OIR) geben wollte. Die praktische Umsetzung hoffte er dann über seinen treu ergebenen Freund Weinrich und dessen *Revolutionäre Zellen* abwickeln zu können.

Carlos als Auftragskiller

Im Einsatz für mehrere Geheimdienste – Attentatsvorbereitungen in Heidelberg 1978 – Die Polizei kommt der RZ auf die Spur – Erste Verhaftungen in Deutschland

Nach dem Tod von Haddad verspürte Carlos ein Hochgefühl, das manchmal sogar in Übermut umschlug. »Ich liebe gutes Essen und eine gute Zigarre. Ich liebe es, in einem frisch gemachten Bett zu schlafen, ich liebe Poker und Blackjack, ich liebe Parties, Tanzen und hin und wieder eine Theateraufführung«, diktierte Carlos dem Journalisten und Buchautor Assem al Jundi im Sommer 1978 in den Notizblock. »Und ich weiß, manchmal muß ich jemanden umlegen, um so leben zu können, wie ich es liebe.« Im gleichen Atemzug versicherte Carlos: »Marxismus war immer meine Religion. Das habe ich von meinem Vater geerbt, das habe ich im Blut. Später, bei meinen Reisen durch Rußland, habe ich dies dann zu meiner persönlichen Kultur erhoben.«

Den Reporter hatte Carlos zwei Jahre zuvor kennengelernt, als er wegen des Überfalls auf die OPEC-Konferenz gerade in aller Munde war. Zu jener Zeit erschienen gleichzeitig mehrere Bücher und unzählige Artikel über ihn. Carlos sammelte seitdem alle Veröffentlichungen dieser Art, schnitt sie fein säuberlich aus und klebte sie in eine Mappe. Bei den meisten handelte es sich jedoch um wilde Geschichten, die ihn selbst amüsierten. So wurde er immer wieder als Kind des KGB beschrieben, weil er einst an der Lumumba-Universität in Moskau studiert hatte. Doch zu seinem Bedauern war nie ein Kontakt zum sowjetischen Geheimdienst zustande gekommen. Die vielen Spekulationen und Übertreibungen störten ihn wenig. »Je mehr über mich gesprochen wird, desto gefährlicher scheine ich zu sein. Und das ist um so besser für mich«, erklärte er.

Mittlerweile war es jedoch ziemlich ruhig um ihn geworden. Der Überfall in Wien lag zweieinhalb Jahre zurück, seit seiner Verbannung aus der PFLP-SC war er an keiner aufsehenerregenden Aktion mehr beteiligt gewesen. Nun lebte er in Algier, ausgehalten vom algerischen Geheimdienst, protegiert von Staatschef Boumedienne. Doch waren dessen Tage offensichtlich gezählt. Er wurde nicht einmal mehr von seinen eigenen Leuten ernstgenommen, wie Carlos den Bemerkungen der Sicherheitsleute entnehmen konnte. Es war höchste Zeit, sich nach neuen Partnern umzusehen.

Carlos knüpfte Kontakte zu anderen Geheimdiensten in der Region und verlegte alsbald sein Hauptquartier nach Bagdad. Wadi Haddad störte ja nicht mehr. Der irakische Geheimdienst sah das offensichtlich ebenso und beherbergte Carlos nebst seinem Adlatus Weinrich in einem komfortablen Haus. Er stellte ihnen ein Auto mit Chauffeur sowie Bodyguards zur Verfügung. Von hier aus streckte Carlos ungerührt seine Fühler zu den Geheimdiensten in Südjemen und Libyen aus. Dies glich manchmal einem Tanz auf der Rasierklinge, denn die Dienste standen in Konkurrenz und trauten einander nicht. Doch ein solches Spiel liebte Carlos, und nach den Erfahrungen mit Haddad und Boumedienne wollte er sich auf keinen Fall mehr nur noch auf einen Partner verlassen.

Um mit den unterschiedlichen Geheimdiensten richtig ins Geschäft zu kommen, kam ihm der Schriftsteller Al Jundi gerade recht, denn er mußte seinem Mythos neue Nahrung geben. Als wollte er sich künftigen Auftraggebern damit empfehlen, sagte Carlos zu seinem Biographen: »Wir haben die Möglichkeit, sämtliche Ölfelder im Arabischen Golf, von Kuwait bis Oman, in Saudi- Arabien und Kurdistan, vielleicht sogar in Venezuela, in die Luft zu jagen. Öl ist die Waffe, die dem amerikanischen Imperialismus die tödliche Wunde zufügen kann.«

Zudem schmeichelte ihm natürlich, daß noch vor Ablauf seines 30. Lebensjahres eine autorisierte Biographie auf den Markt kommen sollte. Über den genauen Erscheinungstermin durfte er sogar selbst entscheiden. Das Buch würde gewiß auch zu Hause in Venezuela und bei seiner Mutter in London Eindruck schinden.

Fast wie in einem Entwicklungsroman schilderte Carlos seine Lehrjahre als Killer: »Um ein Attentat korrekt durchzuführen, solltest du zwei Pistolen haben; eine mit einem Schalldämpfer, eine andere mit großem Kaliber zur Selbstverteidigung im Fall einer bösen Überraschung.« Bei der geplanten Ermordung des britischen Kaufhaus-Königs Joseph Edward Sieff in London habe er diese Regel leider noch nicht beherzigt. »Ich hatte nur einen alten

Revolver, den mir ein Freund gegeben und den ich nicht getestet hatte. Ich habe den Revolver lediglich gereinigt, habe mir ein altes Auto geschnappt und bin damit zu Sieffs Haus gefahren. (...) Dort habe ich den Butler gezwungen, mich zu seinem Herrn zu bringen, der im Badezimmer war. Ich habe dreimal abgedrückt, aber nur eine Kugel traf ihn unterhalb der Lippe. Normalerweise jage ich meinem Opfer drei Kugeln in die Nase, weil es dann umgehend tot ist. Aber dieser Kerl hatte einfach Glück. Nur eine Kugel traf ihn, und die wurde auch noch von seinen Zähnen abgelenkt. So ist er dem Tod entkommen.«

Carlos sparte gegenüber dem Reporter nicht mit weiteren grausigen Details. Haargenau beschrieb er den Ablauf der Morde in der Pariser Rue Toullier, wo er den Chef von Haddads Europaabteilung, Michel Moukarbel, und drei französische Sicherheitsbeamte niedergestreckt hatte. »Ich holte meinen Revolver, eine russische Tokarev 7.62, und schoß damit den drei Polizisten in den Kopf. Nur Michel war noch im Raum. Er ging auf mich zu und hielt sich mit beiden Händen zunächst die Augen zu. Er kannte die Spielregeln: Ein Verräter ist zum Tode verurteilt. Als er direkt vor mir stand, schoß ich ihm zwischen die Augen. Er fiel zu Boden. Ich schoß ihm noch einmal in die Schläfe. Ich war ganz ruhig, sprang aus dem Fenster im dritten Stock und spazierte davon, als wäre nichts geschehen.«

Geschickt sorgte Carlos dafür, daß nicht nur das Bild eines mordenden Monsters entstand. »Nein, ich bin kein professioneller Killer«, versicherte er dem Autor treuherzig. »Es ist nicht einfach, jemandem zwischen die Augen zu schießen, wenn er dich direkt anschaut. Es ist auch nicht leicht, vier Menschen in weniger als vier Sekunden zu töten, so wie ich es tat.« Damit er auch sonst als möglichst feinsinniger Mensch gelten konnte, sollte dem Buch eine Widmung vorangestellt werden: »Einem wunderbaren Poeten von einem lernenden Dichter.«

Zu Al Jundi hatte Carlos volles Vertrauen, denn er war auf Vermittlung seines alten Freundes Bassam Abu Sharif zu ihm gekommen. Und Abu Sharif hatte sich nach dem Rauswurf von Carlos aus der PFLP-SC ebenfalls von Haddad losgesagt und sich inzwischen Jassir Arafat und dessen PLO angeschlossen. In den Gesprächen mit dem Reporter versuchte Carlos auch immer wieder, seinen Morden eine politische Dimension zu geben. »Ich bin ein revolutionärer Marxist«, erklärte er. »Meine Pflicht ist es, Revolutionen zu unterstützen. Dies rechtfertigt meine Aktivitäten.

Revolutionäre Gewalt ist Teil des marxistischen Erbes. Marx praktizierte sie während der Pariser Commune 1871, Engels in Deutschland.« Den Kampf Vietnams gegen die USA bezeichnete er als vorbildhaft. Als ihn der Biograph auf seine Rolle als Frauenheld ansprach, versicherte Carlos: »Ich bin bereit, um der Revolution willen auf alle diese Genüsse zu verzichten. Revolution ist meine höchste Euphorie. Ich ziehe die Revolution den Frauen vor.«

Hermann Josef Feiling stand am 23. Juni 1978 in Deutschland vor seiner ersten großen »revolutionären Tat«. In seiner Studentenbude in der Heidelberger Schneidmühlstraße hielt er eine Bombe auf dem Schoß. Was ihm Carlos im Trainingscamp im Jemen vor zweieinhalb Jahren persönlich beigebracht hatte, sollte nun in die Tat umgesetzt werden. Damals war er mit seinem alten Schulfreund Gerd Albartus und weiteren Mitgliedern der *Revolutionären Zellen* im Umgang mit Waffen und Sprengstoff vier Wochen lang geschult worden. Anschließend hatte er sein Studium an der Universität in Heidelberg wieder aufgenommen. Seit nunmehr 14 Semestern studierte er hier Pädagogik, Germanistik und Philosophie.

An einer richtigen Aktion der RZ hatte er sich bislang noch nicht beteiligt. Er war auch nie sonderlich darauf erpicht gewesen, zumal ihm die Konsequenzen durch den Fall seines Freundes Albartus klar vor Augen standen. Dieser saß nach dem Brandbombenanschlag auf ein Kino in Aachen bereits seit eineinhalb Jahren in Untersuchungshaft. Seitdem hatte sich Feiling auf das Abfassen von ein paar Artikeln für das RZ-Organ »Revolutionärer Zorn« beschränkt. Allerdings hatte er sich damit nicht das Vertrauen der anderen Mitglieder seiner Zelle erwerben können. Sie behandelten ihn nach drei Jahren Mitgliedschaft noch immer wie einen Neuling, gaben sich ihm gegenüber nur mit ihren Decknamen zu erkennen. Die anderen hielten ihn offensichtlich für einen reinen Sprücheklopfer, dem es am notwendigen Mut zur Tat fehlte. Das sollte sich jetzt ändern. Tags zuvor hatte ihm »Barbara« die Einzelelemente für eine Bombe sowie den Entwurf für einen Bekennerbrief vorbeigebracht, damit er beweisen könne, daß er es ernst meine mit dem revolutionären Engagement. Alles weitere lag nun in seinen Händen.

Es war zehn Uhr morgens. Mit der fertig zusammengebauten Bombe saß er in der Küche seiner kleinen Studentenwohnung.

Vor ihm lag die Zugfahrkarte nach München. Dort sollte er die Bombe am argentinischen Konsulat deponieren und den Zeitzünder so einstellen, daß sie am 25. Juni 1978 explodierte. An diesem Tag würden vermutlich über eine Milliarde Menschen vor den Fernsehgeräten sitzen und das Endspiel der Fußballweltmeisterschaft in Buenos Aires verfolgen. Für das Finale im »Estadio River Plate« hatten sich die Mannschaften aus Holland und Argentinien qualifiziert. Die deutsche Mannschaft war vorzeitig ausgeschieden. Zuletzt hatte sie in Cordoba 2:3 gegen Österreich verloren. Es war die erste Niederlage seit 1931 gegen die Nationalmannschaft aus dem Nachbarland. Aber dies geschah den Deutschen ganz recht, fand Feiling. Die deutsche Mannschaft war in Argentinien nicht nur durch sportliche Mißerfolge, sondern auch dadurch aufgefallen, daß sie Hans-Ulrich Rudel, einem unverbesserlichen Altnazi, in ihrem Trainingslager Audienz gewährte. Rudel, einer von Hitlers höchstdekorierten Kampffliegern, war wie so viele andere NS-Größen nach dem Zweiten Weltkrieg nach Südamerika geflohen, von wo aus er zum Idol der deutschen Neonazi-Szene geworden war.

Mit dem Bombenanschlag auf das argentinische Konsulat in München wollten die *Revolutionären Zellen* nun auf die Mißstände in dem südamerikanischen Land aufmerksam machen. Zwei Jahre zuvor war dort eine Militärjunta an die Macht gekommen, die nach dem Putsch über 20 000 Menschen ermorden ließ. Trotzdem betrieben mehrere deutsche Großunternehmen – wie etwa die Kernkraftwerksunion – unvermindert ihre Geschäfte mit Argentinien. Die Bundesregierung genehmigte auch den Verkauf von Panzerwagen der Kasseler Firma Hentschel an das Militärregime. Daß ausgerechnet dieses Land die Fußballweltmeisterschaft ausrichten durfte, erinnerte Feiling an Hitler-Deutschland, das 1936 mit den Olympischen Spielen in Berlin den Sport ebenfalls dazu benutzt hatte, sich der Weltöffentlichkeit als friedfertige Regierung zu präsentieren. Insofern fand er es durchaus legitim, eine Bombe vor das Konsulat zu legen.

Nun galt es nur noch, den Zeitzünder zu installieren. Um dafür beide Hände frei zu haben, klemmte sich Feiling die Bombe zwischen die Oberschenkel. Er wollte noch einmal das Einstellen des Zünders üben, damit es vor Ort unter Zeitdruck auch keine Probleme gäbe. Doch dabei unterlief ihm der Fehler seines Lebens.

Die Sprengladung explodierte in seinem Schoß, zerfetzte ihm die Beine, Splitter bohrten sich in seine Augäpfel. Sein ganzer

Körper war mit Brandwunden übersät. Wie durch ein Wunder überlebte der 26jährige. Die Ärzte in der nahegelegenen chirurgischen Klinik mußten ihm jedoch beide Beine oberhalb der Mitte des Oberschenkels amputieren und die Augen entfernen.

Noch drei Tage nach der komplizierten Operation war Feilings Situation äußerst ernst, das Landeskriminalamt Stuttgart gab sogar an, er befinde sich weiterhin in »Lebensgefahr«. Doch bereits einen Tag später, am 27. Juni 1978, setzten sich auf der Intensivstation des Heidelberger Krankenhauses zwei Polizeibeamte in Zivil an sein Bett und begannen mit ersten vorsichtigen Befragungen.

Seit der Operation bekam Feiling regelmäßig das morphiumhaltige Mittel Dipidolor gespritzt. Das Medikament lindert nicht nur die Schmerzen, sondern ruft bei vielen Patienten auch ein Gefühl des Wohlbefindens, der Geborgenheit, ja der Euphorie hervor. Es hilft, »eine positive Grundeinstellung durch Gedankenflucht« zu finden. In diesem Zustand begann Feiling mehr oder weniger freiwillig zu erzählen. Er gestand, Mitglied der *Revolutionären Zellen* zu sein und zu einer »fünfköpfigen Gruppe« zu gehören, die sich intensiv mit Menschenrechtsverletzungen in Argentinien beschäftige. Auch von dem geplanten Zweck der Bombe berichtete er ungehemmt.

Am 28. Juni 1978 dann, nur fünf Tage nach der schweren Operation, begannen die richtigen Verhöre. Zu dieser Zeit erhielt Feiling zusätzlich zu Dipidolor auch noch Valium verabreicht.

Die Polizisten wollten die Gunst der Stunde nutzen. Erstmals hatten sie ein Mitglied der *Revolutionären Zellen* gefaßt, das geständig war und von dessen Aussagen sie sich einen Durchbruch bei den Ermittlungen gegen die RZ versprachen. Bislang galt die Organisation nach einem Thesenpapier des Terroristen-Chef-fahnders beim BKA, Gerhard Boeden, als eine funktionsfähige, aber nicht umschreibbare Gruppierung der Stadtguerilla-Bewegung«, von der man weder die Zahl der Mitglieder noch der Sympathisanten kannte, geschweige denn Namen von Verantwortlichen. Lediglich über die Taten wußte man Bescheid. Seit 1973 hatte sich die RZ zu 55 Anschlägen bekannt, wobei ein Schaden von mehr als 200 Millionen DM entstanden war.

Nicht ohne Grund fürchtete BKA-Präsident Horst Herold die RZ daher mehr als die wesentlich bekanntere RAF, die nach den Ereignissen des »Deutschen Herbstes« als weitgehend zerschlagen angesehen wurde. Durch Feiling erfuhren die Ermittler nun erstmals Details über die Struktur und Strategie der Terrororganisation. Zur Ausstattung einer selbständigen Gruppe, die sechs bis zehn Mitglieder umfaßte, gehörten laut Feiling mehrere konspirative Wohnungen in drei weit auseinander liegenden Städten, mindestens zwei bis fünf Ausweichquartiere bei Unterstützern und Sympathisanten sowie ein Haus mit Werkstatt auf dem flachen Land. Dazu verfügte jede Gruppe über mehrere Waffendepots, ein halbes Dutzend angemietete Garagen und eine Rückzugsbasis im Ausland.

Jede dieser Zellen arbeitete autonom, koordinierte die Aktionen in ihrer Region und warb neue Mitglieder. Hierfür galten strenge Bedingungen. Erst wenn ein Nachwuchs-Revolutionär als Kurier, Wohnungsbeschaffer oder beim Anmieten von Autos seine Zuverlässigkeit bewiesen hatte, durfte er für erste Aktionen herangezogen werden oder an einem Guerilla-Kurs in einem palästinensischen Ausbildungslager teilnehmen.

So sehr Feilings Wissen in Strukturfragen hilfreich war, bei Personalfragen konnte er den Ermittlern zunächst kaum weiterhelfen. Schließlich war er nur ein einfaches Mitglied und kannte von den meisten Kampfgefährten lediglich die Decknamen, nicht aber ihre wahre Identität.

Am zweiten Tag des Verhörs gab er nach dem erneuten Spritzen von starken Mitteln dann aber auch einige Namen an und belastete sogar seine Verlobte Sybille Straub schwer. Er berichtete, daß sie im Mai 1978 zusammen mit »drei weiteren Personen aus dem Frankfurter Raum« im Königssaal des Heidelberger Schlosses Feuer gelegt habe. (Der Schaden belief sich auf 90 000 DM.) Nach seinem Weg zur RZ befragt, sprach Feiling von seinem alten Schulfreund Gerd Albartus, den er aus dem Gymnasium in Paderborn kannte. Der Name war den Beamten am Krankenbett durchaus ein Begriff. Gegen Albartus lief noch immer ein Verfahren wegen des versuchten Kino-Brandanschlages in Aachen, das nicht so recht vorankam, da die beiden Angeklagten eine Mitgliedschaft in den *Revolutionären Zellen* vehement abstritten. Mit den Aussagen von Feiling sah dies nun ganz anders aus.

Da mehr als diese beiden Namen aus Feiling nicht herauszuholen waren, konzentrierten sich die Verhöre am Folgetag wieder auf die konspirativen Methoden der RZ. Der schwerverletzte Student konnte sich unter dem Medikamenteneinfluß an Unmengen von Einzelheiten erinnern. So erfuhren die Beamten beispielsweise, daß ein Sisal-Teppich im Flur, ein Mobile aus Stroh neben der Garderobe und ein Abziehbild mit dem Zeichen »Parkverbot« an der Küchentür eingeweihten Besuchern signalisierten, daß es sich hier um eine konspirative Wohnung (KW) der *Revolutionären Zellen* handelte. Auch bevorzugte konspirative Treffpunkte und das geheime Kommunikationssystem der RZ kamen zur Sprache. So galten als sichere Anlaufpunkte ein Café an der Düsseldorfer Königstraße, die Kneipe »Doktor Flotte« in Mainz und die Mensa in Heidelberg. Dabei fanden die Treffs aus Sicherheitsgründen stets eine Woche später als am Telefon verabredet statt. Mit anderen Mitgliedern wiederum, etwa Feilings persönlicher Kontaktperson »Philipp«, traf man sich stets einen Tag und zwei Stunden vor dem telefonisch vereinbarten Termin in einem bestimmten Kino.

Die Landeskriminalämter in Baden-Württemberg und Hessen bildeten unverzüglich eine gemeinsame Sonderkommission, um all den Hinweisen nachzugehen, die zu ihnen aus dem Heidelberger Krankenhaus gelangten und die sich nach der intensiven Hausdurchsuchung bei Feiling ergaben. So schwärmten Sicherheitskräfte der Polizei aus, um in der Stuttgarter Rotebühlstraße ein Objekt der Bundeswehr nach Bomben abzusuchen. Eine detaillierte Skizze des Hauses war in der Studentenbude gefunden worden. Andere Beamte durchkämmten mit Metallsonden die Heidelberger Stadtwälder und orientierten sich dabei an Plänen mit exakten Markierungen, die sie ebenfalls entdeckt hatten. Am Bismarckturm in Heidelberg wurden sie schließlich fündig. Kiloweise Handgranaten, Sprengstoff und Zünder bargen sie aus dem Erdreich. Es war das erste von insgesamt einem Dutzend von »Kriegsdepots« der *Revolutionären Zellen*, die die Polizei anhand der Feiling-Skizzen ausheben konnte.

Darin fand man neben Sprengstoff und Handgranaten auch Waffen aus Armeebeständen, vorzugsweise Maschinenpistolen, sowie Munition und Pistolen sowjetischer Produktion, darunter die legendäre Makarov, Kaliber 9 mm, die in allen Staaten des Warschauer Paktes verwendet wurde. Dies verwunderte die deutschen Fahnder zunächst, die eine direkte Unterstützung der Terroristen durch osteuropäische Geheimdienste vermuteten. Doch vom israelischen Mossad erfuhren sie dann, daß die aufgefundenen Pistolen ursprünglich aus Polen stammten, als ausgemusterte Modelle in den Irak gekommen waren und dort in die Hände der PFLP-SC gelangt seien, die sie dann vermutlich an die verbündeten Gruppen in Westeuropa weitergereicht habe. Nicht ausgeschlossen sei, daß sie irakische oder jemenitische Botschaftsangehörige im Diplomatengepäck nach Deutschland gebracht haben könnten.

Noch auf eine andere Spur wurden die Ermittler durch Feilings Depots gebracht. Sie stießen auf Splitterhandgranaten des Typs M 26 mit der Produktionsnummer LS-14-172 B, die vier Jahre zuvor aus US-Militär-Depots im pfälzischen Weilersbach und in Miesau entwendet worden waren, zusammen mit Panzerabwehrraketen, Plastiksprengstoff und reichlich MPi-Munition. Ein Teil dieser Granaten war inzwischen bei Anschlägen in westeuropäischen Hauptstädten wieder aufgetaucht, darunter beim Überfall auf das Pariser Szenelokal »Drugstore«, bei dem Carlos 1974 zwei Handgranaten in das vollbesetzte Café geworfen hatte, wodurch zwei Menschen zu Tode gekommen und 34 schwer verletzt worden waren. Die gleichen Granaten kamen beim Überfall auf die französische Botschaft in Den Haag durch Mitglieder der *Japanischen Roten Armee* (JRA) zum Einsatz wie auch bei der blutigen Geiselnahme in der deutschen Botschaft in Stockholm durch das RAF-Kommando »Holger Meins« im Jahr 1975. In Deutschland hatten Terroristen sie bei einem Überfall auf die Filiale der Dresdner Bank in Hamburg-Barmbek in ihrem Fluchtfahrzeug zurückgelassen. Fünf weitere Handgranaten aus dieser Charge fand man wenig später in einer konspirativen Wohnung der RAF in Hamburg, zwölf weitere in einem Domizil der RAF in Frankfurt. Den Ermittlern wurde plötzlich klar, wie vernetzt offensichtlich die Terrorszene war und wie stark die RZ darin eingebunden war.

Knapp zwei Wochen nach Feilings Operation, als langsam die starken schmerzlindernden Mittel abgesetzt wurden, seine Aussagen aber bereits Hunderte von Seiten füllten, wurde er am 5. Juli 1978 von den Beamten endlich ordnungsgemäß belehrt: »Sie wissen, daß Sie vor der Polizei keine Angaben zu machen brauchen, die Sie selbst belasten können und daß Sie das Recht auf anwaltlichen Beistand haben.« Als Feiling allmählich wieder klar im Kopf wurde, begriff er, was er angerichtet hatte. Ende August 1978 besprach er heimlich eine Kassette, die er nach draußen schmuggeln ließ. »Was mich am meisten mitnimmt«, so der Schwerverletzte an seine Gefährten von der RZ, »ist die Tatsache, daß da scheinbar Aussagen von mir aus einer Situation kurz nach der Operation existieren, (...) die ich mit klarem Kopf nicht gemacht hätte. Ich möchte also diese Aussagen zurücknehmen.«

Aber dafür war es nun zu spät. Seine Verlobte Sybille Straub wurde verhaftet und später zu 15 Monaten Gefängnis verurteilt. Auch Gerd Albartus und dessen Komplizen wurde der Prozeß gemacht. Der Schulfreund erhielt wegen versuchter Brandstiftung »in Tateinheit mit mitgliedschaftlicher Beteiligung an einer terroristischen Vereinigung« vier Jahre und neun Monate Gefängnis. Seine Anwälte versuchten noch, die Aussage Feilings anzufechten, und präsentierten dem Gericht die Tonbandaufnahme. Aber die Richter ließen sich davon nicht beeindrucken. Feiling habe »freiwillig, ohne Drängen und Zureden und ohne Ermüdung von sich aus seine Aussagen gemacht«, hieß es im Gerichtsurteil, die beiden Vernehmungsbeamten hätten dies glaubhaft versichert.

Die Angaben vom Krankenbett brachten die Ermittler noch auf eine ganz andere Spur. Einer Sonderkommission der Polizei gelang es, die Identität jener RZ-Mitglieder zu ermitteln, von denen Feiling nur die Decknamen kannte. Ansatzpunkt war hier die Adresse von einer konspirativen Wohnung in Frankfurt, über die Feiling berichtet hatte. Bei der Mieterin handelte es sich um eine ahnungslose Medizinstudentin, die des öfteren ihre Wohnung einer Kommilitonin überlassen hatte, damit sie dort in Ruhe mit Freunden für die Examen lernen konnte. Bei der »Paukgruppe« handelte es sich jedoch um die Frankfurter Zelle der RZ, und bei der Kommilitonin um Sonja Suder, die unter ihrem Decknamen »Barbara« die Bombe und den Bekennerbrief zu Feiling gebracht hatte.

Die Polizei observierte Suder und deren Lebensgefährten Christian Gauger (Deckname »Peter«) unverzüglich. Dadurch kam sie wiederum auf die Spur von Sabine Eckle (»Judith«) und ihrem Lebensgefährten Rudolf Schindler (»Philipp«), den Techniker der RZ. Schindler bemerkte jedoch, daß ihn die Polizei beobachtete. Sofort warnte er die anderen. Am 31. August 1978 setzte er sich zusammen mit seiner Freundin Sabine Eckle ins Ausland ab. Über Kontakte der RZ zu der baskischen Terrororganisation ETA fand das Pärchen in Südfrankreich Unterschlupf. Suder und Gauger gelang es ebenfalls, rechtzeitig unterzutauchen.

Nachdem die Polizei feststellen mußte, daß ihnen die vier durch die Lappen gegangen waren, hatte man zumindest die Gewißheit, daß diese zur RZ gehörten. Sofort durchsuchten Beamte deren Wohnungen. In Schindlers Behausung fanden sie mehrere Schlüssel, wovon zwei zur Wohnung von Suder und Gauger gehörten. Die restlichen Schlüssel paßten zu Koffern, die dort untergestellt waren. Darin fanden sich neben etlichen Exemplaren des RZ-Organs »Revolutionärer Zorn« jede Menge Fälscherwerkzeug, Sprengstoff und Waffen. Die so entdeckten Maschinenpistolen brachten die Polizei auf eine neue Spur, denn sie stammten aus derselben Charge einer Fertigung wie jene aus einem in Paris ausgehobenen Depot, das man Carlos zuordnete. Es handelte sich um einen Waffentyp, der auch beim Überfall auf die OPEC-Konferenz verwendet worden war. Die Ermittler vermuteten nun, daß in Wien womöglich mehr Deutsche beteiligt gewesen waren, als bisher angenommen.

Wenige Tage nach dem Untertauchen der vier RZ-Mitglieder spitzte sich die Situation für die *Revolutionären Zellen* weiter zu. Im September 1978 erschien im »Spiegel« ein Interview mit Hans-Joachim Klein. Er kündigte darin an, mit Hilfe von alten Freunden, die er nur »Jemande« nannte, bald ein Buch über seine Erfahrungen im Untergrund zu veröffentlichen. Bei den *Revolutionären Zellen* war man darüber entsetzt. Mit dem Interview hatte Klein einen Vorgeschmack dessen gegeben, was noch zu erwarten war. Freimütig plauderte er darin von den engen Beziehungen zu Haddad und Carlos sowie über die Hintergründe des OPEC-Überfalls. Selbst Fragen zu einzelnen Personen wich er nicht völlig aus. Konkret ging es um die OPEC-Beteiligte mit dem Decknamen »Nada«. Der Interviewer wollte wissen, ob sich dahinter Gabriele Kröcher-Tiedemann verberge. Sie war deshalb von großem Interesse, da man sie zwischenzeitlich in der Schweiz verhaftet hatte. Zuvor war sie in Wien an einer Entführungsaktion der *Bewegung 2. Juni* beteiligt gewesen, bei der die Kidnapper vom Textilmillionär Walter Palmers zwei Millionen Dollar erpreßt hatten. Als wenig später Kröcher-Tiedemann aus der Schweiz über die grüne Grenze nach Frankreich entkommen wollte, war sie von zwei Schweizer Zöllnern gestellt worden. Sie hatte sofort ihre Pistole gezogen und das Feuer eröffnet.

In der Schweiz war sie deshalb wegen versuchten Mordes zu einer langen Gefängnisstrafe verurteilt worden. Nun ging es darum, ob man ihr die Beteiligung an dem OPEC-Überfall und den dortigen Morden nachweisen konnte. Klein bestätigte in dem Interview, daß eine Frau namens »Nada« während des Überfalls sowohl einen österreichischen Polizisten als auch einen iraki-

Die Terroristin Gabriele Kröcher-Tiedemann mit dem Pfarrer und früheren Westberliner Bürgermeister Heinrich Albertz, der sich im Rahmen der Lorenz-Entführung 1975 als Geisel zur Verfügung gestellt hatte

schen Sicherheitsbeamten erschossen hatte. Auf die Nachfrage, ob es sich bei »Nada« um Gabriele Kröcher-Tiedemann handele, antwortete Klein zunächst nur: »Kein Kommentar!« Im Laufe des Interviews wurde er dann aber doch noch etwas deutlicher: »In unserem Kommando gab es nur eine Frau, und die nannte sich ›Nada‹ und sprach etwas deutsch.«

Als RZ-Chef Gerd-Hinrich Schnepel dies las, befürchtete er das Schlimmste. Er ging davon aus, daß Klein in seinem Buch sowohl die Identität von »Nada« als auch von weiteren RZ-Mitgliedern zu lüften beabsichtigte. Eile war somit geboten, zumal das Buch nach Kleins Angaben in Kürze erscheinen sollte. Umgehend suchte Schnepel daraufhin in Frankfurt den früheren Studentenführer Daniel Cohn-Bendit auf. Schnepel redete nicht lange um den heißen Brei herum. Er gab sich als Mitglied der *Revolutionären Zellen* zu erkennen und ließ Cohn-Bendit unmißverständlich wissen, daß er ihn für einen der sogenannten Jemande halte, die Klein versteckten und ihm dabei halfen, sein Buch auf den Markt zu bringen. Noch bevor Cohn-Bendit dies abstreiten konnte, forderte er ihn auf, Klein folgendes mitzuteilen: Die Preisgabe von Namen, insbesondere eine Aufdeckung der Identität von »Nada«, würde seitens der RZ als massiver Verrat betrachtet und nicht hingenommen werden. Schnepel wurde noch deutlicher. Obwohl Klein nach seinen bisherigen Äußerungen eigentlich keinen Anspruch mehr auf Menschlichkeit habe, müsse er nicht mit der Bedrohung seines Lebens durch die RZ rechnen, wenn er von weiteren Angaben absehe.

Auch im »Revolutionären Zorn«, dem Organ der RZ, wurde unter der Überschrift »Hunde wollt ihr ewig bellen ...« zu Klein Stellung bezogen. Man distanzierte sich energisch von ihm und versuchte, ihn vor den eigenen Genossen möglichst abzuwerten: »Er schwätzt, klatscht, bewundert sich, betreibt Public Relation in eigener Sache – ein Pfau, der das Radschlagen übt.« Der Artikel war aber nicht nur eine Abrechnung mit dem früheren Genossen, sondern geriet zu einer der ausführlichsten Grundsatzerklärungen der RZ überhaupt. Man beschwor alte Ideale und Idole. Wadi Haddad wurde Che Guevara gleichgestellt, weil der Palästinenser der Forderung des argentinischen Revolutionärs gefolgt sei, »zwei, drei, viele Vietnam« zu schaffen und »die ganze Welt zum Aktionsfeld des antiimperialistischen Widerstands« gemacht habe.

Magdalena Kopp war von der Ankündigung des Klein-Buches genauso aufgeschreckt wie der RZ-Chef Gerd-Hinrich Schnepel. Nächtelang saßen sie zusammen und diskutierten darüber, ob es erforderlich sei, daß sie sich zu Weinrich und Carlos nach Bagdad absetzte. Während Schnepel eher dafür votierte, zögerte sie noch. Zum einen hatte sie keine Lust, ihr Leben in einem arabischen Land zu verbringen und somit völlig den Kontakt zu ihrer Tochter zu verlieren. Seit sie die Erziehungsberechtigung an Michael Leiner, den Vater von Anna, abgetreten hatte, durfte sie das Mädchen ohnehin nur an den Wochenenden sehen. Leiner würde es niemals zulassen, daß Anna zu Besuch nach Bagdad kam. Zum anderen glaubte Kopp auch nicht daran, daß Klein so viel über sie wußte, daß er ihr mit seinem Buch ernsthaft gefährlich werden konnte. Schließlich kannte er sie nur unter dem Decknamen »Vera«.

Auf der anderen Seite würden das versuchte Kidnapping des Emirate-Botschafters vor drei Jahren in London und die Guerillaausbildung im Jemen sowie die Partnerschaft zu dem mittlerweile per Haftbefehl gesuchten Chef der *Revolutionären Zellen* nach den Gesetzesverschärfungen der letzten Jahre gewiß für eine saftige Gefängnisstrafe ausreichen. Was also war zu tun?

Zu ihrer Verunsicherung trug noch bei, daß Weinrich wiederholt anrief und sie aufforderte, endlich zu ihm und zu Carlos zu kommen. Sie hatte jedoch das ungute Gefühl, daß dies weniger aus der Sorge heraus geschah, sie könnte verhaftet werden, sondern vielmehr von dem Wunsch diktiert war, daß Weinrich wieder eine Frau bei sich haben wollte. Erschwerend kam noch hinzu, daß dies womöglich auch Carlos' Motive waren, was die ganze Sache nur noch komplizierter machte.

Mitte November 1979 forderte Weinrich sie dann ultimativ auf, zu einem Gespräch nach Prag zu kommen, um noch einmal alles in Ruhe zu bereden. Dem konnte sie sich schlecht entziehen. Um seinen möglichen Bedrängungen, doch am besten gleich mit ihm in die irakische Hauptstadt zu reisen, begegnen zu können, packte sie nur das Nötigste ein. Damit hätte sie immerhin einen Grund, noch einmal nach Frankfurt zurück zu müssen, um alle erforderlichen Sachen zu holen.

Doch als sie am 30. November 1979 in Prag ankam, war sie von der Situation völlig überrascht. Weinrich logierte in einer Suite im »Intercontinental«. Das Fünf-Sterne-Hotel in der Pariser Straße war rein äußerlich zwar ein häßlicher Zweckbau, aber im Inneren dominierte der Luxus. Von ihrem Zimmer aus konnte sie direkt auf die Moldau schauen, und vom Restaurant des Hotels hatte man durch die rahmenlose Glasfront einen unverbauten Blick auf die Altstadt. Kopp beeindruckte das luxuriöse Ambiente. Weinrich ließ nicht unerwähnt, daß dies dem Lebensstil entspräche, den sie an der Seite von ihm und Carlos führen könnte.

Magdalena Kopp genoß die Zeit in Prag und ließ es sich nach der langen Zeit der Trennung mit Weinrich so richtig gutgehen. Sie verbrachten viel Zeit zusammen in ihrer Hotelsuite. Hin und wieder wurden sie allerdings durch Anrufe von Carlos gestört. Er wollte von Weinrich wissen, wann er endlich mit Kopp nach Bagdad käme. In den dann meist folgenden langen Diskussionen versuchte Weinrich, sie mit Hinweisen auf eine völlig neue Lebensart zu überzeugen. In der Tat war das luxuriöse Leben, das Weinrich ihr bot, allemal besser als ihr Dasein als Gelegenheitsfotografin in Frankfurt, wo man sich zudem ständig vorsehen mußte. Dagegen schien das Leben von Weinrich und Carlos nichts mit den alten Vorstellungen einer gehetzten Existenz im Untergrund zu tun zu haben. Es gab ganz offensichtlich Staaten, die Menschen wie ihnen auch einen angemessenen Rahmen schaffen konnten.

Ein paar Tage später bestieg sie zusammen mit Weinrich das Flugzeug nach Bagdad. Sie hatte sich weder von ihrer Tochter noch von Freunden und ihren Eltern verabschiedet. Dabei lag ihr Vater schwer krank im Bett. Sie sollte ihn nie mehr wiedersehen.

Kooperation mit dem Ostblock

Ungarn als Basislager der OIR – Kontakte mit der Staatssicherheit der DDR 1979 – Zwischenaufenthalt in Bulgarien

Carlos empfing Magdalena Kopp mit einem riesigen Blumenstrauß. Damit hatte sie nicht gerechnet. Verstohlen schielte sie zu Weinrich. Den schien es allerdings nicht zu stören, daß Carlos sie derart hofierte. Er war einfach froh, sie endlich in Bagdad zu haben.

Das Leben in der irakischen Hauptstadt verlief wie in einer luxuriösen Wohngemeinschaft. Sie bewohnten zu dritt ein Haus mit Dachterrasse, und im Garten wuchsen Palmen und Papageienblumen, die Kopp schon in Deutschland immer bewundert hatte, sich dort aber nie leisten konnte. Zum Glück mußte sie sich weder um den weitläufigen Garten noch um das Haus kümmern, das erledigten stillschweigend die Sicherheitsleute. Ihre Sorge, von Weinrich oder Carlos in die Rolle der Hausfrau gedrängt zu werden, war somit hinfällig.

Doch nach drei Wochen begann sie sich zu langweilen. Tagsüber war es so heiß, daß sie das Haus nicht verlassen mochte, und abends konnte man in Bagdad als Frau nicht viel unternehmen. Sie war deshalb froh, als Carlos mit einem Auftrag zu ihr kam. Sie sollte nach Mauritius fliegen und dort Reisepässe von südafrikanischen Touristen entwenden. Sie könne für diese kleine Beschaffungsaktion noch ihren bundesdeutschen Paß benutzen, erklärte Carlos, schließlich würde sie noch nicht gesucht. Das Stehlen der Dokumente dürfte für sie kein Problem darstellen, da viele Südafrikaner die Zuckerrohrinsel im Indischen Ozean für einen entspannten Urlaub nutzten und eher nachlässig seien. Wie sie es jedoch konkret anstellen würde, an die Pässe heranzukommen, meinte Carlos, sei allein ihre Sache.

Am 21. Dezember 1978 flog sie dann ganz offiziell als Magdalena Cäcilia Kopp in das Ferienparadies. Bei der Paßkontrolle am internationalen Flughafen, südlich der Hauptstadt Port Louis, legte sie ihren bundesdeutschen Ausweis, Nummer E 7326635, vor und gab an, Weihnachten in einem schönen Hotel mit weißem Sandstrand verbringen zu wollen. Tatsächlich feierte sie auch Silvester auf Mauritius und flog erst am 3. Januar 1979 wieder zurück nach Bagdad, allerdings ohne einen einzigen neuen Paß in der Tasche. Die vorsichtigen weißen Südafrikaner hatten ihre Dokumente zumeist in den Hotelsafes deponiert und bewegten sich allein mit ihrer Kreditkarte über die Insel. Zudem hatte sich sehr bald ein gutaussehender Animateur der einsamen Touristin angenommen, so daß Magdalena Kopp die meiste Zeit mit anderen Dingen beschäftigt war. Doch ihr exotisches Abenteuer wollte sie lieber für sich behalten.

Bei ihrer Rückkehr nach zwei Wochen fand sie in Bagdad völlig veränderte Bedingungen vor. Die Ruhe der ersten Wochen war einer allgemeinen Hektik gewichen. Die Wohngemeinschaft hatte Zuwachs bekommen, ein wichtigtuerischer Araber war eingezogen, den alle »Ali« nannten. Er hieß eigentlich Kamal al Issawi und hatte den Decknamen »Abul Hakam«. Stolz erzählte er, daß er früher auch Mitglied in der PFLP-SC gewesen war, genau wie sein Bruder, der zum ersten palästinensischen Terrorkommando gehört hatte, das im Auftrag von Haddad ein Flugzeug entführte. Zudem prahlte »Ali« damit, daß sein Bruder als Boxer an den Olympischen Spielen teilgenommen hätte. Anfangs konnte sich Kopp keinen Reim darauf machen, wozu Carlos dieses Großmaul brauchte. Später erst wurde ihr klar, daß er als Bindeglied zu palästinensischen Gruppen diente, wie Weinrich als früherer Chef der RZ der Kontaktmann zu europäischen Organisationen war.

Außerdem war zu spüren, daß Carlos und Weinrich einen Umzug vorbereiteten. Von Kopp darauf angesprochen, eröffneten sie ihr, daß alle zusammen in den nächsten Tagen Bagdad verlassen müßten. Das Hauptquartier der neuen Organisation werde nach Osteuropa verlegt, man wolle sich nicht von einem Land abhängig machen. Das neue Ziel sei Budapest. Kopp gefiel das gar nicht, aber zumindest hatte die Hektik auch etwas Gutes: Weder Carlos noch Weinrich interessierten sich sonderlich dafür, warum es ihr nicht gelungen war, südafrikanische Pässe zu besorgen.

Anscheinend wurden diese auch nicht mehr benötigt, denn Carlos verteilte bereits neue Reisepässe, mit denen sie in Ungarn einreisen sollten. Kopp staunte nicht schlecht, als sie ihr Dokument in den Händen hielt. Es handelte sich um einen Diplomatenpaß der Demokratischen Volksrepublik Jemen, Nummer C 028 419, ausgestellt auf den Namen »Mariam Abdul Qawi Ahmed«. Die anderen hatten ebenfalls südjemenitische Diplomatenpässe. Weinrichs Ausweis lief auf den Namen »Ali Ben Ali Thabet« und Carlos' Paß wies ihn als »Adil-Favez Ahmad« aus. »Ali« hieß nun »Ali Hassan Saleh«, sollte aber erst später nachkommen.

Carlos erklärte, warum in seinen Augen Budapest der ideale Standort für künftige Operationen war. Von der ungarischen Hauptstadt aus könnten sie bequem und sicher Aktionen in Westeuropa vorbereiten, denn dort gäbe es bei der Ein- und Ausreise keine so großen Schwierigkeiten wie in anderen Ostblockstaaten. Zudem ließe es sich in Budapest angenehmer leben als etwa in Ostberlin, Bukarest oder Sofia, wo künftig ebenfalls Basen errichtet und Kontakte zu den jeweiligen Geheimdiensten aufgebaut werden sollten.

Warum allerdings der Aufbruch so schnell erfolgen müsse, erklärte Carlos nicht. Er machte nur vage Andeutungen, daß man versucht hätte, ihn unter Druck zu setzen. Um so verwunderter war Kopp, als Carlos nach ihrer Abreise im Flugzeug ein prall gefülltes Kuvert aus seinem Aktenkoffer zog und erklärte, dies sei ein Abschiedsgeschenk des irakischen Geheimdienstes. Seelenruhig nahm er ein Geldbündel nach dem anderen in die Hand und begann unter den staunenden Augen der Stewardeß und der benachbarten Passagiere, ausgiebig zu zählen. Es waren 200 000 US-Dollar.

Nachdem sie am 13. Januar 1979 in Budapest gelandet waren, verteilten sie sich zunächst auf unterschiedliche Hotels. Da aber eine Wohnung als Basislager für Waffen, Werkzeug und Unterlagen benötigt wurde, machten sich Weinrich und Kopp auf die Suche. In Buda, dem westlich der Donau liegenden Stadtteil, wurden sie fündig. Nördlich des Schlosses, auf der Höhe der Margareteninsel, mieteten sie in der Vend utca für sich die Erdgeschoßwohnung einer zweistöckigen Villa. Im oberen Teil des Hauses wohnte der Besitzer mit seiner Familie. Er war Psychologe und konnte eine Nebeneinnahme gut gebrauchen, zumal die Untermieter in harter Währung zahlten.

Währenddessen residierte Carlos weiterhin auf der Pester Seite östlich der Donau im Hotel »Duna Intercontinental« im Zimmer

Nummer 225. Von hier aus startete er seine ausgedehnten Streifzüge durch das Budapester Nachtleben, am dafür notwendigen Kleingeld war ja kein Mangel. Den ungarischen Behörden blieb dadurch nicht lange verborgen, daß sich in ihrer Hauptstadt der meistgesuchte Terrorist der Welt aufhielt; auch auf die beiden Komplizen wurden sie bald aufmerksam. Oberstleutnant József Varga, Leiter der 8. Abteilung in der 2. Hauptverwaltung im ungarischen Innenministerium, ein erfahrener Mann der Spionageabwehr, erhielt den Auftrag, sich der Sache anzunehmen. Er ließ Carlos zunächst rund um die Uhr observieren. Schon das erwies sich als ziemlich schwierig, da Carlos dies bemerkte und mehrmals das Hotel wechselte, wobei er sich jeweils unter einem anderen Namen anmeldete. Als erstes zog er ins mondäne Hotel »Gellert« auf der Budaer Seite, dann ins Hotel »Thermal« auf der Margareteninsel. Seine Auslandskorrespondenz wickelte er über das Telexgerät im Hotel »Budapest« ab, ganz in der Nähe von Weinrich und Kopp. Zwischendurch trat er immer wieder kurze Auslandsreisen in andere osteuropäische Hauptstädte an.

Varga kam mit der Zeit zu der Überzeugung, daß Carlos und seine Komplizen sich nicht auf Dauer in Budapest niederlassen, aber doch zumindest hier eine Basis aufbauen wollten. Als er dies seinen Vorgesetzten im Ministerium mitteilte, befürchtete man dort, es könne im westlichen Ausland bekannt werden und zu außenpolitischen Verwicklungen führen, was für die gerade eingeleitete Entspannungspolitik schädlich wäre. Man beschloß daher, zur Offensive überzugehen. Varga ließ Carlos zur Ausländerbehörde einbestellen.

Dem kleinen dicken Mann sah man nicht an, daß es sich bei ihm um einen hochrangigen Agenten des ungarischen Geheimdienstes Allavédelmi Hatosag (AVH) handelte. Varga strahlte Gemütlichkeit aus. Sein Schädel war kahl wie eine Billardkugel und die rote Nase verriet, daß er hin und wieder ein Glas Palinka oder Wodka nicht verschmähte. Freundlich lächelnd erklärte er dem berühmten Terroristen, daß er dessen wahre Identität kenne, und forderte ihn auf, Ungarn baldmöglichst zu verlassen. Er könne mit keinerlei Unterstützung seitens der Regierung rechnen. Carlos blieb ebenso freundlich, wies aber darauf hin, daß er sich nichts habe zuschulden kommen lassen, weshalb es wohl für das Ausländeramt auch keinen Grund geben dürfte, ihn des Landes zu verweisen. Er wolle den Vorschlag allerdings überdenken.

Kopp genoß das Leben in Budapest ebenfalls. Sie schlenderte zum Einkaufen durch die Gassen der Altstadt mit ihren vielen Läden oder ging in eines der schönen alten Thermalbäder. Oft war sie allein, da Weinrich irgendwo im Ausland zu tun hatte. Er benutzte dafür einen der vielen Pässe, die Kopp verwaltete. Mittlerweile waren weitere südjemenitische und auch syrische Diplomatenpässe hinzugekommen. Um den Überblick nicht zu verlieren, wer mit welcher Identität gerade wo auftrat, führte sie genau Buch darüber. Kopp, die nun unter dem Decknamen »Lilly« agierte, wußte deshalb stets, wohin Weinrich für wie lange gereist war, wann sie also mit seiner Rückkehr zu rechnen hatte.

Als es eines Abends außerplanmäßig an der Wohnungstür klingelte, war sie daher einigermaßen überrascht. Vorsichtig schaute sie durch den Türspion, bevor sie öffnete. Vor ihr stand Carlos mit ein paar Flaschen Rotwein unterm Arm. Als sie am nächsten Morgen aufwachte, lag er neben ihr im Bett. Es war ein kurze und heiße Nacht gewesen.

Ihr blieb nichts weiter übrig, als Weinrich nach seiner Rückkehr die Affäre zu gestehen. Lieber sollte er es von ihr erfahren als durch eine anzügliche Bemerkung von Carlos. Diskretion war in solchen Angelegenheiten nicht gerade dessen Stärke. Weinrich war wie vom Donner gerührt. Nie wäre er auf eine solche Idee gekommen. Es folgten lange und heftige Auseinandersetzungen. Kopp versicherte ihm, daß dies ein einmaliger Vorfall bleiben würde.

Doch wenig später mußte sie mit Carlos, der sich in der Gruppe nun mit »Salem« anreden ließ, nach Prag reisen, von wo aus es nach Ostberlin weitergehen sollte. In Prag steuerte Carlos demonstrativ das »Intercontinental« an, das Kopp ja schon von ihrem Treffen mit Weinrich vier Monate zuvor kannte. Carlos wußte dies natürlich, denn er hatte ja mehrmals dort angerufen. Wie selbstverständlich buchte er nun an gleicher Stätte eine Suite mit Doppelbett. Für einen kurzen Moment überlegte Kopp, ob sie protestieren und auf zwei Einzelzimmern bestehen sollte. Aber sie wollte die Reise nicht mit einem Krach beginnen und hielt sich zurück.

Nach dieser Nacht war ihr klar, daß sie sich von Weinrich trennen mußte. Zu intensiv hatte das Feuer gebrannt, und auf eine Dreiecksbeziehung wollte sie sich nicht einlassen. Mit einem lateinamerikanischen Macho wie Carlos war das nicht zu haben. Trotzdem war sie sich klar darüber, daß sie es auch weiterhin zu dritt aushalten müßten. Die äußeren Bedingungen ließen ihnen keine andere Wahl. Schließlich war Weinrich von Carlos genauso abhängig wie sie.

Worauf sie sich da eingelassen hatte, sollte Magdalena Kopp gleich noch in Prag erfahren. Eines Morgens wachte Carlos auf, und sein Geschlecht war mit stecknadelkopfgroßen Bläschen übersät, die juckten und brannten. Als er ihr dies mit vorwurfsvoller Miene zeigte, kam ihr gleich das Abenteuer mit dem Animateur auf Mauritius in den Sinn. Sie befürchtete, sich dabei mit einer Geschlechtskrankheit angesteckt zu haben. Kleinlaut gestand sie Carlos die Affäre. Wutentbrannt schleppte er sie zur Untersuchung in ein Prager Krankenhaus. Allerdings konnte bei ihr nichts festgestellt werden. Bei Carlos hingegen diagnostizierten die Ärzte einen Herpes progenitalis. Ohne auch nur den Anflug eines schlechten Gewissens erklärte er: »Das muß ich mir dann wohl woanders eingefangen haben.«

Nach kurzen Abstechern ging es dann im März 1979 weiter nach Ostberlin. Dort traf sie erstmals auch wieder mit Weinrich zusammen. In einem Café am Alexanderplatz klärte sie ihn schließlich darüber auf, daß sie sich von ihm trennen werde und fortan mit Carlos zusammenleben wolle. Weinrich konnte ihr in dieser Umgebung schlecht eine Szene machen. Er versuchte, sich nichts anmerken zu lassen, sprach mit keinem Wort über seine Gefühle. Trotzdem ahnte Kopp, wie sehr es ihn verletzen mußte, schließlich waren sie über acht Jahre zusammen gewesen. Weinrich gab sich gar keine Mühe mehr, sie zurückzugewinnen, wußte er doch, daß es sinnlos sein würde. Allerdings zählte er eine ganze Reihe von Argumenten auf, weshalb ein Zusammenleben mit Carlos für sie nicht gut sei. Als er jedoch merkte, daß sie nicht zu überzeugen war, erhob er sich und beendete das Gespräch mit dem Satz: »Du wirst unglücklich mit diesem Mann.«

Helmut Voigt hatte es beim Ministerium für Staatssicherheit (MfS) der DDR bereits bis zum Major gebracht. Nach Jahren in der Bezirksverwaltung Halle war er 1977 in die Zentrale nach Berlin-Lichtenberg beordert worden, um hier beim Aufbau einer Arbeitsgruppe zum Thema Terrorismus mitzuwirken. Erich Mielke, der allmächtige Chef des MfS, hatte angesichts der RAF-Aktionen in der Bundesrepublik Angst, das Geschehen könne auch auf die DDR übergreifen. Nach der Schleyer-Entführung und den dramatischen Ereignissen in Mogadischu entschloß er sich, 1978 eine eigene Hauptabteilung für Terrorabwehr zu schaffen, die HA XXII. Zum Leiter der Unterabteilung 8, unter anderem zuständig für den Schwerpunktbereich (SPB) »Gruppe internationaler Revolutionäre«, wurde Major Voigt berufen.

Für den Genossen aus der Provinz stellte dies einen steilen Aufstieg dar, und das neue Arbeitsgebiet versprach zudem, spannend zu werden. Aber zunächst herrschte eintönige Routine. Der normale Arbeitstag war angefüllt mit der Auswertung westlicher Presseveröffentlichungen und von Spitzelberichten sowie dem Verfassen von Arbeitsplänen und Informationen für die Vorgesetzten. Voigt war enttäuscht und langweilte sich.

Das sollte sich schlagartig ändern, als Ende März 1979 die Nachricht einging, der Terrorist Carlos hielte sich in Ostberlin auf und logiere im Hotel »Stadt Berlin« am Alexanderplatz. Zunächst hielt Voigt dies für ziemlich unwahrscheinlich, zumal sich die betreffende Person als Diplomat der Demokratischen Volksrepublik Jemen angemeldet hatte. Doch als er die Sache persönlich in die Hand nahm und den Verdächtigen aus dem Hotel mit Fotos aus seinen Unterlagen verglich, mußte er feststellen, daß es sich tatsächlich um den gefürchteten Terroristen handelte, auch wenn einige seiner Quellen sogar davon ausgingen, daß er bereits tot sei. Zudem wurde er von zwei Westdeutschen begleitet, die ebenfalls über arabische Diplomatenpässe verfügten.

Eilig erstellte Voigt einen Bericht, der wegen seiner Brisanz sofort Erich Mielke vorgelegt wurde. In einer ersten spontanen Reaktion verlangte der 72jährige Mielke, den Terroristen unverzüglich zu verhaften. Aber die Experten der Terrorabwehr rieten dringend ab. Schließlich war die DDR nicht Interpol angeschlossen, so daß gegen Carlos kein offizieller Haftbefehl vorlag. Und Österreich, wohin man halbwegs gute Kontakte unterhielt, hatte Carlos wegen dem Überfall auf die OPEC-Konferenz nur zur Aufenthaltsermittlung ausgeschrieben. Wichtiger wog aber, daß Carlos mit einem südjemenitischen Diplomatenpaß eingereist war, wodurch man Ärger mit dem sozialistischen Bruderstaat riskierte. Mielke ließ sich überzeugen, erst noch einmal abzuwarten, ordnete aber eine lückenlose Totalüberwachung des Terroristen an. Er wollte über jeden Schritt von Carlos informiert werden, genauso über das Treiben seiner beiden Begleiter.

Voigt wußte, was zu tun war. Er stellte ein vielköpfiges Observationsteam zusammen, das sich an die Fersen der Terroristen heftete und diese bei möglichst jeder Kontaktaufnahme unauf-

Kopp und Carlos in Ostberlin vor dem Hotel »Stadt Berlin« (oben)
Carlos mit zwei Kontaktleuten, Observationsfoto der Staatssicherheit (unten)

fällig fotografierte. Es wurde angeordnet, sowohl Carlos' Post als auch seine Telefonate zu überwachen und sein Zimmer im 35. Stock des Hotels »Stadt Berlin« mit Abhörtechnik zu bestücken. Die Mitschriften wurden täglich ausgewertet. Doch unter geheimdienstlichen Gesichtspunkten war die aufwendige Aktion nicht sonderlich ergiebig, zumal sich alle nur mit ihren Decknamen anredeten. Am 21. April 1979 notierten Voigts Lauscher: »3 Uhr morgens. Anwesend: Salem und Lilly. Salem erzählt Lilly Historisches über den Nahen Osten. Das Ganze zielt darauf ab, nachzuweisen (wie schon in der Bibel steht), daß Palästina den Arabern gehöre.« Wenig später vermerken sie: »Salem macht Lilly Komplimente und Annäherungsversuche.« Das Protokoll mit dem Aktenzeichen 26/7/B/50/79/10/Wo/Be endet schließlich mit der lapidaren Feststellung: »Er schläft dann mit ihr.« So ging es Nacht für Nacht, wobei Voigts Leute feststellten, daß Carlos zwischendurch auch noch mit anderen Damen in seinem Hotelzimmer verschwand.

Die Tage waren da schon interessanter, denn Carlos und seine Leute hielten sich keineswegs nur zum Vergnügen in Ostberlin auf. Während sich Weinrich und Kopp mit Vertretern der *Revolutionären Zellen*, aber auch mit Mitgliedern der italienischen *Roten Brigaden* und der baskischen Untergrundorganisation ETA trafen, kam Carlos in Kontakt mit Residenten mehrerer nahöstlicher Geheimdienste und der PLO. Dazu gehörte auch Abu Daud, Sicherheitschef von Arafats *Fatah*, der für das Massaker bei den Olympischen Spielen 1972 in München verantwortlich gemacht wurde. Von Abu Daud wußte die Stasi, daß er sich regelmäßig in der DDR-Hauptstadt aufhielt, denn er hatte hier eine Geliebte, eine Kellnerin im Devisenhotel »Metropol« am Bahnhof Friedrichstraße.

Voigts Rund-um-die-Uhr-Überwachung erbrachte, daß Carlos Kontakt zu insgesamt 20 Geheimdiensten unterhielt, darunter durchaus auch konkurrierende Dienste. Für den MfS-Major war es ein Rätsel, wie der Venezolaner dabei auseinanderhalten konnte, welchem Agenten er wann was erzählt hatte. Überrascht war Voigt davon, wie unprofessionell, ja teilweise geradezu fahrlässig Carlos und seine zwei Gefolgsleute agierten. Von richtigen Profis hätte er anderes erwartet. Wenn sich Weinrich und Kopp etwa mit Vertretern der ETA trafen, sprachen sie ganz offen darüber, daß Südfrankreich momentan das günstigste Rückzugsgebiet sei und darüber, welche Dörfer dort den besten Unterschlupf boten. Aber besonders Carlos verstieß regelmäßig gegen sämtliche Grundprinzipien der Konspiration, zumal, wenn er des Nachts in den Bars der Devisenhotels mächtig auf den Putz haute. So ließ sich in Erfahrung bringen, daß er auf der Flucht vor dem irakischen Geheimdienst war, der ihn als Agenten hatte verpflichten wollen.

Nach fünfwöchiger Beschattung brachte Voigt am 5. Mai 1979 seine Einschätzung über die »Aktivitäten von Vertretern der palästinensischen Befreiungsbewegung in Verbindung mit internationalen Terroristen« zu Papier. »Nach vorliegenden internen Hinweisen«, schrieb er, planten palästinensische Gruppen im Zusammenspiel mit westlichen Terrororganisationen, »das Territorium der DDR als logistischen Stützpunkt und als Ausgangsbasis für die Durchführung von Gewaltakten in Westeuropa zu nutzen«. Das brisante Papier gab es lediglich in sechsfacher Ausfertigung, und es wurde nur dem engsten Führungskreis des MfS zur Kenntnis gebracht. Dazu gehörten Minister Erich Mielke, dessen Stellvertreter Gerhard Neiber und der Chef des Auslandsgeheimdienstes, der sogenannten Hauptverwaltung Aufklärung (HV A), Markus Wolf. »Die Tatsache, daß sich der bekannte sog. Internationale Terrorist und vom Gegner in Festnahme-Fahndung gestellte Ramírez-Sanchez alias Carlos (...) seit Anfang März 1979 (genaues Datum nicht bekannt, da die Einreise mit Diplomatenpaß erfolgte) als Gast des 1. Sekretärs der Botschaft der VDRJ, Kamal-Hassan, in der Hauptstadt der DDR aufhält«, könnte, so das Papier, die DDR im westlichen Ausland in den Ruf bringen, eine Terroristenherberge zu sein. Dem müsse entgegengewirkt werden, ohne dabei die arabischen Verbündeten zu brüskieren. Keine leichte Aufgabe.

Zur gleichen Zeit hielt sich auch Bassam Abu Sharif in Ostberlin auf. Als der Palästinenser hörte, daß sein früherer Schützling in der Stadt sei, wollte er ihn unbedingt treffen. Vom Devisenhotel »Metropol« am Bahnhof Friedrichstraße fuhr er hinüber zum Alexanderplatz. Im »Stadt Berlin« ließ er sich von der Rezeption aus mit dem jemenitischen Diplomaten »Adil-Favez Ahmad« verbinden. Doch am anderen Ende meldete sich eine Frauenstimme, die Englisch mit einem erkennbaren deutschen Akzent sprach. Abu Sharif ließ sich nicht irritieren und bat darum, Carlos zu sprechen. Es trat eine Pause ein. Kurz darauf bat ihn die Dame, im Foyer zu warten.

Zu Kopps Überraschung war Carlos nicht bereit, sich mit seinem langjährigen Freund zu treffen. Er verdächtigte Abu Sharif, mit dem irakischen Geheimdienst zu kooperieren. Womöglich hatte man ihn extra hierher geschickt. Unwirsch forderte Carlos Kopp auf, Abu Sharif mitzuteilen, er habe keine Zeit. Kopp zögerte. Sie wußte um Sharifs Ruf im palästinensischen Lager und um seine heutige Bedeutung. Seit dem Ausstieg bei der PFLP-SC war er zum Berater von PLO-Chef Jassir Arafat avanciert. Vorsichtig wies sie Carlos darauf hin, daß er mit Abu Sharif nicht so umspringen könne. Carlos wurde ungehalten. Sie solle gefälligst tun, was er ihr aufgetragen habe.

Kopp hatte Abu Sharif noch nie gesehen, wußte aber von den Entstellungen durch den Bombenanschlag. Obwohl er sein vernarbtes Gesicht hinter einer großen Pilotenbrille verbarg, erkannte sie ihn sofort. Als sie auf ihn zuging und ihm mitteilte, daß Carlos keine Zeit habe, ließ sich Abu Sharif nichts anmerken. »Doesn't matter!« – Macht nichts! Er bat sie, Platz zu nehmen, und begann ein freundliches Gespräch. Sie hatte den Eindruck, daß er von ihrer engen Beziehung zu Carlos wußte, jedenfalls sprach er mit ihr wie mit einer alten Bekannten. Höflich bat er sie, Carlos auszurichten, daß ein westdeutscher Journalist namens Karl Robert Pfeffer gern ein Interview mit ihm führen wolle. Er selbst bürge für Pfeffer, der sowohl für das deutsche Nachrichtenmagazin »Der Spiegel« als auch für den »Stern« als Korrespondent gearbeitet habe und nun als freier Journalist mit Frau und Tochter in Beirut lebe. Er sei zu einem Treffen an jedem beliebigen Ort bereit.

Als Kopp von dem Gespräch mit Abu Sharif berichtete, nahm es Carlos grummelnd zur Kenntnis. Ihm war es gar nicht lieb, daß Abu Sharif ihm schon wieder einen Journalisten auf den Hals schicken wollte, und das auch noch hier in Ostberlin. Ein paar Tage später, am 26. Mai 1979, meldeten westdeutsche Zeitungen, daß der Journalist Karl Robert Pfeffer in Beirut ermordet worden war. Pfeffer hatte mit seiner Frau vor der Tür seines Apartments gestanden, als plötzlich ein Auto vorfuhr, vier bewaffnete Männer heraussprangen und wie wild auf ihn feuerten. Die Hintergründe der Tat wurden nie aufgeklärt. Als Kopp davon erfuhr, wagte sie nicht, Carlos danach zu fragen. Womöglich hatte er in seinem Zorn das Mordkommando losgeschickt, um auf diese Weise Abu Sharif eine entsprechende Antwort zu geben. Zuzutrauen war es ihm jedenfalls.

Nach gut vier Monaten, Ende Juli 1979, zogen sich Carlos und seine Begleiter von Ostberlin wieder nach Budapest zurück. Die ungarischen Genossen erhielten umgehend eine Depesche von Erich Mielke persönlich. Er meldete am 28. Juli 1979, daß sich nach Informationen des Ministeriums für Staatssicherheit der DDR der »international bekannte Terrorist Carlos« unter dem Namen »Adil-Favez Ahmad« in Budapest aufhalte, und zwar im Hotel »Duna Intercontinental«, Zimmer Nr. 225. Dem Ton des Schreibens war deutlich der Stolz von Mielke anzumerken, den ungarischen Kollegen mit solch einem Tip wieder einmal die Effizienz seines Dienstes unter Beweis gestellt zu haben. Daher ließ er auch nicht unerwähnt, daß Carlos von zwei Terroristen, »wahrscheinlich deutscher Nationalität« und ebenfalls im Besitz von Diplomatenpässen, begleitet werde. Um wen es sich dabei handelte, hatten seine Kämpfer in den letzten Monaten jedoch trotz großen Aufwandes nicht ermitteln können.

Der ungarische Außenminister Andras Benkei jedenfalls bedankte sich schriftlich bei dem »Genossen Minister«. »Erlauben Sie mir, für Ihre verantwortungsvolle Arbeit auf diesem Wege Erfolg, Kraft und Gesundheit zu wünschen«, schrieb Benkei und bat darum, ihm auch weiterhin »außer der Reihe« Informationen über die Terroristen zukommen zu lassen. Mit keinem Wort erwähnte er, daß der ungarische Geheimdienst längst über Carlos Bescheid wußte.

Ihm bereitete vor allem Kopfzerbrechen, daß nicht nur der ostdeutsche, sondern womöglich auch der westdeutsche Geheimdienst inzwischen wußte, daß sich der Terrorist gelegentlich in Budapest aufhielt. Dies könnte den für September geplanten Staatsbesuch von Bundeskanzler Helmut Schmidt gefährden, von dem man sich wirtschaftlich soviel erhoffte.

Geheimdienstmann József Varga erhielt daher den Auftrag, dafür zu sorgen, daß Carlos so bald wie möglich das Land verlasse. Aber das war nicht so einfach. Varga hatte sich inzwischen eingehend mit Carlos beschäftigt und wußte, daß er den Jähzorn des gebürtigen Venezolaners nicht zu sehr herausfordern durfte. Daher konnte er ihn nicht einfach aus dem Land werfen, denn dabei würde man Gefahr laufen, daß Carlos oder seine fanatischen Gefolgsleute einen Racheakt gegen Ungarn verübten.

Nachdem Varga eine Weile über das Problem nachgedacht hatte, entschloß er sich zu einer List. Er wies seine Leute an, Carlos möglichst auffällig zu observieren. Allerdings sollte dabei der

Eindruck vermittelt werden, daß es sich um westliche Agenten handele, die hinter ihm her waren. Daher durften für die Beschattung nicht die sonst üblichen Ladas sowjetischer Bauart, sondern mußten westliche Autos mit bundesdeutschen und italienischen Kennzeichen eingesetzt werden. Varga hoffte, daß Carlos einen solchen Schreck bekäme, daß er von sich aus Budapest den Rükken kehren würde.

Am 20. August 1979 schien die Rechnung schließlich aufzugehen. Bereits seit mehreren Tagen hatten drei ungarische Agenten in einem grünen Opel mit dem polizeilichen Kennzeichen WES YE 359 Carlos nachgestellt. Als gegen 18.30 Uhr einer der drei Agenten auf dem Budapester Engelsplatz den Wagen verließ, um sich Zigaretten zu kaufen, schnappte ihn sich Carlos und schleppte ihn mit vorgehaltener Pistole zum nächsten Polizeirevier. Dort legte er seinen Diplomatenpaß, ausgestellt auf den Namen »Adil-Favez Ahmad«, auf den Tisch und stellte sich als Offizier der Auslandsabwehr der Demokratischen Volksrepublik Jemen vor. Den gestellten Agenten, dem er noch immer den Lauf seiner Pistole in die Rippen drückte, bezeichnete er als westdeutschen Staatsbürger, der ihn dauernd verfolgt habe, weshalb er annehme, daß es sich dabei um einen feindlichen Spion handele.

Noch ehe die Polizisten die Situation ganz durchschaut hatten, trafen Vargas' über Funk herbeigeorderte Leute im Polizeirevier ein und verhafteten vor Carlos' Augen theatralisch ihren Kollegen. Danach bedankte man sich bei dem »Diplomaten« für sein entschlossenes Handeln, und ein Beamter nahm gewissenhaft seine Aussage auf. Schon seit Wochen habe er das Gefühl, von bundesdeutschen Geheimdienstleuten verfolgt zu werden, gab Carlos zu Protokoll. Bereits in der DDR hätten sie ihn beschattet, weshalb er dort bereits die Staatssicherheit um Hilfe gebeten habe, die ihm auch gewährt worden sei, log er. Dem ungarischen Beamten schlug Carlos nun vor, daß die hiesigen Behörden ihm während seines Aufenthaltes ebenfalls Hilfestellung gewähren sollten. Man versicherte ihm, diesen Wunsch an die vorgesetzten Stellen weiterzuleiten. Ganz so hatte sich das Varga allerdings nicht gedacht. Aber immerhin war der vermeintliche Superterrorist auf das Schauspiel hereingefallen und verließ tatsächlich am nächsten Tag mit seiner Begleiterin Budapest.

Es wurde auch allerhöchste Zeit. Tags darauf erschien der zweite Sekretär der bundesdeutschen Botschaft in Budapest in der konsularischen Hauptabteilung des ungarischen Außenministeriums und teilte mit, daß der bundesdeutschen Botschaft in Wien ein anonymes Schreiben zugegangen sei, wonach sich Ilich Ramírez Sánchez alias Carlos, »die Nummer eins des internationalen Terrorismus«, unter dem Namen »Adil-Favez Ahmad« in Budapest aufhalte. Angesichts des unmittelbar bevorstehenden Staatsbesuchs von Helmut Schmidt in Ungarn sei man daher sehr besorgt. Die ungarischen Behörden versprachen, trotz der »sehr spärlichen Angaben« der Sache mit allem Einsatz nachzugehen.

Für Varga war dies ein willkommener Anlaß, sich die Unterkünfte der Terroristen endlich einmal gründlich vorzunehmen. Da auch Weinrich gerade nicht in Budapest weilte, nutzte man die Gunst der Stunde und durchsuchte vom 25. bis 28. August 1979 sowohl die Wohnung als auch die angemieteten Hotelzimmer. Dabei wurde in der Villa auf dem Rosenhügel ein ausgedehntes Waffenarsenal entdeckt. Neben 25 Pistolen der Marke Browning hatten die Terroristen hier 20 Schalldämpfer-Pistolen sowie 30 Maschinenpistolen des Typs Ingram und Ichataer 63 sowie zehn Gewehre des Typs ZIG angehäuft. Aber noch viel besorgniserregender fand Varga, daß in dem vornehmen Wohnviertel neben Hunderten von elektronischen Zündern und Dutzenden Zeitschaltuhren auch zehn Zentner TNT-Sprengstoff sowjetischer Fabrikation lagerten. Hinzu kamen noch mehrere Panzerabwehrgeschosse vom Typ RPG-7 mit zugehörigen Nachtsichtgeräten sowie vier Abschußeinrichtungen für SAM-7-Raketen. Varga fragte sich allen Ernstes, wie es den Terroristen gelungen war, diese Waffenmengen an den Zollbeamten vorbei nach Ungarn zu schmuggeln. Er konnte es sich einfach nicht vorstellen, daß so etwas allein im Diplomatengepäck zu transportieren sei.

Neben den Waffen stießen die Sicherheitsleute noch auf Unmengen von schriftlichen Unterlagen, die komplett kopiert wurden. Allerdings erwies sich deren Auswertung als höchst kompliziert, da die meisten Schriftstücke handschriftlich in englischer, deutscher, spanischer oder arabischer Sprache abgefaßt waren. In der Wohnung der Deutschen war die Durchsuchung in dieser Hinsicht besonders ergiebig, denn hier lagen akkurate Aufzeichnungen über geheime Besprechungen, Einsatzpläne, Waffenlisten, falsche Pässe, Fotos, Korrespondenzen, ein Telefonverzeichnis, Visitenkarten und Geld. Weinrich war offensichtlich geradezu versessen, alles festzuhalten und geordnet abzulegen. Auf seinem Schreibtisch, den Vargas Leute zu Beginn der Aktion ausgiebig fotografiert hatten, um anschließend wieder alles an seinen richtigen Platz zu bringen, waren rechts auf der Platte etwa zehn Bleistifte und Kugelschreiber exakt in Reih und Glied gelegt. Die Ungarn gaben dem Terroristen den Spitznamen »Der Ingenieur«.

Den deutschen Texten zufolge verstanden sich Carlos und seine Komplizen als »die Nachfolger von Che Guevara, der spanischen internationalen Brigaden und der Pariser Kommune«. Ihre Gruppe befand sich im bewaffneten »Kampf gegen den Zionismus«, wobei »Israel den Imperialismus der schlimmsten Sorte verkörperte«. Sogar »politische Grundsätze« hatten die Terroristen zu Papier gebracht. Danach war »der revolutionäre Terror eine berechtigte Waffe, solange er mit der objektiven politischen Linie einer gegebenen Revolution übereinstimmt«. Ganz in diesem Sinne hieß es an anderer Stelle: »Die Flugzeugentführung ist keine politische Richtung, sondern eine Aktionsmöglichkeit!«

Offensichtlich bereitete die Terrorclique im Rahmen dieses Kampfes gerade eine entsprechende Operation vor. Jedenfalls fanden sich zahlreiche Unterlagen zur Navigation von Flugzeugen und zum Ansteuern von Flughäfen auf insgesamt vier Kontinenten.

Am 29. August 1979 kehrte Carlos wieder nach Budapest zurück. Varga hatte sich zu früh gefreut. Nun wurde es dramatisch, denn bis zum Staatsbesuch von Helmut Schmidt verblieben nur vier Tage. Am späten Abend sollte auch noch die deutsche Lebensgefährtin des Terroristen eintreffen. Planten sie tatsächlich einen Anschlag auf Helmut Schmidt, womöglich als Vergeltung für den »Deutschen Herbst«? Varga beschloß, noch einmal in die Trickkiste zu greifen, denn eine offene Konfrontation mit dem schwer bewaffneten Duo konnte er sich nicht leisten. Das würde in jedem Fall Öffentlichkeit geben, gefragt war aber eine stille Lösung, und das möglichst schnell.

Als Carlos am Abend zum Flughafen fuhr, um Kopp von der Maschine aus Ostberlin abzuholen, klemmten sich vier ungarische Agenten demonstrativ an seine Fersen, um dann auch dem Terroristenpärchen zu folgen, als dieses mit einem Taxi in Richtung Innenstadt fuhr. Wieder benutzten sie dafür den Opel, diesmal allerdings mit einem anderen westdeutschen Kennzeichen. Nachdem das Taxi auf dem Rosenhügel in die Straße eingebogen war, in der sich ihre Wohnung befand, stoppte es plötzlich. Carlos sprang mit gezückter Pistole heraus und gab mehrere Schüsse auf das Fahrzeug mit den Beschattern ab. Danach setzte er sich wieder in das Auto und wies den Fahrer an, in Ruhe weiterzufahren. Als sie an einer Straßenlaterne vorbeifuhren, sah Kopp für einen kurzen Moment im Rückspiegel das Gesicht des Taxifahrers. Er war kreidebleich.

Nicht viel anders war den ungarischen Sicherheitsleuten zumute. Vier Kugeln hatten in die Karosserie ihres Wagens eingeschlagen, verletzt worden war zum Glück keiner. Solch eine Situation hatten sie noch nie live erlebt, der Schreck saß ihnen gehörig in den Knochen. Mit quietschenden Reifen rasten sie davon und unterrichteten Varga von dem Zwischenfall. Er wies an, ab sofort »maximale Konspiration« einzuhalten und das Pärchen nur noch aus sicherer Entfernung zu observieren, um eine Konfrontation zu vermeiden und auch das Leben seiner Männer zu schützen.

Wie würde Carlos jetzt reagieren? Kaum war er in der Villa angekommen, griff er zum Telefon. Während der Wohnungsdurchsuchung waren alle Räume und die Telefonanlage mit Abhörtechnik versehen worden. Von der Geheimdienstzentrale aus konnte Varga nun stets mithören. Carlos informierte den »Ingenieur« in Ostberlin, daß er und »Lilly« soeben von westdeutschen oder italienischen Agenten verfolgt worden seien. Ohne den Tonfall auch nur eine Nuance zu ändern, schilderte er dann, wie er auf das Verfolgerfahrzeug geschossen und dabei vermutlich ein paar Insassen verletzt habe. Da der dritte Mann offensichtlich beabsichtigt hatte, in den nächsten Tagen ebenfalls nach Budapest zu kommen, wies ihn Carlos an, vorsichtshalber in Ostberlin zu bleiben, bis in Budapest die Luft wieder rein sei. Varga lächelte zufrieden. Carlos hatte den Köder ein zweites Mal geschluckt.

Am nächsten Tag mußte der Stier nun bei den Hörnern gepackt werden. Varga, als Vertreter der Ausländerbehörde getarnt, suchte Carlos in der waffenstrotzenden Wohnung in der Vend utca auf. Sofort berichtete ihm der Terrorist von dem Zwischenfall am Vorabend und beschwerte sich heftig. Varga versprach, die Sache schnellstens untersuchen zu lassen. Carlos verlangte nun eine Garantie für seine Sicherheit, schließlich sei er Diplomat eines befreundeten Staates. Varga zuckte nur mit den Achseln und antwortete vieldeutig: »Eine Lebensversicherung für Revolutionäre gibt es nun mal nicht.«

Tags darauf, am 31. August 1979, ging Varga erneut zu Carlos.

Mit besorgter Miene teilte er ihm mit, sein Verdacht habe sich leider bestätigt. Die Verfolger seien aller Wahrscheinlichkeit nach westdeutsche Agenten gewesen. Zumindest habe die bundesdeutsche Botschaft in Budapest dem ungarischen Außenministerium mitgeteilt, daß sich mehrere Terroristen in Ungarn aufhielten, weshalb im Vorfeld des Schmidt-Besuches auch verstärkt westdeutsche Geheimdienstleute ins Land gekommen seien, die nun massiv nach diesen Terroristen suchten.

Carlos hatte längst begriffen, daß er nicht irgendeinem untergeordneten Beamten einer Verwaltungsbehörde gegenübersaß, sondern es mit einem Profi zu tun hatte. Er schlug ihm daher partnerschaftlich vor, Ungarn für einige Zeit aus eigenem Entschluß zu verlassen. Schließlich sei er ein venezolanischer Kommunist, auch wenn er mit einem arabischen Diplomatenpaß reise, und er habe nicht die Absicht, die Interessen der Volksrepublik zu verletzen. Spätestens am 2. September 1979, also einen Tag vor Beginn des Staatsbesuchs, würden sie zu zweit Budapest in Richtung Sofia verlassen.

Varga traute dem smarten Südamerikaner nicht und ließ ihn weiterhin rund um die Uhr bewachen. Aus den Telefonaten von Carlos wurde jedoch deutlich, daß er ausgiebig mit einem Kontaktmann in Bulgarien verhandelte und einen Termin für den 3. September in Sofia vereinbarte. Aber Varga, selbst mit allen Wassern gewaschen, schloß nicht aus, daß es sich dabei um eine Finte handelte. Er konnte erst aufatmen, als ihm seine Leute am 2. September meldeten, daß Carlos soeben mit seiner Komplizin die Malev-Maschine des Fluges 830 nach Sofia bestiegen habe.

Doch am nächsten Tag, kurz vor dem Eintreffen von Helmut Schmidt, sollte es noch einmal zu großen Aufregungen kommen. Anton Metzger, der zweite Sekretär der bundesdeutschen Botschaft in Budapest, wurde abermals bei der konsularischen Hauptabteilung des ungarischen Außenministeriums vorstellig und teilte mit, daß der deutschen Seite Informationen vorlägen, wonach »sich zur Zeit deutsche oder ausländische Terroristen in Ungarn aufhalten«. Wenige Tage zuvor hatte ein deutscher Tourist in einem Devisenlokal in Budapest den international zur Fahndung ausgeschriebenen Carlos erkannt und dies nach seiner Rückkehr der örtlichen Polizeidienststelle gemeldet. Von dort war die Information über das zuständige Landeskriminalamt zum Bundeskriminalamt gelangt. Da man in der dortigen Abteilung Terrorismus mit dem Tip wenig anfangen konnte – schließlich gab es keine offiziellen Kontakte zu einem Ostblockdienst jenseits des »Eisernen Vorhanges« –, wurde der Hinweis an das Außenministerium weitergereicht, das wiederum die Botschaft in Budapest verständigte.

Die ungarische Seite versicherte nun dem deutschen Botschaftssekretär, daß der Sicherheit von Helmut Schmidt selbstverständlich oberste Priorität eingeräumt werde und kein Grund zur Sorge bestünde. Parallel dazu wurde Varga angewiesen, noch einmal alles nachzuprüfen, um absolut auszuschließen, daß Carlos oder einige seiner Leute nach Budapest zurückgekehrt waren. Aus Sofia kam jedoch wenig später die Bestätigung, daß sich Carlos und seine Komplizen in der bulgarischen Hauptstadt aufhielten.

Die bundesdeutschen Ermittlungsbehörden waren im Herbst 1979 mit einem anderen Vorgang beschäftigt. Das Buch von Hans-Joachim Klein »Rückkehr in die Menschlichkeit – Appell eines ausgestiegenen Terroristen« kam auf den Markt. Darin enthüllte der untergetauchte Klein sowohl zahlreiche Interna der *Revolutionären Zellen* als auch der internationalen Terroristenszene, die es jetzt auszuwerten galt. Obwohl Klein seine früheren Kampfgefährten fast ausnahmslos beim Decknamen nannte, bekamen Polizei und Bundesstaatsanwaltschaft doch eine vage Vorstellung davon, wer an welchen Aktionen beteiligt gewesen war. Neben Weinrich und Kopp ließ sich Klein auch über Carlos aus, den er abwechselnd als eiskalten Killer, dann wieder als Gentleman und als eine Art »revolutionärer James Bond« beschrieb. Obwohl Carlos bekanntlich gegen Publizität nichts einzuwenden hatte, störte ihn diese Darstellung, zumal er gerade das Gefühl hatte, von bundesdeutschen Agenten selbst im noch sicher geglaubten Ostblock gejagt zu werden. Er machte Kopp und Weinrich bittere Vorwürfe. Sie hätten sich mehr um »Angie« kümmern müssen.

Doch damit nicht genug. Fast zeitgleich, am 30. November 1979, erschienen in Paris in der pro-irakischen Zeitung »Al Watan al Arabi« (Die arabische Nation) Ausschnitte aus dem Gespräch, das der Reporter Al Jundi mit Carlos für dessen autorisierte Biographie geführt hatte. Da es das erste Lebenszeichen von Carlos seit seinem spektakulären Überfall auf die OPEC-Konferenz vor vier Jahren war, stürzten sich alle anderen Medien darauf, denn manche hatten ihn ja bereits für tot erklärt. »Al Watan al Arabi« kündigte nach diesem publizistischen Welterfolg sogar an, in den nächsten Ausgaben weitere Folgen des Interviews mit dem meistgesuchten Terroristen der Welt zu veröffentlichen.

Carlos tobte. Die geplante Aufmerksamkeit für die Biographie war verpufft. Al Jundi, dem er aufgrund der Fürsprache von Abu Sharif vertraut hatte, kümmerte sich ganz offensichtlich nicht mehr um die Abmachung, nach der allein Carlos den Zeitpunkt der Veröffentlichung bestimmen sollte. Schleunigst ließ er Al Jundi eine Warnung zukommen und verlangte den sofortigen Stop der Interviewserie. Als die Zeitung in den darauf folgenden zwei Ausgaben trotzdem Fortsetzungen druckte, wurde Al Jundi in Beirut aus einem fahrenden Auto heraus von zwei Männern unter Beschuß genommen. Der Reporter hatte Glück. Er bekam nur einen Streifschuß ab. Der Herausgeber von »Al Watan al Arabi« stoppte daraufhin die Serie.

Magdalena Kopp mußte diesmal nicht darüber rätseln, wer hinter dem Anschlag steckte. Carlos machte kein Geheimnis daraus, daß er zwei Killer losgeschickt hatte. Allerdings ärgerte ihn die dilettantische Ausführung seines Mordauftrages.

Anschlag auf Radio Freies Europa

Kontakte zu den italienischen *Roten Brigaden* und der baskischen ETA – Auftrag der rumänischen Securitate zur Ermordung von Exilpolitikern – Absetzbewegung nach Nicaragua – Verhaftung in der Schweiz – Der »Münchner Tango« mißlingt 1981

Den Heiligen Abend 1979 verbrachten Carlos, Kopp und Weinrich zusammen im Hotel »Vitolsa« in Budapest. Das Zusammenleben in der neuen Konstellation hatte sich inzwischen eingespielt. Nach dem Essen ging es um weitere Aktionen. Allerdings waren sie bei der Unterredung nicht unter sich. Abhörspezialisten des ungarischen Geheimdienstes belauschten sie mit Richtmikrofonen. Das besondere Interesse der Agenten galt dabei einer Unterredung zwischen Carlos und Weinrich über neue Waffen. Carlos schwärmte von einem Gerät mit einem Wirkungsradius von 15 Kilometern, das dazu noch lenkbar sei. Es sollte Bestandteil einer größeren Lieferung aus Libyen sein, die demnächst über Moskau und Ostberlin nach Budapest käme. Um die Modalitäten des Transports abzustimmen, sollte Weinrich am nächsten Tag nach Tripolis fliegen. Auf dem Rückweg war für den 28. Dezember 1979 ein Zwischenstop in Sofia vorgesehen, da ein Teil der Waffen für die bulgarische Basis bestimmt war.

Als Geheimdienstoffizier József Varga den Bericht über die Abhöraktion las, wurde ihm plötzlich klar, was die Unmenge von Waffen in der Wohnung der Carlos-Gruppe zu bedeuten hatte. Die Terroristen beschränkten sich längst nicht mehr auf politisch motivierte Anschläge, hier wurde Waffenhandel im großen Stil betrieben. Daher auch die Kooperation mit so vielen unterschiedlichen Geheimdiensten. Es zählte, wer zahlte. In Vargas Augen waren die Revolutionäre nichts anderes als Söldner.

Trotz personeller Engpässe in der Weihnachtszeit begann der ungarische Geheimdienst wieder damit, die Terroristen rund um die Uhr überwachen zu lassen. Es sollten die Hintermänner und Auftraggeber der Carlos-Gruppe sowie die genauen Transportwege für die Waffenschiebereien ermittelt werden. Die Operation erhielt den Decknamen »C-79« – Carlos 1979.

Als Weinrich am 30. Dezember 1979 nach Budapest zurückkam, brachte er schlechte Nachrichten mit. Major Abu Shreda Salem, ihr Verbindungsoffizier beim libyschen Geheimdienst, war unzufrieden mit den bisherigen Aktivitäten der Gruppe. Er habe ihnen vor sechs Monaten nicht drei Millionen Dollar gegeben, damit sie sich in den teuren Hotels ein schönes Leben machten, sondern damit sie die übermittelten Aufträge erfüllten. Das betraf die Ausschaltung von Gegnern in Europa genauso wie Attentate auf Objekte von »Feindorganisationen«. Er wollte binnen eines Monats Resultate sehen. Ansonsten würde er sich an eine andere, verläßlichere Gruppe wenden.

Als Zeichen ihrer Funktionsfähigkeit sollte die Gruppe einen heiklen Transport nach Westeuropa organisieren. Es ging um die Lieferung von panzerbrechenden Waffen an eine nicht näher bestimmte Organisation. Zu diesem Zweck würde ein präparierter Kleintransporter einer polnischen Firma zur Verfügung gestellt werden. Über eine Geheimtür könnten in dem verplombten Frachtraum Waffen versteckt werden, ohne daß das Zollsiegel verletzt werden mußte. Konkret handelte es sich um vier sogenannte Bazookas, die von Ostberlin aus durch die Bundesrepublik nach Südfrankreich gelangen sollten. Die Gruppe würde sowohl legale Fahrzeugpapiere als auch einen ordentlichen Frachtbrief erhalten. Nach Weinrichs Aussage bestünde Salem aber darauf, daß die Aktion auf die bereits erfolgte Zahlung der drei Millionen Dollar angerechnet werde. Gegenüber Oberst Gaddafi könne er weitere Ausgaben nicht rechtfertigen.

Carlos war einverstanden und schickte Weinrich postwendend wieder nach Tripolis, um alle erforderlichen Einzelheiten abzustimmen. Außerdem gab er ihm eine neue Bedarfsliste für künftige Aktionen mit.

Die Ostblockstandorte sollten zuvor aufgerüstet werden. Für Sofia bestellte er zehn Browning-Pistolen, vier Beretta-Pistolen, 20 Handgranaten englischer Fabrikation, ein amerikanisches Gewehr, fünf Panzerfäuste, 100 elektronische und 100 normale Zünder sowie 100 Kilogramm TNT-Sprengstoff. Für Ostberlin war etwas weniger vorgesehen: zehn Brownings, fünf Berettas, 20 Handgranaten, drei amerikanische Meistergewehre, vier Panzerfäuste, 50 elektronische und 50 normale Zünder sowie Zeitzündereinrichtungen bester Qualität, nicht zu vergessen 50 Kilogramm TNT.

Wenig später begab sich Magdalena Kopp nach Ostberlin, um dort die bestellten Waffen in Empfang zu nehmen und den Weitertransport der Panzerfäuste nach Frankreich in die Wege zu leiten. Es handelte sich um Geschosse des sowjetischen Typs RPG 75, Baujahr 1963. Trotzdem waren die Waffen fast wie neu und in einem ausgezeichneten Zustand. Die Identifizierungsnummern hatte jemand zuvor abgefeilt. Der polnische Kleintransporter traf zur vereinbarten Zeit ein, die Ware erreichte planmäßig ihr Ziel. Wozu sie diente, erfuhr Kopp erst zwei Jahre später. Am 19. Januar 1982 meldeten die Medien, daß in der Nacht zuvor eine Schweizer Gruppe den Rohbau des französischen Atomkraftwerkes in Creys-Malville mit Panzerfäusten beschossen hatte. Wie eine unbekannte Person der französischen Nachrichtenagentur AFP mitteilte, sei es Ziel des Anschlages gewesen, »die Menschen zum Nachdenken zu veranlassen, um in Frankreich die Debatte über Atomkraft neu zu entfachen«.

Von Ostberlin aus flog Kopp am 26. Februar 1980 kurz nach Tripolis, um Major Salem persönlich Vollzug zu melden. Zwei Tage später traf sie sich mit Carlos und Weinrich wieder in der DDR-Hauptstadt. Ein Treffen mit Falah Hassan Matroud, einem Emissär des neuen irakischen Geheimdienstchefs, stand auf dem Programm. Seit der Abreise aus Bagdad hatte sich im Irak einiges verändert. Mittlerweile war Saddam Hussein an die Macht gekommen, und die Führung des Geheimdienstes war ausgewechselt worden. Die neue Leitung wollte nun mit Carlos über die Haltung seiner Gruppe zum irakischen Dienst reden und mögliche gemeinsame Aktionen besprechen. Doch eine Einladung nach Bagdad hatte Carlos dankend abgelehnt. Er zog es vor, sich an einem neutraleren Ort zu treffen. Um seine Unabhängigkeit zu beweisen, präsentierte er dem irakischen Geheimdienstmann auch gleich seinen syrischen Diplomatenpaß, mit dem er fast jede Zollstation ungehindert passieren konnte, gleichgültig, was er im Gepäck mit sich führte. Carlos wußte sehr genau, daß sich die Syrer und Iraker nicht sonderlich gut verstanden und daß seit der Machtübernahme von Saddam Hussein die Spannungen noch gewachsen waren, denn Hussein hatte blutige »Säuberungen« in der panarabischen Baath-Partei vorgenommen. In Syrien, wo die Baath-Partei seit über zehn Jahren die Regierung stellte, war dies mit großer Sorge aufgenommen worden. Bei dem Treffen in Ostberlin kam es dann auch zu keiner wirklichen Annäherung, man vereinbarte lediglich, in Kontakt zu bleiben.

In den folgenden Wochen nutzten Weinrich und Kopp ihre Aufenthalte in Ostberlin, um sich erneut mit Mitgliedern der *Revolutionären Zellen* zu treffen. Dazu gehörten sowohl Gerd-Hinrich Schnepel als auch Uwe Krombach (»Leo«), der nach der Spaltung der RZ in eine nationale und eine internationale Sektion jene Gruppe anführte, die mit Carlos, Kopp und Weinrich weiterhin kooperierte. Zu dieser Gruppe zählten auch Thomas Kram (»Lothar«) sowie Christa Margot Fröhlich (»Heidi«), eine gelernte Chemotechnikerin, und Wilhelmine Götting (»Tina«), die an einer Schule in Bochum angestellt war.

Es ging um die logistische Unterstützung der RZ für die *Organisation Internationaler Revolutionäre* (OIR), die bislang allerdings nur vier Mitglieder zählte, wenn man »Ali« einrechnete. Um den drängenden Forderungen des libyschen Geheimdienstes nachkommen zu können, mußte Carlos seine Gruppe schleunigst erweitern und sich mit schlagkräftigen Partnern verbünden. »Ali« war zu diesem Zweck seit geraumer Zeit im Nahen Osten unterwegs, Weinrich und Kopp war es vorbehalten, gleiches in Westeuropa zu tun. Neben den Beziehungen zur RZ intensivierten sie daher auch die Kontakte zu anderen europäischen Gruppen wie der baskischen Separatistenorganisation ETA und den italienischen *Roten Brigaden*. Auf deren Unterstützung war die OIR angewiesen, wenn es um das Auskundschaften von Zielpersonen und Zielobjekten sowie den Transport von Waffen und Sprengstoff zu Einsatzorten in Westeuropa ging. Als Gegenleistung sollten die Gruppen von Carlos mit Waffen für den eigenen Gebrauch versorgt werden.

Ein solches Geschäft auf Gegenseitigkeit fädelten Kopp und Weinrich auch mit einer Gruppe von Schweizer Linksautonomen ein, die Giorgio Bellini (»Roberto«), ein früheres Mitglied der *Roten Brigaden*, um sich geschart hatte. Für die Lieferung von Waffen sollten sie Informationen über den in der Schweiz lebenden Exillibyer Omar Yehia beschaffen, der nicht nur in London und Kairo residierte, sondern auch über einen Wohnsitz in Cologny am Genfer See verfügte.

Yehia stand auf der Abschußliste des libyschen Geheimdienstes. Zuvor wollte ihn Carlos aber noch entführen, um für die eigene Kasse ein stattliches Lösegeld zu erpressen. Bellini war für die Operation als Kundschafter vorgesehen. Der Tessiner aus dem Ort Minusio sollte alle notwendigen Informationen über den Ölhändler zusammentragen. Allerdings konnte Bellini nicht mehr als die Adresse und ein paar dürftige Angaben über die Sicherheitsvorkehrungen am Haus von Yehia liefern. Das eigentliche Verhalten des Mannes, seine bevorzugten Anfahrtswege und die übliche Aufenthaltsdauer im Ort blieben unklar. Carlos mußte die Operation abblasen. Das war doppelt ärgerlich, denn nun gab es neuen Druck aus Tripolis, und es fehlte Geld in der Kriegskasse. Die vielen Reisen der letzten Monate, der Unterhalt der Basen in mehreren Ländern und nicht zuletzt das Leben in den teuren Hotels hatten enorme Mittel verschlungen. Und am gewohnten Standard wollte man ungern Abstriche machen.

Die zahlreichen Flüge registrierte auch der ungarische Geheimdienst mit Sorge. Es entstand der Eindruck, daß die Carlos-Gruppe irgendeine größere Operation plante, die so brisant war, daß die Terroristen Einzelheiten nicht dem Telefon anvertrauen wollten, sondern alles stets persönlich absprachen. Alle paar Tage verließen die drei, oft mit unterschiedlichen Zielen, das Land und kamen kurz darauf wieder zurück. Augenfällig war dabei, daß sie stets mit anderen Identitäten reisten. So traf Carlos am 1. August 1980 als syrischer Diplomat mit dem Namen »Khouri Michel« in Budapest ein und reiste so auch am 18. August 1980 nach Bukarest aus. Fünf Tage später, am 23. August 1980, kehrte er aus Berlin als »Mohamed Ali Aedaross«, Diplomat aus dem Südjemen, zurück und flog unter diesem Namen am 30. August auch wieder zurück nach Berlin. Am 8. September brachte ihn eine sowjetische Maschine wieder als »Khouri Michel« nach Budapest, von wo aus es eine Woche später nach Bukarest weiterging. Von nun an häuften sich die Flüge nach Rumänien.

Kopp stand dabei Carlos in nichts nach. Ihr gelang es im Herbst 1980 schließlich, den ersten großen Auftrag durch den rumänischen Geheimdienst Securitate einzufädeln. Dem Diktator Nicolae Ceauşescu war seit längerem der Sender Radio Freies Europa (RFE) ein Dorn im Auge. RFE wurde finanziert von den USA und war im »Kalten Krieg« ein wichtiges Propagandainstrument der CIA. Der Sender sollte von München aus der Bevölkerung in den Ostblockstaaten »ein Fenster zum Westen öffnen« und erreichte über 30 Millionen regelmäßige Hörer jenseits des »Eisernen Vorhangs«. Für viele Rumänen war dies die einzige Chance, in ihrer Sprache an Informationen zu gelangen, die ein Gegenstück zur heimischen Propaganda bildeten. Daher sollte nun die rumänische Sektion des Senders in die Luft gesprengt werden. Außerdem wollte die Securitate, daß Carlos fünf im Exil lebende Rumänen ermordete. Dazu gehörten Georgescu Emil Valer, ein Mitarbeiter des Radiosenders, und Paul Goma, ein in Paris lebender rumänischer Exilschriftsteller.

Anfangs war Carlos gegenüber der Securitate noch etwas skeptisch. Immerhin war Rumänien das einzige Land im Warschauer Pakt, das nicht nur zu den arabischen Staaten und der PLO, sondern auch zu Israel Beziehungen unterhielt. Womöglich war der Auftrag nur ein Bluff, um ihn und seine Gruppe dem israelischen Geheimdienst Mossad in die Hände zu spielen. Er schickte deshalb Kopp noch einige Male allein nach Bukarest, um auszuloten, ob den Securitate-Leuten tatsächlich zu trauen war.

Andrej Nicescu, zuständiger Sicherheitsoffizier in Bukarest, bemerkte die Zurückhaltung von Carlos und sprach Kopp darauf an. Sie sagte ihm frei heraus, daß es wegen Rumäniens Beziehungen zum Erzfeind Israel große Bedenken gäbe. Nicescu sicherte der Gruppe daraufhin Schutz vor dem Mossad zu und verriet, sozusagen als vertrauensbildende Maßnahme, einige Interna über die Arbeit des israelischen Geheimdienstes in Rumänien. Nun kam man sich näher. Kopp rang dem Securitate-Offizier noch das Versprechen ab, die Carlos-Gruppe jederzeit in Rumänien aufzunehmen, falls es mal Probleme geben sollte. Dies überzeugte dann auch Carlos. Die Zusage für ein Aufenthaltsrecht hatte er bislang von keinem Ostblockstaat bekommen, die DDR und Ungarn verhielten sich sogar eher unfreundlich.

Zu den Bedingungen, die Kopp für den München-Einsatz ausgehandelt hatte, gehörte auch die Bereitstellung von italienischen, französischen, bundesdeutschen und österreichischen Pässen, insgesamt 34 Stück. Schließlich wäre es zu auffällig, wenn sie zum Auskundschaften des Objektes stets mit ihren syrischen oder südjemenitischen Diplomatenpässen in die Bundesrepublik einreisen würden. Die Securitate hatte damit kein Problem. Binnen kurzem hielt Kopp Dokumente in den Händen, die sie für Originale erachtete. Und sie verstand etwas von dem Metier. In Wirklichkeit handelte es sich jedoch um perfekt gefertigte Dubletten von Pässen, deren Inhaber kurz zuvor in Rumänien auf Besuch gewesen waren. Hier hatten wahre Meisterfälscher ihr Können unter Beweis gestellt.

Nun war Weinrich dran. Er zeichnete für die logistische Planung und technische Ausführung des Anschlages verantwortlich.

Dafür sollten erstmals auch Mitglieder anderer Gruppen herangezogen werden. Neben altgedienten Aktivisten der deutschen RZ, die in München relativ risikolos die Örtlichkeiten auskundschaften konnten, sollten die beiden Schweizer Giorgio Bellini (»Roberto«) und Bruno Breguet (»Luca«) zum Einsatz kommen sowie Luc Edgar Groven (»Eric«), der, obwohl Belgier, Mitglied der baskischen Untergrundorganisation ETA war.

In seiner ihm eigenen penibIen Art machte sich der »Ingenieur« ans Werk. Zur Kontrolle fuhr er selbst nach München, obwohl dies nicht ohne Risiko war, denn wegen des Anschlages in Paris-Orly existierte in Deutschland noch immer ein Haftbefehl gegen ihn. Aber mit den neuen Pässen aus Rumänien fühlte er sich sicher. Die Operation »Münchner Tango« war ihm zu wichtig, um sie allein Mittelsmännern zu überlassen. Schließlich sollte es der Einstand für weitere lukrative Aufträge werden.

Carlos agierte derweil vom Ostberliner »Palast-Hotel« aus, wo er an den Abenden gern in der Hotelbar feierte und manche Lokalrunde schmiß. Da in dem Devisenhotel in unmittelbarer Nähe der Prachtstraße Unter den Linden auch viele westliche Geschäftsleute und Journalisten abstiegen, bekam es MfS-Major Helmut Voigt langsam mit der Angst zu tun. Es wuchs die Gefahr, daß Carlos von westlichen Besuchern erkannt wurde. Nach einem entsprechenden Bericht für die Akte zum Operativvorgang (OV) »Separat«, unter dem die Carlos-Gruppe MfS-intern geführt wurde, beschlossen Voigts Vorgesetzte, daß der Terrorist auf möglichst elegante Art und Weise aus der DDR gedrängt werden sollte, ohne seine Protegés dabei vor den Kopf zu stoßen.

Voigt beriet sich hierzu auf dem kurzen Dienstweg mit seinem ungarischen Kollegen Varga und entschied, es genauso zu versuchen wie der Geheimdienst in Budapest. Fortan wurde Carlos deutlich spürbar observiert, allerdings sollte er diesmal erkennen, daß es sich um Mitarbeiter der Staatssicherheit der DDR handelte. Damit wollte man ihm und seinen Partnern subtil vermitteln, daß er in Ostberlin kein einziges Gespräch mehr mit einem Verbindungsmann oder dem Vertreter eines Geheimdienstes führen konnte, ohne daß das MfS davon Kenntnis bekam. Dies aber würde ihn bei seinen Auftraggebern in Mißkredit bringen, da diese naturgemäß auf äußerste Diskretion bedacht waren.

Voigt setzte darauf, daß der derart behinderte Carlos über kurz oder lang das Land freiwillig verlassen würde. Sie müßten ihn

Der frühere ungarische Verbindungsoffizier der Carlos-Gruppe: Oberstleutnant Jószef Varga, Aufnahme 2001

nicht einmal dazu auffordern. Voigt wollte es nämlich vermeiden, mit Carlos überhaupt direkt in Verbindung zu treten, damit der nicht anschließend behaupten konnte, mit dem MfS in Kontakt zu stehen. Ende September 1980 war es schließlich soweit. Carlos gab entnervt auf und verließ die DDR.

Ganz anders verhielt es sich mit Weinrich. An ihm hatte Voigt seit längerem Interesse. Als er zum Jahrestag der DDR, am 7. Oktober 1980, wieder einmal über den Flughafen Schönefeld einreiste, wo er seinen jemenitischen Diplomatenpaß sowie eine Einladung der irakischen Botschaft in der DDR vorlegte, wartete Voigt in der Halle bereits auf ihn. Durch die Abhöraktionen wußte er, daß Weinrich der Stellvertreter von Carlos war, also gut über die Operationen und Verbindungen der OIR-Gruppe informiert war. Vielleicht war es ja möglich, den Mann unter Druck zu setzen oder über einen Deal als Inoffiziellen Mitarbeiter (IM) zu gewinnen.

Als Weinrich alle Paßformalitäten hinter sich gebracht hatte, sprach ihn Voigt auf deutsch an. Weinrich antwortete auf Englisch und gab vor, nichts zu verstehen. Es müsse sich wohl um ein

Mißverständnis handeln, erklärte er und zeigte seinen jemenitischen Diplomatenpaß, ausgestellt auf den Namen »Thabet Ben Ali«. Voigt blieb ganz ruhig und sagte ihm auf den Kopf zu, daß er ihn nicht länger für dumm verkaufen solle. Nach einem aufgeregten Hin und Her gab Weinrich die Maskerade schließlich auf und redete auf deutsch mit Voigt. Der gab sich jetzt versöhnlich und sah über den Paßmißbrauch hinweg, gewährte ihm aber nur ein 24stündiges Aufenthaltsrecht. Dafür vereinbarten beide, sich bei nächster Gelegenheit einmal ausführlicher zu unterhalten, selbstverständlich ganz unverbindlich. Voigt hatte sein Handwerk gelernt und wußte, wie man jemanden mit »sanftem Druck« gefügig machte.

Bei Weinrichs nächstem Besuch ließ ihn Voigt aus dem »Palast-Hotel« abholen und zu einem Gästehaus der Staatssicherheit bringen. Dort entstand schnell eine lockere Atmosphäre. Geradezu freimütig plauderte der Terrorist über die Kontakte seiner Gruppe zum libyschen Geheimdienst und berichtete über das neueste Machtgerangel innerhalb der PLO, die über ihren Sicherheitschef Abu Daud engen Kontakt zu Carlos unterhielt. Zur Sprache kam auch das Attentat auf den deutschen Journalisten Karl Robert Pfeffer, wobei Weinrich keinen Hehl daraus machte, daß Carlos über die Veröffentlichung des Interviews von Al Jundi ziemlich verärgert war. Offensichtlich habe dieser zusammen mit Abu Sharif »aus finanziellen Erwägungen« den Text an die Zeitung verkauft. Carlos wolle aber »nicht mit publizistischen Mitteln arbeiten, sondern ziehe den bewaffneten Kampf vor«. Vermutlich handele es sich ohnehin »um eine gezielte Aktion des irakischen Geheimdienstes, um die Gruppierung wieder in den Irak zurückzubekommen«. Auch das Buch von Hans-Joachim Klein wurde nicht ausgespart. Weinrich meinte allen Ernstes, daß hierbei vermutlich der israelische Geheimdienst seine Hände im Spiel gehabt habe, in dessen Obhut sich Klein nun wohl auch befände.

Voigt war überrascht von soviel Kooperationsbereitschaft. Bei dem Redebedürfnis des Westdeutschen erübrigte es sich, ihn als IM zu werben, denn auch ohne offizielle Verpflichtung ließ er sich problemlos abschöpfen. Beide vereinbarten, sich künftig regelmäßig zu treffen. Als Gegenleistung wollte Weinrich ein paar Hilfestellungen für seine Organisation. So sollte ihm das MfS die Interpol-Fahndungslisten besorgen und die Erlaubnis erteilen, eine Basiswohnung in Ostberlin einzurichten. Außerdem erbat er, Waffentransporte durch das Staatsgebiet der DDR vornehmen zu dürfen. Darauf wollte sich Voigt jedoch nicht ohne Rücksprache mit seinen Vorgesetzten einlassen. Er machte ihm lediglich die Zusage, für Einreiseerleichterungen zu sorgen. In Zukunft müsse Weinrich nicht mehr falsche Diplomatenpässe benutzen und sich die Einladung irgendeiner Botschaft besorgen, sondern könne direkt von Voigt ein Visum erhalten. Ein rechtzeitiger Anruf würde genügen. Zum Abschied gab er dem Carlos-Komplizen noch eine Telefonnummer, über die er ihn zu jeder Zeit erreichen könne.

Am 11. Oktober flogen Carlos und Kopp zu einer Besprechung mit ihrem rumänischen »Führungsoffizier«. Andrej Nicescu holte sie am Bukarester Flughafen ab und brachte sie in ein Gästehaus der Securitate. Der Service dort war selbst für das verwöhnte Terroristenpärchen herausragend. So fürsorglich hatte man sie schon lange nicht mehr behandelt. Als Carlos dann auch noch von General Nicolae Plesita, dem Vizechef der Securitate, persönlich empfangen wurde, war das letzte Eis geschmolzen. Schnell wurde man sich über den Modus der weiteren Zusammenarbeit einig. Die Gruppe sollte gezielt Anschläge in verschiedenen Ländern ausführen und erhielt dafür technische, logistische sowie reichlich finanzielle Hilfe. Bei der »Banque Roumaine de Commerce« konnte Kopp am nächsten Tag ein Konto mit der Nummer 47112103502 eröffnen, das nun kontinuierlich vom Geheimdienst aufgefüllt wurde. Sie benutzte zur gegenseitigen Absicherung dazu einen gefälschten bundesdeutschen Personalausweis auf den Namen »Anna Luise Kramer«.

Nachdem so die Rahmenbedingungen geklärt waren, machte sich nun Weinrich an die mühsame Detailarbeit für den »Münchner Tango«. Es galt, den Anschlag auf den Sender Radio Freies Europa minutiös zu planen und die erforderlichen Personen zu rekrutieren.

Auf einen zuverlässigen Genossen aus den Reihen der *Revolutionären Zellen*, den er mit vorgesehen hatte, mußte er allerdings verzichten: Gerd-Hinrich Schnepel. Sein früherer zweiter Mann erklärte den Ausstieg aus der Szene. Seit dem Erscheinen des Enthüllungsbuches von Hans-Joachim Klein war ihm der Boden unter den Füßen zu heiß geworden. Weinrich und Carlos hatten ihm vorgeschlagen, Deutschland zu verlassen und sich ihrer *Organisation Internationaler Revolutionäre* anzuschließen, doch Schnepel war für irgendwelche Auftragsmorde nicht zu haben. Er hatte die Gewalt einfach satt. Auslöser seines Umdenkungsprozesses war der Tod von Brigitte Kuhlmann gewesen. Obwohl Kuhlmann mit dem damaligen RZ-Chef Böse liiert gewesen war, hatte sie mit Schnepel eine leidenschaftliche Liebesbeziehung unterhalten, die zwischenzeitlich sogar größere Eifersuchtsszenen von Böse auslöste. Das Ende der beiden in Entebbe ließ Schnepel nun nicht mehr los. Sein Glaube an den bewaffneten Kampf war dahin. Bereits in den Jahren zuvor hatte er selbst nie zur Waffe gegriffen, sondern sich ganz bewußt als Organisator im Hintergrund betätigt.

Als letzte Tat überführte er im Dezember 1980 noch zusammen mit Kopp ein Fahrzeug von Belgrad nach Ostberlin, wobei er schon nicht mehr wissen wollte, was sich alles im Kofferraum befand. Danach setzte er sich noch einmal mit Carlos, Weinrich und Kopp zusammen, um ihnen die Gründe für seinen Entschluß genauer darzulegen. Für ihn führe der Weg des bewaffneten Kampfes über kurz oder lang ins Gefängnis oder auf den Friedhof. Auf beides habe er aber keine Lust. Er wolle nun vielmehr seiner alten Passion nachgehen und sich dem ökologischen Landbau widmen.

Carlos teilte nicht die Ansichten von Schnepel, akzeptierte sie aber. Er hatte den Deutschen stets gut leiden können und erneuerte zum Abschied augenzwinkernd sein Angebot: »Wenn ich Präsident von Venezuela bin, wirst du mein Landwirtschaftsminister.«

Am nächsten Tag reiste Schnepel von Ostberlin mit einer Maschine der polnischen Fluggesellschaft LOT über Warschau nach Chicago, wo er landwirtschaftliche Studien zum ökologischen Anbau begann. Danach ging es weiter ins revolutionäre Nicaragua. Zwischendurch lebte er, von den Strafverfolgungsbehörden völlig unbehelligt, wieder in Deutschland, bevor er sich ganz in Nicaragua niederließ, wo er auch heute noch als Entwicklungshelfer der evangelischen Kirche Deutschlands arbeitet.

Weinrich ließ sich von dem Ausstieg seines alten Weggefährten nicht beirren und arbeitete weiter fieberhaft an den Vorbereitungen für München. Mit Bleistift und Lineal fertigte er unzählige Skizzen von der Lage des Radiosenders an. Außerdem zeichnete er das Gebäude in der Öttingerstraße 67, am Rande des Englischen Gartens, von allen Seiten und versah die neuralgischen

Punkte mit Zahlen. Auf einem anderen Blatt notierte er dann alles Beachtenswerte zu jedem Abschnitt.

Es wurde festgehalten, wo sich die tschechische und wo die rumänische Sektion des Senders befand, wann die Wachposten ihre Runden drehten und wie das Gebäude ab 21 Uhr besetzt war. Besonders vermerkte er, daß der Parkplatz nachts nicht bewacht und die Straße wie ausgestorben war. Lediglich etwa alle acht Minuten kam ein Taxi vorbei. Das Observationsteam hatte ganze Arbeit geleistet. Die Fotos und Lageskizzen von dem Gebäude, die Bedarfslisten für Ausrüstung und Sprengstoffmenge sowie zahlreiche alternative Fluchtpläne füllten letztlich über 70 DIN-A-4-Seiten.

Die Pläne der Gruppe blieben auch dem ungarischen Geheimdienst nicht verborgen, da zahlreiche Absprachen in den Räumen der Vend utca stattfanden, wohin die Gruppenmitglieder immer wieder zurückkehrten. Die Abhörspezialisten bekamen so heraus, daß die Kollegen vom rumänischen Geheimdienst offenbar die Carlos-Gruppe damit beauftragt hatten, fünf Dissidenten zu liquidieren und in München die rumänische Sektion des Senders Freies Europa in die Luft zu jagen. Am 23. Januar 1981 wurde Varga darüber unterrichtet, daß konkret geplant sei, vier Sprengkörper, verborgen in einem Pkw, per Fernsteuerung zur Explosion zu bringen.

Ein solches Vorgehen gegen die Bundesrepublik von ungarischem Territorium aus fand Varga äußerst besorgniserregend. Doch bevor er höhere Kreise einschaltete, wollte er sichergehen. Als die drei am 31. Januar 1981 wieder mal für kurze Zeit ins Ausland flogen, ließ er umgehend die Wohnung durchsuchen. Seinen Leuten hatte er eingeschärft, besonders gründlich nach schriftlichen Unterlagen zu suchen und einfach alles zu fotografieren. Es durften aber keine Spuren hinterlassen werden, damit die Terroristen nicht bemerkten, wie dicht man schon an ihnen dran war.

Inzwischen glich die Wohnung mehr einer Waffenkammer als einem gemütlichen Zuhause. Überall lagen Koffer mit Pistolen, Schalldämpfern, automatischen Gewehren und Zielfernrohren herum. Dazwischen jede Menge Sprengstoff, fein säuberlich aufgetürmt aus Blöcken zu je 200 Gramm und Stäben von 50 Gramm. Tatsächlich fanden sich auch die detaillierten Planungen für den Bombenanschlag in München und die Fotos von jenen Dissidenten, die ermordet werden sollten.

Varga mußte sich eingestehen, daß Weinrich seinem Spitznamen wieder einmal alle Ehre gemacht hatte. Dem »Ingenieur« war offensichtlich nichts entgangen in der näheren Umgebung des Radiogebäudes. Allerdings bekam Varga auch den Eindruck, daß Weinrich bei der Vorbereitung den Überblick verloren hatte. Jedenfalls lasen sich seine Aufzeichnungen stellenweise weniger wie eine Anleitung für einen Bombenanschlag, sondern wie ein Architektur- oder Städteführer. Ausführlich beschrieb er den »Chinesischen Turm« im Englischen Garten, der »in einer Entfernung von 500 Metern und in einer flachen Konstruktion, flacher, als die ihn umgebenden Bäume« von dem Radiosender entfernt steht. Aber das Wahrzeichen hatte für den Anschlag auf den Sender RFE genauso wenig Relevanz wie das zwei Kilometer entfernte Hotel »Hilton«, das Weinrich ebenfalls beschrieb: »Das Hilton-Hotel ist ein Gebäude, von dem aus das Hauptquartier von RFE nicht zu sehen ist, da zwischen den beiden Gebäuden, die zwei Kilometer voneinander entfernt sind, viele hohe Bäume stehen.« Für Varga waren dies deutliche Anzeichen dafür, daß Weinrich wohl doch nicht ganz der Profi war, für den er sich hielt.

Als besonders aufschlußreich erwiesen sich jedoch die Hinweise auf weitere Beteiligte, so die Schweizer »Luca« und »Roberto« sowie den Belgier »Eric«. Geradezu alarmierend war jedoch die Information, daß der Anschlag unmittelbar bevorstand. Hektisch verfaßte der ansonsten so ruhige Varga eine Mitteilung an seine Vorgesetzten im Innenministerium. Doch als Reaktion wurde ihm lediglich mitgeteilt, daß man die Information an die sowjetischen Genossen weitergeleitet habe. Ungarn selbst wolle sich nicht einmischen. Varga ließ das keine Ruhe. Über inoffizielle Kanäle erfuhr er schließlich, daß die UdSSR die Information an die Franzosen weitergeben wollte, damit diese wiederum die Deutschen warnen konnten. Ob dies tatsächlich geschah, sollte Varga nie erfahren.

Am 4. Februar 1981 vermeldete Radio Freies Europa als erster Nachrichtensender, daß drei Exilrumänen in westeuropäischen Städten Opfer von Briefbombenattentaten geworden waren. Es handelte sich dabei um den ehemaligen rumänischen Minister Nicolas Penescu, der in seiner Pariser Wohnung schwer verletzt worden waren, um den ebenfalls in Paris lebenden Schriftsteller Paul Goma, der zum Glück unverletzt blieb, und um Scerban Orescu, Leiter einer rumänischen Emigrantenorganisation, der in Köln schwer verletzt in ein Krankenhaus gebracht werden mußte. Alle drei Paketbomben waren in Spanien aufgegeben worden. Dort hatten die drei Regimekritiker wenige Monate zuvor bei einer Pressekonferenz auf das Unrecht in ihrem Heimatland hingewiesen.

Obwohl die Aktion deutlich die Handschrift der ETA trug, war sich Varga ziemlich sicher, daß letztendlich Carlos dahinter steckte. Schließlich hatte er mit dem Belgier »Eric« einen Mann rekrutiert, der nach Geheimdiensterkenntnissen zur baskischen Untergrundorganisation gehörte.

Gerade dieser »Eric« bereitete der Carlos-Gruppe nun in München offenbar Schwierigkeiten. Am Abend des 12. Februar 1981 fingen die ungarischen Abhörspezialisten einen Anruf von Weinrich ab. Er teilte Carlos in Budapest durch die Blume mit, daß »Eric« die benötigten Gegenstände nicht liefern könne und sich deshalb der Anschlag verzögere. Weinrich bediente sich dabei einer internen Code-Sprache: »Die beiden erwarteten Überweisungen sind nicht rechtzeitig eingetroffen, so ist kein Geschäftsabschluß möglich am Wochenende, die beauftragte Bank kann man nicht umsonst in Bereitschaft halten, wegen Zahlungsunfähigkeit. In Anbetracht dessen muß der Abschluß des Geschäfts auf Anfang nächste Woche verlegt werden. Die Überweisung hat Eric konkret versprochen.«

Die Angaben von Weinrich interpretierte Varga so, daß die Aktion nunmehr wohl am 22. Februar 1981 stattfinden sollte. Tatsächlich rief am nächsten Morgen, dem 13. Februar, Carlos seinen Verbindungsmann bei der Securitate an und teilte ihm ebenfalls etwas verklausuliert mit: »Steve [Deckname von Weinrich] reist am Wochenende nicht nach Bukarest, die Reise findet mit einigen Tagen Verspätung statt.«

Am 16. Februar 1981 kam es zu einem Zwischenfall, der die Operation »Münchner Tango« noch einmal zu verzögern drohte. Am Grenzübergang von der Schweiz zu Deutschland wurde »Roberto« verhaftet, dem der ungarische Geheimdienst durchaus eine Rolle bei dem Anschlag zuordnete. Deutsche Zollbeamte nahmen ihn aufgrund eines Rechtshilfeersuchens Italiens fest, worin dem Schweizer die Mitgliedschaft in der italienischen Untergrundorganisation *Prima Linea* vorgeworfen wurde. Am selben Abend stürmten zwei Maskierte die Nachrichtensendung des Schweizer Fernsehsenders DRS und entrollten ein Transparent mit der Aufschrift »Freedom and Sunshine for Giorgio Bellini«. Doch die nächsten neun Monate mußte »Roberto« Bellini in Untersuchungshaft verbringen und fiel somit für München aus.

In den verbleibenden Tagen bis zum Anschlag galt das Hauptaugenmerk der Terroristen der Organisation einer reibungslosen Flucht nach der Tat und der Konstruktion von Alibis für die Beteiligten. Carlos bemühte sich darum, für Kopp einen sicheren Aufenthaltsort zu finden, möglichst noch außerhalb Europas. Man konnte nie wissen, was passieren würde, wenn beim Anschlag etwas schief ging. Er griff zum Telefonhörer und rief den Ersten Sekretär der kubanischen Botschaft in Budapest in dessen Privatwohnung an.

»Montaner!« meldete sich dieser korrekt mit seinem Namen.

»Carlos!« antwortete der Venezolaner munter.

Der Botschaftssekretär schwieg.

»Was ist los, wie geht es dir? Hier spricht Carlos!«

»Gut. Mir scheint nur, daß dieses Telefon nicht in Ordnung ist«, sagte nun Montaner.

»Ja, ja, aber es ist so, daß auch meines eingeschaltet ist«, scherzte Carlos.

Der kubanische Botschaftssekretär lachte.

»Nun, weißt du, dieses Einschalten ist dafür gut, daß die ungarischen Genossen ..., du weißt schon, das gibt der Verständigung ein bißchen Würze.«

Danach bat Carlos den kubanischen Botschaftssekretär völlig unbefangen um dringende Hilfe bei der Beschaffung eines Visums für seine Geliebte, die noch am Wochenende auf die Karibik-Insel fliegen sollte. Ein perfektes Alibi.

Am 18. Februar 1981 konnte der ungarische Geheimdienst ein Gespräch von Carlos belauschen, in dem er einer Frau den genauen Ablauf des geplanten Anschlages erläuterte: Weinrich soll die Bombe, die zuvor von zwei anderen mit einem gestohlenen Auto in die Nähe des Tatorts transportiert worden ist, direkt vor der rumänischen Sektion des Senders RFE plazieren. Mit Ausnahme von »Luca«, der per Fernsteuerung die Bombe hochgehen lassen wird, sollen sich alle Teilnehmer der Operation zum Zeitpunkt der Explosion laut Plan bereits auf dem Bahnhof befinden oder in verschiedenen Zügen sitzen. Für »Luca« habe man ein besonderes Alibi vorbereitet. Gleich nach der Zündung der Bombe wird er zum Bahnhof eilen, der sich 12 bis 15 Minuten vom Sender entfernt befindet, um einen Zug nach Nürnberg zu erreichen. Dort steigt er dann in einen aus der Schweiz kommenden Zug um. Im Speisewagen wird ihm durch einen Helfer unauffällig eine in Zürich gekaufte und bereits abgestempelte Fahrkarte übergeben, womit er als Reisender auf der Strecke nach Berlin für den Zeitpunkt des Anschlages einen guten Nachweis für seine Abwesenheit in München hat.

Fast alle Details kannte Varga jetzt, nur noch nicht den genauen Zeitpunkt der Aktion. Am nächsten Tag wurde er wieder ein Stück klüger. Am Abend des 19. Februar meldete sich Weinrich telefonisch bei Carlos und teilte soldatisch knapp mit: »Der 20. und der 22. Februar sind die geeignetsten Tage.« Am Tag darauf präzisierte Weinrich noch einmal: »Obwohl die eine Banküberweisung verlorengegangen ist [gemeint ist wohl die Verhaftung von Bellini], gibt es keine Probleme. Ich kann mit der Bank reden, der Vertrag wird erfüllt. Am besten geeignet scheint der Sonntagmorgen [22. Februar] zu sein. Den genauen Zeitpunkt teile ich noch mit.«

Kaum war das Gespräch mit Weinrich beendet, ließ Carlos seinen Kontaktmann in Bukarest wissen: »Steve wird am Sonntag in Bukarest ankommen. Den genauen Zeitpunkt wird er am Sonntag gegen 10 Uhr noch telefonisch mitteilen.«

Varga ging nun davon aus, daß am 22. Februar 1981 das Gebäude von Radio Freies Europa in die Luft gejagt werden würde. Allerdings wußte er nicht, daß die Terroristen für alle telefonischen Angaben von Datum und Uhrzeit einen Umrechnungscode vereinbart hatten.

Am 21. Februar 1981 meldete sich um 19.26 Uhr der Belgier »Eric« bei Carlos. Er berichtete, daß man durch das Problem mit Bellini gezwungen sei, das Personal zu wechseln, aber ansonsten alles im Griff habe. Gemeinsam mit Weinrich werde er bald in Budapest eintreffen.

Um 21.33 Uhr rief »Ali« aus Ostberlin an und erkundigte sich nach dem Stand der Dinge. »Dort ist alles in Ordnung«, sagte Carlos. Er bat den Palästinenser, die Nachrichten im Radio zu verfolgen. »Ali« versicherte, am nächsten Tag wie vereinbart zum Treff zu gehen, wo er von 13 Uhr bis 23 Uhr bleiben werde. Vermutlich, so schlußfolgerte Varga, ging es um eine Begegnung mit »Luca« in Westberlin, der zu dieser Zeit aus München eintreffen müßte. »Ali« würde ihn dann wahrscheinlich mit neuen Papieren für die Weiterreise versorgen.

Die große Explosion in München ereignete sich dann aber doch früher, als von Varga angenommen. Bereits am selben Abend, dem 21. Februar 1981, detonierte um 21.47 Uhr vor dem Mün-

Im Auftrag des rumänischen Geheimdienstes verübte die Carlos-Gruppe 1981 einen Bombenanschlag auf den Sender Radio Freies Europa in München

chener Rundfunkgebäude eine 15-Kilo-Bombe. Sie war direkt an der Ostseite des Hauses, 20 Meter neben der besetzten Telefonzentrale, plaziert worden. Von der Druckwelle wurde die Außenwand 18 Meter weit aufgerissen, Betonpfeiler knickten wie Streichhölzer zusammen. Die Wucht der Bombe war so heftig, daß sogar Mobiliar in die Äste nahestehender Bäume flog und in der Umgebung Hunderte von Fensterscheiben barsten. Acht Mitarbeiter des Radiosenders wurden zum Teil schwer verletzt. Einer Frau riß es den Unterkiefer weg, sie überlebte nur knapp und blieb für ihr Leben entstellt. Es entstand ein Sachschaden von vier Millionen Mark.

Die Polizei tappte zunächst völlig im dunkeln. Es gab, von drei offensichtlichen Trittbrettfahrern einmal abgesehen, kein glaubwürdiges Bekennerschreiben. Ein politischer Hintergrund wurde zwar nicht ausgeschlossen, war aber nicht klar zu erkennen. Wie auch, denn den Akteuren war ein schwerer Fehler unterlaufen. Statt vor der rumänischen Sektion des Senders hatten sie die Bombe vor der tschechoslowakischen Abteilung deponiert.

Carlos war trotzdem ganz begeistert. Die Operation »Münchner Tango« habe einen neuen Abschnitt im Leben der Gruppe eingeleitet, verkündete er stolz beim anschließenden Treffen aller Beteiligten in Budapest. Tatsächlich war es die erste eigenständige Aktion der *Organisation Internationaler Revolutionäre* gewesen, doch hatte es sich dabei weniger um den »bewaffneten Kampf zur Befreiung der Völker« gehandelt, wie es in den internen Papieren der OIR hochtrabend hieß, als vielmehr um ein Auftragsattentat und die Betätigung als Lohnkiller. Schließlich war ihnen vom rumänischen Geheimdienst eine Million Dollar dafür versprochen worden, hatte man ihnen von dort auch die erforderlichen Reisedokumente beschafft sowie Waffen, Munition und Sprengstoff zugeliefert. Die interne Kritik an »dem Mißgeschick« mit der falschen Sektion schob Carlos einfach zur Seite. »Steve« und »Luca« müßten aus den kleineren Fehlern eben noch lernen. Wichtig wäre doch vor allem, daß es gelungen sei, den Bombenanschlag durchzuführen, ohne irgendwelche Spuren zu hinterlassen.

Zur Belobigung spendierte Carlos allen Mitstreitern zehn Tage Urlaub. Aus Sicherheitsgründen wurde dieser am 1. März in verschiedenen Orten angetreten. »Ali« flog nach Damaskus, »Eric« mit einem anderen ETA-Mitglied nach Sofia und für Carlos, Kopp und Weinrich war Bukarest ausersehen. Dort traf man sich anfänglich noch einmal im Gästehaus des rumänischen Geheimdienstes, einer einst herrschaftlichen Villa in der Nähe des Bukarester Flughafens »Otopeni«, um mit den Securitate-Offizieren die Münchner Operation kollektiv auszuwerten. Als wäre er persönlich dabeigewesen, schilderte Carlos als einziger Sprecher sämtliche Einzelheiten, wobei er an keiner Stelle seinen Stolz verhehlte. Führungsoffizier Nicescu hingegen machte immer wieder spitze Bemerkungen. Ihm war nicht entgangen, daß sich Carlos die ganze Zeit über im sicheren Budapest verschanzt hatte, während Weinrich und die anderen vor Ort riskieren mußten, bei der Aktion gefaßt zu werden. Sarkastisch fragte er Carlos, ob ihm die Securitate nicht auch ein paar ordentliche Pässe besorgen solle, damit er das nächste Mal wieder persönlich an einer Operation teilnehmen und für eine präzisere Auftragserfüllung sorgen könne. Dies sei nicht nötig, antwortete Carlos, er wisse schon, was er zu tun habe.

Nachdem reichlich Alkohol geflossen war, brachte Nicescu lautstark einen Trinkspruch auf die Gruppe aus: »Usually I kill for money, now I kill for nothing« – Normalerweise töte ich für

Geld, diesmal tue ich es umsonst. Carlos lachte mit den Sicherheitsleuten mit, während Weinrich und Kopp eher peinlich berührt schwiegen. Sie hatten die Anspielung in diesem Zitat aus einem Italo-Western der 70er Jahre durchaus begriffen. Die Rumänen waren von der Leistung enttäuscht und erwarteten bei der gezahlten Millionen-Summe offensichtlich eine kostenlose Zusatzleistung bei nächster sich bietender Gelegenheit.

Der Anschlag in München beschäftigte auch die anderen osteuropäischen Geheimdienste. Am 24. April 1981 kam es in Ostberlin zu einem Treffen der Genossen aus Ungarn und der DDR. Oberstleutnant Varga übergab seinen Kollegen dabei ein umfangreiches Dossier mit allen Einzelheiten über das Attentat auf den Sender Freies Europa. Oberst Harry Dahl, Leiter der Hauptabteilung Terrorabwehr, sein Stellvertreter Oberst Günter Jäckel und Major Helmut Voigt als zuständiger Abteilungsleiter erkannten sehr schnell, daß die Beweislage erdrückend war: Die Carlos-Gruppe hatte zweifelsfrei im Auftrag der rumänischen Securitate gebombt. Große Sorge machte sich breit, als Varga den drei MfS-Offizieren zusätzlich berichtete, daß der in der Bundesrepublik verhaftete Schweizer Giorgio Bellini, Deckname »Roberto«, voll und ganz in die Vorbereitung des Anschlages einbezogen war und daher alle Hinterleute kennen würde. Wenn sich dieser »Roberto« nun dem Klassenfeind offenbarte, erklärte Varga, wäre dies eine große Gefahr für alle sozialistischen Staaten, in denen sich die Carlos-Gruppe bislang aufgehalten hatte, egal, wie die Beziehungen konkret aussahen. Der Klassenfeind könnte dies leicht zu Propagandazwecken ausnutzen und den sozialistischen Ländern vorwerfen, Terroristen zu unterstützen.

Alle waren sich darüber einig, daß Carlos und seine Leute schnellstens aus Osteuropa verschwinden mußten. Dazu war ein geschlossenes Vorgehen aller »Bruderstaaten« notwendig. Varga konnte den deutschen Kollegen mitteilen, daß er von der UdSSR und der ČSSR bereits Zustimmung eingeholt habe. Verabredet sei, daß er sich in der ersten Maihälfte noch einmal mit Carlos treffen werde, um ihm klarzumachen, daß nach dem Anschlag von München ein ständiger Aufenthalt in Ungarn und den anderen sozialistischen Staaten nicht mehr möglich sei. Dabei sollte Carlos ein gefälschter Interpol-Haftbefehl präsentiert werden, um ihm den Ernst der Lage zu verdeutlichen.

Die drei MfS-Offiziere drängten jedoch darauf, eine Konfrontation mit der Gruppe zu vermeiden, da Carlos schließlich alles zuzutrauen sei, auch Racheakte per Bomben. Varga sollte ihm deshalb eine großzügige Frist von zwei bis vier Monaten einräumen, um mit seinen Komplizen das Land zu verlassen. Varga bot sogar an, ihnen die Ausfuhr des Waffenarsenals zu erlauben. Künftig würde Ungarn nur noch Transit- oder Kurzaufenthalte der Gruppenmitglieder akzeptieren. Abschließend bat Varga seine ostdeutschen Kollegen, doch mal bei den kubanischen Genossen anzufragen, ob die nicht »ein neues Betätigungsfeld in Lateinamerika« für Carlos schaffen könnten. Schließlich sei er doch Venezolaner.

Bombenkrieg gegen Frankreich

CIA auf falscher Spur – Das Attentat auf Anwar al Sadat in Ägypten – Der *Islamische Dschihad* – Schutzgelderpressung gegen Staaten – Attentat in Athen – Der Anschlag auf das »Maison de France« 1983 in Westberlin

Die Ängste der östlichen Geheimdienstleute kamen nicht von ungefähr. Die weltpolitische Lage hatte sich seit der Wahl von Ronald Reagan im Herbst 1980 deutlich verändert. An die Stelle der Entspannungspolitik schien wieder eine Zeit der deutlichen Konfrontation zwischen den beiden großen Machtblöcken zu treten. Der neue US-Präsident sah in der Sowjetunion und ihren Verbündeten ein »Reich des Bösen«, dem er mit einer Politik der Stärke massiv entgegentreten wollte. In dieses Bild paßte eine östliche Carlos-Connection wunderbar.

Nicht ganz zufällig war daher gerade Anfang April 1981 in den USA das Buch »The Terror Network. The Secret War of International Terrorism« von der amerikanischen Autorin Claire Sterling erschienen. Darin ließ Sterling den Mythos Carlos auferstehen. Sie beschrieb den Venezolaner als Kind des sowjetischen Geheimdienstes, den der KGB bereits im Alter von 16 Jahren unter seine Fittiche genommen habe. Vom kubanischen Geheimdienst DGI sei dem Teenager dann in einem Trainingslager bei Havanna das Töten beigebracht worden. Anschließend, so Sterling, habe Carlos in der Sowjetunion von KGB-Offizieren den Feinschliff erhalten, sie hätten ihn, ähnlich der Romanfigur »Der Schakal«, zum kaltblütigen Killer abgerichtet. Genüßlich zitierte die US-Autorin aus dem Interview von »Al Watan al Arabi«, worin Carlos erklärt hatte, daß er manchmal jemanden umlegen müsse, um so luxuriös leben zu können, wie er gern lebe.

Die US-Journalistin lebte in Italien und war für ihr Buch von diversen westlichen Geheimdiensten zum Zwecke der gezielten Desinformation mit reichlich Märchen und Lügengeschichten gefüttert worden. So schilderte sie die Sowjetunion als Hort des Terrors, von wo aus auch die italienischen *Roten Brigaden* oder die deutsche *Rote Armee Fraktion* finanziert würden.

US-Außenminister Alexander Haig benutzte nun dieses Buch, um gleich nach seinem Amtsantritt gegen die Sowjetunion zu Felde zu ziehen und ihr offiziell vorzuwerfen, »internationale Terroristen auszubilden, zu unterstützen und auszurüsten«. Bei einer Pressekonferenz im State Department erklärte er: »Die Sowjets sind heute an gezielten Programmen beteiligt, die sich die Förderung und Ausweitung terroristischer Aktivitäten zum Ziel gesetzt haben.« Die Entspannungspolitik erklärte er für gescheitert.

Nach der Pressekonferenz suchte ihn der Leiter der nachrichtendienstlichen Abteilung im Außenministerium auf und versuchte ihm vorsichtig beizubringen, daß seine Anschuldigungen keineswegs mit den vorliegenden Informationen der US-Geheimdienste übereinstimmten. Haig ließ sich davon nicht beeindrukken und verwies auf Sterlings Buch.

Auch der neue Chef der CIA, William Casey, folgte aus politischem Kalkül lieber den Geschichten von Frau Sterling als seinen eigenen Mitarbeitern. Diese hatten sich empört, daß Claire Sterling im Magazin der »New York Times« in einem Anflug von Größenwahn behauptet hatte, die Presse sei beim Thema Terrorismus mit ihren Recherchen der CIA um Längen voraus, dabei sei das Gegenteil der Fall, und Frau Sterling würde zudem massenhaft Falschaussagen verbreiten.

Casey, der in den letzten beiden Jahren Wahlkampfleiter von Ronald Reagan gewesen war, beauftragte nun seine Agenten, eine ausführliche Analyse von Sterlings Publikationen anzufertigen. Aus der Expertise ging eindeutig hervor, daß der Journalistin viel »Spielmaterial« untergejubelt worden war und sie alle Kontakte eigener und verbündeter Geheimdienste zu Carlos bewußt verschwiegen hatte. Doch Casey wollte das nicht wahrhaben. »Lesen Sie Claire Sterlings Buch«, herrschte er seine Leute an, »und vergessen Sie diesen Unsinn. Ich habe 12,95 Dollar dafür bezahlt, und es hat mir bessere Informationen geliefert als ich sie von euch Mistkerlen erhalte, denen ich 50 000 Dollar im Jahr bezahle.«

Als nächste Bausteine im Weltverschwörungsszenario der Reagan-Administration wurden das sandinistische Nicaragua, die kleine Karibik-Insel Grenada und schließlich Libyen auserkoren. Obwohl die USA zu dieser Zeit zehn Prozent ihres Importöls aus dem arabischen Land bezogen und über vielfältige inoffizielle Kontakte zur dortigen Führung verfügten, wurde Gaddafi lautstark unterstellt, Hand in Hand mit der UdSSR die Zerstörung der Weltordnung vorzubereiten. Dieser »Schurkenstaat« bereite sogar Terrorangriffe auf die USA vor.

Gaddafi ging es dagegen um etwas ganz anderes. Er wollte die politische Führerschaft innerhalb der arabischen Länder erreichen und träumte von einer panarabischen Union. Zu diesem Zweck wollte er den ägyptischen Staatspräsidenten Anwar al Sadat aus dem Weg räumen, der in seinen Augen durch die Ausgleichspolitik mit Israel die arabische Sache verraten hatte. Der Friedensvertrag von Camp David aus dem Jahre 1978, wofür Sadat und der israelische Ministerpräsident Begin im selben Jahr den Friedensnobelpreis erhalten hatten, würde den notwendigen Kampf gegen Israel nur schwächen. Er brächte den Ägyptern einseitige Vorteile, verbesserte aber nicht die Situation der Palästinenser.

Als Magdalena Kopp im Sommer 1981 wieder einmal in Tripolis war, bot Geheimdienstmajor Salem der Carlos-Gruppe einen lukrativen Auftrag an. Sie sollte Sadat beseitigen, und zwar am besten während eines Staatsbesuches im kommenden Herbst in Sierra Leone. In dem bitterarmen Land an der Westküste Afrikas würde Sadat nicht so sorgfältig bewacht werden wie zu Hause in Ägypten. Kopp sagte nach Rücksprache mit Carlos zu. Um keine Zeit zu verlieren, flog sie von Tripolis gleich nach Freetown weiter, wo sie sich nach möglichen Anschlagsorten umsah. Wieder zurück in Budapest, begannen die konkreten Planungen. Doch bevor es zum Einsatz kam, ereilte die Gruppe am 6. Oktober 1981 die Nachricht, daß Sadat bei der Abnahme einer Militärparade in Kairo ermordet worden war.

Carlos war wütend. Offensichtlich hatte der libysche Führungsoffizier das Vertrauen in ihn verloren und parallel eine zweite Gruppe beauftragt, die ihm nun zuvorgekommen war. Verantwortlich für das Massaker, bei dem sieben weitere Menschen getötet und 28 verletzt wurden, zeichnete eine Organisation namens *Talaa'al al Fateh* (Vorhut der Eroberer), eine Splittergruppe des *Islamischen Dschihad*, die den »Kampf gegen die Ungläubigen« propagierte. Anführer der islamischen Fundamentalisten des *Dschihad* war der ägyptische Arzt Ayman al Zawahiri, der 20 Jahre später, nach dem Anschlag auf das »World Trade Center« in New York am 11. September 2001, als Stellvertreter des Terroristen Osama bin Laden und Mitbegründer der Terrororganisation *Al Qaida* von sich reden machen sollte.

Carlos fühlte sich nicht nur in seiner Ehre gekränkt, sondern befürchtete, die Libyer ganz als Auftraggeber und Finanziers zu verlieren. Er mußte sich also schnellstens etwas einfallen lassen, denn seine wachsende Organisation verschlang enorme Geldmittel, und die Kriegskasse würde bald wieder leer sein.

Er entschied sich – wie ein Krimineller aus dem Rotlicht-Milieu – für eine Schutzgelderpressung, nur auf etwas höherem Niveau. Was einst mit den Fluggesellschaften funktioniert hatte, müßte eigentlich auch mit Staaten klappen, überlegte er sich. In Paris sollte daher die Botschaft von Kuwait oder den Vereinigten Arabischen Emiraten in die Luft gesprengt werden, um anschließend die reichen Ölländer mit entsprechenden Drohungen erpressen zu können.

Carlos würde wieder von Budapest aus die Fäden ziehen, und die anderen Gruppenmitglieder würden mit Unterstützung der verbündeten Genossen die Arbeit vor Ort übernehmen. »Eric«, der Belgier, sollte sich um den Transport des Sprengstoffes nach Paris kümmern und der Schweizer »Luca« dann, genau wie in München, die Bombe per Fernzündung zur Explosion bringen. Überhaupt schien ihm »Luca« ein Glücksgriff zu sein, weshalb er ihn verstärkt in die Organisation einbinden wollte. Wie viele Schweizer sprach er fließend deutsch, französisch und italienisch, dazu noch englisch und arabisch. Er war somit der ideale Mann, um Kontakte zu anderen Gruppen aufzubauen und zu pflegen. »Luca« erhielt deshalb eine Einweisung in den Kodex der *Organisation Internationaler Revolutionäre* und wurde mit allen Sicherheitsregeln vertraut gemacht.

Um einen ähnlichen Fehler wie in München zu vermeiden, sollte diesmal aber nicht Weinrich die Bombe am Tatort plazieren. Für diese heikle Aufgabe sah Carlos Anfang 1982 seine Geliebte vor. Sie war schließlich lange genug dabei, um endlich auch einmal bei einem Anschlag aktiv mitzuwirken. Magdalena Kopp war davon allerdings gar nicht begeistert. Zwar gehörte sie seit ihrem Weggang aus Deutschland vor über zwei Jahren fest zur Gruppe und identifizierte sich mit ihrem Tun, doch hatte sie bisher ausschließlich als Kurierin und Kontaktperson zu diversen Geheimdiensten gearbeitet, also noch niemanden selbst verletzt oder gar umgebracht. Für sie war das noch immer ein wesentlicher Unterschied. Mit der Aktion in Paris könnte sich das ändern. Die Vorstellung war ihr nicht behaglich. Sie suchte nach Ausflüchten. »Es kann sein, daß ich nie zurückkehren werde ...«, versuchte sie abends im Bett auf Carlos einzuwirken. Doch dieser reagierte gar nicht. Er schärfte ihr statt dessen Verhaltensregeln für den Fall einer Verhaftung ein. Sie sollte den Vernehmern immer wieder beteuern, daß sie eine Revolutionärin im Alleingang sei.

Am 8. Februar 1982 reiste Kopp auftragsgemäß nach Paris. Sie traf sich dort mit »Luca«, der bereits seit dem 2. Januar in der Stadt war. Er sollte nicht nur den Bombenanschlag vorbereiten, sondern auch noch die Zeitungsredaktion »Al Watan al Arabi« in der Rue Marbeuf, einer Querstraße der Champs-Elysées, observieren. Carlos hatte zwischenzeitlich vom syrischen Geheimdienst den gut dotierten Auftrag erhalten, den Chefredakteur Walid Abu Zahr zu ermorden. Auf diese Weise sollte das dem Irak nahestehende Blatt von seinen Baath-kritischen Positionen abgebracht werden.

Carlos hatte damit kein Problem, obwohl er inzwischen wieder in einem guten Verhältnis zum Geheimdienst in Bagdad stand und sich in Budapest regelmäßig mit irakischen Vertretern traf. Es bot sich dadurch die Möglichkeit, eine alte private Rechnung zu begleichen. Schließlich war es »Al Watan al Arabi«, das einst ohne seine Zustimmung das Interview von Al Jundi mit ihm veröffentlicht hatte.

Von dieser Ranküne hatte »Luca« allerdings keine Ahnung. Ihm gegenüber war die Tat ideologisch begründet worden. Das Blatt hätte den Kampf gegen Israel aufgegeben und die Sache der Palästinenser verraten. Das überzeugte ihn, denn die Israelis waren zugleich seine persönlichen Feinde.

1970 war er von ihnen verhaftet und jahrelang eingesperrt worden. Damals hatte er noch unter seinem richtigen Namen Bruno Breguet versucht, Sprengstoff für die Palästinenser ins Land zu schmuggeln. Im Hafen von Haifa war den israelischen Zollbeamten jedoch aufgefallen, daß der Schweizer trotz der enormen Hitze einen weiten Wintermantel trug. Als sie ihn baten, den Mantel zu öffnen, kamen darunter zwei Kilogramm Sprengstoff zum Vorschein. Breguet war der erste Nicht-Araber, der wegen pro-palästinensischer Terroraktivitäten verurteilt wurde. Er erhielt 15 Jahre Gefängnis, wovon er sieben absitzen mußte.

Kopp begleitete nun den gutaussehenden »Luca« einige Male in die Rue Marbeuf, denn als Paar fielen sie nicht so auf. Allerdings waren sie nicht besonders erfolgreich. Entweder arbeitete

Walid Abu Zahr nicht mehr in der Redaktion, oder sie hatten eine ungenügende Beschreibung erhalten, denn unter all den arabischen Besuchern vermochten sie ihn nicht eindeutig zu identifizieren.

Überhaupt fühlten sie sich von Carlos nicht gut vorbereitet. Dieser hatte unter anderem darauf bestanden, daß sie in einem ganz bestimmten Hotel im arabischen Viertel von Paris absteigen sollten, weil dies das beste Versteck sei. Doch das Hotel hatte schon vor langer Zeit seinen Betrieb eingestellt. Carlos war eben seit sieben Jahren nicht mehr hier gewesen.

Auch die verabredeten Treffen mit »Eric« kamen nicht zustande. Dabei sollte Kopp der Schlüssel für ein Auto übergeben werden, in dessen Kofferraum sich der Sprengstoff befand. Als der Belgier auch den Ersatztermin verstreichen ließ, ohne ihr eine Nachricht zukommen zu lassen, wollte Kopp schon aufgeben. Entnervt rief sie Carlos in Budapest an und machte ihrem Ärger Luft, zumal ihr in all der Hektik auch noch in einem Café die Handtasche mit dem ganzen Geld und den falschen Pässen gestohlen worden war. Aber Carlos befahl ihr zu bleiben. Er wollte sich kümmern.

Der nächste Termin für die Schlüsselübergabe klappte dann. Der Wagen stand in einer Tiefgarage an den Champs-Elysées. Es war ein älterer weißer Peugeot. Als sie am 16. Februar 1982 zusammen mit »Luca« dorthin ging, gab es allerdings Probleme, den Wagen zu öffnen. »Eric« hatte ihnen etwa zehn Schlüssel mit dem Hinweis gegeben, daß einer davon schon irgendwie passen würde. Sie brauchten eine Ewigkeit, um die Vordertür aufzubekommen, doch als noch schwieriger erwies sich der Kofferraum, in dem sie nachschauen wollten, ob der Sprengstoff tatsächlich vorhanden war. Schließlich gelang es mit einiger Mühe. Fünf Kilogramm Penthrit kamen zum Vorschein, genug, um ein ordentliches Loch in die Hauswand einer Botschaft zu sprengen.

Doch als sie gerade einsteigen und losfahren wollten, kamen zwei Männer auf sie zu und sprachen sie an. Kopp verstand kein Französisch, glaubte allerdings, das Wort Billett gehört zu haben. Aber wo zum Teufel war der Parkschein? »Eric« hatte ihnen keinen übergeben, und im Handschuhfach war auch keiner zu finden. Als sie sich ratlos zu »Luca« umdrehte, sah sie, wie der Schweizer seinen Revolver zog, auf einen der Männer zielte und abdrückte. »Klick«, Ladehemmung.

Magdalena schrie »Luca« an und rannte los. Der Parkwächter

rief etwas auf französisch. Danach drückte »Luca« noch einmal ab. Doch wieder war nur dieses metallene Klicken zu hören, das von den Wänden widerhallte. Sie achtete nicht mehr auf »Luca«, sondern rannte nur noch so schnell sie konnte, vorbei an den vielen parkenden Autos, unter den flackernden Neonlampen hindurch, immer dem hellen Licht entgegen, wo sich die Ausfahrt befinden mußte.

Als sie aus der riesigen Tiefgarage endlich herauskam, bog sie einfach nach rechts ab und rannte die Champs-Elysées hinunter, in der Hoffnung, bald in eine Nebenstraße einbiegen zu können. Doch hinter ihr waren bereits Sirenen und laute Schreie zu hören. Ihr Herz raste wie wild, die Kräfte ließen nach. Plötzlich griff jemand nach ihrer Schulter. Sie taumelte, kam ins Stolpern und fiel vornüber auf den Asphalt. Polizisten drückten sie nieder. Sie wußte, es war vorbei.

Carlos erfuhr in Bukarest von der Verhaftung seiner Geliebten und des Schweizer Genossen. Sofort beauftragte er Christa Margot Fröhlich (»Heidi«), ihm nähere Informationen zu beschaffen. Fröhlich war langjähriges Mitglied der *Revolutionären Zellen* und arbeitete in den letzten Jahren verstärkt für die Carlos-Gruppe, vor allem als Kundschafterin und Kurierin. Mit ihr wollte er sich vier Tage später in Budapest treffen, um alle weiteren Schritte zu beraten.

Doch als sie am 22. Februar 1982 in der ungarischen Hauptstadt eintraf, war noch immer nicht klar, wie es zu der Verhaftung hatte kommen können. Waren die beiden verraten worden, handelte es sich um einen unglücklichen Zufall, oder hatte Breguet einfach die Nerven verloren? Schließlich war er schon einmal sieben Jahre in einem israelischen Gefängnis eingesperrt gewesen, weil er bei einem Sprengstofftransport ertappt worden war, und wollte nun womöglich eine ähnliche Situation um jeden Preis verhindern. Aber Carlos konnte sich das eigentlich nicht so recht vorstellen, denn in München hatte Breguet bewiesen, daß er über starke Nerven verfügte. Das Rätselraten half nicht weiter, in jedem Fall sollte etwas unternommen werden.

Einige Tage später traf mit Wilhelmine Götting (»Tina«) ein weiteres Mitglied der RZ in Budapest ein. Zusammen mit »Heidi« übernahm sie nun die Aufgaben, die bisher Magdalena Kopp erledigt hatte: Kurierfahrten, Sprengstofftransporte, Erkundungsreisen. Zur Überraschung der ungarischen Abhörspezialisten nahmen die beiden Frauen bei Carlos aber bald auch im Bett die Rolle von Kopp ein.

Carlos suchte weiterhin nach einem Weg, seine inhaftierte Geliebte frei zu bekommen. Zunächst verfaßte er handschriftlich einen Brief an den französischen Innenminister Gaston Defferre: »Zwei Soldaten unserer Organisation, Magdalena Cecilia Kopp und Bruno Breguet, sind in Paris festgenommen worden. Wir akzeptieren nicht, daß unsere Kameraden im Gefängnis bleiben«, schrieb er, denn sie seien »im Rahmen einer Mission, die nicht gegen Frankreich gerichtet war«, unterwegs gewesen. »Unsere Organisation läßt ihre Soldaten niemals im Stich. Gemäß der Entscheidung unserer zentralen Führung ergeht an Sie folgende Warnung. Wir werden nicht hinnehmen, daß unsere Genossen im Gefängnis bleiben. Wir werden nicht dulden, daß unsere Genossen in ein anderes Land ausgeliefert werden, egal in welches.« Der Regierung wurde eine Frist von 30 Tagen gesetzt, um die beiden in ein Flugzeug ihrer Wahl steigen zu lassen. Abschließend erklärte Carlos: »Wir führen keinen Krieg gegen das sozialistische Frankreich, und ich bitte Sie, uns nicht dazu zu zwingen.« Darunter setzte er die Floskel eines x-beliebigen Geschäftsbriefes: »Wir hoffen, daß diese Angelegenheit zügig und zufriedenstellend erledigt werden kann.« Gezeichnet war der Brief mit »Organisation des bewaffneten arabischen Kampfes – Arm der arabischen Revolution«. Zusätzlich enthielt er den Namenszug »Carlos« sowie die Abdrücke seines linken und rechten Daumens – »als Beweis für die Authentizität dieses Schreibens«.

Der Brief wurde am 1. März 1982 von Marina Berta (»Sally«), einer Schweizer Mitstreiterin der Carlos-Gruppe, in Den Haag in den Briefkasten der französischen Botschaft geworfen. Carlos hatte diesen Ort mit einem makabren Sinn für Symbolik ausgewählt. Es war dieselbe Botschaft, die acht Jahre zuvor von einem Terrorkommando der *Japanischen Roten Armee* (JRA) besetzt worden war, um ebenfalls die Freilassung eines Genossen aus französischer Haft zu erzwingen. Carlos hatte damals den Forderungen der JRA Nachdruck verliehen, indem er in Paris eine Handgranate in das voll besetzte Szenecafé »Drugstore« warf.

Das Schreiben an den französischen Innenminister sorgte weltweit für Aufsehen. Seit der OPEC-Aktion vor sieben Jahren war es der erste authentische Beweis dafür, daß der »Schakal« noch lebte und weiterhin im Terrorgeschäft tätig war. Und tatsächlich wurde Carlos seinem Bild als skrupelloser Terrorist, das jetzt in den Medien wieder auferstand, auch gerecht. Bereits vor Ablauf des Ultimatums gingen die ersten Bomben hoch.

In Beirut wurden am 15. März 1982 auf die französische Botschaft sowie auf das französische Kulturzentrum schwere Sprengstoffanschläge verübt. Hier hatte die für den arabischen Raum zuständige Abteilung der Carlos-Gruppe zugeschlagen, die von »Ali« geführt wurde. Er konnte auf erfahrene Kämpfer aus den Reihen der palästinensischen Terrorgruppen zurückgreifen.

Zwei Wochen später, am 29. März 1982, hatte es Carlos auf den französischen Trans-Euro-Expreß Nr. 77 »Le Capitole« abgesehen. In dem Schnellzug von Paris nach Toulouse hatten Helfer der Gruppe zehn Kilo Pentetranitrat in einem Samsonite-Koffer versteckt. Der Zug war mit Bedacht gewählt worden. Die Bombe galt Jacques Chirac, damals Führer der Opposition im französischen Parlament, der mit diesem Zug reisen sollte. Als sich der Euro-Expreß auf Höhe von Limoges befand, wurde der Sprengsatz gezündet. Es gab fünf Tote und 27 Verletzte. Chirac war nicht darunter. Er hatte umdisponiert und sich kurzfristig dafür entschieden, einen späteren Zug zu nehmen.

Als das Ultimatum am 1. April ohne Ergebnis verstrichen war, ging das Morden erst richtig los. Am 16. April 1982 erschoß ein Terrorkommando in Beirut den französischen Diplomaten Guy Cavallo und seine Verlobte. Drei Tage später explodierten zwei Bomben in Wien, und zwar vor dem Büro der Air France und der französischen Botschaft. Aber die Regierung in Paris ließ sich davon nicht beeindrucken. Kopp und Breguet blieben unter großen Sicherheitsvorkehrungen in Haft. Ihnen sollte bereits eine Woche später, am 24. April 1982, der Prozeß gemacht werden, um zu demonstrieren, daß man sich nicht erpressen lasse.

Carlos beauftragte nun seinen Spezialisten Weinrich, die Sache in die Hand zu nehmen. Am Morgen des Prozeßtages sollte er in der Pariser Innenstadt eine Autobombe hochgehen lassen. Dabei sollte gleich noch eine andere Rechnung beglichen werden. Der Auftrag des syrischen Geheimdienstes, den Chefredakteur der pro-irakischen Zeitung »Al Watan al Arabi« zu ermorden, war ja noch unerledigt. Aus diesem Grund ließ Weinrich einen mit TNT vollgeladenen Pkw in der Rue Marbeuf, direkt vor der Redaktion von »Al Watan al Arabi«, abstellen. Es handelte sich dabei um einen orangefarbenen Opel-Kombi mit dem Wiener Kennzeichen W-691814, den fünf Tage zuvor »Heidi« mit einem falschen Paß auf den Namen Margit Stadelmann bei der Reiseagentur »Kompaß« am Flughafen im jugoslawischen Llubljana gemietet hatte. Der Zeitzünder war auf neun Uhr, den Beginn des Prozesses, eingestellt. Zugleich spekulierte Weinrich darauf, daß um diese Uhrzeit auch der Chefredakteur zur Arbeit käme oder sich in einem Raum zur Straßenseite aufhielt.

Die Explosion der Autobombe war dann so stark, daß sie nicht nur das Redaktionsgebäude, sondern gleich noch die umliegenden Häuser mit verwüstete. Bilanz des Attentats: ein Toter und 68 zum Teil schwer Verletzte. Der Chefredakteur von »Al Watan al Arabi« hatte jedoch Glück. Er war an diesem Tag etwas später zur Arbeit gegangen. Und das Gericht, das noch während der Verhandlung von dem Anschlag erfuhr, ließ sich nicht einschüchtern. Es verurteilte Kopp zu vier Jahren und Breguet zu fünf Jahren Gefängnis wegen Sprengstoffbesitzes.

Die Antwort ließ nicht lange auf sich warten. Genau einen Monat später, am 24. Mai 1982, explodierte auf dem Gelände der französischen Botschaft in Beirut eine riesige Autobombe. Elf Menschen waren sofort tot, 27 wurden zum Teil schwer verletzt.

Als nächstes plante Carlos, seinen Privatkrieg gegen Frankreich verstärkt nach Westeuropa zu tragen. Bevorzugtes Ziel war die Bundesrepublik Deutschland, wo es zahlreiche französische Einrichtungen gab. Zu diesem Zweck wurde Weinrich in Marsch gesetzt. Er reiste am 31. Mai 1982 mit einer Passagiermaschine der Tarom von Bukarest nach Ostberlin, wo er sich aufgrund seiner früheren Kontakte mit dem MfS sicher glaubte. Doch als er auf dem Ostberliner Flughafen Schönefeld eintraf, sortierte ihn der Zoll aus. Obwohl er einen syrischen Diplomatenpaß auf den Namen »Joseph Leon« vorlegte, verlangte man von ihm, sowohl den großen Kunststoffkoffer als auch die lederne Reisetasche und den Aktenkoffer zu öffnen. In der Reisetasche wurden die wachsamen Genossen fündig. Vorsichtig förderten sie 25 Kilo Sprengstoff der Marke Nitropenta zutage. Es handelte sich dabei um hochbrisanten Plastiksprengstoff, der mit einer Geschwindigkeit von 6 000 Metern pro Sekunde detoniert. Obwohl Weinrich lautstark protestierte, beschlagnahmten die Zöllner den Sprengstoff und informierten das Ministerium für Staatssicherheit. Als Major Helmut Voigt davon erfuhr, schickte er sofort einen seiner Leute nach Schönefeld, um das gefährliche Material aus dem Flughafen zu entfernen. Es wurde anschließend in der Waffenkammer des MfS deponiert. Weinrich stieg derweil im Devisenhotel »Metropol«, Zimmer 1035, ab.

Am nächsten Tag kam es in der konspirativen Wohnung »Mühle« im Stadtteil Prenzlauer Berg zu lautstarken Auseinandersetzungen. Weinrich verlangte von Voigt und dessen unmittelbarem Vorgesetzten, Oberst Günter Jäckel, die sofortige Herausgabe des Sprengstoffes. Er gehöre nicht ihm, sondern dem syrischen Geheimdienst und müsse dringend nach Damaskus transportiert werden. Da in Bukarest kein Direktflug mehr zu bekommen war, habe er den Umweg über Ostberlin wählen müssen. Außerdem verfüge er über diplomatische Immunität und erwarte, daß diese auch respektiert werde. Voigt und Jäckel zeigten sich davon jedoch wenig beeindruckt. Sie glaubten ihm kein Wort.

Weinrich mußte umdisponieren. Die DDR schien keine gute Ausgangsbasis für Operationen in Westeuropa zu sein. Ein neuer Transport müßte über andere Routen geführt werden, das war nun eindeutig. Wenigstens ließ man ihn als Person unbehelligt. Er beorderte Christa Margot Fröhlich zur Lagebesprechung nach Ostberlin. Genau instruierte er sie, wo sich im Bukarester Basislager eine weitere Charge dieses Sprengstoffs befand. Ihre Aufgabe war es jetzt, das explosive Material von dort nach Frankreich zu schaffen, wo man erneut direkt zuschlagen wollte. Zwar war es ziemlich riskant, sie mit Sprengstoff im Gepäck nach Westeuropa zu schicken, doch blieb Weinrich nichts anderes übrig. Anderes Personal stand ihm nicht zur Verfügung, und schließlich befanden sie sich im Krieg mit Frankreich. Da konnte er keine Rücksicht auf das Schicksal eines einzelnen Soldaten nehmen.

Am 16. Juni 1982 machte sich Fröhlich schwer beladen in Bukarest auf den Weg. Zunächst flog sie nach Rom, wo sie auf dem Flughafen der italienischen Polizei auffiel, weil sie mit ungewöhnlich schwerem Handgepäck beladen war. Zwei Beamte baten daher, kurz einen Blick in ihre Tasche werfen zu dürfen. Zum Vorschein kamen zu ihrem Entsetzen 20 Kilogramm Sprengstoff des Typs Hexogen und mehrere Zünder sowie auch noch drei falsche Pässe, einer davon lautete auf den Namen Margit Stadelmann, mit dem zwei Monate zuvor das Auto für den Anschlag in der Pariser Rue Marbeuf gemietet worden war. In einem Notizbuch von Fröhlich entdeckten die herbeigerufenen Sicherheitsexperten Aufzeichnungen über die Fahrzeiten des Zuges »Palatino« für die Strecke Rom–Paris, so daß sie einen Anschlag befürchteten. Fröhlich wollte sich zu diesem Vorwurf aber nicht äußern, wie sie überhaupt nichts zu ihrer Verteidigung vorbrachte, sondern nur beharrlich schwieg. Auch vor dem römischen Gericht, wo ihr wenig später der Prozeß gemacht wurde, blieb sie bei dieser Strategie. Man verurteilte sie zu sechs Jahren und vier Monaten Gefängnis.

Carlos befand sich in einer schwierigen Situation, seine Aktionen kamen ins Stocken. Mit Fröhlich war binnen vier Monaten das dritte Gruppenmitglied verhaftet worden. In Beirut hatte die Organisation nach massiven Angriffen der israelischen Streitkräfte ihre arabische Basis verloren. Es war nicht mal die Zeit geblieben, das dortige Munitions- und Waffenlager in Sicherheit zu bringen. Zudem wurde es auch in Osteuropa zunehmend schwerer, frei zu agieren. Nicht nur in der DDR, sondern auch in Ungarn war man dazu übergegangen, sie permanent zu beschatten und einzuengen. So mußte das Hauptquartier nach Bukarest verlegt werden, wo immerhin noch die Securitate kooperationswillig war. Für den arabischen Raum galt es, in Damaskus ein neues Basislager einzurichten, in das sich Carlos in der Folgezeit zurückziehen konnte. Weinrich nutzte dagegen vorwiegend Libyen als Ruheraum.

Um ein wenig Zeit für all die Umstrukturierungen zu gewinnen, beauftragte Carlos zwei Anwälte, Geheimverhandlungen mit der französischen Regierung über die Freilassung von Kopp und Breguet aufzunehmen. Die Gruppe wollte von weiteren Anschlägen absehen, wenn es ein entsprechendes Entgegenkommen gäbe. Da sich Carlos davon aber letztlich wenig versprach, arbeitete er mit Weinrich parallel dazu an einem Konzept zur Befreiung aus dem Gefängnis. Sollte dies klappen, würde man sich anschließend um Fröhlich kümmern. Für einen gleichzeitigen Kampf an zwei Fronten fehlten einfach die Kapazitäten.

Als Unterhändler dienten jene beiden Anwälte, die bereits die Verteidigung und Betreuung von Kopp und Breguet übernommen hatten, der Schweizer Bernard Rambert (»Graf«) und dessen französischer Kollege Jacques Vergès (»Herzog«). Diese Wahl hatte ihre öffentliche Wirkung nicht verfehlt, denn Vergès galt als eine der schillerndsten Persönlichkeiten in den Pariser Gerichtssälen. Er verteidigte mit gleicher Inbrunst algerische Guerilleros wie deutsche Nazis oder französische Kollaborateure. Wie Carlos bekannte er sich zum Kommunismus, liebte teure Zigarren und schöne Frauen. Seit er Ende der 50er Jahre die algerische FLN-Führerin Djamila Bouhired wegen Terrorismus verteidigt hatte, in die er sich dabei verliebte und wegen der er zum Islam übertrat, um sie zu heiraten, war er in aller Munde und immer wieder Gegenstand der Klatschpostillen. An Stoff fehlte es dabei nicht, denn zu seinen Freunden gehörten Mao Tse-tung und Pol Pot genauso wie Olof Palme und der sowjetische Geheimdienstchef Alexander Schelepin. Rätselraten herrschte in den Medien über sein mysteriöses Verschwinden im Jahre 1970. Hatte er sich einer Guerillabewegung angeschlossen, war er zur Ausbildung beim KGB oder in den Fängen einer Sekte? Als er nach acht Jahren wieder auftauchte, erklärte er nur: »Ich war auf der anderen Seite des Spiegels.«

Am 20. Dezember 1982 reiste Vergès mit seinem Schweizer Kollegen Rambert für zwei Tage nach Ostberlin, um sich dort mit Weinrich und »Ali« zu treffen. Vor der Grenzübergangsstelle des Bahnhofs Friedrichstraße deponierten sie in der Gepäckaufbewahrung ihre Unterlagen zum Fall Kopp, da sie nicht wollten, daß sie bei der Einreisekontrolle zum Vorschein kämen. »Ali« sollte sie später mit dem übergebenen Einlieferungsschein abholen, damit sie Carlos zugeleitet werden konnten. Doch die Staatssicherheit, die von den beiden längst wußte und sie wie die gesamte Carlos-Gruppe observierte, schickte sofort einen Offizier los, der die Papiere Seite für Seite abfotografierte. Die Anwälte hatten nicht bedacht, daß die Gepäckaufbewahrung bereits den DDR-Behörden unterstand.

Vergès erstattete derweil Weinrich mündlich Bericht. Über seine Frau war es ihm gelungen, direkten Kontakt mit der französischen Regierung herzustellen und über die Freilassung von Kopp und Breguet zu verhandeln. Man habe sowohl Jean-Claude Colliard, Direktor im Kabinett von Mitterrand, als auch Roland Kessous, Staatssekretär im Innenministerium, wissen lassen, daß mit weiteren Anschlägen von Carlos zu rechnen sei, falls die beiden Inhaftierten nicht bald auf freien Fuß kämen. Allerdings hätten sich beide sehr reserviert verhalten, so daß es wohl einer größeren Aktion bedürfe, um dieser Forderung Nachdruck zu verleihen. Schließlich mache sich Mitterrand nichts daraus, so Vergès, wenn nur ein kleiner Diplomat dran glauben müsse.

Eine andere Möglichkeit wäre, die beiden aus dem Gefängnis zu befreien. Vergès habe darüber auch schon mit Breguet bei einem seiner letzten Besuche sprechen können. Denkbar wäre, daß Breguet mit Hilfe eines bestochenen Wächters durch einen Tunnel im Abwasserkanalsystem fliehen könnte. Das wäre noch in diesem Winter möglich. Für Magdalena Kopp sei an einen Ausbruch über die Krankenstation gedacht. Sie lasse sich ohnehin gerade bei einem Gefängnisarzt auf ihren physischen und psychischen Zustand untersuchen, damit man nicht hinterher behaupten könne, sie sei labil gewesen und habe Selbstmord begangen. Nach den Ereignissen in Stuttgart-Stammheim wisse man ja nie. Aus diesem Grunde sei sie noch für eine Weile in der Krankenhausetage des Gefängnisses untergebracht. Im übrigen habe man inzwischen auch den Briefkontakt mit ihrer Mutter in Ulm genehmigt, und es fehle ihr an nichts, da sie von Vergès regelmäßig mit Geld versorgt werde. Die Organisation der unmittelbaren Fluchtaktionen und des Weitertransports der beiden ins Ausland müßte nun von Carlos und seinen Leuten übernommen werden, die Anwälte stünden nur für Kurierdienste zur Verfügung.

Weinrich bat daraufhin Vergès, seiner Ex-Freundin und dem Schweizer Kampfgefährten folgende Nachricht zu übermitteln: »Wir hoffen, ihr seid o.k. Uns geht es gut, wir arbeiten sehr hart. Alles was wir tun, ist dazu da, Euch raus zu holen. Es gibt nur einen Weg, Euch nach Damaskus zu bringen. Eure Aufgabe ist, innerlich stark zu bleiben. Die ganze Pressekampagne über ›Heidi‹ [gemeint ist die in Rom inhaftierte Christa Margot Fröhlich] ist Kuhscheiße.«

Nachdem die Verhandlungen mit der französischen Regierung nichts erbracht hatten und für eine Befreiungsaktion vor Ort die Leute fehlten, entschlossen sich Carlos und Weinrich, mit einer spektakulären Aktion auf ihr Anliegen aufmerksam zu machen. Als Anschlagziel wurde das französische Kulturzentrum »Maison de France« in Westberlin ins Auge gefaßt. Hierfür ließen sich problemlos bewährte Kämpfer aus der RZ einsetzen. Neben Wilhelmine Götting (»Tina«) beteiligte sich auch Gerd Albartus (»Kai«) wieder an einer Aktion. Seit seiner Entlassung aus dem Gefängnis – die vier Jahre für den versuchten Brandanschlag in Aachen hatte er voll absitzen müssen – erweckte er zwar nach außen hin den Eindruck, er sei resozialisiert und habe dem Terrorismus abgeschworen, aber innerlich sann er auf Rache. Am Tage arbeitete er als Journalist für die »Tageszeitung« (taz) und den Westdeutschen Rundfunk (WDR) zu vorrangig sozialkritischen Themen, abends traf er sich mit den alten Freunden aus dem Carlos-Umfeld.

Die zuständigen MfS-Offiziere registrierten dies mit großer Sorge, denn sie befürchteten, daß Albartus weiterhin überwacht würde und so womöglich die bundesdeutschen Dienste davon erfahren könnten, daß Carlos und seine Leute vom Gebiet der DDR aus operierten. Sie mußten etwas zur Abschreckung unternehmen. Nach seinem nächsten Treffen mit Weinrich in Ostberlin stempelten sie bei der Ausreise einfach Albartus' Paß ab. Das war gegen die Abmachung, wonach Angehörige der Carlos-Gruppe »spurlos« in die DDR ein- und ausreisen durften. Weinrich tobte, als er davon erfuhr. Albartus erhielt daraufhin einen gefälschten bundesdeutschen Paß auf den Namen »Hans-Jürgen Buchholtz«, mit dem er dann auch zu den Basen in Osteuropa reiste. Die DDR mied er fortan.

Für das Ausspionieren des Anschlagziels in Westberlin waren zum Glück keine besonderen Pässe erforderlich. Ab dem 25. Januar 1983 sorgte Albartus mit Wilhelmine Götting für eine komplette Erkundung des französischen Kulturzentrums am Kurfürstendamm/Ecke Uhlandstraße, nicht weit entfernt von der Gedächtniskirche und dem Bahnhof Zoo. Im Erdgeschoß befand sich ein Kino, in der ersten und zweiten Etage waren die Räume des »Institut Français«, im dritten Obergeschoß residierte der französische Konsul, und es waren dort die Büros der Kulturabteilung untergebracht, in der vierten Etage existierte noch eine Aula, doch befand sich diese im Umbau.

Schnell hatten die beiden herausgefunden, daß man über eine Tiefgarage in der Uhlandstraße unbemerkt in das Generalkonsulat im dritten Stock gelangen konnte. Sie registrierten zudem, daß das Generalkonsulat in jedem Flügel des Gebäudes einen separaten Eingang besaß, der weder von einem Wachmann noch von Videokameras überwacht wurde. Außerdem hatten sie beobachtet, daß jeden Morgen gegen zehn Uhr der Generalkonsul mit einem Peugeot vorfuhr.

Nach 15 Tagen lieferten Götting und Albartus ihre detaillierten Aufzeichnungen und mehrere Skizzen über die Raumaufteilungen in den einzelnen Stockwerken an Weinrich. Der konnte sich nun an die genaue Planung machen. Er beschloß, 25 Kilo Plastiksprengstoff einzusetzen. Das würde reichen, um von der leeren und leicht zugänglichen 4. Etage aus die Büros des Konsulats in der 3. Etage vollständig zu zerstören. Und genau diese Menge lagerte ja noch beim MfS. Beim nächsten Treffen mit Major Voigt wollte er die Herausgabe des Sprengstoffes ultimativ einfordern.

Um die Zeit bis dahin nicht sinnlos verstreichen zu lassen, entschloß sich Weinrich, etwas für die Aufbesserung der Kriegskasse zu tun. Die Gelegenheit dazu ergab sich, als er zufällig in Ostberlin auf Salah Chalaf traf, besser bekannt unter seinem Decknamen »Abu Iyad«. Er hatte es unter Jassir Arafat zum Chef des Sicherheits- und Nachrichtendienstes sowohl der *Fatah* als auch der gesamten PLO gebracht. In dieser Eigenschaft zeichnete er auch verantwortlich für die Operationen der Gruppe *Schwarzer September*, die seit den Morden bei den Olympischen Spielen 1972 zu einem Synonym für palästinensischen Terror geworden war.

»Abu Iyad« erkundete bei Weinrich die Bereitschaft der Carlos-Gruppe, auch für ihn zu arbeiten. Weinrich signalisierte Interesse, gab indirekt aber auch zu verstehen, daß ordentlich Geld gezahlt werden müßte. An Carlos meldete er, daß »Abu Iyad« an einem Treffen mit ihm interessiert sei. »Sie glauben, daß Du in Bukarest bist. Das merkte ich an ihren Fragen nach Dir. Meine Antwort lautete: Wir sind überall und nirgends. Uns kann man nur im Untergrund finden.«

Noch bevor es zu konkreten Gesprächen mit der PLO kam, meldete sich der libysche Geheimdienst mit einem neuen Auftrag. Der saudi-arabische Botschafter in Athen sollte getötet werden. Es gab nicht mal mehr eine politische Begründung. Weinrich machte sich sofort an die Planung, denn diesmal sollte ihnen nicht wieder eine andere Organisation zuvorkommen wie bei Sadat in Ägypten. Zusammen mit Mitgliedern der griechischen Untergrundgruppe ELA (*Epanastakos Laikos Agonas* – Revolutionärer Volkskampf) leitete Weinrich alles in die Wege. Am 13. April 1983 explodierte eine Autobombe, als gerade eine Kolonne von Fahrzeugen der saudi-arabischen Botschaft an ihr vorbeifuhr.

Aus der Sicht des Auftraggebers war das Attentat jedoch ein Fehlschlag. Niemand wurde getötet. Der Fahrer des Botschafters und ein Sicherheitsbeamter erlitten zwar Verletzungen, aber der saudi-arabische Botschafter blieb völlig unversehrt. Er war einen Kilometer zuvor ausgestiegen, um den Rest des Weges zu Fuß zu gehen. Weinrich war blamiert. Wieder einmal hatte er einen wichtigen Auftrag verpatzt. Trotzdem versuchte er, die Panne als Erfolg zu verkaufen. »Die Operation war viel größer als wir glaubten. Unser Sprengstoff ist vollständig hochgegangen, von unserem Auto ist nichts übriggeblieben. Warum die beiden in dem ersten Auto nicht auf der Stelle getötet wurden, ist merkwürdig«, erklärte er Carlos in einem Brief.

Nachdem jedoch griechische Zeitungen berichtet hatten, die beiden seien »mit schweren Verbrennungen« ins Krankenhaus gekommen, hatte Weinrich neue Hoffnung geschöpft: »Wie dem auch sei, vielleicht sind sie gestorben.« Immerhin sei die Explosion alles in allem so kräftig gewesen, daß sogar noch die Insassen des dritten und vierten Fahrzeuges Verletzungen davongetragen hätten, berichtete er triumphierend. Über Carlos schickte er zum Beweis Fotos an den libyschen Verbindungsoffizier Salem, damit dieser sich selbst ein Bild von der Sprengwirkung machen konnte.

Weinrich hielt sich nicht lange bei diesem Fehlschlag auf. Es galt, nach vorn zu schauen, schließlich lag ihm bereits eine neue Anfrage vor, diesmal von der ELA, die um Unterstützung für ein Attentat bat. Bisher hatten die Genossen in Athen nur Waffen angeboten bekommen, nun sollte Weinrich unmittelbar in die Planung eingreifen. Carlos gegenüber erklärte er, daß er sich durchaus vorstellen könne, hier selbst Hand anzulegen, zumal es um einen Franzosen ging, der aus dem Weg geräumt werden sollte. »Sie wollen, daß wir den französischen Vertreter von Pechiney, einem sehr wichtigen französischen Konzern, der in Griechenland eine wichtige Rolle spielt, umbringen.« Weinrich setzte hinzu: »Ich mag das ...« Doch zum Einsatz kam er dann doch nicht, da die griechischen Kämpfer die Aktion lieber allein abwickeln wollten.

Parallel dazu bemühte sich die Gruppe verstärkt um direkten Kontakt zu arabischen Regierungen, um nicht allein vom Wohlwollen einzelner Geheimdienstoffiziere abhängig zu sein und gegebenenfalls über ein sicheres Rückzugsgebiet zu verfügen. Am 12. Juli 1983 wandte sich Weinrich dazu an Rifat al Assad, den Bruder des syrischen Staatschefs. Den Kontakt hatte ein syrischer Diplomat hergestellt, den Weinrich aus Ostberlin kannte. Unterwürfig schrieb er: »Unsere Organisation sieht es als Auszeichnung an, die Möglichkeit zu haben, sich mit dem Genossen Dr. Rifat al Assad zu treffen. Es ist eine Ehre für uns, einem Führer Syriens von höchstem Rang zu begegnen und wir betrachten dies als einen Schritt nach vorn im Kampf gegen den gemeinsamen Feind. Wir bewerten die Tatsache sehr hoch, daß von Seiten Syriens in Damaskus offiziell die Verbindung mit uns aufgenommen wird. Wir sehen zuversichtlich den besten Ergebnissen entgegen bezüglich der Zusammenarbeit im Interesse der Revolution. Im Namen der Organisation: Steve.«

Syrien war längst einer der wichtigsten Partner der Gruppe. Aus Damaskus kamen nicht nur die Pässe, sondern mit syrischen Linienmaschinen wurden auch Waffen, Munition und Sprengstoff nach Budapest, Bukarest und Belgrad geliefert. Daher befand sich auch das neue Hauptquartier der Gruppe in Damaskus, wo sich Carlos nun regelmäßig aufhielt.

Weinrich hatte inzwischen seine Pläne für den Anschlag in Westberlin fix und fertig ausgearbeitet. Noch im August sollte die Aktion über die Bühne gehen, da nach der Sommerpause die Umbauarbeiten im 4. Stock des französischen Kulturzentrums beendet sein sollten und dann der Zugang zum Haus gewiß schwieriger sein würde. Er mußte also die DDR-Behörden unbedingt dazu bekommen, den Sprengstoff wieder herauszugeben. Am 8. August 1983 rief er deswegen Helmut Voigt an, um dem Verbindungsoffizier sein neuerliches Eintreffen in der DDR zu avisieren. Er gab vor, am 11. August den Schweizer Rechtsanwalt Bernard Rambert (»Graf«) in Ostberlin treffen zu wollen und bat Voigt daher, für eine problemlose Einreise zu sorgen.

Als sie sich dann wie gewohnt in der konspirativen Wohnung in Prenzlauer Berg trafen, berichtete Weinrich, daß die Bemühungen um die Freilassung von Kopp und Breguet Fortschritte machten, da sich nun auch Syrien dafür engagiere. Etwas scheinheilig erkundigte er sich, ob Kopp im Falle einer Freilassung über Ostberlin nach Damaskus reisen dürfe. Erst am Ende des Gesprächs kam Weinrich auf sein eigentliches Anliegen zu sprechen und verlangte die Herausgabe des ungerechtfertigt beschlagnahmten Sprengstoffes, und zwar bis zum 19. August 1983. Ansonsten würde es Ärger auf diplomatischer Ebene geben.

Voigt blockte aber ab, denn er ahnte, was Weinrich damit vorhatte. Seine Leute hatten bei einer früheren Einreise heimlich Weinrichs Gepäck durchsucht und dabei jede Menge Aufzeichnungen über das »Maison de France« in Westberlin und weitere französische Einrichtungen in Bonn und Beirut gefunden.

Nach Voigts Eindruck befand sich Weinrich weiterhin auf dem Kriegspfad gegen Frankreich, um seine frühere Lebensgefährtin aus dem Gefängnis herauszubomben. Kopps eigentlicher Partner, Carlos, saß dagegen im sicheren Bukarest oder in Damaskus und ließ seinen Vorgänger die riskante Arbeit vor Ort erledigen.

Voigt wunderte sich überhaupt, wie hörig Weinrich gegenüber Carlos schien. Aus den Durchsuchungen seiner Hotelzimmer wußte er auch, daß Weinrich über jeden seiner Schritte und über sämtliche Ausgaben Rechenschaft ablegen mußte. Dies ging sogar so weit, daß er selbst noch Reinigungskosten für eine Hose akribisch aufzulisten hatte. Kein Wunder, daß er dann auch hin und wieder zu Tricks greifen mußte, um sich etwas eigenen Spielraum zu verschaffen. Anders konnte Voigt sich nicht erklären, warum Weinrich nach den Treffen mit ihm häufig in seinem Notizbüchlein festhielt: »Whiskey mit Helmut getrunken«, versehen mit einer stattlichen Zechsumme, obwohl sie niemals derartiges zu sich genommen hatten. Weinrich brauchte das Geld offensichtlich, um sich gelegentlich eine Prostituierte aufs Zimmer kommen zu lassen, die nicht in seinen Abrechnungen auftauchte. Den Damen stellte er sich dann unter dem Namen »Steve Leon« oder als OPEC-Manager »Said« vor. Aber davon sollte wohl niemand etwas erfahren.

Nachdem Voigt seine Vorgesetzten darüber informiert hatte, daß Weinrich nunmehr unter Drohungen die Rückgabe des Plastiksprengstoffes verlangte, bekam er wenig später einen überraschenden Hinweis. Oberst Harry Dahl, Leiter der Hauptabteilung XXII, hatte nichts dagegen einzuwenden, dem Terroristen unter bestimmten Auflagen den Sprengstoff auszuhändigen. Voigt war einigermaßen überrascht, denn schließlich ahnten sie alle, was Weinrich damit im Schilde führte. Ihm sollte bei der Übergabe eingeschärft werden, daß es momentan nicht im Interesse der DDR sei, wenn er von ihrem Staatsgebiet aus einen Terroranschlag im Westen plane oder gar organisiere. Schließlich liefen gerade Verhandlungen mit der Bundesrepublik über einen Milliardenkredit.

Am 16. August 1983 wurde die Tasche mit dem Sprengstoff dann aus der MfS-Waffenkammer geholt und Weinrich in der Nähe des »Palast-Hotels« übergeben, allerdings mit der Verpflichtung, sie nicht in seinem Hotelzimmer zu lagern. Weinrich legte die brisante Fracht daraufhin in den Kofferraum seines Autos und fuhr damit zu Nabil Chretah, dem dritten Sekretär der syrischen Botschaft in Ostberlin. Die Vertretung befand sich in der Otto-Grotewohl-Straße 3 (heute Wilhelmstraße), ganz in der Nähe des Brandenburger Tores. Im vierten Stock des Gebäudes teilten sich die syrischen Diplomaten eine Etage mit der Botschaft von Zaire.

Chretah war es gewohnt, daß Weinrich bei ihm auftauchte, wenn er in der Stadt war. Sie tranken Tee und plauderten ein wenig. Mitunter wollte er gar nicht wieder gehen, sondern prahlte ausführlich mit seinen Taten. Chretah war das lästig, aber er hatte die Anweisung von ganz oben, Weinrich zu unterstützen. Schließlich galt er offiziell als Angestellter des Außenministeriums in Damaskus und reiste mit einem syrischen Diplomatenpaß.

Anfangs ging es nur darum, sich um seine Einladungen und das Visum zu kümmern oder ein Hotel für ihn zu buchen. Aber eines Tages brachte er einen großen Koffer mit und bat darum, ihn bei Chretah im Büro einschließen zu dürfen. Der Botschaftssekretär konnte nicht ablehnen, ließ sich aber zuvor den Inhalt zeigen. Zum Vorschein kamen ein kleines Maschinengewehr, eine Pistole und mehrere Packungen Sprengstoff, die in leeren Parfümschachteln verpackt waren. Chretah bekam es mit der Angst zu tun und ging zum Botschafter Faisal Sammak. Der wies Chretah nochmals darauf hin, daß sie von Damaskus per Telex angewiesen worden waren, der Carlos-Gruppe behilflich zu sein, und empfahl: »Solange es nicht gefährlich ist, kannst du diese Sachen bei dir im Dienstzimmer deponieren.« Weinrich versicherte, daß nichts passieren könne, da der Sprengstoff ja nicht mit einem Zünder verbunden sei.

Fortan kam er regelmäßig in die Botschaft, um etwas aus dem Koffer zu holen oder hineinzulegen. Dabei tat er immer sehr geheimnisvoll und verlangte, daß zuvor die Tür des Büros abgeschlossen würde. Insofern war Chretah nicht besonders überrascht, als Weinrich nun auch noch eine Reisetasche vorbeibrachte und darum bat, sie zu dem Koffer in den Büroschrank zu schließen. Von sich aus erklärte er, daß es sich um Sprengstoff handele.

Carlos saß derweil im sicheren Damaskus und sorgte sich vor allem um die Kriegskasse. »Ich möchte Dich daran erinnern, daß die Geldlage schlecht ist«, ließ er Weinrich zukommen und gab ihm konkrete Verhaltensregeln mit auf den Weg: »1.) Sei bezüglich Deiner Ausgaben bescheiden. 2.) Vermeide unnötige Reisen. 3.) Sei gegenüber den Genossen geizig, auch mit Kai [Gerd Albartus].« Für ihn selbst galt dies weniger. Parallel dazu schickte er Wunschlisten für erlesene Produkte, die ihm in Damaskus fehlten, unter anderem »Keops-Rasiercreme (AVEC BLAIREAU)«.

Auch am 19. August 1983 kam Carlos gegenüber Weinrich noch mal aufs Geld zu sprechen: »Liebster Steve, zuerst möchte ich Dir die letzten Neuigkeiten mitteilen: Heute habe ich mit Libyen telefoniert, mit Salem gesprochen und ihm gesagt, daß ich nach dort kommen möchte. (...) Ich werde die französische Intervention im Tschad zum Vorwand nehmen, die Zusammenarbeit wieder aufzunehmen.« Weiter berichtete Carlos, daß er den Libanesen Mustafa Ahmad al Sibai alias »Feisal« losgeschickt habe, damit dieser Weinrich bei der Ausführung der geplanten Aktion in Berlin zur Hand gehen könne, doch belaste dies die Finanzen: »Durch Feisals Reise ist mein Geld alle. (Er nimmt $ 2000 für Dich und $ 500 als Reserve mit.) Dann bleiben nur noch $ 15000 als Reserve.« Daher sollte Weinrich »Tina« (Wilhelmine Götting) und »Kai« (Gerd Albartus) dazu bewegen, eine neue Aktion vorzubereiten, bei der wenigstens eine Million Dollar eingespielt werden könne.

Am 20. August 1983 landete morgens um 6.45 Uhr der Libanese Mustafa Ahmad al Sibai mit einer Maschine aus Damaskus auf dem Flughafen Berlin-Schönefeld. Bei der Einreisekontrolle gab er als Ziel die syrische Botschaft in Ostberlin an. Zur Beglaubigung legte er einen Briefumschlag des Außenministeriums in Damaskus vor, adressiert an die syrische Botschaft in der DDR. Die Paßkontrolleure hielten Al Sibai für einen Kurier mit Diplomatenpost und ließen ihn ungehindert passieren.

In der Nähe des Bahnhofs Friedrichstraße stieg Al Sibai im Interhotel »Metropol« ab, Zimmer 1008, direkt neben Weinrich, der im Zimmer 1010 logierte. Auch »Ali« war bereits in der Stadt. Zusammen mit Al Sibai reiste er in den Folgetagen mehrfach mit der S-Bahn in den Westteil der Stadt. Die Späher des MfS fanden daran nichts Verdächtiges, denn dies taten die Mitglieder der Carlos-Gruppe bei jedem Aufenthalt in Ostberlin. Zum einen trafen sie dort ihre Kontaktleute, zum anderen gab es die Vorliebe für ganz bestimmte Bordelle, wie die Genossen wußten.

Am 25. August 1983 erschien gegen 9.15 Uhr Weinrich in der syrischen Botschaft und bat Chretah, ihm die Reisetasche nach Westberlin zu fahren. »Du, das kann ich nicht tun, bevor ich den Botschafter gefragt habe«, antwortete Chretah. Der syrische Diplomat stand noch am Anfang seiner Karriere und wollte keinen Fehler machen. Nach dem Germanistikstudium in Leipzig und der Diplomatenausbildung in Damaskus war dies sein erster Auslandseinsatz.

Der Botschafter war ebenfalls ratlos. Er bat Chretah, schnell noch mal den Ordner zu holen, in dem alle die Carlos-Gruppe betreffenden Telegramme abgeheftet waren. Dort fanden sie die Anweisung, »jegliche mögliche Hilfe« zu gewähren. Der Botschafter überließ es aber seinem 3. Sekretär, ob er das Risiko auf sich nehmen wolle. Chretah entschuldigte sich daraufhin bei Weinrich, aber er könne seinem Wunsch leider nicht nachkommen. Weinrich zeigte überraschend Verständnis, nahm die Tasche und ging.

Um 10.05 Uhr fuhren Al Sibai und »Ali« über den Bahnhof Friedrichstraße unkontrolliert nach Westberlin. Vom Bahnhof Zoo gingen sie schnurstracks hinüber zum Kurfürstendamm. Gegen 10.50 Uhr betrat Al Sibai das »Maison de France« und ging hinauf in den vierten Stock, der noch immer völlig leerstand. Dort deponierte er die Tasche in einer Abstellkammer direkt neben dem Fahrstuhl, befestigte einen Zeitzünder an den 25 Kilo Nitropenta und machte ihn scharf. Die elektrische Uhr der französischen Marke »Japy« stellte er so ein, daß die Bombe exakt in 30 Minuten detonieren sollte. Gegen 11 Uhr verließ Al Sibai das Gebäude wieder.

Exakt um 11.22 Uhr erschütterte eine gewaltige Explosion die Westberliner Innenstadt. Die Druckwelle war so stark, daß die ganze Umgebung in Mitleidenschaft gezogen wurde. Im französischen Kulturzentrum selbst wurde die Außenfassade aufgesprengt, und die Decke zwischen dem dritten und vierten Stock stürzte ein. Die herabfallenden Trümmer begruben das Sekretariat des französischen Generalkonsuls unter sich. Zum Zeitpunkt der Explosion hielten sich dort mehrere Mitglieder der Gruppe »Fasten für den Frieden« auf, da sie dem Generalkonsul gerade eine Petition übergeben wollten, mit der sie gegen die Atompolitik Frankreichs protestierten.

Der 26jährige Friedensaktivist Michael Haritz erstickte unter den Trümmern aus Betonstücken, Schutt und Eisenteilen. Weitere Mitglieder der Gruppe, darunter eine Mutter mit ihrem sechs Monate alten Baby, wurden schwer verletzt. Ein Maurer, der sich zum Zeitpunkt der Explosion auf einem Baugerüst in Höhe des dritten Obergeschosses befunden hatte, wurde in einen Baum am Straßenrand geschleudert. Insgesamt gab es neben dem Toten 21 Verletzte und 2,5 Millionen Mark Sachschaden. Es war der bis dahin schwerste Terroranschlag in der Geschichte von Westberlin.

Um die inhaftierte Magdalena Kopp freizupressen, unternahm die Carlos-Gruppe 1983 einen Bombenanschlag auf das Kulturzentrum »Maison de France« in Westberlin

Bereits um 11.45 Uhr trafen Al Sibai und »Ali« kurz hintereinander wieder am Bahnhof Friedrichstraße in Ostberlin ein. »Ali« flog noch am selben Tag mit der Malev 809 nach Budapest, Al Sibai bestieg erst am nächsten Tag die Interflug 828 nach Damaskus, wo er Carlos Bericht erstatten sollte.

Kurz vor 13 Uhr erschien an diesem 25. August Weinrich noch einmal in der syrischen Botschaft. Er bat den Botschaftssekretär um eine Tasse Tee und empfahl ihm, doch mal das Radio anzustellen. Der Bombenanschlag war die erste Meldung in den Mittagsnachrichten. Als Chretah fragend zu Weinrich hinüberschaute, erklärte dieser stolz: »Das ist mein Werk.«

Auch MfS-Major Helmut Voigt hörte zu dieser Zeit Radio. Doch zu seiner Überraschung wurde gegen 14 Uhr vermeldet, daß vermutlich die Terrororganisation ASALA (*Geheime Armenische Befreiungsarmee*) für den Anschlag verantwortlich sei. Voigt glaubte es besser zu wissen. Er rief sofort im Hotel an und bestellte Weinrich für den nächsten Morgen in die konspirative Wohnung »Mühle« zu einer Aussprache. Doch das Treffen verlief wenig ergiebig. Weinrich stritt rundweg alles ab und tischte Voigt allen Ernstes die Geschichte mit der ASALA auf. Voigt mußte dies zunächst einmal so hinnehmen, denn er hatte keine gegenteiligen Beweise in der Hand. Erst als er in sein Büro zurückkam, fand er auf dem Schreibtisch die Angaben der Paßkontrolleinheit vom Bahnhof Friedrichstraße über den gestrigen Tag vor. Daraus war ersichtlich, daß etwa eine Stunde vor dem Anschlag Al Sibai und »Ali« zusammen nach Westberlin ausgereist und kurz nach der Explosion wieder zurückgekommen waren. Zudem kursierte in den Westmedien eine Phantomzeichnung vom mutmaßlichen Attentäter. Zwei Zeugen hatten gegen 11 Uhr einen verdächtigen Mann in dem Gebäude gesehen. Die Zeichnung hatte eine auffällige Ähnlichkeit mit Al Sibai.

Doch bevor Voigt seine Vermutungen beweiskräftig belegt hatte, war Weinrich bereits verschwunden. Er nahm am 27. August 1983 die Maschine um 12.55 Uhr nach Belgrad. Dort begann er umgehend, für Carlos einen ausführlichen Bericht zu schreiben, wobei er zur Tarnung neue Decknamen benutzte. »Liebster Michel«, begann er den Brief an seinen Chef, »Ziad [Al Sibai] hat Dir das meiste sicher schon erzählt; er hat sich ausgezeichnet verhalten.« Lobend äußert er sich auch zur »solidarischen Hilfe von Nabil« [Chretah]. Der syrische Botschaftssekretär habe dankenswerter Weise den Sprengstoff verwahrt und wisse über die Aktion Bescheid, allerdings sei der Diplomat »offiziell nicht beteiligt« gewesen.

Danach schilderte Weinrich ausführlich seinen Ärger mit dem MfS. »Helmut hat uns immer vor einer Operation im Westen gewarnt, bei der wir direkt aus dem Osten kommen und wieder dorthin zurückkehren. Wir haben es immer geleugnet und haben heimlich die Taschen in den Westen transportiert«, berichtet Weinrich sichtlich stolz. »Auch nach der Operation schienen sie nicht sicher, ob wir es gemacht haben oder die ASALA. Und ich verbreitete die Version, daß die ASALA sich nie zu einer Operation bekennt, wenn sie sie nicht auch ausgeführt hat.«

Weinrich freute sich erkennbar, daß es ihm gelungen war, die Staatssicherheit auszutricksen und eine Operation ohne jede Panne über die Bühne zu bringen. Er verwies aber auch darauf, daß er nun »für lange, lange Zeit nicht mehr Berlin nutzen« könne. Voller Stolz legte er dem Brief noch Fotos bei, die das Ausmaß der Verwüstung dokumentierten. »Die Operation selbst hatte eine größere Wirkung als von mir erwartet. Ich schicke Dir einige Fotos, die Du – wenn Du willst – Omar [libyscher Verbindungsoffizier Salem] zeigen kannst. Aber bitte schicke sie mir bei nächster Gelegenheit zurück.« Weinrich hoffte wohl darauf, den libyschen Geheimdienst auf diese Weise beeindrucken und für neue Aufträge gewinnen zu können.

»Lieber Michel, ich werde versuchen, hier alles unter Kontrolle zu behalten«, beendete er den insgesamt 27 Seiten langen Brief. »Ich möchte Dich treffen, je früher desto besser. Bitte paß auf Dich und die Genossen auf, wir brauchen jeden. Beste Grüße an Ziad [Al Sibai] und Dir einen dicken Kuß, Dein Peter.«

Am 31. August 1983 erstattete MfS-Major Voigt seinem obersten Chef ebenfalls einen ausführlichen Bericht. Im Gegensatz zu Weinrich beschränkte er sich jedoch auf drei Seiten, in denen er über die Hintergründe des Anschlages in Westberlin informierte. Äußerst zurückhaltend deutete er an, daß ihnen die Gruppe »Separat«, wie die Carlos-Organisation beim MfS genannt wurde, etwas aus dem Ruder gelaufen wäre. Entgegen sämtlicher Absprachen hätte die Gruppe vom Staatsgebiet der DDR aus ein Attentat im Westen verübt und wäre danach umgehend in die DDR zurückgekehrt. Voigt räumte ein, daß »Heinrich Schneider« – wie er Weinrich bezeichnete – zwar eine Beteiligung an dieser Aktion kategorisch abgestritten hätte, »weil die Gruppe die Beziehungen zur DDR nicht belasten und sich die vorhandenen Arbeitsmöglichkeiten erhalten« möchte. Allerdings wäre dies inzwischen als Lüge offenbar geworden. Detailliert schilderte Voigt, wie die Gruppe mit Hilfe der syrischen Botschaft den Bombenanschlag durchgeführt hatte. Als Resümee konstatierte er: »Es ist erforderlich, die notwendigen Kontroll- und Überwachungsmaßnahmen zu verstärken und weiter disziplinierend auf die Gruppe einzuwirken.«

Tags darauf kam der Bericht zurück. Minister Mielke hatte handschriftlich eine Bemerkung auf das als »Streng geheim« klassifizierte Papier geschrieben: »Soweit möglich, politisch einwirken. Verhältnis polit. Schaden & operativer Nutzen (s. 3-letzter Absatz) ständig beachten! Mielke, 1. IX. 83.«

Im drittletzten Absatz seines Berichtes hatte Voigt geschrieben: »Durch verschiedene, unabhängig voneinander arbeitende inoffizielle Quellen wurde übereinstimmend berichtet, daß sowohl die Separat-Gruppe als auch die ASALA gegenwärtig keine Terroranschläge gegen sozialistische Staaten durchführen will.« Nur das schien den Stasi-Chef wirklich zu interessieren. Die geplanten Anschläge im Westen, die Voigt mit aufgelistet hatte, bereiteten Mielke offenbar keine Sorgen, sondern kamen im Kalten Krieg durchaus gelegen. Nicht ohne Grund hatte das MfS in der Vergangenheit der »Separat«-Gruppe immer wieder unter die Arme gegriffen, sei es bei der Beschaffung von Visa, der Errichtung von Basislagern oder dem Schmuggel von Waffen. Einmal hatten sie den Carlos-Leuten sogar eine Garage zur Verfügung gestellt, wo sie in Ruhe ihr schweres Gerät wie Panzerabwehrraketen umladen konnten. Daß sie ihre Waffen auch einsetzen würden, daran gab es keinen Zweifel.

Am selben Tag äußerte sich auch Carlos schriftlich zu dem Bombenattentat. In einem Brief an den deutschen Bundesinnenminister Friedrich Zimmermann (CSU) übernahm er am 1. September 1983 offiziell die Verantwortung für den Anschlag: »Verehrte Exzellenz, ... diese Operation ist Teil des bewaffneten Kampfes, den uns die französische Regierung aufgezwungen hat«, erklärte er. »Daß wir Westberlin gewählt haben, soll Ihnen als Warnung dienen, von den Bemühungen, die Ihre Vorgänger unternommen haben, abzulassen. Frau Gabriele Kröcher-Tiedemann, die niemals ein Mitglied unserer Organisation war, soll [an die Bundesrepublik] ausgeliefert werden, da sie verdächtigt wird, an der OPEC-Operation vom 21.12.75 beteiligt gewesen zu sein.«

Neben der Fortführung seines Privatkrieges gegen Frankreich wollte Carlos der alten Weggefährtin einen Gefallen tun. Kröcher-Tiedemann saß wegen der Schießerei an einem Schweizer Grenzübergang im Gefängnis in Zürich. Aber nun drohte ihr die Abschiebung nach Deutschland und somit eine lebenslange Haftstrafe. Denn nach acht Jahren Ermittlungen glaubte die deutsche Staatsanwaltschaft genügend Beweise und Zeugen zusammen zu haben, um der Terroristin nachweisen zu können, daß sie jene Frau war, die damals in Wien unter dem Decknamen »Nada« kaltblütig zwei Menschen erschossen hatte. Der Verhandlungsbeginn war für den 24. Januar 1984 angesetzt.

Über ihren Rechtsanwalt hatte sie Carlos eine Nachricht zukommen lassen, in der sie ihn bat, ihr nachträglich für die OPEC-Aktion eine Art Alibi zu verschaffen. Carlos drohte Zimmermann daraufhin: »Alle gerichtlichen oder polizeilichen Maßnahmen gegen Frau Kröcher-Tiedemann (oder gegen jede andere Person) wegen angeblicher oder tatsächlicher Beteiligung an Aktivitäten unserer Organisation werden wir als böswillige Aggression betrachten und entsprechend beantworten.«

Als Beleg dafür, daß seine Gruppe (und nicht die ASALA) für den Anschlag verantwortlich war, legte er Skizzen und Erläuterungen zur Bombe im »Maison de France« bei. Abschließend unterzeichnete er das Schreiben wieder mit seinen Daumenabdrücken und dem Vermerk »Für die Organisation der bewaffneten arabischen Kämpfer – Arm der arabischen Revolution – Carlos«. Es war das erste Mal, daß er sich persönlich zu einem Attentat bekannte.

Ein Terrortrio auf der Flucht

Kofferbomben 1984 in Frankreich – Deutsch-deutsche Geheimdienstspiele – Ein Doppelagent wird enttarnt – Neues OIR-Quartier 1985 in Damaskus

Das handschriftliche Bekennerschreiben von Carlos gelangte über mehrfache Umwege in die deutsche Botschaft im saudi-arabischen Jiddah am Roten Meer, wo es am 4. Oktober 1983 eintraf. Nachdem Bundesinnenminister Zimmermann es in den Händen gehalten hatte, ordnete er sofort strengste Geheimhaltung an. Schließlich war den Deutschen nicht entgangen, daß Carlos seit der Verhaftung zweier Genossen in Paris einen brutalen Privatkrieg gegen die Franzosen führte. Seine Drohungen mußten deshalb ernstgenommen werden.

Nun galt es, Panik zu verhindern. Der Bundesinnenminister ließ deshalb die Öffentlichkeit weiter in dem Glauben, die ASALA stecke hinter dem Anschlag auf das »Maison de France«. Das war allemal besser, als den Namen des berüchtigten Terroristen ins Spiel zu bringen, ganz zu schweigen von seinen Drohungen. Außerdem mußte erst einmal die Echtheit des Briefes geklärt werden. Vielleicht hatte sich ja auch ein Trittbrettfahrer einen üblen Scherz erlaubt. Es war für die Bonner Beamten schwer vorstellbar, daß nun ausgerechnet die Carlos-Gruppe in der Bundesrepublik aktiv werden sollte, nachdem selbst die RAF seit über zwei Jahren nicht mehr mit Befreiungsaktionen aufgefallen war. Zudem hatte man erst jüngst mit Brigitte Mohnhaupt und Christian Klar zwei weitere Führungsfiguren der RAF verhaften können.

Das Bundeskriminalamt nahm die Sache trotzdem ernst. Das Referat TE 12, Abteilung Terrorismus, bisher fast ausschließlich mit der RAF befaßt, versuchte nun, der Carlos-Gruppe auf die Spur zu kommen. Das erwies sich jedoch als äußerst schwierig, denn es gab keinerlei Angaben über den aktuellen Aufenthaltsort des meistgesuchten Terroristen der Welt, auch nicht bei den Partnerdiensten. Man mußte also jeder nur denkbaren Spur folgen, und sei sie auch noch so vage. Da kam die Information gerade recht, daß ein ehemaliger DDR-Bürger aus Kleinmachnow nach seiner Republikflucht mitteilte, er könne »Angaben zu Ilich Ramírez-Sanchez alias Carlos machen«. Der Mann deutete an, Carlos befinde sich in der Obhut des Ministeriums für Staatssicherheit der DDR. Die BKA-Beamten behandelten diesen Hinweis jedoch mit aller gebotenen Skepsis, denn sie konnten sich nicht vorstellen, daß ein normaler DDR-Bürger von einem solch geheimen Vorgang etwas mitbekommen haben sollte. Tatsächlich stellte sich wenig später heraus, daß der Überläufer, der über die Tschechoslowakei in den Westen gekommen war, früher Geheimdienstkontakte gehabt hatte. Wie alle »Republikflüchtlinge« war er im sogenannten Bundesnotaufnahmeverfahren in Gießen erkennungsdienstlich behandelt worden, um zu verhindern, daß über eine vorgebliche Flucht Spione in die Bundesrepublik eingeschleust wurden. Bei dem Informanten war man auf MfS-Verbindungen gestoßen und hatte ein Verfahren wegen des Verdachts der »geheimdienstlichen Agententätigkeit« eingeleitet. Um sich dem zu entziehen, hatte dieser offensichtlich zum Tausch seine Kenntnisse über Carlos angeboten.

Den Beamten im BKA war das hoch willkommen, um die andere Seite des Problems sollten sich die Kollegen von der Spionageabwehr und vom Verfassungsschutz kümmern. Doch was war mit dem Hinweis, daß sich Carlos und seine Leute gelegentlich in Ostberlin aufhielten und vom MfS beherbergt wurden, real anzufangen? Das BKA konnte schlecht über die innerdeutsche Grenze hinweg nach der Gruppe fahnden. Und ein Undercover-Einsatz von BKA-Fahndern jenseits der Mauer kam nicht in Frage, das war einfach zu riskant. Eine offizielle Anfrage bei den Behörden der DDR wiederum hatte wenig Chancen, beantwortet zu werden. Außerdem würde die Bundesregierung dem niemals zustimmen, denn dies bedeutete die Unterstellung, die DDR würde den internationalen Terrorismus unterstützen. Dafür bedürfte es aber hieb- und stichfester Beweise und nicht nur des Tips eines undurchsichtigen Republikflüchtlings. Dafür würde die Bundesregierung keine neue Eiszeit in den innerdeutschen Beziehungen riskieren.

Am 21. Oktober 1983 lag schließlich das Ergebnis der kriminaltechnischen Untersuchung des Bekennerschreibens vor. Es gab keinen Zweifel, der Brief war echt. Die Fingerabdrücke stammten eindeutig von Carlos. Die Sache mußte mit Nachdruck verfolgt werden. Es begann eine Suche nach möglichen Motiven. Die Terrorexperten des BKA konnten sich nicht vorstellen, daß Carlos den Anschlag in Westberlin nur Kröcher-Tiedemann zuliebe verübt hatte. Sollte eine andere Frau dahinterstecken? Gab es unbekannte politische Ziele? Hing die Bombenserie gegen Frankreich mit der Verhaftung von Magdalena Kopp in Paris zusammen? Die BKA-Experten hatten Kopp bislang keine besondere Bedeutung in der internationalen Terror-Szene beigemessen. Erst durch die Veröffentlichung des Buches von Hans-Joachim Klein waren sie überhaupt darauf aufmerksam geworden, daß Kopp zeitweilig mit Weinrich zusammenlebte. Aber erklärte dies die Attentate von Carlos? Vorerst herrschte großes Rätselraten.

Um die DDR-Spur weiter verfolgen zu können und herauszufinden, ob sich Carlos oder seine Gefolgsleute tatsächlich regelmäßig in Ostberlin aufhielten, bat das BKA das Landesamt für Verfassungsschutz in Berlin um »inoffizielle Amtshilfe«. Intern war bekannt, daß die Westberliner Kollegen zu einem in Leipzig lebenden Syrer Kontakt unterhielten. Er war bei einem illegalen Schiebergeschäft geschnappt und anschließend unter Druck angeworben worden. Als V-Mann »Kairo« versorgte er die Verfassungsschützer gelegentlich mit Informationen aus dem deutschdeutschen Schmugglermilieu, wobei es mitunter sogar um Waffengeschäfte ging. Da denkbar war, daß sich auch die Carlos-Gruppe in diesem Milieu tummelte und sich darüber womöglich sogar versorgte, schien »Kairo« der richtige Mann zu sein.

Bassam Karah-Joli, wie er richtig hieß, war Ende der 60er Jahre in die DDR gekommen und hatte in Halle erfolgreich die Zahntechnikerschule absolviert. Anschließend begann er an der Karl-Marx-Universität in Leipzig ein Studium der Zahnmedizin und besserte sich sein karges Stipendium mit Schmugglergeschäften auf. Für ihn war die innerdeutsche Grenze schließlich keine unüberwindbare Mauer. Als Ausländer mit syrischem Paß konnte er beliebig in den Westen reisen, woraus sich gutes Kapital schlagen ließ. Zunächst brachte er ein paar Elektrogeräte mit, dann sorgte er für den illegalen Tausch harter Währungen, bald verscherbelte er auch Antiquitäten im Westen. Doch richtig lukrativ wurde erst die Fluchthilfe Richtung Westen. »Staatsfeindlicher Menschenhandel« hieß diese Aktivität im MfS-Jargon, und es dauerte auch nicht lange, bis der Staatssicherheitsdienst davon

Wind bekam. Aber statt Karah-Joli hochgehen zu lassen, nahmen die Genossen ihn lieber in ihre Dienste. Im August 1974 wurde Karah-Joli »auf der Basis seiner politischen Überzeugung« per Handschlag als Inoffizieller Mitarbeiter (IM) mit dem Decknamen »Wolf« verpflichtet. Mit seiner Hilfe unterwanderte das MfS in den Folgejahren einen Schleuserring und kassierte teilweise dessen Honorare. Zudem ließen sich auf diese Weise eigene Agenten geschickt in den Westen bringen.

Karah-Joli war sich für nichts zu schade. Gleich dutzendfach verriet er an das MfS Fluchtwillige und Fluchthelfer, wodurch diese für Jahre hinter Gitter kamen. 1978 bereitete IM »Wolf« beispielsweise die Schleusung einer jungen Frau und ihres Kindes aus Herzberg in der Niederlausitz vor. Die Frau hatte sich in einen Wuppertaler Industriellen verliebt, der als Millionär galt und für die Kosten aufkommen wollte. IM »Wolf« witterte große Beute. Um die Gegenleistung für das große Geld aber nicht erbringen zu müssen, entwickelte Karah-Joli zusammen mit seinem Führungsoffizier einen »Zersetzungsplan«. Ein anderer inoffizieller Mitarbeiter rief in Wuppertal an und erzählte dem Mann, seine Freundin habe »zahlreiche intime Kontakte zu Personen unterschiedlichen, oft niedrigen sozialen Niveaus und zu Ausländern«. Der kultivierte Fabrikant war derartig entsetzt, daß er sich nach dem Anruf das Leben nahm.

Die Genossen der Zentralen Koordinierungsgruppe Flucht und Übersiedlung des MfS hatten noch weitere Gründe, mit Karah-Joli zufrieden zu sein. Er spähte auftragsgemäß nach Waffenhändlern, drang in die Drogenszene ein und sorgte für »wertvolle Informationen«, die er »in diplomatischen Kreisen abschöpfte«. Generalmajor Wolfgang Schwanitz, Leiter der Berliner MfS-Filiale, bescheinigte 1982 dem Spitzel, daß er stets »zuverlässig« und »ehrlich« dem MfS gedient habe.

Wie sehr er sich dabei irrte, sollte erst später herauskommen. Zu diesem Zeitpunkt ahnte das MfS nichts davon, daß ihr ehrlicher »Wolf« auf zwei Schultern trug und gleichzeitig auch als »Kairo« für den westdeutschen Geheimdienst tätig war. Karah-Joli arbeitete als klassischer Doppelagent vornehmlich auf eigene Rechnung.

Bei seinem nächsten Westberlin-Besuch traf Bassam Karah-Joli am 3. November 1983 mit zwei Verfassungsschützern zusammen, die ihn ziemlich unverblümt fragten, ob er ihnen nicht Informationen im Zusammenhang mit dem Anschlag auf das

»Maison de France« oder der Carlos-Gruppe liefern könne. »Kairo« war lange genug im Agentengeschäft, um zu wissen, daß er nicht gleich alle Karten auf den Tisch legen durfte. Er verschwieg daher zunächst, daß er Awad Farha kannte, den Verbindungsmann der Carlos-Gruppe in Ostberlin, mit dem sich auch Weinrich regelmäßig traf. Erst als die beiden Beamten ihm nicht nur viel Geld, sondern auch eine Aufenthaltserlaubnis für Westberlin versprachen, erklärte er sich bereit, ihnen nähere Informationen zukommen zu lassen, sobald sich Mitstreiter von Carlos wieder in Ostberlin aufhalten sollten.

Am 1. Januar 1984 traf »Ali«, aus Libyen kommend, in Ostberlin ein. Gleich am nächsten Tag fuhr er in den Westteil der Stadt, um dort einen weiteren handschriftlichen Bekennerbrief von Carlos einzuwerfen. Adressiert war er an das örtliche Büro der französischen Presseagentur AFP. Darin bekannte sich Carlos in gewohnter Manier zu drei blutigen Anschlägen der letzten Tage. Am 31. Dezember war um 19.30 Uhr im zweiten Waggon eines Schnellzuges von Marseille nach Paris eine Kofferbombe explodiert, die drei Passagiere getötet hatte. Nur 25 Minuten später hatte es im Bahnhof »St. Charles« in Marseille eine schwere Explosion gegeben, wodurch zwei Menschen starben. Über 50 Menschen wurden insgesamt verletzt, viele davon schwer. Am Neujahrstag war schließlich noch eine dritte Kofferbombe explodiert, diesmal im französischen Kulturzentrum der nordlibanesischen Hafenstadt Tripoli.

Nachdem sich umgehend mehrere Gruppierungen zu den Anschlägen bekannt hatten, war Carlos nichts anderes übriggeblieben, als selbst zu Stift und Papier zu greifen. Schließlich wollte er sich nicht um die Früchte seiner Arbeit bringen lassen, besser gesagt, der Arbeit von Weinrich und seinen Leuten, denn er hatte weder mit der Planung noch mit der Ausführung konkret etwas zu tun gehabt. Carlos lieh dem Ganzen lediglich seinen Namen und gab vom sicheren Hauptquartier in Damaskus aus den zu allem entschlossenen Terroristen.

Allerdings gerieten ihm dabei ein paar Dinge durcheinander. So behauptete er, die drei Anschläge seien Vergeltungsmaßnahmen für Angriffe der französischen Luftwaffe auf Stützpunkte der Hisbollah im libanesischen Baalbek gewesen. Pathetisch verkündete er: »Wir werden nicht hinnehmen, daß unsere Kinder die einzigen sind, die Tränen um das Blut der Märtyrer von Baalbek vergießen.« Die Hisbollah-Führer hatten zuvor jedoch bekanntgegeben, daß die französischen Luftangriffe ohne Opfer an Menschenleben verlaufen waren. Carlos ging es ohnehin nicht um Konflikte im Libanon, sondern er suchte einen politischen Vorwand, um weiterhin gegen Frankreich vorgehen zu können. Letztlich ging es ihm nur um Magdalena Kopp. Nicht ohne Grund hatte er eine der Kofferbomben in Marseille hochgehen lassen, dem Heimatort des französischen Innenministers Gaston Defferre, den er dafür verantwortlich machte, daß die Verhandlungen über die Freilassung von Kopp und Breguet gescheitert waren. Doch weder die jüngsten Anschläge noch die mit dem Bekennerschreiben verbundenen neuen Drohungen brachten die französische Regierung zum Nachgeben.

In Bonn fürchtete man allerdings, daß Carlos seine Aktionen in Deutschland ausweiten könnte, zumal, wenn Gabriele Kröcher-Tiedemann wie geplant vor Gericht gestellt würde. Am 10. Januar 1984 gab die Bonner Regierung bekannt, daß der Prozeß gegen die Terroristin auf unbestimmte Zeit verschoben werde und man daher auch nicht auf einer sofortigen Auslieferung an Deutschland bestehe. Da durch eine Indiskretion im Innenministerium inzwischen der Inhalt des Drohbriefes von Carlos an die Öffentlichkeit gelangt war, kam sofort die Vermutung auf, daß die Verschiebung des Prozesses in direktem Zusammenhang mit diesem stünde. Dem wurde nun damit begegnet, daß das Berliner Amtsgericht Tiergarten einen Haftbefehl gegen Carlos wegen Mordes erließ, denn bei dem Anschlag in Westberlin war ja ein Besucher des französischen Kulturzentrums ums Leben gekommen.

Kröcher-Tiedemann wurde dann erst drei Jahre später, im Dezember 1986, nach Deutschland ausgeliefert und weitere Jahre später in Köln vor Gericht gestellt. Dort konnte sie keiner der 54 Zeugen mehr zweifelsfrei als jene Frau identifizieren, die vor über zehn Jahren beim Überfall auf die OPEC-Konferenz zwei Menschen erschossen hatte. Am 22. Mai 1990 wurde sie freigesprochen, fünf Jahre später verstarb sie an Krebs.

Auch in der DDR wuchsen die Sorgen im Zusammenhang mit Carlos, denn inzwischen waren in der Bundesrepublik Zeitungsmeldungen aufgetaucht, wonach sich die Mitglieder der Organisation regelmäßig in der DDR aufhielten und von dort aus vermutlich auch den Anschlag auf das »Maison de France« verübt hatten. Die DDR war nun in der Defensive und mußte reagieren. Mit viel Pathos ließ Honecker deshalb verkünden, daß die DDR den internationalen Terrorismus aufs schärfste verurteile.

Helmut Voigt und seine Vorgesetzten beim MfS wußten, was die Zeitungsberichte zu bedeuten hatten: Den gegnerischen Geheimdiensten waren ihre Aktivitäten offensichtlich nicht verborgen geblieben, weshalb sie das Ganze nun zur Warnung an die Presse lanciert hatten. Es mußte also schnellstens gehandelt werden. Minister Mielke forderte ein Konzept zur Schadensbegrenzung.

Wie brisant der Vorgang war, wurde noch dadurch unterstrichen, daß am 25. Januar 1984 in der Nähe von Paris am Gebäude des französischen Luft- und Raumfahrtzentrums SNIAS eine weitere Bombe hochging. Obwohl es keinen offiziellen Bekennerbrief gab, war auch so die Handschrift deutlich zu entziffern. Dahinter konnte nur die Carlos-Gruppe stecken. Die Frage war jetzt, wen es als nächstes treffen würde.

Am 15. März 1984 bekam das Bundeskriminalamt in Wiesbaden eine Meldung auf den Tisch, wonach sich Carlos jüngst in Ostberlin aufgehalten haben sollte. Zwei Mitarbeiter des Berliner Landesamtes für Verfassungsschutz (LfV) hätten dies über eine Quelle in der DDR in Erfahrung gebracht. Genaueres war jedoch nicht vermerkt, denn der V-Mann sollte geschützt werden. Ein verantwortlicher Mitarbeiter des BKA versuchte nun, auf informellem Wege über einen alten Bekannten beim LfV Berlin etwas mehr zu erfahren, denn nur mit wirklich gesicherten Fakten konnte er in die Offensive gehen. Der Kollege in Berlin war erstaunlich gesprächsbereit: »Ja, ich kann dir natürlich sagen, daß die gestern gemachte Aussage von uns auf Angaben von Karah-Joli beruht«, erklärte er am Telefon. Der Freund war so offenherzig, daß er ohne Bedenken den Klarnamen der Quelle preisgab, was sonst strengstens verboten war. Der BKA-Mann faßte sofort nach und gab vor, nicht ganz verstanden zu haben:

»O.k., gib mir mal den genauen Namen von diesem Joli!«

»Also, Bassam, und dann, den Nachnamen buchstabiere ich, K-a-r-a-h-J-o-l-i, geboren 1941 in Damaskus.«

»Telefon?«

»Telefon, aus Leipzig meinst du, nee.«

Der Berliner Beamte hatte damit auch noch den Wohnort seiner geheimen Quelle verraten. Der BKA-Kollege war zufrieden, schließlich stand er unter Zeitdruck. Er konnte nur hoffen, daß die Lauscher vom MfS diesmal nicht zuhörten, denn im Amt war ihnen oft genug eingeschärft worden, bei Berlin-Telefonaten höchst vorsichtig zu sein, da die DDR-Behörden die Richtfunkstrecken überwachten und die Spezialisten der Staatssicherheit gelegentlich sogar mitschnitten.

Die Nachricht, daß der Verantwortliche für den Anschlag in Westberlin ein gutes halbes Jahr später wieder unbehelligt im Ostteil der Stadt tätig geworden sei, ließ arge Befürchtungen aufkommen. Am 4. April 1984 trafen sich im Bonner Kanzleramt Vertreter des Kanzlers, des Bundesinnenministeriums, des Auswärtigen Amtes, des Bundesjustizministeriums und des BKA zur Beratung. Die Runde beschloß, in dieser Angelegenheit offizielle Kontakte zur DDR aufzunehmen und ein amtliches Rechtshilfeersuchen zu stellen. Ein Novum in der deutsch-deutschen Geschichte. Voraussetzung war aber, daß das BKA genügend Beweismaterial über den letzten Aufenthalt von Carlos in Ostberlin vorlegen könnte.

Als zwei Tage später Weinrich für eine Woche nach Ostberlin kam und sich im »Palast-Hotel« mit der Schweizer Botin Marina Berta (»Sally«) traf, erfuhr davon über Kontaktleute auch »Kairo«, der wiederum vereinbarungsgemäß seinen Agentenführer beim Westberliner Verfassungsschutz informierte. Der zuständige Kollege wollte mit dieser Nachricht seinem Kumpel in Wiesbaden eine Freude machen und rief ihn am 12. April um 10.52 Uhr wieder an:

»Also, der Karah-Joli hat sich gestern wieder gemeldet.«

»Na, und?«

»Wie es hieß, ist der Weinrich im Palast-Hotel in Begleitung einer weiblichen Person.«

»Ja, und?«

»Personenbeschreibung von der: also recht klein, blond, 26 Jahre ungefähr und relativ klein, etwa so 1,50, spricht nur englisch.«

»Und sonst, (...) was wird jetzt vom Landesamt gemacht?«

»Mhmm, mehr habe ich jetzt nicht. Ich bring' dir das jetzt nur so als Tatsache.«

Der BKA-Mann wußte, daß sein Freund bereits mehr gesagt hatte, als er eigentlich durfte und drang nicht weiter in ihn.

Die Stasi beschäftigte sich zu dieser Zeit mit einem anderen Vorgang. Generaloberst Gerhard Neiber, Stellvertreter des Ministers, ließ seinem Chef »Persönlich! Streng geheim!« am 13. April eine knappe Botschaft von sechs Zeilen zukommen. Darin teilte er ihm mit, daß der westdeutsche Auslandsnachrichtendienst BND Informationen habe, wonach sich Carlos auf Wunsch des MfS zu einer Besprechung in der DDR aufhalte. Das Papier kam postwendend mit der Maßgabe zurück, sofort eine gründliche Überprüfung einzuleiten.

Neiber gab diesen Befehl an Harry Dahl, den Leiter der Abteilung Terrorabwehr, weiter. Hier in der HA XXII waren bisher alle Kontakte der Carlos-Gruppe beobachtet und festgehalten worden. Der Vorgang »Separat« füllte inzwischen fünf Bände mit über 1500 Seiten. Bereits am nächsten Tag, dem 14. April 1984, konnte Dahl einen vierseitigen »Bericht über die aktuelle Situation in der Gruppe Separat« vorlegen. Darin versicherte er, daß sich Carlos zur Zeit nicht in der DDR aufhalte und der BND entweder auf dem Holzweg sei oder bewußt eine Desinformation in die Welt gesetzt habe. Carlos sei schon seit 1980 nicht mehr im Land gesehen worden. Allerdings würden seine Mitstreiter Weinrich und »Ali« durchschnittlich einmal pro Monat nach Ostberlin kommen, um hier Kontaktpersonen aus dem Westen zu treffen. »Festgestellte Verbindungen zu DDR-Bürgern beschränkten sich auf weibliche Personen und trugen Intimcharakter.«

Zugleich machte Dahl aber auch auf die Probleme mit den »Führungsmitgliedern« der Gruppe aufmerksam, die unfähig zur Konspiration seien, was man unter anderem daran erkennen könne, daß sie ihre Kontakte zum MfS gegenüber westdeutschen Kontaktpersonen preisgegeben, ja diese in einigen Fällen sogar zu geheimen Treffen mitgebracht hätten. Trotz eines entsprechenden Verbotes habe Weinrich im »Palast-Hotel« wiederholt eine Waffe getragen und sei mit dieser auch noch »leichtsinnig umgegangen«. Resümierend heißt es in dem Bericht: »Sie beharren auf ihrem pseudorevolutionären Standpunkt, und ihr Handeln ist von einem hohen Maß Abenteurertum geprägt.«

Allerdings warnte Dahl vor allzu harten Konsequenzen. »Aus operativer Sicht erscheint es nicht vorteilhaft, Reisesperrmaßnahmen gegen die Gruppe durchzusetzen, da dies den Ausgangspunkt für Trotzreaktionen bilden könnte.« Er schlug statt dessen vor, auf die »Separat«-Gruppe mit noch strengeren »Kontroll- und Überwachungsmaßnahmen« einzuwirken, damit sie »auch künftig keine Anschläge gegen bzw. auf dem Territorium der DDR durchführt« und »die Vorbereitung terroristischer Aktivitäten vom Territorium der DDR aus verhindert werden kann sowie die Gefahr der politischen Diskreditierung der DDR so gering wie möglich gehalten wird«.

Die Nachricht über Weinrichs aktuellen Aufenthalt in Ostberlin gab das Wiesbadener BKA an die Bundesanwaltschaft in Karlsruhe weiter. Bei der obersten Strafverfolgungsbehörde entstand daraufhin Hektik, denn nun galt es, unter höchstem Zeitdruck die Vorgaben aus der Runde im Bundeskanzleramt zu erfüllen, wonach alle erforderlichen Dokumente für ein Rechtshilfeersuchen an die DDR zusammengestellt werden sollten. Zwar existierte unter dem Aktenzeichen 1 BJs 127/77 noch ein Haftbefehl gegen Weinrich wegen des mißratenen Anschlags auf die El Al-Maschine in Paris, doch mußten die Sachbearbeiter bei genauer Durchsicht der Akten feststellen, daß der Fall längst verjährt war. Statt versuchten Mordes hatte man damals nur »Gefährdung des Flugverkehrs« angegeben, und im Gegensatz zum Mordtatbestand verjährt dieses Delikt nach fünf Jahren, wenn nicht zwischenzeitlich durch Vorlage von neuen Beweisen eine Fristverlängerung beantragt worden ist. Aber im Fall Weinrich hatte die Bundesanwaltschaft ganz offensichtlich geschlampt und die Akte einfach abgelegt, statt – wie sonst üblich – vor Ablauf der Frist eine Wiedervorlage zu veranlassen und bei den Ermittlungsbehörden noch mal nachzufragen. Des Problems entledigte man sich in Karlsruhe einfach dadurch, daß die Zuständigkeit Frankfurt übertragen wurde, dem letzten bekannten Wohnort von Weinrich in der Bundesrepublik.

Der dortige Staatsanwalt sollte nun über Nacht prüfen, ob gegen Weinrich neue Beweise aufgetaucht waren, die weiterhin einen Haftbefehl wegen der Sache in Orly rechtfertigten. Er war jedoch völlig überfordert, denn in dem riesigen Aktenberg konnte er sich kaum zurechtfinden und mußte sich auch erst in die völlig neue Materie einarbeiten. Erschwerend kam noch hinzu, daß ihm bedeutet worden war, die Regierung erwarte einen unbedingt hieb- und stichfesten Haftbefehl, mit dem man auch ungefährdet zwischenstaatlich auftreten könne. Also legte der Frankfurter Staatsanwalt erst mal eine neue Akte mit dem Zeichen 50 Js 10.911/84 an und schickte eine Aufforderung an das BKA, unumstößliche Beweise zu erbringen, daß sich Weinrich auch tatsächlich in Ostberlin aufhielt. Ohne diese Belege lohnte ansonsten der ganze Ärger nicht. Er brauchte dringend die Aussage eines Zeugen, egal, ob der nun V-Mann war oder nicht.

Am 16. April 1984 rief deshalb der zuständige BKA-Beamte wieder seinen Bekannten beim Berliner Verfassungsschutz an.

»Mein Guter, die Staatsanwaltschaft in Frankfurt fragt, ob die Quelle, über die wir neulich sprachen, greifbar ist?«

»Welche meinst du?«

»Na, der K.-J., du weißt schon.«

»Ach so. Wenn er wieder mal hier ist, bestimmt.«

»Ich weiß, so war es bisher. Aber unser Großmeister macht ziemlich Druck. Ginge es nicht auch anders?«

»Tut mir leid, so wird es auch in Zukunft bleiben.«

Es war der alte und immerwährende Interessenkonflikt zwischen Polizei und Geheimdienst. Während bei der Polizei die Strafverfolgung absolute Priorität hat, nimmt ein Geheimdienst gern mal in Kauf, einen Kriminellen zu beschäftigen oder einen Schuldigen laufenzulassen, wenn man sich dadurch weitere Informationen beschaffen kann und seine Quellen schützt. Der BKA-Mann machte einen letzten Versuch:

»Kannst du nicht mal nachfragen?«

»Ach weißt du, bevor ich mich da wieder in die Nesseln setze, da soll der Großmeister mal selber anrufen.«

Da es auf dem Freundesweg nicht weiter voranging, unternahm der Wiesbadener Beamte nun einen offiziellen Vorstoß beim Berliner Landesamt und rief den Leiter des Referats Ausländerüberwachung an.

»Herr Kollege, wir haben folgendes Problem. Mit der Staatsanwaltschaft Frankfurt sind wir gerade daran, ein Rechtshilfeersuchen zu unseren Freunden nach Ostberlin zu schicken. Sind Sie darüber informiert?«

»Ja, es geht um ein bestimmtes Hotel in Ostberlin?«

»Richtig. Jetzt erhebt sich für uns die Frage, ob der Betreffende noch drüben ist, in dem Hotel. Und dazu meine konkrete Frage: Existiert eine Möglichkeit, die Quelle zu kontakten, von Ihrer Seite aus? Oder ist in absehbarer Zeit ein Treff vereinbart?«

»In absehbarer Zeit schon«, kam die Antwort aus Berlin, »doch das kann aber in ein, zwei Wochen sein. Es steht also kein fester Termin im Raum.«

»Und die Erreichbarkeit ist nach wie vor nur von Seiten der Quelle gegeben?«

»Ja, absolut. Daß die Information unseres Mannes polizeiintern verwandt wird, dagegen besteht kaum Bedenken. Aber alles was jetzt weitergeht, das tangiert dann schon den Quellenschutz ...«

»Ja, das verstehen wir auch. Es geht nur darum, daß man alles ausschöpft. Nicht, daß das Ding da rüber geschickt wird und die sagen uns dann: Ja, wenn ihr eine Woche früher gekommen wärt, dann hätten wir euch helfen können.«

Beim MfS bemühte man sich derweil um Aufklärung des Kenntnisstandes beim Gegenspieler in der Bundesrepublik. Major Voigt war erschrocken, als er das Ergebnis auf den Tisch bekam. Über einen »Maulwurf« hatte das Ministerium Zugang zum Informationssystem für Verbrechensbekämpfung (ISVB) der Westberliner Polizei. Dort stießen seine Leute auf den früheren MfS-Partner aus Kleinmachnow, der offenbar dem Gegner Hinweise über den Aufenthalt von Carlos in Ostberlin gegeben hatte. Auch die Quelle mit dem Decknamen »Kairo« tauchte auf, von der Informationen über die Besuche von Weinrich stammten. Über einen anderen Weg erfuhr Voigt von dem Beschluß im Bonner Kanzleramt, demnächst ein offizielles Rechtshilfeersuchen an die DDR zu richten. »Kairo« mußte also schnellstens gefunden und kaltgestellt werden.

Am 23. April faßte Voigt die Ergebnisse seiner Nachforschungen in einem »streng geheimen« Bericht über »Die Kenntnisse der BRD-Sicherheitsorgane zur Gruppe Separat« zusammen. Darin kam er noch auf einen dritten Problemfall zu sprechen. Nach Informationen der für Westeuropa zuständigen Abteilung III in der Hauptverwaltung Aufklärung hatte bereits vor einem Jahr ein Carlos-Mitstreiter gegenüber Schweizer Behörden umfangreiche Angaben zu »Aufenthalten der Gruppenmitglieder in der DDR und anderen sozialistischen Staaten« gemacht. Diese Informationen seien dann an die westdeutschen Sicherheitsbehörden weitergegeben worden.

Es handelte sich um den Syrer Jamal al Kurdi, der normalerweise in Ostberlin lebte, aber bei einem Kurierauftrag für Carlos im April 1983 festgenommen wurde, als er mit falschen Papieren in die Schweiz einreisen wollte. Um einer Inhaftierung oder Abschiebung zu entgehen, entschloß er sich, gegen entsprechende Zusagen auszupacken. Den Schweizer Beamten gestand Al Kurdi dann, daß er zur Organisation von Carlos gehörte und berichtete auch von seiner Vorgeschichte. Über einen Verbindungsmann war er mit Weinrich in Kontakt gekommen, der ihm in Aussicht gestellt hatte, dem tristen Leben in einem Ostberliner Plattenbau zu entrinnen. Tatsächlich gelang es ihm auch, sich illegal in den Westteil der Stadt abzusetzen. Doch bei einer Routinekontrolle war er wenig später ohne gültige Aufenthaltsgenehmigung festgenommen worden. Da er auf keinen Fall zurück in die DDR wollte, bot er sich als Kronzeuge an und erzählte schon mal den bundesdeutschen Beamten, daß sich in Ostberlin gelegentlich der Stellvertreter des berüchtigten Terroristen Carlos aufhielt und den Schutz des Ministeriums für Staatssicherheit genoß. Aber man glaubte ihm nicht, hielt dies für eine Lügengeschichte, um im Westen bleiben zu können, und schob ihn kurzerhand wieder in die DDR ab.

Dennoch hatte Al Kurdi versucht, stärker bei Carlos einzusteigen, um auf diese Weise an Geld und neue Ausweispapiere heranzukommen, was der Start für eine Existenz im Westen sein sollte. Als ihn Weinrich schließlich mit einem Mordauftrag nach Beirut schickte, war es soweit. Statt in den Libanon zu fliegen, floh er in Richtung Schweiz. Leider mit einem Paß, der wenig taugte. Nun versuchte er noch einmal, sein Wissen in persönlichen Vorteil umzumünzen – und hatte Glück. Die eidgenössischen Beamten glaubten ihm seine Geschichte. Zu detailliert waren die Angaben, als daß es sich um eine Räuberpistole handeln konnte. Al Kurdi hatte beispielsweise eine ganz genaue Personenbeschreibung von Weinrich abgegeben, der wegen des versuchten Flugzeuganschlages in Paris-Orly vor acht Jahren noch immer auf der Interpol-Fahndungsliste stand.

Die Schweizer Staatsschützer entschlossen sich daraufhin, den BND einzuweihen. Der deutsche Auslandsgeheimdienst griff begierig zu. Aus erster Hand bekam man nun bestätigt, was bisher nur Vermutung war: Die DDR und andere Ostblockstaaten beherbergten den meistgesuchten Terroristen der Welt. Zudem erhielten die Nachrichtendienstler erstmals detaillierte Informationen über die herausragende Rolle von Weinrich innerhalb der Carlos-Gruppe. Bislang hatten sie sich um den untergetauchten RZ-Kämpfer nicht sonderlich gekümmert, nun begriffen sie plötzlich, daß er von Ostberlin aus ein Netzwerk von Extremisten verschiedenster Länder koordinierte.

Doch statt die Bundesanwaltschaft in Karlsruhe oder zumindest das BKA in Wiesbaden zu informieren, beschlossen die Mitarbeiter in Pullach, ihr Wissen erst einmal für sich zu behalten. Sie hatten die Absicht, Al Kurdi als V-Mann einzusetzen und in die DDR zurückzuschicken. Der Syrer war dazu grundsätzlich auch bereit, nur verlangte er für das hohe Risiko auch einen hohen Preis. Der geforderte Agentenlohn überstieg das Budget der zuständigen BND-Abteilung, weshalb man sich an den US-Geheimdienst CIA wandte, um eine Kooperation und Kostenteilung anzubieten. Der CIA wollte allerdings nur einen Bruchteil zahlen, denn Carlos war ihnen damals nicht so wichtig, schließlich betrafen seine Aktionen nicht die Vereinigten Staaten selbst. Der BND wiederum war nicht bereit, sich hier besonders zu engagieren oder höheren Orts finanzielle Hilfe zu beantragen, weil dann womöglich konkurrierende Institutionen hellhörig geworden wären. Also blieb Al Kurdi in der Schweiz, wo er von den eidgenössischen Behörden eine neue Identität und eine Aufenthaltsgenehmigung bekam, die es ihm erlaubten, fortan in Bern ein ganz normales Leben zu führen. Der BND verschwieg die Episode und alles, was er dabei über Weinrich in Erfahrung gebracht hatte, so daß auch die Strafverfolgungsbehörden nichts in der Hand hatten, um gegebenenfalls ihren Haftbefehl zu erneuern.

MfS-Major Voigt stand unter Druck. Jede Woche mußte er jetzt einen Bericht zum Stand der »Bearbeitung der Gruppe Separat« vorlegen, und die West-Quelle »Kairo« war noch immer nicht enttarnt. Er konnte also jederzeit wieder Informationen über Aktivitäten der Carlos-Gruppe in der DDR an den Westen liefern. Das MfS durfte also nichts mehr riskieren. »Es wird vorgeschlagen«, schrieb Voigt deshalb in seinem Bericht vom 3. Mai 1984, ›Heinrich Schneider‹ [MfS Deckname für Weinrich] Aufenthalte in der DDR-Hauptstadt und Treffs mit Verbindungspersonen in der DDR nicht mehr zu erlauben.« Ausführlich informierte er darüber, wie weit die westlichen Behörden Weinrich bereits auf die Spur gekommen waren.

Um so verwunderter war Voigt, als er zwei Wochen später erfuhr, daß die Staatsanwaltschaft in Frankfurt am 16. Mai den Haftbefehl gegen Weinrich aufgehoben hatte. War dies nur ein Trick, um das MfS in Sicherheit zu wiegen? Der MfS-Major konnte nicht wissen, daß der Grund ganz woanders lag. Die Staatsanwaltschaft in Frankfurt hatte einfach keine Lust, die Schlamperei der Bundesanwaltschaft in Karlsruhe auszubaden. Sie wollte nicht die Verantwortung dafür übernehmen, daß ein

Der ehemalige Verbindungsoffizier der Carlos-Gruppe in der DDR: MfS-Major Helmut Voigt bei seinem Prozeß 1994

Rechtshilfeersuchen von der DDR womöglich abgeschmettert würde, weil es auf einem längst verjährten, unhaltbaren Haftbefehl gegen Weinrich fußte. Konsequenterweise ordnete der Staatsanwalt die Aufhebung des Haftbefehls und auch noch die Einstellung des Ermittlungsverfahrens gegen Weinrich an, da »weitere Ermittlungen« keine neuen Erkenntnisse gebracht hätten. Das BKA mußte daraufhin Weinrich von der Interpol-Fahndungsliste streichen, obwohl er in den internen Unterlagen als »dienstältester und gefährlichster deutscher Terrorist« geführt wurde. Die Akte 50 Js 10.911/84 wanderte alsbald in das hessische Landesarchiv.

Am 18. Mai 1984 gelang es der Stasi schließlich, »Kairo« zu enttarnen. Die erforderlichen Informationen dazu hatte Major Voigt von den Abhörspezialisten der »Linie III« erhalten, die mit insgesamt 4000 Mitarbeitern Funkaufklärung betrieben und dabei speziell die Telefonverbindungen von und nach Berlin überwachten. Die Lauscher in der Abteilung von Generalmajor Horst Männchen hatten dabei auch die Telefonate zwischen dem verantwortlichen BKA-Beamten und seinem Freund beim Berliner Verfassungsschutz mitgeschnitten. Der Rest war ein Kinderspiel. Voigt war überrascht, daß zwei Profis so offen am Telefon über ein so heikles Thema plauderten.

Aber die Freude über den Leichtsinn der westlichen Kollegen minderte keineswegs den Ärger, daß es sich bei »Kairo« um einen eigenen Mann handelte, denn Karah-Joli arbeitete nunmehr schon seit zehn Jahren für das MfS. Voigt mußte jetzt einen Auskunftsbericht über den IMB (B stand für Feindberührung) »Wolf« mit der Register-Nummer XV/2922/74 verfassen. Daraus ging hervor, daß das MfS in seinem Fall jahrelang beide Augen zugedrückt hatte, denn der IM war nicht nur mit Schmuggelgeschäften kriminell tätig gewesen.

Am 25. Mai 1984 wurde in kleinem Kreis beraten, wie man mit Karah-Joli weiter umgehen wolle. Man einigte sich darauf, »Wolf« mit seinen bisherigen Gesetzesverstößen zu konfrontieren und damit eine Ausreisesperre zu begründen. In dem Sitzungsprotokoll wurden zwei Punkte als wesentlich festgehalten: »1.) Der Gegner darf keine Argumente für seine These erhalten, daß die DDR Terroristen unterstützt. Zeitlich gesehen gewinnt diese Frage besonders an Bedeutung für den geplanten Besuch des Gen. Honecker in der BRD. 2.) Als eine enttarnte Quelle des Gegners ist daher zu verhindern, daß der IMB ›Wolf‹ persönlich Informationen an den Feind liefert. Dabei ist so zu verfahren, daß dem Gegner die Enttarnung des IMB verborgen bleibt und weiterhin auf dessen Informationen baut.« Im Klartext: Man wollte aus dem Mißgeschick wenigstens noch ein wenig Kapital schlagen, indem man »Wolf« nicht merken ließ, daß man ihn enttarnt hatte, sondern ihn dazu benutzte, dem Westen geschickt Falschinformationen unterzujubeln.

Am nächsten Tag wurde »Wolf« dann drei Stunden lang in seiner Leipziger Wohnung in die Mangel genommen. Er begriff, was die Stunde geschlagen hatte und daß seine Vergehen allemal »für einige Jahre Freiheitsentzug reichten« und damit das Ende seiner

Ausbildung bedeuten würden. Deshalb akzeptierte er die Ausreisesperre nach Westberlin. Zumal er, wie er dreist log, »dort ohnehin nichts wichtiges zu tun« habe.

Anfang Juli konnte Karah-Joli, mittlerweile 43 Jahre alt, dann seinen Universitätsabschluß als Diplom-Stomatologe entgegennehmen. Kurz darauf reiste er im Auftrag des MfS nach Westberlin, um den Verfassungsschutz mit »Spielmaterial« zur Desinformation zu versorgen. So sollte es auch in den Folgejahren bis zum Ende der DDR bleiben. Neben seiner legalen Tätigkeit als Zahnarzt war IM »Wolf« auch regelmäßig illegal auf Tour.

Die »Kairo«-Affäre blieb auch für Weinrich nicht ohne Konsequenzen. Ende Mai 1984 teilt ihm das MfS mit, daß er aus Sicherheitsgründen für ein Jahr lang keine Ein- und Durchreisegenehmigung mehr erhalten könne. Dies sei eine Vorsichtsmaßnahme, da »um seine Person verstärkte geheimdienstliche Kontrollen« festgestellt worden wären.

Weinrich hielt dies lediglich für einen Akt der formalen Absicherung seiner Kontaktpartner und glaubte nicht an eine praktische Umsetzung. Doch als er am 22. September 1984 ohne Rücksprache mit Voigt über Berlin-Schönefeld in die DDR einreisen wollte, ließen ihn die Paßkontrolleure nicht mehr ins Land. Voigt hatte an allen Übergangsstellen sämtliche Alias-Namen von Weinrich hinterlegt und angewiesen, ihn in jedem Fall zurückzuweisen. Weinrich blieb nichts anderes übrig, als mit der nächsten Maschine wieder nach Budapest zu fliegen.

Doch dort wurde er ebenfalls behindert, auf Schritt und Tritt demonstrativ überwacht. Außerhalb von Rumänien war die Gruppe im Ostblock nirgends mehr willkommen. Und selbst hier klebte ein Securitate-Mann stets an ihrer Seite. Das war schlecht fürs Geschäft und belastete die Kriegskasse. Weinrich konnte nicht mehr wie gewohnt seinen einträglichen Waffenhandel abwickeln. An die Durchführung einer größeren Auftragsaktion war überhaupt nicht zu denken. Das erste Mal seit sieben Jahren gab es ernsthafte Geldprobleme. »Ich habe alle Bewegungen gestrichen, die Geld kosten«, schrieb Weinrich an Carlos. »Ich spiele mit dem Gedanken, mich an meine Eltern zu wenden und sie um ein Darlehen zu bitten. Ich rechne mit DM 50000, vielleicht DM 100000. Marine [Marina Berta] und Robby [Gerd Albartus] sollen Informationen sammeln, ob beide noch leben, bevor ich einen Brief schreibe.«

Wie sich herausstellte, lebten seine Eltern noch. Rainer Weinrich war mittlerweile 70 Jahre, seine Ehefrau Ursula 71. Vor fünf Jahren hatten sie das letzte Mal etwas von ihrem Sohn gehört. Damals war ihnen eine Postkarte zugegangen, aufgegeben auf dem Flughafen Zürich-Kloten. Danach hatten sie nur noch mittelbar etwas erfahren, da Beamte des BKA bei ihnen vorsprachen, um sich nach seinem Aufenthaltsort zu erkundigen. Sie konnten nicht glauben, daß es überhaupt keinen Kontakt zum Sohn gab.

Nun kam ein junger, gutaussehender Mann zu ihnen nach Hause in Schwerte, der Grüße von »Hans« bestellte und ihnen anbot, ein Treffen zu organisieren. Es war Gerd Albartus. Trotz anfänglicher Skepsis ließen sich die Eltern auf das Abenteuer ein. Die Sehnsucht war zu groß. Mit ihrem zum Campingwagen umgebauten VW-Bus fuhren sie nach Ostberlin, wo sie außerhalb der Stadt Quartier bezogen. Am nächsten Tag sollten sie sich im »Palast-Hotel« treffen. Dort erhielten sie jedoch die Nachricht, daß ihr Sohn leider nicht nach Ostberlin kommen könne, sie mögen bitte nach Prag fahren. Dort würde er im Hotel »Intercontinental« auf sie warten. Aber in Wirklichkeit war nicht er vor Ort, sondern es erreichte sie dort nur ein Anruf von ihm. Er informierte sie kurz darüber, daß auf dem Flugplatz zwei Tickets nach Bukarest für sie hinterlegt seien. Auf dem rumänischen Flughafen sollten sie sich einfach in den Aufenthaltsraum setzen und warten, bis sie abgeholt würden.

Tatsächlich wurden sie dann von zwei Männern auf Englisch angesprochen, ob sie die Eltern von Johannes Weinrich seien. Man brachte sie in einem alten BMW zur Kurklinik »Aslan« bei Bukarest, wo sie ein geräumiges Zimmer erhielten. Nach erneutem bangen Warten fuhr sie ein anderes Auto dann zu einer alten Villa, die zwischen Bukarest und dem Flughafen lag. Dort trafen sie endlich ihren Sohn. »Hans, daß du das bist!« sagte Ursula Weinrich, bevor sie den deutlich veränderten Mann in die Arme nahm.

Insgesamt blieb das Ehepaar fünf Tage in der rumänischen Hauptstadt. Selten waren sie dabei zu dritt, meist gesellte sich ungefragt Verbindungsoffizier Andrej Ninescu dazu. Aber das hielt die Eltern nicht davon ab, mit ihrem Sohn Kindheits- und Jugenderinnerungen aufzufrischen und sich nach seiner Gesundheit zu erkundigen. Sein Handeln in den letzten Jahren wurde nicht mit einer Silbe angesprochen. Beide Seiten taten so, als wäre alles in bester Ordnung. Lediglich die Geldprobleme brachte Weinrich zur Sprache. Am Schluß fragte er seinen Vater, ob er ihm Geld borgen könnte. Rainer Weinrich fragte nicht, wofür er es brauchte. Nach seiner Rückkehr ließ er seinem Sohn 60 000 Schweizer Franken zukommen. Später sollte er sie wieder zurückerhalten.

Kopp hatte ebenfalls den Kontakt zu ihrer Mutter gesucht. Regelmäßig schrieb sie nach Neu-Ulm und empfing von dort auch wieder Post. Seit über zwei Jahren saß sie nun schon in einer Einzelzelle des Pariser Frauengefängnisses Fleury-Mérogis. Sie versuchte, sich mit Yoga fit zu halten, doch es fiel ihr schwer, die Zeit herumzubringen. Im Gegensatz zu den anderen Insassinnen durfte sie nicht arbeiten. Die Anschlagserie von Carlos, über die sie aus dem Radio informiert war, hatte dazu geführt, daß sie besonders überwacht wurde und auch nicht mit einer vorzeitigen Haftentlassung rechnen konnte. Trotz allem blieb sie ihm gegenüber loyal. In jeder Phase der Vernehmungen und auch der Inhaftierung lehnte sie es ab, irgendwelche Angaben zu machen.

Die einzige Abwechslung im tristen Gefängnisalltag waren die Besuche ihres Rechtsanwaltes. Jacques Vergès kam jede Woche vorbei. Aus Langeweile strickte sie dem Pariser Prominentenanwalt sogar einen Pullover. Da es zu ihrem Fall nichts mehr zu klären gab, unterhielten sie sich zumeist über Vergès neue Fälle, und die waren wirklich spektakulär. Vergès hatte inzwischen die Verteidigung des NS-Kriegsverbrechers Klaus Barbie übernommen. Als ehemaliger Gestapo-Chef von Lyon war Barbie für die Deportation Tausender Juden in die Vernichtungslager verantwortlich, er hatte Hunderte französische Widerstandskämpfer foltern und ermorden lassen. Auch die Liquidierung eines jüdischen Kinderheimes ging auf seine Rechnung. Nach dem Krieg stand der »Schlächter von Lyon« lange Zeit ganz oben auf der Fahndungsliste der gesuchten Kriegsverbrecher. Doch der US-Militärgeheimdienst CIC verpflichtete den Mörder als Leiter eines Spionageringes und schützte ihn fortan. Im Auftrag der Amerikaner bespitzelte der Nazi-Funktionär Ende der 40er Jahre ukrainische Emigranten und deutsche Kommunisten in Bayern. Als die Franzosen 1950 davon Wind bekamen, schickten sie verstärkt Agenten in die amerikanische Besatzungszone, um Barbie zu fassen. Doch die Amerikaner bemerkten dies und schleusten ihren Mann nach Italien, wo er falsche Papiere auf den Namen »Klaus Altmann« erhielt, mit denen er sich nach Bolivien absetzen konnte. Dort brachte er es bald zu Wohlstand, wurde Besitzer einer großen Plantage und Eigentümer einer Schiffahrtslinie. Nebenher baute Barbie, der sich nun in der Obhut der CIA befand, die politische Polizei in Bolivien auf, betätigte sich als Waffenhändler und Berater im Anti-Guerilla-Kampf. Anfang der 70er Jahre kam ihm schließlich die Nazi-Jägerin Beate Klarsfeld auf die Schliche. Aber die bolivianische Militärregierung lehnte alle Auslieferungsanträge ab. Erst nach der Wahl einer demokratischen Regierung Ende 1982 entschloß man sich, Barbie wegen Unterschlagungen im großen Stil zu verhaften und auszuweisen. Um ihm endlich den Prozeß machen zu können, erklärte sich Frankreich als einziges Land zur »Aufnahme« des NS-Kriegsverbrechers bereit.

Vergès bemühte sich sofort um die medienträchtige Verteidigung von Barbie. Vor laufenden Mikrofonen verkündete er dazu: »Für keinen Heiligen der Welt würde ich meinen Klienten eintauschen wollen. Meine Moral ist es, keine Moral zu haben.« Der bekennende Kommunist Vergès sah auch kein Problem darin, sich die Verteidigung des NS-Kriegsverbrechers von dem Schweizer François Genoud finanzieren zu lassen, der als glühender Hitler-Verehrer und Holocaust-Leugner bekannt war und auch ein Herz für linke Terroristen hatte, soweit sie denselben Feind bekämpften wie er: den Staat Israel.

Kopp gegenüber erklärte Vergès, der Fall Barbie interessiere ihn vor allem als Mittel zum Zweck. Er wolle der französischen Gesellschaft »einen Spiegel vorhalten«. Sie solle die Lügen erkennen, mit denen sie seit 40 Jahren lebe. Daher beabsichtige er, den Prozeß zu benutzen, um das Vichy-Regime anzuklagen und auf die französischen Verbrechen in Algerien aufmerksam zu machen. Kopp überzeugte dies. Sie half mit, Vergès auf den Prozeß vorzubereiten, und übersetzte ihm alle verfügbaren deutschen Zeitungsartikel zum Fall Barbie.

Als sich jedoch abzeichnete, daß die Verteidigungsstrategie nicht aufgehen würde, schwenkte der Rechtsanwalt um und erkor sich die Vereinigten Staaten als Ziel seiner indirekten politischen Anklage aus. Obwohl sich die USA bereits 1983 offiziell bei Frankreich dafür entschuldigt hatten, daß ihre Geheimdienste Barbie behilflich gewesen waren, kam Vergès jetzt auf die Idee, daß Carlos und Weinrich Barbie entführen sollten. Geplant war, Barbie durch eigene Verhöre dazu zu bringen, über seine Verbindungen zu den US-Diensten auszupacken, um somit die CIA in

Verlegenheit zu bringen. Dafür nahm man auch in Kauf, daß der Prozeß platzte und Barbie um seine gerechte Strafe kam.

Carlos war zunächst ganz angetan von diesem Plan. Aber dann wurde ihm bewußt, daß eine solche Aktion sehr aufwendig wäre und zudem kaum Geld einbringen würde. Außerdem riskierte er die Sympathien der letzten Unterstützer im Ostblock. Weinrich wies er daher ausdrücklich an: »Bezüglich Barbies Angelegenheit: Besprich das nicht alles mit dem sozialistischen Lager!« Letztlich fehlten dann aber Geld und Personal vor Ort, um Barbie aus der Untersuchungshaft zu entführen. Der Plan blieb eine reine Idee, wie die Befreiung von Kopp und Breguet.

Kopp mußte fast ihre gesamte Haftstrafe absitzen. Am 4. Mai 1985 kam sie schließlich frei. Jacques Vergès holte sie ab und schenkte ihr anläßlich der wiedergewonnenen Freiheit einen Goldring mit rotem Stein und eine Kette mit einem aus roten Steinen bestehenden sternförmigen Anhänger. Zu dem Schmuck gab es ein Flugticket nach Damaskus.

Doch zunächst wurde sie von französischen Beamten bei Strasbourg nach Deutschland abgeschoben, verbunden mit der Auflage, Frankreich in den nächsten fünf Jahren nicht mehr zu betreten. Gleich hinter der Grenze wurde sie bereits von einem Vertreter der Bundesanwaltschaft sowie zwei BKA-Beamten erwartet. Man lud sie zu einem Informationsgespräch ins nahegelegene Polizeipräsidium von Offenburg ein. Nachdem ihr die Beamten versichert hatten, daß gegen sie in Deutschland nichts vorliege, war Kopp dazu auch bereit. Aber die meiste Zeit schwieg sie beredt. Sie vertraute den Beamten lediglich an, daß sie die Beziehung zu Weinrich schon vor langem beendet habe. Nach Mitternacht konnte sie schließlich gehen.

Am nächsten Morgen fuhr sie nach Neu-Ulm zu ihrer Mutter. Bevor sie nach Damaskus abreiste, wollte sie unbedingt noch ihre mittlerweile 14jährige Tochter aufsuchen, die sie vor sechs Jahren ohne Abschied verlassen hatte. Aber gleich am ersten Abend klingelte bei ihrer Mutter das Telefon. Magdalena Kopp nahm ab. »Hallo!« sagte eine männliche Stimme. »How are you?« Und legte auf. Es war Carlos. Sie ahnte, was dies zu bedeuten hatte. Sie sollte sofort nach Syrien kommen.

Kurz darauf tauchte Gerd Albartus in Neu-Ulm auf, um sie abzuholen und nach Ostberlin zu bringen, von wo aus der Flug nach Damaskus geplant war. Sie bat ihn, noch so lange zu warten, bis sie ihre Tochter in Frankfurt besucht und ein paar private Dinge geregelt hätte. »Ich brauche noch vier Wochen«, bettelte sie. »Du mußt weg«, entgegnete ihr jedoch Albartus, »sie können jeden Tag wiederkommen.« Er hatte den Auftrag von Carlos, sie umgehend in ein Flugzeug zu setzen. Nachdem sie sich auf dem Meldeamt neue Papiere besorgt hatte, reiste sie am 23. Mai 1985 mit Albartus nach Ostberlin. Ihre Tochter hatte sie nicht wiedergesehen, und auch von der Mutter gab es keinen richtigen Abschied. Sie wolle nur mal kurz Freunde in Frankfurt besuchen und komme bald zurück, hatte sie ihr erklärt.

In Ostberlin erwartete sie bereits »Ali«. Offensichtlich fürchtete Carlos, daß sie nicht zu ihm zurückkehren wollte und hatte deshalb Begleiter geschickt. Am nächsten Tag ging es bereits weiter. An der Seite von »Ali« bestieg sie auf dem Ostberliner Flughafen Schönefeld eine Maschine nach Damaskus, mit Zwischenlandung in Larnaka/Zypern. Das erste Mal seit vielen Jahren reiste sie mit echten Papieren: Ihr bundesdeutscher Reisepaß hatte die Nummer G 7298281, ausgestellt von der Stadt Neu-Ulm am 15. Mai 1985 auf den Namen Magdalena Cäcilia Kopp, geboren am 2. April 1948, Augenfarbe blau, 160 cm groß – keine besonderen Merkmale.

Das Ende des Supterterroristen

Kontaktversuche in Moskau, Prag und Bagdad – Hinrichtung eines Kampfgenossen 1987 in Syrien – Kooperation mit einem Schweizer Altnazi – Flucht 1991 nach Jordanien – Carlos wechselt 1993 in den Sudan – Das *Al Qaida*-Netzwerk des Osama bin Laden und der erste Anschlag auf das »World-Trade-Center« – Verhaftung von Carlos 1994

Carlos sah ziemlich verändert aus. Das Gesicht war aufgedunsen, das Haar wirkte ungepflegt, unter dem Hemd zeichnete sich ein Bauch ab. Die erste Umarmung war impulsiv, aber ohne Zärtlichkeit. Magdalena Kopp hatte sich das Wiedersehen anders vorgestellt. Aber sicher brauchte es Zeit, sich wieder an einander zu gewöhnen. Schließlich lagen dreieinhalb Jahre Einzelhaft hinter ihr. In dieser Zeit hatte ihr Weinrich manchmal einen Gruß oder eine Botschaft über den Rechtsanwalt zukommen lassen, doch von Carlos war nichts zu hören gewesen.

Sie hatte überlegt, ob sie überhaupt zu ihm zurückkehren sollte. In Deutschland lag nichts gegen sie vor, sie hätte ein neues Leben beginnen können, jenseits von Terror und Gewalt. Aber nach dem Anruf war ihr bewußt geworden, daß Carlos dies vermutlich niemals zulassen würde. Dann hätte sein Bombenkrieg gegen Frankreich keinen Sinn gehabt, wäre er der Verlierer. In der Folge wäre es womöglich noch zu Anschlägen in Deutschland gekommen, weil er irrigerweise angenommen hätte, daß die Behörden sie nicht ziehen ließen. Oder sie wäre in seinen Augen eine Verräterin gewesen, die ein Sicherheitsrisiko für die Gruppe darstellte, und was das bedeutete, konnte sie sich ausmalen.

Es schien ihr nichts anderes übrigzubleiben, als zu ihm zurückzukehren. Allerdings wollte sie sich von ihm nie wieder zu einer Terroraktion schicken lassen. Die Erfahrungen von Paris reichten ihr ein für allemal. Um dafür eine Sicherheit zu haben, schien ihr ein gemeinsames Kind der beste Weg. Carlos liebte Kinder über alles und verehrte seine Mutter. Damit wäre sie geschützt.

Vom Flughafen in Damaskus ging die Fahrt in den Stadtteil Mezze. Nicht weit von der Residenz des deutschen Botschafters entfernt bewohnten Carlos und Weinrich eine Erdgeschoßwohnung in der Al Akhtam Ben Saifi Street. Schräg gegenüber war die Villa des Panzergenerals Ibrahim al Safi, der zu den wichtigsten Militärs Syriens zählte. Vor dessen Einfahrt stand ein Wachhäuschen, und auf der Straße patrouillierten rund um die Uhr schwerbewaffnete Soldaten. Sie behielten auch stets die Wohnung der Terroristen im Auge. Es war Schutz und Überwachung in einem.

Am nächsten Morgen begann Kopp, die Wohnung der beiden Männer von oben bis unten sauber zu machen. Im Gefängnis war Putzen für sie zu einer Obsession geworden, denn es stellte die einzige Beschäftigung in der Einzelzelle dar. Doch der Eifer, mit dem sie jetzt zu Werke ging, nervte Carlos. Er wurde laut und brach einen Streit vom Zaun. »Ali«, der gerade zu Besuch war, beruhigte ihn schließlich. »Jetzt laß sie halt«, sagte er zu seinem Chef, »sie muß sich erst wieder an das andere Leben gewöhnen.«

Dies war nicht der einzige Konflikt. Carlos weigerte sich beharrlich, über die Ereignisse in ihrer Abwesenheit zu reden. Dabei war sie so neugierig, was sich alles ereignet hatte. Sie wollte auch ein wenig mehr über die Gruppe und über ihn erfahren. Das einzige, was er ihr schließlich erzählte, war, daß er während ihres Gefängnisaufenthaltes ein Verhältnis mit Christa Margot Fröhlich und Wilhelmine Götting gehabt hatte. Kopp mußte schlukken. Fröhlich und Götting waren alte Bekannte aus der RZ, und sie wußte ja aus eigener Erfahrung, daß Carlos sich einfach nahm, was er wollte, egal, ob er damit seine nächsten Menschen verletzte.

Nach ein paar Tagen kam auch Weinrich zurück, der zu einer Besprechung in Libyen gewesen war. Bei seinem Anblick erschrak Kopp noch mehr. Er sah regelrecht mitgenommen aus, war hager geworden, schien zu trinken und rauchte nervös eine Zigarette nach der anderen. Trotzdem freute sie sich riesig, ihn endlich wiederzusehen. Zu ihrer Überraschung mußte sie aber feststellen, daß er inzwischen alle Marotten von Carlos übernommen hatte. Beim Essen schnitt er jetzt auch von jedem Stück Fleisch oder Wurst penibel das kleinste Zipfelchen Fett ab. Das dauerte mitunter Minuten, so daß sie schon fast mit dem Essen fertig war, bevor die beiden anfingen. Auch bei der Morgentoilette kopierte Weinrich nunmehr Carlos. Jeden Morgen cremte er sich jetzt von Kopf bis Fuß mit einer stark riechenden Körperlotion ein, was er früher nie getan hatte. Er benutzte sogar dieselbeMarke.

Als sie eines Tages mit Weinrich mal alleinspazieren ging, bot sich endlich die Gelegenheit, ihn nach den Ereignissen der letzten Jahre zu fragen. Weinrich erzählte ihr bereitwillig von all den Anschlägen, die er entweder organisiert oder selbst durchgeführt hatte, wobei ein Großteil davon dazu gedacht war, sie aus dem Gefängnis zu holen. Er sparte dabei auch nicht mit Details. Plötzlich blieb er stehen und schaute sie an. Völlig unvermittelt brach es aus ihm heraus: »Wir sind total verrückt geworden, das hat nichts mehr mit Politik zu tun, was wir gemacht haben …«

Anfang September 1985 flogen sie zu dritt nach Budapest. In ihrer Wohnung auf dem Rosenhügel schien noch alles so zu sein, wie sie es verlassen hatten. Neben ihren persönlichen Dingen lagen dort scheinbar unberührt Mengen an Waffen und Sprengstoff. Das alte Hauptquartier sollte wieder flottgemacht werden, um bei künftigen Aktionen dichter an den europäischen Metropolen sein zu können. Doch kaum hatten sie sich eingerichtet, lud Oberstleutnant Varga Carlos und Weinrich zum Gespräch vor. Er machte ihnen unmißverständlich klar, daß ein weiterer Aufenthalt in Ungarn nicht möglich wäre, da das Risiko viel zu groß sei. Zudem griff Varga wieder einmal in die Trickkiste. Er legte ihnen einen gefälschten Fahndungsbrief von Interpol vor und berichtete von einer enger werdenden Kooperation mit westlichen Staaten in den neuen Zeiten der allgemeinen Entspannungspolitik. Die beiden Terroristen gingen ihm erneut auf den Leim. Jedenfalls schienen sie zu begreifen, daß sie unerwünscht waren und beschlossen, ihr Quartier zu räumen. Am 15. September 1985 verließen sie für immer das Land. Einen Teil der Waffen durften sie dabei mitnehmen.

Wieder in Damaskus, traf Besuch aus Paris ein. Inzwischen war auch Bruno Breguet aus der Haft entlassen worden, der nun gemeinsam mit seinen Anwälten Jacques Vergès und Bernard Rambert vorbeischaute. In langen Sitzungen wurden neue Pläne geschmiedet und Breguet zum Statthalter für Westeuropa erkoren. Seine erste Aufgabe sollte es sein, ein neues Netzwerk aufzubauen. Man hatte die Absicht, bald wieder ins Geschäft zu kommen.

Ende 1985 wurde Magdalena Kopp mit 37 Jahren noch einmal schwanger. Da sie ihr Kind nicht unbedingt in einem arabischen Land großziehen und Carlos sich zugleich etwas aus der syrischen Umklammerung lösen wollte, unternahm die Gruppe noch einmal den Versuch, in Osteuropa ein neues Hauptquartier aufzubauen. Anfang Juni 1986 flogen Carlos, Weinrich und Kopp zunächst nach Moskau, wo man ihnen aber die kalte Schulter zeigte. Über Warschau ging es dann weiter nach Sofia, doch auch der bulgarische Geheimdienst Durjava Sigurnost lehnte dankend ab. Man war an den Diensten von Carlos nicht interessiert. Schließlich zog es das Trio nach Prag.

Als sie am 10. Juni 1986 auf dem Flughafen in Prag ankamen, war der tschechoslowakische Geheimdienst bereits informiert und beschattete sie von der ersten Minute an. Es war auch nicht schwierig, die Terroristen zu identifizieren, Carlos und Weinrich hatten nicht den geringsten Versuch unternommen, ihr Äußeres zu verändern. Sie sahen genauso aus wie auf den bekannten Fotos aus den internationalen Fahndungsschreiben. Und die schwangere Kopp war auch nicht zu übersehen.

Wie gewohnt fuhren sie ins »Intercontinental«, wo bereits das halbe Hotelpersonal, vom Liftboy bis zur Etagenputzfrau, durch Agenten ersetzt worden war. Der zuständige Geheimdienstoffizier, Oberstleutnant Vaclav Wallis, erhielt nun den Auftrag, die Terroristen so schnell wie möglich wieder zur Abreise zu bewegen. Doch die drei ließen es sich in Prag erst einmal gutgehen. Carlos hatte neues Geld besorgt und stellte nach ein paar Tagen sogar beim Auswärtigen Amt den offiziellen Antrag auf ein längeres Aufenthaltsvisum. Wallis blieb nichts anderes übrig, als die Flucht nach vorn anzutreten.

Nach telefonischer Voranmeldung suchte er in Begleitung eines Kollegen das Trio im Hotel auf. Ihm war dabei nicht wohl zumute, denn er wußte, daß Carlos als unbeherrscht galt und stets bewaffnet war. Der Terrorist öffnete selbst und gab sich gutgelaunt. »Kommt herein, was habt ihr auf dem Herzen?«

Wallis griff auf die alte Notlüge zurück, die schon in den anderen Ostblockländern funktioniert hatte, und erklärte ihm in gebrochenem Englisch, daß das Auswärtige Amt eine Eilmeldung erhalten habe, wonach der französische Geheimdienst unmittelbar hinter ihm her sei. Daher könne niemand für ihre Sicherheit garantieren, und es sei das Beste, wenn sie das Land umgehend verließen. Hilfsbereit, wie man sei, habe man schon mal Tickets nach Damaskus besorgt.

Carlos lachte, schenkte Cognac ein und zog aus seiner Tasche einen doppelläufigen Trommelrevolver: »Meine Herren, vielen Dank für die Warnung, aber das hier ist meine Lebensversicherung.« Weinrich fiel in das Lachen ein, Magdalena Kopp biß sich auf die Lippen.

In das Gespräch hinein platzte ein Anruf von Abu Hisham, PLO-Sicherheitschef und enger Vertrauter Arafats. Offensichtlich hatte es sich bis in den Nahen Osten herumgesprochen, wo Carlos sich gerade aufhielt. Es kam zu einem heftigen Streit auf arabisch. Carlos legte wutentbrannt auf. Kurz darauf klingelte es wieder. Carlos forderte den Geheimdienstoffizier auf, ans Telefon zu gehen: »Wenn es wieder Abu Hisham ist, sagen Sie ihm, daß er nie wieder hier anrufen soll, sonst ist er der nächste auf meiner Todesliste.« Wallis richtete die Botschaft treulich aus, wenn er auch nicht wußte, worum es eigentlich ging.

Die drei zogen sich zu einer kurzen Besprechung zurück und erklärten anschließend, daß sie das Angebot annähmen. Wallis drängte zur Eile. Während die drei ihre Koffer packten, bestellte er bereits die Autos.

Auf dem Flughafen kam es dann noch zu einem kleinen Zwischenfall, der fast alles hätte scheitern lassen. Bei der Abfertigung am Schalter fiel Weinrich eine Pistole aus der Hosentasche. Carlos sah dies, kümmerte sich aber nicht darum. Die Angestellte der Fluggesellschaft hatte es ebenfalls bemerkt und wollte gerade Alarm schlagen. Doch ein Sicherheitsbeamter hielt sie zurück. Wallis ging zu Weinrich, tippte ihm auf die Schulter und sagte höflich: »Entschuldigung, Ihnen ist etwas heruntergefallen.« Als das Flugzeug mit den dreien endlich abgehoben hatte, atmeten die Beteiligten erleichtert auf. Wallis schmiß für seine Kollegen mehrere Runden.

Am 17. August 1986 brachte Kopp eine Tochter zur Welt. Sie nannten sie Rosa Elbita. In ihre Geburtsurkunde wurde Beirut/Libanon als Geburtsort eingetragen. Niemand sollte anhand irgendwelcher Papiere herausfinden können, daß sie in Syrien lebten.

Carlos war fürchterlich stolz auf sein erstes Kind. Mehrfach ließ er sich mit der kleinen Tochter im Arm fotografieren und gab sich nach außen als der fürsorgliche Vater. In Wirklichkeit kümmerte sich zumeist Weinrich um Kopp und die kleine Rosa. Wenn sie gemeinsam in der Stadt unterwegs waren und zufällig in Kontakt mit westlichen Technikern kamen, die sie für eine glückliche Familie hielten, wurde Weinrich immer als Kopps Bruder ausgegeben. Er stellte sich dann als »Peter Schmidt« aus Österreich vor.

Gegenüber der syrischen Elite war diese Maskerade nicht erforderlich. In hohen Militärkreisen, wo sie zumeist verkehrten, wußte man, um wen es sich hier handelte. Zu den ausgelassenen Festen im Hotel »Sheraton« lud hin und wieder Geheimdienstoffizier Haythan Said ein oder auch der Chef des Militärgeheimdienstes Mohammed al Khouli, der seit Jahren der wichtigste Förderer der Gruppe war. Doch Aufträge gab es von ihm schon lange nicht mehr. Vielmehr hielt er die drei wie Terror-Rentner aus, die man ruhigstellen wollte, damit kein anderer Geheimdienst an sie herankam und womöglich Einzelheiten über die enge Beziehung der Terroristen zum Assad-Regime an die Öffentlichkeit drangen.

Bei den Abenden im »Sheraton« kam stets eine illustre Runde zusammen. Zu ihr gehörte beispielsweise der Flugzeugentführer Mir Muthasar Bhutto, Sohn des hingerichteten pakistanischen Staatspräsidenten Zulfikar Ali Bhutto und Bruder von Benazir Bhutto, die gerade im Exil lebte, aber ein Jahr später als erste Frau in einem islamischen Land Ministerpräsidentin werden sollte. Muthasar Bhutto wohnte ebenfalls im Prominentenviertel Mezze, wo man ihm ein Gästehaus der syrischen Regierung zur Verfügung gestellt hatte. Sein Nachbar dort war der frühere libanesische Geheimdienstchef Elie Hobeika, verantwortlich für das Massaker in den Palästinenserlagern von Sabra und Schatila, wo pro-israelische Christenmilizen der Forces Libanaises 1982 in einer Nacht unter den Augen des damaligen israelischen Verteidigungsministers Ariel Scharon Tausende palästinensische Flüchtlinge ermordet, ja geradezu abgeschlachtet hatten.

Mir Muthasar Bhutto wurde in Damaskus zu einem der engsten Carlos-Freunde. Als Zeichen seiner Sympathie schenkte er dem Venezolaner eine mit Gold beschlagene Pistole, die er einst persönlich vom syrischen Staatschef erhalten hatte. In den Lauf war eingraviert: »Mit besten Wünschen von Hafis al Assad.« Carlos benutzte die Pistole später, um sie voller Stolz Besuchern zu präsentieren, die den Eindruck bekommen sollten, daß er über direkten Zugang zu den höchsten politischen Kreisen verfüge.

Mit der Zeit wurde der Alltag in Damaskus jedoch trist. Es gab nichts Richtiges zu tun, und die Abhängigkeit von den Syrern wurde ein ums andere Mal schmerzhaft deutlich. Carlos entschloß sich daraufhin, gemeinsam mit Kopp nach Bagdad zu reisen, um zu testen, inwieweit sich die alten Beziehungen reaktivieren ließen. Insgeheim spekulierte er auf einen neuen Auftrag, verbunden mit einer kräftigen Zahlung. Zwar wurden beide freundlich empfangen, doch nach wenigen Tagen mit kleinen Gastgeschenken wieder nach Hause geschickt. Die Nähe zu den verfeindeten Syrern war den irakischen Sicherheitsleuten einfach zu suspekt. Während Magdalena Kopp immerhin noch ein goldenes Armband erhielt, mußte sich Carlos mit einer teuren Zigarre zufriedengeben. Ihnen wurde klar, daß nach der Solidarität der Ostblockstaaten nun auch noch die alten Unterstützer in der arabischen Welt verlorengingen. Selbst Weinrich mußte die Erfahrung machen, daß seine langjährigen Partner in Libyen auf Distanz gingen. Sie saßen nun regelrecht fest in Damaskus.

Die einzige Abwechslung bildeten gelegentliche Ausflüge in den Libanon. Während sich Carlos und Weinrich mit »den Jungs« trafen, wie sie die arabischen Mitglieder der Gruppe nannten, ging Kopp einkaufen. Doch die Mittel waren inzwischen beschränkt, was auch »die Jungs« verstimmte, die bisher regelmäßige üppige Geldzuwendungen gewohnt gewesen waren.

Lichtblicke in der Isolation von Damaskus bildeten auch die Besuche von Kurieren aus Deutschland und Westeuropa. Wichtigstes Verbindungsglied nach Frankreich und in die Schweiz war Bruno Breguet, der regelmäßig kam, um sie auf dem Laufenden zu halten. Um die Fäden zu den *Revolutionären Zellen* wieder aufnehmen zu können, bat Carlos Kopp darum, doch ihren alten Bekannten Gerd Albartus mal nach Damaskus einzuladen. Albartus arbeitete inzwischen für die Grünen in Brüssel und konnte nicht so ohne weiteres für ein paar Tage verschwinden. Erst in der Weihnachtszeit 1987 gelang es ihm, Urlaub zu nehmen und heimlich nach Damaskus zu fliegen. Die Wiedersehensfreude war groß. Kopp hatte ihn seit ihrer Reise zu Carlos vor zweieinhalb Jahren nicht mehr gesehen. Am nächsten Tag zogen Carlos und Weinrich mit ihm los, um die weitere Arbeit zu beraten. Kopp blieb zu Hause bei ihrer 16 Monate alten Tochter.

Abends kamen Carlos und Weinrich allein zurück. Weinrich war total betrunken. Auf ihre Frage, wo Albartus sei, bekam Kopp keine Antwort. Zunächst machte sie sich keine Gedanken, denn es war völlig normal, daß es Kontakte und Verabredungen gab, von denen die anderen möglichst nicht viel wissen sollten. Doch dann fielen in den Gesprächen zwischen Carlos und Weinrich Andeutungen, die sie zusammenschrecken ließen. Sie konnte es nicht fassen und wollte es auch nicht glauben: Die beiden hatten Albartus vor ein Tribunal gestellt, weil sie ihn verdächtigten,

Familienidylle 1988 in Damaskus: Carlos und Kopp mit der gemeinsamen Tochter Rosa

Spitzel für das Ministerium für Staatssicherheit der DDR zu sein. Dabei war er für schuldig erklärt und zum Tode verurteilt worden. Carlos hatte ihm gleich anschließend eine Kugel in den Kopf geschossen. Wo die Leiche geblieben war, konnte Magdalena Kopp nicht erfahren.

Sie vermochte nicht zu begreifen, was die beiden dazu getrieben hatte. Albartus war immer mehr gewesen als nur ein beliebiger Kampfgenosse. Er hatte sich stets auch um die privaten Dinge der Gruppe gekümmert. Schließlich war er es, der Weinrich geholfen hatte, noch einmal seine Eltern zu sehen. Er hatte sich für Carlos darum bemüht, daß sie nach ihrer Haftentlassung möglichst schnell zu ihm zurückkehren konnte. Von den Hilfsdiensten bei diversen Aktionen ganz zu schweigen. Der Vorwurf, Albartus habe für das MfS gespitzelt, erschien ihr geradezu lächerlich. Weinrich hatte viel enger mit der Stasi kooperiert, das wußte jeder.

Kopp fühlte sich mitverantwortlich für den Tod von Albartus. Schließlich war sie es gewesen, die ihn nach Damaskus bestellt hatte. Das betraf nicht nur die moralische Seite, sondern hatte vielleicht auch eine juristische Bedeutung. Bei einer entsprechenden Auslegung könnte ihr Beihilfe zum Mord unterstellt werden.

Wie sollte sie im Falle einer Verhaftung je einem Staatsanwalt glaubhaft machen, daß sie nichts von alledem gewußt hatte.

Durch den Tod von Albartus veränderte sich ihr Leben noch einmal dramatisch. Sie war als freier Mensch nach Damaskus gekommen, mit einem regulären Paß unter richtigem Namen eingereist. Nun saß sie wieder fest, konnte nicht einfach nach Deutschland zurück, sondern war erneut in der Abhängigkeit von Carlos. Noch mehr aber plagte sie das Gefühl, erstmals unmittelbar an einem Mord Mitschuld zu tragen. All die Jahre zuvor war sie an keiner Aktion beteiligt gewesen, durch die eine Person direkt zu Schaden oder gar ums Leben gekommen war. Sie wußte, daß dies letztlich eine moralische Hilfskonstruktion war, denn schließlich hatte ja auch sie sich für den bewaffneten Kampf entschieden und lebte an der Seite des wohl berüchtigtsten Terroristen, aber dennoch hielt sie an dem feinen Unterschied für sich selbst fest.

Manchmal verdammte sie den Tag, an dem Carlos in ihr Leben getreten war. Aber diese Überlegungen wurden dann schnell wieder von anderen Gefühlen überspült. Schließlich war er der Vater ihrer Tochter, die sie zutiefst liebte. Und es war offensichtlich viel schwieriger, ein Gefühl zu ändern als einen Gedanken.

Als Albartus nach Weihnachten nicht wieder in Deutschland auftauchte, begann das große Rätselraten. Nur ganz wenigen Genossen hatte er sich vor seiner Abreise anvertraut. Sie wußten von dem Damaskus-Abstecher und ahnten nun, was vorgefallen war. Der Tod von Albartus spaltete daraufhin die *Revolutionären Zellen* erneut. Einige wollten weitermachen wie bisher, doch viele forderten die Auflösung der Organisation: »Wir wollen jeglichen Funken an Zweifeln auslöschen, daß es für diese Entscheidung irgendeine Rechtfertigung gibt, die mit unseren Maßstäben in Einklang steht«, hieß es dazu in einem Nachruf.

Wie sich herausstellte, war Albartus nicht das einzige Mitglied der Gruppe, das Carlos wegen des Verdachts auf Verrat liquidiert hatte. Kurz zuvor war schon Mustafa al Sibai von ihm hingerichtet worden, der vor vier Jahren im Auftrag von Carlos das französische Kulturzentrum in Westberlin in die Luft gejagt hatte.

Als Kopp ihren Lebensgefährten eines Abends auf die Vorgänge ansprach, machte er ihr gegenüber kein Geheimnis daraus, daß noch mehr Namen von Gruppenmitgliedern auf seiner Todesliste standen. Sie zuckte zusammen, als sie die Namen hörte: Ganz oben auf der Liste befand sich Weinrich, obwohl er sich

Carlos gegenüber stets loyal gezeigt hatte, selbst noch, als Kopp ihn wegen Carlos verlassen hatte. Nicht weniger schockierte es sie, den Namen von Christa Margot Fröhlich zu hören. Diese Frau saß letztlich für Carlos im Gefängnis, da er sie ohne hinreichende Absicherung mit einem Diplomatenpaß auf Sprengstofftransport geschickt hatte, davon abgesehen, daß er mit ihr auch das Bett geteilt hatte, während Kopp in Frankreich einsaß.

Was sollte es für Gründe geben, diese gestandenen Mitstreiter umzulegen? Kopp wagte nicht, ihn danach zu fragen. Womöglich stand sie selbst schon auf seiner geheimen Liste. Wahrscheinlich schreckte er nur davor zurück, weil sie die Mutter seiner Tochter war. Nach der Hinrichtung von Albartus schien es überhaupt keine Logik mehr zu geben.

Zunächst lief alles weiter wie bisher. Carlos benötigte 1989 seinen Stellvertreter für einen neuen Auftrag, der endlich eingegangen war. Er hatte mit Politik nichts mehr zu tun, sollte aber Geld in die Kasse bringen. Es ging um den Mord in einer syrischen Familienangelegenheit. Wenn dies sauber über die Bühne gehen würde, war vielleicht mit Folgeaufträgen zu rechnen.

Der älteste Sohn von Akram Ojjeh sollte aus dem Weg geräumt werden. Ojjeh, der durch den Waffenhandel mit Frankreich groß geworden war und inzwischen über eine Schweizer Firmengruppe zahlreiche Beteiligungen an Banken und Fluggesellschaften besaß, gehörte zu den reichsten Männern des Landes. Er hatte seinem Sohn die hübsche junge Nara, Tochter des Verteidigungsministers Mustafa Tlass, ausgespannt und diese unter großer Anteilnahme der Boulevardpresse auch geheiratet. Nach dem Tod des alten Ojjeh würde aber nach syrischem Recht nicht die Witwe das gesamte Vermögen erben, sondern der erstgeborene Sohn, weshalb der frühere Liebhaber von Nara im Auftrag der Familie Tlass verschwinden mußte.

Carlos machte sich an die Vorbereitung. Er bestellte Bruno Breguet nach Damaskus, da der sich um den in Paris lebenden Sohn von Ojjeh kümmern sollte. Es galt, seine Lebensumstände auszukundschaften und einen geeigneten Ort für das Attentat zu finden. Doch nachdem Breguet bereits viel Zeit und Arbeit investiert hatte, änderte der Auftraggeber seine Pläne. Nun sollte der Millionärssohn nicht mehr ermordet, sondern nur noch entführt werden und gegen eine entsprechend hohe Lösegeldzahlung des Vaters wieder auf freien Fuß kommen.

Dies brachte Carlos in Probleme, denn eine Entführung war aufwendiger und letztlich gefährlicher als ein Mord. Es bedurfte einer viel umfangreicheren Logistik mit sicheren Transportmitteln und geeigneten Verstecken. Das wiederum erforderte Zeit und neue Partner.

Bruno Breguet schickte zu diesem Zweck im Sommer 1990 einen Gewährsmann nach Damaskus, der für solche Aktionen über die notwendigen Voraussetzungen verfügte. Es handelte sich um den 74jährigen François Genoud, der bislang vor allem als Herausgeber von Nazi-Schriften auf sich aufmerksam gemacht hatte. Ihm war es gelungen, sich gleich nach Kriegsende von den Erben der Nazi-Größen die Rechte an bislang noch nicht veröffentlichten Schriften übertragen zu lassen. So konnte er beispielsweise in den 70er Jahren beim Hamburger Verlag Hoffmann und Campe gut eine halbe Million Mark abkassieren, als dieser Tagebücher von Joseph Goebbels veröffentlichte. Auch der »Spiegel« zahlte in den 80er Jahren eine sechsstellige Summe für den Vorabdruck der später aufgefundenen Tagebücher von 1945.

Bei Genoud ging es aber nicht nur ums Geld, sondern auch um die Überzeugung. Er war ein glühender Verehrer von Hitler und engagierte sich mit den Einnahmen aus den Nazi-Schriften für prominente NS-Kriegsverbrecher. So finanzierte er nicht nur die Verteidigung von Klaus Barbie durch Jacques Vergès, sondern hatte sich zuvor auch schon um den juristischen Beistand für Adolf Eichmann gekümmert, den Hauptorganisator der »Endlösung der Judenfrage«.

Sein Haß auf Israel hatte ihn dann auch in Kontakt mit linksextremen Kreisen gebracht, die an der Seite palästinensischer Terrorgruppen agierten. »Die Feinde meiner Feinde sind meine Freunde«, erklärte er dazu. Als der damals 20jährige Bruno Breguet 1970 in Israel wegen Sprengstoffschmuggels verhaftet worden war, schickte Genoud seinen Schwiegersohn mit Geld zu ihm, auf daß sich Breguet einen guten Anwalt nehmen könne. Später unterstützte er Aktionen von Wadi Haddad, dessen PFLP-SC 1972 beispielsweise in Bombay einen Lufthansa-Jet gekapert hatte. Genoud warf anschließend persönlich in Köln den Erpresserbrief ein, in dem ein Lösegeld von fünf Millionen Dollar gefordert wurde.

So wenig sich Genoud an den politischen Idealen der Linksterroristen störte, so wenig Probleme hatte die *Organisation Inter-*

nationaler Revolutionäre mit dem Weltbild des Schweizer Altnazis. Carlos war geradezu begeistert von Genoud, der mit einem bis ins Detail ausgetüftelten Plan für die Entführung des Ojjeh-Sohnes anreiste. Danach war vorgesehen, das Opfer im Kofferraum eines großen Pkw nach Belgien zu bringen, wo Genoud bereits ein Haus angemietet hatte. Auch um die Modalitäten der Lösegeldübergabe wollte er sich kümmern, schließlich kannte er Vater Ojjeh persönlich gut. Dieser hatte bei der von Genoud mitgegründeten Banque Commerciale Arabe (BCA) in Genf längere Zeit einen Posten im Verwaltungsrat innegehabt.

Dieser Kontakt war es dann wohl auch, der dazu führte, daß ein paar Monate später die ganze Aktion viel unkomplizierter über die Bühne gehen konnte. Genoud berichtete bei seinem nächsten Besuch in Damaskus, daß es gar nicht mehr nötig sei, Ojjeh jr. zu entführen, da sich der Vater bereit erklärt habe, ein Lösegeld von sieben Millionen Dollar zu zahlen, wenn von der Entführung abgesehen werde. Carlos sollte zur Abwicklung des Geschäfts lediglich seine Unterschrift auf ein leeres Blatt Papier setzen, Genoud würde dann später die Lösegeldforderung davor schreiben. Carlos war doppelt begeistert. Zum einen konnte er Geld kassieren, ohne irgendein Risiko einzugehen, zum anderen erfüllte es ihn mit Stolz, daß offensichtlich allein die Erwähnung seines Namens genügte, um andere in Angst und Schrecken zu versetzen und zu großen Zahlungen zu veranlassen.

Bevor Genoud nach Genf zurückflog, bat er Kopp noch um einen Gefallen. Sie sollte ihn zu einer ganz bestimmten Adresse im arabischen Viertel von Damaskus geleiten. Wie sich herausstellte, handelte es sich um das Haus des NS-Täters Alois Brunner, einst Eichmanns Spezialist für Deportationen und verantwortlich für den Mord an 120 000 Juden. Brunner war einer der meistgesuchten Kriegsverbrecher, den die Syrer genauso beherbergten wie den meistgesuchten Terroristen der Welt.

Kopp tat, wie ihr geheißen. Sie hatte sich schon lange abgewöhnt, Fragen zu stellen, an deren Antworten man nur verzweifeln konnte. Einst war sie während der Zeit der Studentenrevolte unter Protest von zu Hause weggezogen, weil sie ihren Vater für »einen alten Nazi« hielt. Nun war sie auf dem Weg zu einem richtigen Nazi-Verbrecher. Kopp zeigte Genoud das gesuchte Haus, ging aber nicht bis zur Eingangstür mit. Sie wollte Brunner nicht begegnen, sondern drehte vorher um. Es war ihre Art, sich den kleinen inneren Frieden zu bewahren.

Das Jahr 1990 mit der deutschen Einheit veränderte die politische Landschaft gründlich. Das bekam im Frühjahr 1991 auch Helmut Voigt zu spüren. Ihm wurde eine Ladung der Staatsanwaltschaft beim Kammergericht Berlin zugestellt. Er ahnte, warum. Nach dem Niedergang der DDR erhielten westdeutsche Geheimdienste und Strafverfolgungsbehörden Zugang zum Archiv des Ministeriums für Staatssicherheit, das aufgrund der Aktionen von Bürgerrechtlern nicht vernichtet worden war. Nun sollten offensichtlich einige MfS-Offiziere wegen ihrer Zusammenarbeit mit Terroristen zur Verantwortung gezogen werden. Die DDR hatte nicht nur die Carlos-Gruppe und diverse palästinensische Organisationen protegiert, sondern auch mehrere Mitglieder der RAF unterstützt und ihnen zu einer neuen Existenz in der DDR verholfen, was die bundesdeutschen Behörden besonders erregte.

Nach Durchsicht der Akten plante nun die Bundesstaatsanwaltschaft für den 26. März 1991 die Verhaftung von zunächst sechs MfS-Offizieren. Das ARD-Magazin »Monitor« hatte davon erfahren und bereitete für den Abend einen ausführlichen Bericht vor. Der Enthüllungsbeitrag über die »RAF-Stasi-Connection« versprach, ein Knüller zu werden, weshalb man stolz am Vortag eine Ankündigungsmeldung an die Presseagenturen gab.

An diesem 26. März wollte auch Oberstaatsanwalt Detlev Mehlis Ex-Major Helmut Voigt vernehmen. Der 41jährige Mehlis war seit 1985 bei der Berliner Staatsanwaltschaft im sogenannten Brand- und Sprengstoffreferat tätig und damit auch für den Fall »Maison de France« zuständig. Jahrelang war er in dieser Sache nicht vorangekommen. Außer dem Bekennerschreiben von Carlos gab es keine weiterführenden Anhaltspunkte. Völlig unklar war lange Zeit, wer konkret den Anschlag auf das Westberliner Kulturzentrum ausgeführt hatte und wer die Hintermänner waren. Durch die MfS-Unterlagen sah Mehlis nun klarer. Er glaubte, den Fall klären zu können. Doch ob es ihm auch gelänge, die Täter zu fassen, war eine andere Frage. Einen Anhaltspunkt für den heutigen Aufenthaltsort der 1983 Beteiligten sollte das Gespräch mit Voigt liefern.

Die Ankündigung von »Monitor« fand derweil starke Verbreitung. Der Berliner Privatsender »100,6« meldete gar, daß nun endlich auch Stasi-Offiziere verhaftet würden. Voigt erschrak, als er dies hörte. War die Vorladung zur Vernehmung etwa eine Falle? Sollte auch er verhaftet werden? So einfach sollten sie ihn nicht bekommen. Eilig packte er das Nötigste zusammen und verschwand. Als er am nächsten Tag nicht bei der Staatsanwaltschaft erschien, wurde eine Großfahndung ausgelöst. Doch BKA-Beamte fanden lediglich seinen leeren Trabant-Kombi in der Nähe des Alexanderplatzes. Von Voigt selbst fehlte jede Spur.

Oberstaatsanwalt Mehlis wertete die Flucht von Voigt als Schuldeingeständnis. Am 8. April 1991 beantragte er einen Haftbefehl gegen ihn genau wie gegen Carlos, Weinrich und Al Sibai. Mehlis hatte mittlerweile den kompletten MfS-Vorgang »Separat« auf seinem Tisch, wozu auch zahlreiche interne Aufzeichnungen von Weinrich gehörten, die seinerzeit von der Staatssicherheit heimlich kopiert worden waren. Dadurch wußte er, wer genau beteiligt gewesen war. Als besonders aufschlußreich erwies sich der 27seitige Brief von Weinrich an Carlos, der kurz nach dem Anschlag auf das »Maison de France« geschrieben worden war. Ein klarer Beleg für den Oberstaatsanwalt, wie kaltblütig Weinrich gehandelt hatte, zumal er sich auch noch mit dem Auslöschen von Menschenleben brüstete.

Zur gleichen Zeit reisten die deutschen Journalisten Peter Sandmeyer und Wilhelm Dietl mit einem Touristenvisum nach Damaskus. Sandmeyer war Reporter beim »Stern«, Dietl freier Mitarbeiter für mehrere Zeitungen und ein ausgewiesener Nahost- und Terrorismusexperte mit exzellenten Kontakten zu diversen Geheimdiensten. Dietl hatte sechs Jahre zuvor Aufsehen erregt, als es ihm gelungen war, in Syrien den weltweit gesuchten NS-Kriegsverbrecher Alois Brunner aufzuspüren und zu einem Interview zu bewegen. Es war in der Illustrierten »Bunte« mit der Überschrift erschienen: »Er ist, was er war: Ein Feind der Juden.« Brunner rechtfertigte darin seine Morde an jüdischen Zivilisten und zeigte sich stolz, daß er geholfen hatte, »dieses Dreckzeug wegzuschaffen«.

Dietl kannte daher Damaskus und wollte nun gemeinsam mit Sandmeyer Carlos und Weinrich aufstöbern. Die Wohnadresse der beiden Terroristen hatten sie sich bereits besorgt. Aber an das Haus war nicht heranzukommen. Die Straße erwies sich als abgesperrt, vor dem Gebäude standen Wachposten. Es blieb ihnen also nur die Möglichkeit, über Umfeldrecherchen an die Terroristen heranzukommen. Da dies hoch gefährlich war, informierten sie vorsichtshalber die deutsche Botschaft, wo sie sich als Reporter auswiesen. Der Botschafter war davon überhaupt nicht angetan, sah er doch eine Belastung der zwischenstaatlichen Beziehungen heraufziehen. Ausdrücklich erklärte er den beiden Journalisten: »Wir gehen davon aus, daß es einen Herrn Carlos nicht gibt.«

Auch den syrischen Behörden blieb nicht verborgen, was die beiden »Touristen« im Schilde führten. Sie informierten kurzerhand die Terroristen und forderten sie auf, vorübergehend das Haus nicht zu verlassen. Sandmeyer und Dietl gelang es trotzdem, zahlreiche Dokumente und Fotos über das Trio zusammenzutragen. Ihr jahrelanger Aufenthalt in Damaskus war eben nicht ganz ohne Spuren geblieben. Am 8. Mai 1991 erschien unter der Überschrift »Der Pate des Terrors« die Story im »Stern«. »Heute lebt Carlos, der meistgesuchte Terrorist der Welt, mit seiner deutschen Frau, einem Kind und einem deutschen Leibwächter als Geschäftsmann getarnt in Syrien«, hieß es im Vorspann der Reportage.

Die Nachricht über den Aufenthaltsort der Terroristen ging um die Welt – und der »Stern« kam mit der Lufthansa sogar bis nach Damaskus. Zwei Mitarbeiter von Daimler Benz, die dort in der Niederlassung des deutschen Automobilherstellers arbeiteten, erkannten auf einem der Fotos ihren Kunden »Peter Schmidt«, der bei ihnen hin und wieder Ersatzteile kaufte und ein Faible für schnittige Autos hatte. Angeblich kümmerte er sich um den Fuhrpark einer syrischen Behörde. Gelegentlich war man sich sogar auf Parties begegnet, zuletzt beim Oktoberfest der Lufthansa. Aus dem »Stern« erfuhren sie nun, daß der Mann in Wirklichkeit Johannes Weinrich hieß und ein gefährlicher Terrorist war. Die beiden Mercedes-Mitarbeiter informierten sofort die deutsche Botschaft.

Die Diplomaten, die vorgeblich immer noch keine Ahnung hatten, mußten nun handeln. Sie sandten eine entsprechende Depesche nach Deutschland. Doch im Auswärtigen Amt in Bonn wollte man die Angelegenheit möglichst klein halten. Syrien hatte sich gerade im zu Ende gegangenen Golfkrieg als Verbündeter des Westens erwiesen, und da wollte man den neu gewonnenen Partner nicht gleich vor den Kopf stoßen und ihm Kollaboration mit Terroristen unterstellen. Diskret wurden der Bundesnachrichtendienst, das Bundesamt für Verfassungsschutz und das Bundesinnenministerium informiert. Während die Geheimdienste stillhielten, schaltete das Innenministerium das Bundeskriminalamt ein.

Der Jäger der Carlos-Gruppe: Oberstaatsanwalt Detlev Mehlis

Zwei Beamte aus der Terrorismusabteilung des BKA machten sich umgehend auf den Weg nach Damaskus, um die »Stern«-Story zu überprüfen, denn nur nach stichhaltigen Belegen aus offiziellen Ermittlungen war das Auswärtige Amt bereit, aktiv zu werden. Während die deutsche Botschaft wieder blockte, erwiesen sich die zwei Mercedes-Mitarbeiter als höchst kooperativ. Sie besorgten eine leere Zigarettenschachtel der Marke »Lucky Strike«, die Weinrich in einen Papierkorb geworfen hatte. Sie war voller Fingerabdrücke des deutschen Terroristen. Damit erhielt das BKA den hundertprozentigen Beweis, daß sich Weinrich tatsächlich in Damaskus aufhielt. Die deutsche Justiz konnte endlich ein entsprechendes Rechtshilfeersuchen an Syrien richten, das Oberstaatsanwalt Mehlis längst vorbereitet hatte.

Als Weinrich von den Vorgängen erfuhr, suchte er sofort die Mercedes-Mitarbeiter auf und bedrohte sie. Der Firmenzentrale blieb nichts weiter übrig, als die beiden umgehend aus Syrien abzuberufen.

Als es Mitte Juni 1991 in Bonn zu einem Treffen von Vertretern des Bundesinnenministeriums, des Auswärtigen Amtes, des BND und des BKA zum Thema Carlos/Weinrich kam – ein Vertreter der Justiz war nicht geladen worden –, weigerte sich das Auswärtige Amt weiterhin, der Sache energisch nachzugehen. Die Ergreifung der Terroristen und ihre Auslieferung an die Bundesrepublik könne zu unkalkulierbaren Folgen führen, von Anschlägen bis zu Geiselnahmen. Bei Carlos müsse man mit allem rechnen. Man wolle versuchen, das Problem auf andere Weise zu lösen.

Als im selben Monat der österreichische Bundespräsident Kurt Waldheim auf Staatsbesuch in Syrien weilte, brachten die mitreisenden Journalisten den Fall zur Sprache. Der syrische Informationsminister Mohammad Salman dementierte jedoch den »Stern«-Bericht vehement und sprach von »haltloser und zionistischer Verleumdung«.

Intern begriff man aber den Ernst der Lage. Ungern wollte die syrische Regierung wegen der drei Terror-Pensionäre in diplomatischen Verruf geraten. Es wurde beschlossen, das Trio zum alsbaldigen Verlassen des Landes aufzufordern.

Carlos nahm die Aufforderung der Syrer zunächst nicht richtig ernst und hielt alles für eine vorübergehende Verstimmung. Er befand sich in bester Laune. Seine Mutter war gerade zu Besuch, und Genoud hatte kurz zuvor drei Millionen Dollar vorbeigebracht. Die Erpressung war erfolgreich verlaufen, Akram Ojjeh hatte sieben Millionen gezahlt, ohne daß etwas passiert war. Drei Millionen behielt Genoud als Provision für sich, eine weitere Million ging als Reserve auf ein Schweizer Konto.

Der syrische Geheimdienstoffizier Haythan Said erschien jedoch in immer kürzeren Abständen und machte ihnen klar, daß die Regierung auf einer baldigen Abreise bestand. Daraufhin entschloß sich Carlos, noch ein paar private Dinge zu regeln. Mitte August 1991 fuhr er in die libanesische Stadt Tripoli aufs venezolanische Konsulat, um die Ehe mit Magdalena Kopp eintragen zu lassen. Dem lagen ganz pragmatische Überlegungen zugrunde. Im Ernstfall sollte Kopp die Möglichkeit haben, sich mit der gemeinsamen Tochter nach Venezuela absetzen zu können. Die Eheschließung war deshalb reine Formsache, und Kopp war gar nicht erst nach Tripoli mitgefahren. Carlos erledigte das mit seinen Landsleuten allein. Stolz kam er mit der Heiratsurkunde Nr. 1574/1206, ausgestellt am 25. August 1991 in Tripoli/Libanon, nach Damaskus zurück.

Weinrich hatte den Ernst der Lage inzwischen erkannt und sich nach Tripolis in Libyen abgesetzt, wohin ihn auch »Ali« begleitete. Carlos fand sein Haus von Soldaten umstellt vor und mußte zur Kenntnis nehmen, daß die Verbliebenen unter Hausarrest standen. Kopp durfte nicht einmal mehr zum Friseur. Ihnen blieb nun nichts anderes mehr übrig, als selbst die Koffer zu packen und sich nach einem neuen Domizil umzusehen.

Am 21. September 1991 fuhren Carlos, seine Mutter Elba Sánchez, Magdalena Kopp, die Tochter Rosa sowie Nabil Jarjis Darbali, der zeitweilige Finanzchef der Gruppe, zum Flughafen, wo für den Flug 359 der Syrian Air nach Tripolis vier Plätze reserviert waren. Zum Abschied erschien auch ihr langjähriger Verbindungsoffizier Haythan Said, der nun den Carlos-Clan beschimpfte und ihm hinterher rief: »Haut bloß endlich ab!«

Carlos blieb gelassen. Vor seiner Mutter wollte er sich keine Blöße geben. Vielmehr pries er ihr Libyen als idealen Zielort. Schließlich habe ihm Gaddafi nach der OPEC-Aktion eine Apanage von jährlich einer Million Dollar versprochen, und davon stünden die letzten Raten noch aus. Als Kopp dies hörte, mußte sie sich wieder auf die Lippen beißen. Sie wußte, daß Carlos Gaddafi genausowenig persönlich begegnet war wie Assad, mit dessen goldener Pistole er so gerne prahlte. Den Kontakt zu Auftragskillern überließen die Staatschefs stets ihren Geheimdiensten.

Nach der Landung in Tripolis wurde zur Überraschung der Mutter dem Carlos-Clan jedoch untersagt, das Flugzeug zu verlassen. Der Pilot teilte daraufhin den libyschen Behörden über Funk mit, daß die vier an Bord verbliebenen Erwachsenen mit jemenitischen Diplomatenpässen reisten und gab die entsprechenden Daten durch. Die Libyer beeindruckte das aber wenig. Sie fanden schnell heraus, daß sich hinter »Abdou Rabo Ali Mohammed« mit Paßnummer 005003, ausgestellt am 2. Februar 1989 in Aden, niemand anderes verbarg als Carlos. Die falsche Identität der anderen wurde ebenfalls schnell offenbar, denn die vorgeblichen Diplomatenpässe hatten fortlaufende Nummern. Eine letzte kleine Gemeinheit der früheren Freunde im Jemen.

Während die Maschine für den Rückflug aufgetankt wurde, nahmen libysche Sicherheitskräfte noch das Reisegepäck unter die Lupe. Darin fanden sie zwei italienische Pistolen ohne Seriennummern, acht Ersatzmagazine, drei Handgranaten sowie eine Million Dollar in bar und jede Menge Schmuck.

Die Libyer waren um keinen Preis bereit, ihren alten Auftragskiller ins Land zu lassen. Mit derselben Maschine mußten die vier mit dem fünfjährigen Kind nach Syrien zurückfliegen. In Damaskus wieder angekommen, durften sie nicht mal mehr den Transitbereich verlassen. Lediglich Darbali erhielt die Erlaubnis, sich in den Libanon abzusetzen. Carlos und seine Familie hingegen wurden in die nächste Maschine nach Sanaa, der Hauptstadt des seit einem Jahr vereinigten Jemen, gesteckt. Immerhin verfügten sie ja über jemenitische Reisepässe. Den ganzen Flug über saß Carlos bei seiner Mutter, die ihm die Hand hielt. Um seine Ehefrau und die Tochter kümmerte er sich wenig.

Doch im Jemen war der Carlos-Clan ebensowenig willkommen. Sie wurden in eine VIP-Lounge gebracht, die dann umgehend abgesperrt und verhängt wurde. Niemand sollte sehen können, wer sich dort aufhielt. Kopp gelang es jedoch, durch einen Spalt einen Blick auf die Rollbahn zu werfen, wo gerade US-amerikanische Flugzeuge starteten und landeten. Als sie Carlos darauf aufmerksam machte, bekam er regelrecht Panik. Er glaubte, jeden Moment verhaftet und ausgeliefert zu werden. So aufgeregt hatte ihn Kopp noch nie zuvor erlebt. Es geschah jedoch nichts.

Drei Tage und drei Nächte mußten sie in dem kahlen Raum auf Stühlen verbringen, erst danach erhielten sie ein paar Matratzen und Decken. Allerdings ließ man sie weiterhin im unklaren darüber, was mit ihnen geschehen sollte. Carlos wurde immer nervöser und ungehaltener. Eines Nachts wurde Kopp durch lautes Schluchzen geweckt. Ihr Held war zu seiner Mutter unter die Decke gekrochen und heulte wie ein kleines Kind.

Nach zehn Tagen erschien endlich ein uniformierter Beamter und legte ihnen kommentarlos vier Tickets für die nächste Maschine nach Amman hin. Carlos war nicht gerade begeistert, denn in Jordanien konnte er sich am allerwenigsten sicher fühlen. König Hussein galt als ausgesprochener Freund der USA, zumal er mit einer Amerikanerin verheiratet war. Dort verfügte Carlos auch über keinerlei Kontakte zum Geheimdienst.

Trotzdem zog die Familie erst einmal in ein vornehmes Hotel von Amman. Mutter Elba verabschiedete sich wenige Tage später, um nach Venezuela zurückzukehren. Auf dem Weg dorthin legte sie allerdings noch einen ausgiebigen Zwischenstop in Genf ein. Hier unterzog sie sich einer Frischzellenkur und traf sich mit Genoud, der ihr die restliche Million übergab, die sie dann mit nach Hause nahm.

Für Kopp wurde das Leben im Hotel mit der Zeit unerträglich. »Wir müssen hier raus«, sagte sie zu Carlos, »egal, ob du zum jordanischen Geheimdienst Kontakt hast oder nicht.« Da sich kein anderes Aufenthaltsland anbot, richteten sie sich schließlich in Amman ein, mieteten ein geräumiges Haus mit drei Schlafzimmern, Salon, Durchgangszimmer und Garten. Kopp begann, den Aufenthalt zu genießen, denn Amman bot deutlich mehr Lebensqualität als Damaskus. Zwischendurch machten sie sogar Urlaub am Golf von Akaba, unmittelbar neben dem israelischen Elath.

Carlos war nicht ganz so unbesorgt. Er fürchtete ständig, erkannt zu werden. Schließlich war sein Konterfei oft genug in den Zeitungen erschienen. Als sie eines Tages durch Amman schlenderten, kamen sie zufällig an einer Praxis für Plastische Chirurgie vorbei. Carlos dachte nun laut darüber nach, ob er sich an seiner markanten Nase operieren lassen sollte. Tags darauf ließ er sich von dem Chirurgen einen Termin geben. Als Carlos von der Operation zurückkam, konnte Kopp zu ihrer Verwunderung keinerlei Veränderung an seinem Gesicht erkennen. Seine Nase sei einfach zu schön, erklärte Carlos. Statt dessen hatte er sich an der Brust das Fett absaugen lassen.

Wie gefährlich die Situation war, wurde kurz darauf deutlich, als sie von ihrem Vermieter auf »diesen Schakal« angesprochen wurden, über den gerade wieder etwas in der Zeitung stand. Kopp stockte das Herz, doch Carlos sprach unbekümmert über »diesen Terroristen«, von dem er auch schon manch Ungewöhnliches gehört habe. Carlos war so überzeugend, daß der Vermieter nicht den leisesten Verdacht schöpfte, daß der leibhaftige »Schakal« vor ihm stand.

Einmal mehr wurde deutlich, daß der Aufenthalt in der jordanischen Hauptstadt nicht von Dauer sein konnte. Obwohl sich Frau und Tochter ausgesprochen wohl fühlten in Amman, hielt Carlos nun Ausschau nach einem sichereren Quartier. Er versuchte, wieder Kontakt zum irakischen Geheimdienst zu bekommen, denn Bagdad schien ihm die einzige noch verbliebene Möglichkeit zu sein. Er schickte mehrere verschlüsselte Depeschen an seine früheren Partner, doch es kam keine Antwort. Daraufhin suchte Carlos schließlich sogar die irakische Botschaft in Amman auf, aber auch hier ließ man ihn abblitzen. Nach dem verlorenen Golfkrieg hatte das Regime von Saddam Hussein reichlich andere Probleme. Überall wimmelte es von UN-Inspektoren, und da wollte man sich nicht noch einen international gesuchten Terroristen ins Land holen.

Carlos begriff, daß für ihn die Zeit im arabischen Raum zu Ende ging. Kein einziger Staat wollte ihn mehr beherbergen, geschweige denn unterstützen. Nun galt es, wenigstens seine fünfjährige Tochter in Sicherheit zu bringen. Ende Mai 1992 teilte er Kopp mit, daß es wohl das beste sei, wenn sie mit Rosa zu seinen Verwandten nach Venezuela ginge. In der Obhut seiner Mutter und seiner beiden Brüder würden sie sicher sein. Kopp konnte dem nicht widersprechen, sie wußte keine Alternative.

Bereits Anfang Juni 1992 war es soweit. Carlos gab ihr noch 200 000 Dollar. Für den Anfang sollte dies genügen, erklärte er. Danach würde sich seine Mutter um sie kümmern. Sie verfüge noch über reichlich Geld, und bevor dieses aufgebraucht sei, wäre er auch wieder an ihrer Seite und könne persönlich alles weitere regeln. Wie er andeutete, wollte er perspektivisch in die Politik seines Heimatlandes einsteigen. Schließlich sei er eine bekannte Persönlichkeit, und das zähle in Lateinamerika mehr als alles andere. Carlos verabschiedete Kopp mit den Worten: »Der Kampf ist vorbei. Es geht nun mit anderen Mitteln weiter. Spätestens an deinem 50. Geburtstag bin ich in Venezuela.« Bis dahin waren es jedoch noch sechs Jahre.

Kopp erreichte Venezuela über mehrere Umwege am 4. Juni 1992. Der erste Versuch, mit einem irakischen Diplomatenpaß auf den urdeutschen Namen »Marlene Richter« über Moskau zu reisen, scheiterte. Den zweiten Anlauf über Madrid und Havanna unternahm sie dann mit ihrem richtigen Namen. Das klappte, obwohl ihr bundesrepublikanischer Paß eigentlich abgelaufen war. Aber für die geübte Paßfälscherin stellte dies kein besonderes Problem dar. Unterwegs konnte Kopp in den Zeitungen lesen, daß man Carlos gerade in Paris in Abwesenheit wegen der Morde in der Rue Toullier zu lebenslanger Haft verurteilt hatte. Die Suche nach ihm lief auf Hochtouren. Sie war froh, neue Gefilde anzusteuern.

Auch in Deutschland ging die Carlos-Jagd voran. Am 6. September 1992 gelang es Zielfahndern des Bundeskriminalamtes, den früheren MfS-Major Voigt in Athen aufzuspüren und zu verhaften. Es war die bis dahin aufwendigste Fahndung in der bundesdeutschen Kriminalgeschichte gewesen. Der Berliner Oberstaatsanwalt Mehlis erhoffte sich von ihm neue Aufschlüsse über den Verbleib des Terroristen. Außerdem sollte Voigt der Prozeß wegen des Anschlages auf das französische Kulturzentrum in Westberlin gemacht werden. Die Anklage lautete auf

»Beihilfe zum Mord und zur Herbeiführung einer Sprengstoffexplosion«.

Parallel dazu bemühte sich Mehlis, auch Weinrichs habhaft zu werden. Doch hier bremste die Politik. Erst am 31. Oktober 1992, also eineinhalb Jahre, nachdem Weinrich vom BKA zweifelsfrei in Syrien lokalisiert worden war, schickte die deutsche Botschaft in Damaskus eine Verbalnote an die Arabische Republik Syriens in der sie um »Mithilfe« in der »Angelegenheit Ilich Ramírez Sanchez, Deckname Carlos, sowie Johannes Weinrich« bat.

Carlos erfuhr in Amman von diesen Vorgängen, kümmerte sich aber zunächst nicht weiter darum. Er hatte anderes im Sinn. Sein Herz war für eine 26jährige Studentin entflammt, die Tochter seines Vermieters, Lana Abdel Salam Adham Jarrar. Sie verwöhnte er nun, machte teure Geschenke, führte sie in die besten Lokale aus. Für das Nachtleben in der High Society hatte er schon immer etwas übrig.

Doch das unbekümmerte Agieren in der Öffentlichkeit blieb nicht ohne Folgen. Nach einem knappen Jahr verdichteten sich die Anzeichen, daß Geheimdienstagenten ihm auf der Spur waren und der Boden in Amman zu heiß wurde. Aber wohin sich wenden? Da erhielt er den Tip, es doch mal im Sudan zu versuchen. Wenn er sich zum Islam bekennen würde, könnte er den Schutz des Islamistenführers Hassan Turabi erhalten, der gerade Kämpfer aus verschiedenen Ländern sammelte und auf den Kampf gegen die Gottlosen vorbereitete.

Carlos blieb nichts anderes übrig. Am 15. August 1993 flog er zusammen mit seiner neuen Freundin nach Khartum, der Hauptstadt der Islamischen Republik Sudan. Dort mußten sie allerdings feststellen, daß der Staat im Nordosten Afrikas zu den ärmsten der Welt gehört und das Leben bei weitem nicht so angenehm war wie in Amman. Es half nichts. Sie quartierten sich zunächst in einem der besten Hotels am Platze ein und ließen es sich den Umständen entsprechend gutgehen. Später mieteten sie dann eine Appartementwohnung in der 20. Straße, unweit der großen Africa Road, die zum Internationalen Flughafen führt.

Carlos gab sich als libanesischer Geschäftsmann »Dr. Abdallah Barakat« aus und trat offiziell zum Islam über. Damit war sein Bleiberecht im Sudan schon einmal gesichert. Denn bereits 1991 hatte die sudanesische Regierung die Visumspflicht für

Moslems aufgehoben. Der Kontakt zu Hassan Turabi war bald hergestellt. Ihm gegenüber mußte er sich auch nicht verstellen.

Der Sudanese mit dem Beinamen »Lenin des Islam« war die eigentliche Macht im Lande. Er hatte an der Pariser Sorbonne studiert und verfügte über Beziehungen in die ganze Welt. Anläßlich seines Besuchs bei der UNO im Herbst 1992 war er in New Yorks Stadtteil Brooklyn in der Tuqwa-Moschee aufgetreten und hatte dort vor amerikanischen Moslems eine folgenreiche Predigt gehalten. In perfektem Englisch erklärte er seinen Glaubensbrüdern, daß sie wie Moses in der glücklichen Lage seien, »im Hause des Pharao« zu leben. Jeder wußte, was gemeint war. Die Pharao-Analogie war in islamischen Extremistenkreisen besonders populär. Bereits der Mörder des ägyptischen Präsidenten Al Sadat hatte sich darauf berufen und nach dem Attentat gejubelt: »Ich habe den Pharao getötet, ich habe den Pharao getötet!« Etwas geheimnisvoll wies Turabi seine Glaubensbrüder in New York auf »die großartige Möglichkeit« hin, daß sie wie einst Moses »das Haus des Pharao zum Einsturz bringen« könnten, und zwar »von innen her«. Wenige Monate später ging die Saat auf. Am 26. Februar 1993 verübten islamistische Fanatiker unter Ramzi Yousef, der auf Seiten der Mudjaheddin in Afghanistan gekämpft hatte, einen Bombenanschlag auf das »World Trade Center« im Süden von Manhattan. Fünf Menschen starben dabei, über 1000 wurden verletzt. In der amerikanischen Presse hieß Yousef fortan »der neue Schakal«.

Der eigentliche »Schakal« bot sich derweil Hassan Turabi als Militärberater an. Er versprach dem Islamisten, Waffen zu besorgen und ein Trainingscamp aufzubauen. Der Terror-Rentner träumte von einer zweiten Karriere, diesmal mit neuen Partnern, aber den gleichen Gegnern, nämlich den »Zionisten und ihren Repräsentanten in Washington«, wie er in einem Brief an Kopp vermerkte.

Der Übertritt zum Islam hatte für Carlos noch aus einem anderen Grund etwas Gutes. Nach sudanesischem Recht durfte er seine junge Geliebte ehelichen, obwohl er bereits verheiratet war.

Die sudanesischen Partner blieben vorsichtig. Ihr Gast war ihnen ein wenig suspekt. Sein Wechsel zum Islam schien nicht aus reinem Herzen zu kommen, zu ausschweifend war weiterhin sein Lebensstil. Es gab keine Hotelbar in der Stadt, in der er nicht schon lautstark gezecht hatte, kaum eine Party, bei der er mit seiner jungen Frau fehlte. Es war nur eine Frage der Zeit, bis er von

Gästen erkannt oder von ausländischen Geheimdiensten enttarnt werden würde.

Der Sudan hatte zu dieser Zeit ein großes internationales Problem. Am 22. August 1993 war das Land von den USA auf die Liste jener Staaten gesetzt worden, die verdächtigt wurden, internationale Terrororganisationen zu unterstützen. Auslöser dafür war aber nicht allein Carlos. Turabi gewährte auch dem ägyptischen Attentäter Ayman al Zawahiri Unterschlupf, der als Kopf des *Islamischen Dschihad* die Verantwortung für die Ermordung von Al Sadat trug.

Bei der Entscheidung, den Sudan auf die Liste der sogenannten Schurkenstaaten zu setzen, hatte es keine Rolle gespielt, daß sich der aus Saudi-Arabien stammende Osama bin Laden im Sudan aufhielt. Bin Laden war den USA unverdächtig, schließlich hatte er in Afghanistan an der Seite von CIA-Partnern gegen die Sowjetunion gekämpft. Eine fatale Fehleinschätzung. Denn bin Laden, Sproß einer reichen Familie, verfolgte noch ganz andere Ziele. Er hatte inzwischen 50 Millionen Dollar in die sudanesische Al-Shamal-Bank eingebracht und ein großes Trainingszentrum für islamistische Kämpfer geschaffen, in dem Männer für den Heiligen Krieg ausgebildet wurden. Zudem verfügte bin Laden über eine kleine Privatarmee von 480 ehemaligen Afghanistan-Kämpfern, die er mitgebracht hatte und die von hier aus ein internationales Netzwerk unter dem Namen *Al Qaida* aufbauten.

Im Dezember 1993 spitzte sich die Situation weiter zu. Der Sudan wurde wegen andauernder Menschenrechtsverletzungen vom Internationalen Währungsfonds ausgeschlossen, womit nahezu alle Kredite versperrt waren, und die EU verhängte ein Waffenembargo. Mehrere Staaten drängten die Vereinten Nationen, ebenfalls Sanktionen zu verhängen.

Nun wurde es ernst. Da Carlos bisher keines seiner Versprechen eingehalten hatte, sondern lieber schottischen Whisky in der Hauptstadt trank, als sich um Waffenlieferungen und die technische Ausbildung in den Wüstenlagern zu kümmern, sahen seine Gastgeber keinen Grund mehr, ihn weiter zu schützen.

Zur Verwunderung der Sudanesen interessierte sich zu jenem Zeitpunkt noch immer keiner für Osama bin Laden und seine *Al Qaida*-Organisation, wohingegen mehrere westliche Geheimdienste in Khartum hinter Carlos her waren. Besonders auffällig agierte Philippe Rondot, ein hochrangiger Offizier des französischen Geheimdienstes, der fleißig Beweise für die Verstrickung der Islamischen Republik in die Geschäfte des Topterroristen sammelte. Er hatte Carlos bereits mehrmals mit Sudanesen zusammen fotografiert und sich Videoaufnahmen besorgt, auf denen Carlos mit seiner Zweitfrau auf einer einheimischen Party zu sehen war. Beide tanzten mit Freunden zu südamerikanischen Rhythmen Lambada.

Als Turabi davon erfuhr, entschloß er sich, Carlos fallenzulassen. Er konnte nicht riskieren, daß wegen dieses Typen noch mehr westliche Geheimdienstagenten ins Land gelockt wurden. Es galt, wichtigere Partner zu schützen. Über einen Mittelsmann ließ er in Frankreich vorfühlen, ob man nicht auf geheimem Wege zu einer Lösung kommen könne.

Auch von Berlin aus kamen die Ermittler Carlos ein Stück näher. Oberstaatsanwalt Mehlis und BKA-Kriminalhauptkommissar Lehmann war es gelungen, nach Voigt auch noch den am »Maison de France«-Attentat beteiligten syrischen Diplomaten Chretah aufzuspüren und zu Aussagen zu bewegen. Chretah hatte mittlerweile Karriere im Außenministerium in Damaskus gemacht und war eigentlich durch seinen Diplomatenstatus geschützt. Aber mit einer Finte hatte Lehmann es geschafft, ihn Anfang Januar 1994 nach Budapest zu locken, wo er ihm einen internationalen Haftbefehl präsentierte. Er stellte Chretah vor die Alternative, entweder freiwillig mit nach Deutschland zu kommen und dort auszusagen oder sich der Gefahr auszusetzen, in Ungarn verhaftet zu werden und einer ungewissen Gefängniszeit entgegenzusehen. Er entschloß sich für die erste Variante.

In Deutschland wurde Chretah dann am 9. Januar 1994 vernommen und festgenommen, da die Beweislage einfach zu erdrückend war. Syrien protestierte aufs schärfste. Dem Assad-Regime war es gerade gelungen, von der Liste der Terror-Staaten gestrichen zu werden, und nun mußten sie befürchten, der langjährigen Unterstützung von Carlos überführt zu werden.

Drei Tage später begann der Prozeß gegen Voigt. Am 11. April 1994 fällte das Berliner Landgericht schließlich sein Urteil. Voigt wurde zu vier Jahren Gefängnis verurteilt. Trotzdem war Richter Wolfgang Hüller unzufrieden. »Unerträglich« nannte er es in seiner Urteilsbegründung, daß mit dem MfS-Mitarbeiter Voigt lediglich ein Gehilfe des Sprengstoffanschlages abgeurteilt werden konnte. Als Skandal bezeichnete er es, daß Weinrich, trotz mehrfacher Auslieferungsersuchen der Bundesrepublik, »frei und unbehelligt in Syrien rumläuft« und nicht zur Rechenschaft gezogen werden kann. Es sei an der Zeit, endlich gegenüber Syrien »international Druck zu machen«. Der deutsche Richter wähnte den Carlos-Clan noch immer in Syrien.

Derweil wurde man sich im Sudan mit Frankreich handelseinig. Der nordafrikanische Staat war unter der Bedingung bereit, Carlos auszuliefern, daß die Verhaftung von einheimischen Kräften vorgenommen würde und keine französischen Spezialeinheiten ins Land kämen. Am 7. August verständigten sich beide Seiten auch über den genauen Ablauf der Auslieferung. Es sollte nur noch eine günstige Gelegenheit abgewartet werden, um den gefährlichen Terroristen ohne großes Blutvergießen zu verhaften.

Bereits am 10. August 1994 schien sich eine solche Möglichkeit abzuzeichnen. Beobachter meldeten, daß sich Carlos zu einer Voruntersuchung ins Ibn-Khalmood-Krankenhaus von Khartum begeben habe. Wie sich herausstellte, litt der alternde Terrorist an einer schmerzhaften Varikozele, an Krampfadern im Hodensack. Da dies unter Umständen auch zur Unfruchtbarkeit führen kann, entschied sich Carlos für eine kleine Operation. Als Termin dafür vereinbarte er den 14. August 1994.

Der ambulante Eingriff war an sich keine große Sache, aber die sudanesischen Sicherheitskräfte hatten dafür gesorgt, daß ihm die Ärzte eine deutlich höhere Dosis an Schmerz- und Beruhigungsmitteln verordneten, als nötig war. Carlos sank zu Hause in einen tiefen, seligen Schlaf. Als gegen drei Uhr morgens Sicherheitskräfte in die Wohnung eindrangen, hatten sie mit dem gefürchteten Killer keinerlei Probleme. Er wurde direkt zum nahegelegenen Flughafen gebracht und in eine Sondermaschine gesetzt, die um 10.15 Uhr auf der Militärbasis Villacoublay bei Paris landete. Die Gangway hinunter kam ein völlig zerknittert wirkender Carlos. Bekleidet war der legendäre »Schakal« lediglich mit einem Pyjama.

Die Organisation wird zerschlagen

Carlos schmiedet im Pariser Gefängnis neue Attentatspläne – Verhaftung von Carlos' Stellvertreter Weinrich 1995 im Jemen – Kopp und Tochter kehren nach Deutschland zurück – Aussagen bei der Staatsanwaltschaft – Die juristische Aufarbeitung beginnt

Magdalena Kopp war in Sicherheit. Sie lebte wohlbehütet im »großen Paradies«, wie ihre luxuriöse Wohnanlage in Valencia, der drittgrößten Stadt Venezuelas, hieß. Für 100 000 Dollar hatte sie sich in der exklusiven Siedlung in Valle de Camoruco ein Apartment gekauft. Sie nannte sich nun »Lena Ramírez«. Vor unliebsamem Besuch mußte sie sich nicht fürchten. Der Eingang zum »Gran Paraiso« war schwer bewacht. Sicherheitsleute mit großkalibrigen Gewehren patrouillierten rund um die Uhr vor den schmiedeeisernen Eingangstoren.

Aus dieser Idylle riß Kopp die Nachricht von Carlos' Verhaftung. Ihre Schwester im heimatlichen Neu-Ulm hatte davon in den Fernsehnachrichten erfahren und sie umgehend telefonisch unterrichtet. Obwohl sie eigentlich all die Jahre damit hatte rechnen müssen, war es nun doch ein richtiger Schock. Was sollte sie nur tun, hier, im fernen Südamerika? Um ihre Hilflosigkeit zu überwinden, fuhr sie in die Stadt und kaufte große Mengen teurer Männerunterwäsche und legerer Polohemden. Sie wußte, was Carlos bevorzugte: Calvin Klein und Lacoste. Die Vorstellung, daß ihr Mann in schäbiger Häftlingskleidung herumlaufen sollte, war ihr ein Graus.

Doch nach dem Kaufrausch kam die Ernüchterung. Wie sah nun ihre eigene Perspektive aus? Der Kauf des Apartments hatte bereits die Hälfte des Geldes verschlungen, neues kam jetzt nicht mehr hinzu, und das verbleibende würde nicht ewig reichen. Die Vorstellung, von Carlos' Mutter oder seinen Brüdern abhängig zu sein, verursachte ihr Unbehagen. Die Beziehungen waren gespannt. Man ließ sie deutlich spüren, daß man sie nur duldete, weil sie die Mutter von Carlos' Tochter war. Vladimir, der jüngste Sohn der Familie, hatte sie einmal angeschrien: »Du bist eine Terroristin! Wir haben mit Terroristen nichts zu tun, wir sind anständige Leute und arbeiten für unser Geld.« Dabei wußte Kopp ganz genau, daß sich die beiden Brüder kräftig an dem Geld bedient hatten, das Carlos' Mutter von der Erpressungsaktion des Sohnes aus Europa mitgebracht hatte. Erst dadurch war es Vladimir und Lenin möglich geworden, sich in ein Ingenieurbüro einzukaufen.

Bereits am Tag nach der Auslieferung von Carlos wurde Kopp ein zweites Mal aufgeschreckt. Sie bekam einen eigenartigen Brief, an dem sie noch Tage und Wochen herumrätselte. Er stammte von Bruno Breguet. »Es ist traurig«, schrieb ihr der Schweizer Genosse, »aber ich befürchte, daß sich die Situation bald verschlechtert. Sie realisieren das gar nicht und machen weiterhin unglaubliche Fehler. (...) Was mich anbelangt, haben sie sich entschlossen, sich mit F. zu verbünden, meinem Todfeind. So werde ich bald einen unwiderrufbaren Schritt machen müssen, weil kein Kompromiß mehr möglich ist.«

Was wollte ihr Breguet damit sagen? Und wer war F., sein Todfeind? Am meisten verwirrte sie, daß der Brief bereits am 8. August 1995, also eine Woche vor der Verhaftung von Carlos, abgeschickt worden war. Hatte Breguet etwa von den bevorstehenden Ereignissen gewußt? Und was enthielt der eigenartige Absender für eine verschlüsselte Botschaft? Das Schreiben war erkennbar im Schweizer Diepoldsau abgestempelt worden, enthielt aber auf der Rückseite des Kuverts die Angabe: »Abs.: Fritz Kopp, Av. de la grande Année, Fresnes – France.« Kopp erschrak. Fresnes war der Name des großen Gefängnisses am südlichen Stadtrand von Paris, in dem Breguet vier Jahre eingesessen hatte, nachdem er zusammen mit ihr wegen des Sprengstofftransports verhaftet worden war. Und nun würde vermutlich auch Carlos nach dem Prozeß in Fresnes eingesperrt werden. Und was bedeutete die Straßenangabe »Allee des großen Jahres«? Wieso bezeichnete er dieses ausgesprochen schreckliche Jahr als groß? Kopp ahnte, daß wohl einiges nicht mit rechten Dingen zugegangen war.

Am selben Tag, dem 16. August 1994, wurde der Häftling Nr. 853024 in Paris dem Untersuchungsrichter Jean-Louis Bruguière vorgeführt. Bruguière hatte in den letzten Jahren die Ermittlungen gegen die Terroristen geleitet und war in Frankreich so etwas wie ein Star. Die Presse nannte ihn respektvoll »den Jäger«. Seit Jahren war er Carlos auf der Spur, hatte in Budapest und Berlin die Unterlagen der östlichen Geheimdienste eingesehen, die nach dem Zusammenbruch des Moskauer Imperiums plötzlich zugänglich geworden waren. Von ihm stammten auch der Haftbefehl gegen Carlos und die dazugehörige Interpolausschreibung mit der Suchnummer 6977891 sowie der Auslieferungsantrag an den Sudan. Als er schließlich die Nachricht von der Verhaftung des langgesuchten Terroristen erhalten hatte, war er sofort aus dem Sommerurlaub in Biarritz am Golf von Gascogne nach Paris zurückgeeilt. Er wollte Carlos als erster vernehmen.

»Da bin ich also, Herr Richter, wie geht's«, scherzte Carlos zur Begrüßung.

»Und Ihnen?« antwortete Bruguière.

»Noch am Leben, für lange Zeit«, gab Carlos gutgelaunt zurück.

In seiner Zelle Nr. 258187 im Keller des Pariser Untersuchungsgefängnisses »La Santé« verging ihm dann aber die Lust auf Scherze. Die ungewohnte Enge brachte ihn fast um den Verstand. Im Gegensatz zu Kopp, Weinrich und Breguet hatte er so etwas ja noch nie erlebt. Nachts stand er immer wieder unruhig von seiner Pritsche auf und ging in der Zelle wie wild auf und ab. Schließlich hielt er es nicht mehr aus, ging zur Tür und schrie durch das kleine Sprechgitter in den dunklen Flur: »Das könnt ihr mit mir nicht machen! Ich bin Carlos. Hört ihr? Carlos!« Die anderen Gefängnisinsassen wollten schlafen. Als der Neue jedoch weiter krakeelte, brüllte einer der Sträflinge von gegenüber genervt zurück: »Carlos? Verdammt! Wer ist das überhaupt?«

Erträglicher wurde für ihn die Situation, nachdem seine Anwälte, darunter Jacques Vergès, regelmäßig zu Besuch kamen. Sie stellten sich auch zur Verfügung, seiner Frau Nachrichten zu übermitteln. Auf diese Weise erfuhr Kopp eher beiläufig, daß Carlos noch einmal geheiratet hatte. Sie war völlig fassungslos.

Auf Nachfrage lieferte Carlos eine eigentümliche Begründung dafür. Er habe nicht länger in Sünde leben können, ließ er sie wissen, weshalb er seine Freundin nach islamischem Recht geheiratet habe. Aber sie solle sich deswegen keine Gedanken machen. Lana sei lediglich seine Zweitfrau, und sie bliebe weiterhin »die Frau Nummer eins«.

Mit keiner Silbe erkundigte er sich nach ihrem Wohlergehen und dem der Tochter, dafür machte er sich enorme Sorgen um seine Zweitfrau. Seit seiner Verhaftung hatte er nichts mehr von ihr gehört. Carlos forderte nun Kopp ultimativ auf, Erkundigungen über deren Verbleib im Sudan einzuholen. Er hatte die mani-

Carlos vor einer Fototapete im Pariser Gefängnis 1995

sche Vorstellung, Lana sei von den Geheimdiensten gekidnappt worden. Der Gedanke machte ihn rasend.

Verschlüsselt befahl er Kopp auch, gegebenenfalls mit Aktionen zu ihrer Befreiung zu beginnen. Carlos wollte wieder einen Bombenkrieg vom Zaun brechen, wie er es einst bei Kopps Inhaftierung getan hatte. Da Weinrich nicht erreichbar war, fiel nun der »Frau Nummer eins« die Aufgabe zu, für die »Frau Nummer zwei« ins Gefecht zu ziehen. »Das ist Deine Pflicht!« ließ er sie wissen.

Für Aktionen zu seiner eigenen Befreiung oder doch wenigstens zur Bestrafung der an der Verhaftung Beteiligten setzte er seine »Jungs« im Libanon in Bewegung. Über Mourad Oussedik, seinen zweiten Pariser Rechtsanwalt, ließ er ihnen die chiffrierte Mitteilung zukommen, daß sie unverzüglich mit Anschlägen auf seine Verhaftung antworten müßten. Als erstes sollten sie sudanesische Ziele ins Visier nehmen. Turabi verdiene eine strenge

Strafe dafür, daß er ihn an die Franzosen hatte ausliefern lassen. »Er hat mich verraten, zusammen mit Emir Turki Ibu Abdelaziz, dem Chef des sudanesischen Geheimdienstes«, ließ Carlos übermitteln. Gegen beide sollte nun energisch vorgegangen werden.

Der islamische Religionsführer Turabi interessierte sich für Carlos herzlich wenig. Er hatte zu dieser Zeit ganz andere Dinge im Kopf. Für Anfang Oktober 1994 lud er zu einer großen »Konferenz für den interreligiösen Dialog« nach Khartum. Zu Hunderten folgten islamische Geistliche seinem Ruf. »Wir sind zusammengekommen, um eine Front zu bilden«, verkündete Turabi unter tosendem Applaus zur Eröffnung, »eine Front gegen die Ungläubigen, die die Welt beherrschen.«

Zu den Gästen im Festsaal der Freundschaftshalle zählten auch der ägyptische Arzt Ayman al Zawahiri und der saudische Multimillionär Osama bin Laden, die in ihren Heimatländern geächtet waren, wie viele der Anwesenden. Bin Laden hatte sich mit dem Königshaus überworfen, da er nicht akzeptieren wollte, daß das Land nach dem Golfkrieg den ungläubigen Amerikanern erlaubt hatte, ihre Soldaten auf dem heiligen Boden unweit von Mekka und Medina zu stationieren. Nach Al Zawahiri wiederum wurde in seinem Heimatland gefahndet, weil er als Kopf des *Islamischen Dschihad* für zahlreiche Anschläge verantwortlich war, darunter auch für den gegen den früheren Staatschef Al Sadat. Beide hatten sich durch die großzügige Visaregelung des Sudans in dem vom Bürgerkrieg zerrissenen Land eine neue Existenz aufgebaut.

Den westlichen Geheimdiensten war dies durchaus bekannt, doch unternahmen sie nichts dagegen, da ihr Hauptaugenmerk nach wie vor Carlos und seinen Leuten galt. Turabi konnte so ungestört den Aufbau einer fundamentalistischen Internationale vorantreiben. Er machte daraus auch gar kein Hehl. Amerikanischen Reportern erklärte er: »Wenn der Westen eine neue Weltordnung errichtet, müssen wir eine neue Weltordnung dagegensetzen, bevor Gott aus der Welt vertrieben wird.« Konkret bedeutete das für ihn die geistige Erneuerung des Islam, die Befreiung der islamischen Länder von korrupten Diktatoren und Monarchien sowie die Bezwingung des Westens und das Zurückdrängen der Säkularisierung.

Auf seiner »Konferenz für den interreligiösen Dialog« machte Turabi nun seinen künftigen Schwiegersohn Osama bin Laden mit dem Ägypter Ayman al Zawahiri bekannt. In Turabis Augen ergänzten sich die beiden ideal. Der eine besaß bereits Erfahrung im praktischen Kampf, der andere verfügte als Erbe eines steinreichen Bauunternehmers über das nötige Geld für künftige Aktionen. Und in der Tat wurde Al Zawahiri wenig später Mitglied der Organisation *Al Qaida* und kurz darauf bin Ladens Stellvertreter. Es war der Beginn einer mörderischen Freundschaft.

Bereits ein Jahr später, am 13. November 1995, schlug die neu formierte Organisation brutal zu. In der saudi-arabischen Hauptstadt Riad explodierte eine Autobombe vor dem Schulungsgebäude der Nationalgarde. Unter den sieben Toten befanden sich fünf US-Ausbilder.

Als »die Jungs« im Libanon von ihrem Auftrag im Sudan erfuhren, schickte Finanz-Chef Nabil Jarjis Darbali eine Frau als Kurier zu Kopp nach Venezuela. Sie sollte Geld für die neuen Aktionen zurückbringen. Dies empörte Kopp, denn sie wußte, daß der Gruppe nach dem letzten Erpressungscoup 1,5 Millionen Dollar geblieben waren, die Darbali über einen Strohmann auf einer Bank in Beirut deponiert hatte. Doch wie sie den beigefügten Abrechnungen entnehmen konnte, war in den letzten zwei Jahren tatsächlich alles ausgegeben worden. Insgesamt mehr als eine Million hatte sich Carlos zur Finanzierung seines Lebensunterhaltes genommen, Weinrich und »Ali« waren mit insgesamt 97 500 Dollar bedacht worden, Darbali mit bescheidenen 18 040 Dollar. 80 000 Dollar hatten die Kuriere zwischen der Schweiz und dem Sudan gekostet und 54 322 Dollar schlugen als »Einkäufe von Carlos« zu Buche. Zu einem anderen großen Ausgabeposten hieß es lediglich: »Detaillierte Angaben auf Nachfrage«. Kopp wurde klar: Seit sie sich getrennt hatten, mußte Carlos in Saus und Braus gelebt haben. Die junge Zweitfrau schien offensichtlich sehr kostspielig zu sein.

Besonders ärgerte Kopp, wie Carlos mit denjenigen umging, die all die Jahre die Arbeit für ihn gemacht hatten. Weinrich war in den letzten Monaten nur noch mit Raten von 2 000 oder 1 000 Dollar abgespeist worden, und die mußte er sich auch noch mit »Ali« teilen. Wie sollte er sich jetzt noch über Wasser halten können, da Carlos verhaftet und die Gruppe pleite war. Vermutlich wäre er der nächste, den man gefangennehmen würde, und danach könnte es leicht sie ereilen.

Darbalis Schwester Amal, die als Kurierin fungierte, hatte noch eine andere Information zu überbringen, auf die Carlos besonders dringend wartete. Es gab ein Zeichen von der Zweitfrau. Sie hatte an eine alte Postfachadresse in Beirut, die von jeher als Briefkasten für Gruppenmitglieder diente, eine kurze Mitteilung geschickt, daß es ihr gut ginge und sie sich bald wieder melden würde. Der Versuch »der Jungs«, mit ihr in Kontakt zu kommen, war jedoch gescheitert, da das von ihr angegebene Telefon nicht funktionierte. Dort hieß es nur: »Kein Anschluß unter dieser Nummer.«

Kopp fand das reichlich mysteriös. Sie schloß mittlerweile nicht mehr aus, daß Carlos in eine Falle getappt war und irgendein Geheimdienst ihm diese Lana ins Bett gelegt hatte. Vielleicht hatte damit auch der ominöse Brief von Breguet zu tun. Sollte er daran beteiligt gewesen sein?

Darbali bat nun über seine Schwester Magdalena Kopp, sowohl der Gruppe als auch Carlos im Gefängnis Geld zukommen zu lassen, denn dieser sei ja inzwischen mittellos. Für »die Jungs« sei das Geld erforderlich, um die von Carlos befohlenen Aktionen gegen den Sudan ausführen zu können. Kopp erschrak. Sollte es denn ewig so weitergehen? An einer neuen Runde der Gewalt wollte sie sich nicht beteiligen. Sie ließ Darbali eine knappe, aber deutliche Nachricht zukommen: »Ihr könnt ein Flugzeug samt den Passagieren in die Luft jagen, trotzdem kommt ER nicht aus dem Knast heraus. Es ist vorbei!«

Da sie Darbali als einen vernünftigen Mann einschätzte, trug sie seiner Schwester auf, ihn unbedingt von dem Vorhaben abzubringen. Sie versuchte ihren Worten noch dadurch Nachdruck zu verleihen, daß sie einen großen Dollarbetrag mitgab, damit die Familie ein neues Leben im Libanon beginnen könne. Auch sie käme nicht umhin, nach einer neuen Existenz Ausschau zu halten.

Den Berliner Oberstaatsanwalt Mehlis hatte der Erfolg seiner französischen Kollegen herausgefordert. Nachdem Carlos denen ins Netz gegangen war, wollte er nun dessen Stellvertreter fangen. Mehlis konsultierte Kriminalhauptkommissar Lehmann, der kurz darauf zum Informationsaustausch nach Paris flog. Schließlich hatten auch sie die Franzosen bei ihren Ermittlungen immer bestens unterstützt, nun hofften sie auf entsprechende Gegenleistungen. Tatsächlich durfte der BKA-Beamte in aller Ruhe die Sachen durchsehen, die bei der Verhaftung von Carlos gefunden worden waren. Dabei stieß er auf eine heiße Spur, denn noch immer war unklar, wo sich Weinrich versteckte. Er erfuhr, daß sich Carlos und Kopp getrennt hatten und sie nun in Venezuela lebte. Das könnte der Schlüssel zu weiteren Ermittlungen sein.

Um Kopps genauen Aufenthaltsort herauszubekommen, wurde zunächst das Telefon von deren Mutter in Neu-Ulm angezapft. Die Erfahrungen hatten gezeigt, daß gerade Terroristen, die seit längerem untergetaucht waren, aus Sehnsucht heraus oft wieder Kontakt zu ihren Eltern suchten. Sie sollten recht behalten. Bereits drei Tage nach Beginn der Überwachung telefonierte Kopp ausgiebig mit ihrer Mutter. Der Rest war Routine. Nun besaßen sie immerhin schon die Telefonnummer von ihr und wußten, daß sie sich in Valenica, westlich von Caracas, aufhielt.

Wie aber sollte man an sie am besten herantreten? Wie konnte man sie dazu gewinnen, mit ihnen zu kooperieren? Wenn sie als Ermittlungsbeamte auftreten würden, wäre das vermutlich nur abschreckend, weil Kopp eine Verhaftung oder zumindest Verhöre befürchtete. Der Kontakt mußte also über eine andere Institution eingefädelt werden. Mehlis und Lehmann beschlossen, das Bundesamt für Verfassungsschutz (BfV) einzuschalten. Der Inlandsgeheimdienst hatte bereits Mitte der 80er Jahre Aussteigerprogramme für Mitglieder der RAF und der RZ eingerichtet und kannte sich damit aus. Einige Mitarbeiter versuchten seitdem, zwischen Terroristen und Strafverfolgungsbehörden zu vermitteln. Es galt auszuloten, ob den Untergetauchten Straffreiheit oder zumindest eine geringe Gefängnis- oder Bewährungsstrafe zugesagt werden konnte. Oft platzte jedoch der Handel, weil die Straftaten so schwer waren, daß man die Terroristen nicht einfach ungeschoren davonkommen lassen wollte. Aber im Fall von Kopp war das anders. Im juristischen Sinne lag nichts gegen sie vor.

Den Fall übernahm ein Mann aus der für Linksterrorismus zuständigen Abteilung VII des Bundesamtes, der in der linken Szene bestens bekannt war. Sein Deckname lautete »Hans Benz«. Bereits 1987 hatte er in einem Interview mit dem »Pflasterstrand« die Angebote des Verfassungsschutzes zum Ausstieg aus der Terrorszene vorgestellt. Auf Vermittlung von Daniel Cohn-Bendit war es dann zu mehreren Treffen mit Hans-Joachim Klein gekommen, der sich in Frankreich versteckt hielt. Allerdings hatte er Klein nicht zur Rückkehr nach Deutschland bewegen können, da die Staatsanwaltschaft nicht bereit war, Klein mildernde Umstände zuzugestehen. Schließlich ging es in seinem Fall um Mord.

Aber für »Hans Benz« waren die Verhandlungen mit ihm trotzdem ein Erfolg. Er hatte der Szene damit bewiesen, daß er vertrauenswürdig war, denn auch nach dem Scheitern der Verhandlungen hatte er den Ermittlern nicht verraten, wo Klein untergetaucht war.

Um mit Kopp in Kontakt zu kommen, mußte sich »Hans Benz« etwas einfallen lassen. Er war lange genug im Geschäft, um zu wissen, daß er sie nicht einfach anrufen konnte. In ihren Augen war ein deutscher Geheimdienstler noch immer der Feind. Der erste Kontakt sollte daher besser über einen Dritten laufen, jemanden, dem Kopp vertraute. »Benz« überlegte, wer dafür in Frage käme.

Kopp war freudig überrascht, als sie nach über 14 Jahren plötzlich Gerd-Hinrich Schnepel am Telefon hatte. Der frühere RZ-Chef arbeitete inzwischen als Entwicklungshelfer und pendelte unbehelligt zwischen Nicaragua und Deutschland hin und her. Zwar wußten die Behörden von seiner früheren »Mitgliedschaft in einer terroristischen Vereinigung«, doch war diese mittlerweile verjährt. Konkrete Taten konnte man ihm nicht vorwerfen.

Noch mehr überraschte Kopp, daß Schnepel ihre Telefonnummer vom Bundesamt für Verfassungsschutz erhalten hatte und ihr nun vorschlug, sich einmal mit einem gewissen »Hans Benz« zu treffen, der ihr ein Angebot unterbreiten wolle. Es gebe eine Möglichkeit zur ungehinderten Rückkehr nach Deutschland. Schnepel versicherte Kopp, daß »Benz« absolut vertrauenswürdig sei. Er habe zuvor auch mit seinem Anwalt darüber gesprochen, der bereits in einem anderen Fall mit ihm gute Erfahrungen gemacht hätte. Kopp war grundsätzlich nicht abgeneigt und bat Schnepel, dies einmal mit »Benz« für sie vorzubesprechen. Ihre Situation in Venezuela war alles andere als zukunftsträchtig.

Am 6. Oktober 1994 schickte ihr Schnepel ein Fax. »Der Herr rief gestern an und sagte, die Lage sei nicht so cool, wie Du denkst, sondern es gäbe eine deutsche Staatsanwaltschaft, die dabei sei, ein Ermittlungsverfahren einzuleiten – wohl wegen Beihilfe? – und, was noch schlimmer sei, einen internationalen Haftbefehl zu erwirken.« Damit würde Kopp die nächsten 20 Jahre in Venezuela festsitzen. Denn sobald sie das Land verließe, müßte sie damit rechnen, verhaftet zu werden. »Vorschlag des Herrn«, schrieb Schnepel weiter, »er denkt, daß er die Sache verhindern kann, aber dazu müßte er einfach mal mit Dir reden.«

Der ehemalige RZ-Chef Gerd-Hinrich Schnepel nach dem Besuch bei Johannes Weinrich im Gefängnis von Berlin-Moabit im Jahr 2001

Nebenbei kam Schnepel auch noch auf Carlos zu sprechen. »Als Dein Alter verhaftet wurde, habe ich mir überlegt, wie man ihm irgendwie helfen kann. (...) Ich denke, ein Weg ist, daß man diesem Image in der breiten Öffentlichkeit entgegenarbeitet, das über ihn verbreitet wird.« In den Augen von Schnepel war Carlos offensichtlich weniger Killer als ein Revolutionär. Und dieses Bild wollte er auch vermitteln. »Oder hältst Du das für unnötig oder utopisch?« fragte er Kopp.

Aber Kopp hatte andere Sorgen, als das Image von Carlos aufzupolieren. Die Aussicht, mit Tochter Rosa nach Deutschland zurückzukehren, war verlockend. Nachdem sie nahezu ihr gesamtes restliches Geld Darbali mitgeschickt hatte, war sie nun voll und ganz von Carlos' Familie abhängig, was man sie entsprechend spüren ließ. Kopp bat deshalb Schnepel, er solle seinen Rechtsanwalt für sie einschalten. Zuvor müsse sie die ganze Sache aber noch mit Carlos erörtern. Ohne dessen Zustimmung könne sie sich nicht auf einen derartigen Handel einlassen. Womöglich würde Carlos ihr das als Verrat auslegen. Und was das bedeutete, wußte sie spätestens seit der Hinrichtung von Albartus. Zwar konnte er sie nicht mehr eigenhändig erschießen, aber seine »Jungs« würden sich gewiß etwas Geld verdienen wollen.

Die Befürchtungen waren nicht ganz unbegründet. Von seiner Gefängniszelle aus hatte Carlos derweil wieder Verbindung zu seinen Mitstreitern aufgenommen, allen voran François Genoud. Der Schweizer Altnazi war in den letzten Jahren seine wichtigste Vertrauensperson geworden. Bis zu seiner Verhaftung hatten sie über Kuriere Kontakt gehalten, nun stand er ihm mit Geldsendungen zur Seite. Gleich nach seiner Verhaftung waren im Gefängnis 10 000 Francs eingetroffen.

»Lieber Kamerad«, schrieb Carlos am 4. Dezember 1994 an Genoud, »als erstes vielen Dank für die zwei Geldüberweisungen. Mir geht es gut und ich habe Moral. Alles Geschwätz über meine Alkoholabhängigkeit und die vielen anderen schändlichen Unterstellungen sind einfach falsch und belegen nur die Blödheit von Mitgliedern der französischen Regierung und von Geheimdiensten. Der Kampf geht nun vom Gefängnis aus weiter. Für einen Revolutionär ist das die hohe Schule.«

Kämpfen wollte er nicht nur gegen den sudanesischen Religionsführer Turabi, sondern auch gegen den libyschen Geheimdienst, dem er eine Mitschuld an seiner Auslieferung unterstellte. »Dieser Fakt sollte nicht länger vertuscht werden«, schrieb er Genoud.

Carlos spannte Genoud auch für die Regelung seiner privaten Dinge ein. »Ich habe ein persönliches Problem«, schrieb er ihm. »Nachdem Magdalena und Elbita nach Venezuela abgereist sind, habe ich nach islamischem Recht Lana Abdel Salam Adham Jarrar geheiratet, eine Palästinenserin mit jordanischer Nationalität, geboren in Amman, am 19.8.1968.« Seine Sorge hielt an, sie könne entführt worden sein, obwohl ihm Kopp bereits signalisiert hatte, daß sie wieder aufgetaucht sei und bei ihren Eltern lebe. »Ich akzeptiere keine Einmischung in mein Privatleben, weder von Regierungen noch von Einzelpersonen (außer es sind Freunde wie Du!)«, schrieb er an Genoud. »Kannst Du sie für mich finden? Meinetwegen mit der Hilfe anderer, wenn Du es für nötig hältst.«

Das Verhältnis zwischen den beiden wurde immer enger. Carlos schrieb ihm aus der Zelle seitenlange Briefe. »Ich möchte, daß Du Dir eines Umstandes bewußt bist: Du bist die einzige Person außerhalb eines erlesenen Zirkels von Familienangehörigen, mit der ich vom Gefängnis aus Briefkontakt unterhalte. (...) Wenn wir uns je wieder begegnen sollten, werden wir uns zusammen auf das Walhalla der Revolutionäre freuen und Augenblicke der Verbundenheit mit unseren lieben verstorbenen Märtyrern teilen. (...) Ich werde mich glücklich schätzen, wenn ich Dein Alter mit einem Zehntel Deines unbezähmbaren Geistes erreiche, und ich will, daß Du weißt, daß ich Dich ehrlich bewundere, Dir Vertrauen schenke und Deine Freundschaft mir am Herzen liegt«, schrieb er beteuernd dem Altnazi, dem er am Ende eine »revolutionäre Umarmung« sandte.

Post erhielt auch Magdalena Kopp. Am 13. Dezember 1994 traf bei ihr ein Fax von Schnepels Anwalt Gerd Temming aus Frankfurt ein. Er informierte sie über seine erste Kontaktaufnahme mit dem Verfassungsschützer »Benz«. Dieser habe auf seine Bitte hin mit der Berliner Staatsanwaltschaft gesprochen, wo tatsächlich »gegen Dich, Deinen Ehemann und Johannes Weinrich Ermittlungen im Gange sind, die sich zum Teil auf Stasi-Unterlagen stützen«, berichtete er. Ein Haftbefehl gegen sie bestehe noch nicht, aber »der Oberstaatsanwalt ist davon überzeugt, daß er diesen jederzeit erwirken könne«. »Benz« habe ihm allerdings versichert, daß er das verhindern könne, wenn Kopp bereit sei, sich mit ihm zu treffen. Temming riet ihr durchaus zu, denn das Hauptinteresse der Staatsanwaltschaft ginge »vor allem in Richtung Johannes Weinrich«. Außerdem informierte er sie, daß seine Kanzlei inzwischen Kontakt mit Carlos aufgenommen habe und man demnächst die ganze Angelegenheit mit ihm besprechen werde. Bis dahin solle sie sich noch gedulden, danach werde man die nächsten Schritte beraten.

Doch bevor eine Rückäußerung von Carlos eintraf, erhielt Kopp am 9. März 1995 wieder einen seltsamen Brief von ihrem früheren Mitstreiter Bruno Breguet. »Ich habe N. [Nabil Darbali] mehrmals in der Schweiz getroffen«, schrieb er. Dadurch sei ihm bekannt geworden, daß Weinrich in schweren Geldnöten stecke. Um ihm helfen zu können, sollte Kopp ihm nun die Adresse von Weinrich mitteilen. Nicht nur das machte sie stutzig. Auch der fingierte Absender war wieder voller Anspielungen: Hans Joli, Blaustraße 27, Berlin. »Hans« war der Rufname von Weinrich, doch worauf bezog sich Joli? Und wieso gab er Berlin an, wenn der Aufgabeort erkennbar in der Schweiz lag. Wußte Breguet, daß die Berliner Staatsanwaltschaft nach Weinrich fahndete? Auf welcher Seite stand er eigentlich? Noch mysteriöser waren seine Schlußbemerkungen. »Ich bin nur noch über meine Mutter zu erreichen. Wegen den vergangenen Ereignissen bin ich weggezogen und habe alles Paul [seinem Sohn] vermacht. Ich habe damit aufgehört zu existieren ...«

Acht Monate später verschwand Breguet tatsächlich, und zwar auf ebenso spektakuläre wie rätselhafte Weise. Er versuchte, mit der Fähre von Griechenland nach Italien überzusetzen, doch verweigerten ihm die italienischen Behörden die Einreise und schickten ihn mit demselben Schiff wieder zurück in die Hafenstadt Igoumenítsa nahe der albanischen Grenze. Seitdem fehlt jede Spur von ihm. Während die Staatsanwaltschaft in Berlin davon ausging, daß Breguet untergetaucht war, weil er befürchten mußte, wegen der neuen Beweise aus den Unterlagen des MfS verhaftet zu werden, behauptete seine Familie, er wäre vom französischen Geheimdienst gekidnappt worden. Allerdings gab es noch zwei andere Möglichkeiten: Breguet könnte als V-Mann gearbeitet haben und ihm ist so eine Legende verschafft worden, um unter anderer Identität ein neues Leben beginnen zu können. Oder aber, er war beseitigt worden, weil er zuviel wußte.

Letztere Vermutung erhielt neue Nahrung, als Jahre später Fischer am Strand von Makrigiagli, nur sechs Kilometer von Igoumenítsa entfernt, das aus den Dünen freigespülte Skelett eines 40 bis 50 Jahre alten Mannes fanden. Die Leiche war zehn Meter vom Meer entfernt eineinhalb Meter tief vergraben gewesen. Zudem hatte man sie in eine gipsähnliche Masse eingegossen und mit schweren Steinplatten beschwert. Ob es sich bei der Leiche um Breguet handelte, konnte bislang nicht eindeutig geklärt werden. Die Gerichtsmediziner stellten jedoch eines fest: Dem Mann waren vor seinem Tod noch beide Arme gebrochen worden.

Am 28. März 1995 erhielt Kopp dann den lang erwarteten Brief von Carlos. Darin nahm er zum Angebot des Verfassungsschutzes knapp und eindeutig Stellung: »1) Es liegt nicht in Magdalenas Zuständigkeit, sich mit feindlichen Geheimdiensten zu treffen. 2) Alle Erpressungsversuche sind kategorisch abzulehnen. Das ist eine Frage des Prinzips. 3) Magdalena hat sich nichts vorzuwerfen – außer es ist ein Verbrechen, meine legitime Frau zu sein. 4) Wenn die Feinde irgendwelche legalen Gründe haben sollten, Magdalena anzuklagen, sollen sie es doch tun. 5) Magdalena ist keine Deutsche mehr, sondern vielmehr eine stolze Venezolanerin, die das venezolanische Gesetz und die venezolanische Verfassung respektiert. 6) Die heimlichen Annäherungen von namenlosen deutschen Agenten belegen nur deren krankhafte Absicht.«

Kopp war empört. Er sprach ihr jede eigene Entscheidungskompetenz ab, ja erkundigte sich nicht einmal, wie sie darüber dachte. Mit keiner Silbe ging er auf ihre Situation und die von Rosa ein. Offensichtlich war es ihm gleichgültig, wie sie sich in dieser fremden Welt fühlten. Statt dessen meinte er noch immer, sie aus dem Gefängnis heraus bevormunden zu können. Damit war es nun langsam genug.

Als »Hans Benz« von den Frankfurter Anwälten erfuhr, wie Carlos zu dem Problem stand, entschloß er sich, direkt auf Kopp zuzugehen. Er rief sie an und versuchte, auf sie einzureden: »Das ist doch alles Quatsch, hier geht es nicht um Erpressung, sondern um die Suche nach einer Lösung für Sie.« Zu seiner Erleichterung reagierte sie ruhig und ohne Ablehnung. »Kommen Sie her, ich werde die Tür nicht zumachen.«

Als nächstes traf aber nicht »Benz«, sondern zu Kopps Überraschung der 80jährige Genoud in Venezuela ein. Carlos habe ihn geschickt, gestand er unumwunden. Er solle ihr ausreden, nach Deutschland zurückzukehren und womöglich mit den Behörden dort zu kooperieren. Die müßten ja nun wirklich nicht alle Details erfahren. Aber seltsamerweise unternahm er keinerlei Anstalten, weiter auf sie einzuwirken. Statt dessen räsonierte er über sein Leben und die Erfahrungen in den unterschiedlichen politischen Lagern. Zwischendurch erklärte er ihr: »Ich bin übrigens Vegetarier wie mein Chef«, und reckte dabei den Arm zum Hitlergruß.

Kopp war verwirrt. Sie wurde einfach nicht klug aus diesem Altnazi. Wie war es ihm beispielsweise gelungen, Carlos im Gefängnis zu besuchen, wovon er ausführlich erzählte, obwohl doch nicht einmal der Bruder zu Carlos vorgelassen wurde. Noch saß er isoliert in Untersuchungshaft, da der Prozeß noch nicht stattgefunden hatte.

Als sie dem Schweizer von den eigenartigen Briefen von Bruno Breguet erzählte, begann Genoud, schrecklich über Breguet herzuziehen. Er ließ kein gutes Haar an seinem einstigen Schützling und deutete sogar an, von ihm erpreßt worden zu sein. Nach der letzten Aktion habe er einen Anteil von dem Sieben-Millionen-Dollar-Kuchen haben wollen. Kopp konnte sich das nicht vorstellen. Sie kannte Breguet seit 15 Jahren und wußte, daß es ihm – im Gegensatz zu Carlos – nie um Geld gegangen war. Er verkörperte eher den Bewußtseinskämpfer.

Als Genoud abgereist war, las Kopp noch einmal die Briefe von Breguet. Darin deutete er an, daß der Kontakt zu »F., meinem Todfeind« ein großer Fehler gewesen sei. Meinte Breguet mit F. etwa François Genoud? Der Schweizer Altnazi war dem Linken Breguet zum Schluß nicht mehr ganz geheuer gewesen. Kopp rekonstruierte auch die Ereignisse der letzten Monate nochmals. Genoud hatte zu den ganz wenigen gehört, die wußten, wo sich Carlos aufhielt. War womöglich Genoud der Verräter?

In Deutschland arbeiteten derweil Bundeskriminalamt, Staatsanwaltschaft und Bundesnachrichtendienst an der Geheimoperation »Bacchus«. Ziel war es, sobald wie möglich Weinrich zu verhaften. Nach den bisherigen Ermittlungen war er für den Tod von zwölf, vermutlich sogar 20 Menschen verantwortlich, mehr als Hunderte waren durch seine Bomben verstümmelt oder entstellt worden.

Vor einem Jahr hatte das Fahnderteam den deutschen Terroristen kurzzeitig in Aden geortet, doch bevor man zugreifen konnte, war er bereits nach Dschibuti entkommen. Dort verlor sich dann seine Spur. Nun setzte man sich in der BND-Zentrale bei München nochmals zusammen, um sämtlichen neuen Hinweisen nachzugehen und im Ausschlußverfahren seinen möglichen Aufenthaltsort zu bestimmen. Neben den MfS-Unterlagen und einer Liste sämtlicher Kontaktpersonen von Weinrich standen erstmals auch Materialien befreundeter Nachrichtendienste zur Verfügung. Nach mehrstündiger Beratung war man sich schließlich einig, daß sich Weinrich wieder im Jemen aufhalten müßte, diesmal vermutlich in Sanaa. Schließlich reiste Weinrich vorrangig mit jemenitischen Diplomatenpässen, die er offensichtlich von einem älteren Mitarbeiter des Außenministeriums erhielt, den er noch aus seiner Zeit in Ostberlin kannte.

Wenn dem so war, stellte sich nur die Frage, wie eine Verhaftung organisiert werden könnte. Oberstaatsanwalt Mehlis hatte die Sorge, daß ihm womöglich wieder deutsche Diplomaten und Politiker einen Strich durch die Rechnung machen könnten, wie beim vorigen Versuch, als er Weinrich in Damaskus festnehmen lassen wollte. Doch diesmal waren seine Befürchtungen unbegründet. Mit Helga Gräfin Strachwitz verfügte die Bundesrepublik über eine couragierte Botschafterin vor Ort, die sich der Sache sofort annahm. Am 5. Mai 1995 trug sie das Problem unter vier Augen dem jemenitischen Sicherheitschef vor. Sie machte ihm deutlich, daß Deutschland ein außerordentliches Interesse an der Festnahme von Johannes Weinrich hatte.

Da nach der Wiedervereinigung des Jemen die neue politische Führung an einer stärkeren Kooperation mit dem Westen interessiert war und so schnell wie möglich das frühere Image einer Terroristen-Hochburg abstreifen wollte, versprach der Sicherheitschef seine Unterstützung. Es begann eine großangelegte Suchaktion.

Nach gut drei Wochen lud Staatspräsident Ali Abdallah Saleh am 1. Juni 1995 die Botschafterin zu einem Gespräch. Nach dem Austausch der üblichen Höflichkeiten informierte er Gräfin Strachwitz, daß es den Sicherheitskräften gelungen sei, Weinrich ausfindig zu machen. Er sei von linksextremistischen Kräften im Land versteckt worden. Tags zuvor hätte man ihn festnehmen können. Da er hoffe, Deutschland bald offiziell zu besuchen, wolle man ein Zeichen der guten Zusammenarbeit setzen und sei bereit, Weinrich unverzüglich auszuliefern.

Die Botschafterin sandte sofort nach ihrer Rückkehr in die diplomatische Vertretung um 13.40 Uhr Ortszeit eine »streng geheime« Verschlußsache mit der Laufnummer 122 nach Deutschland. Die Mitglieder der Operation »Bacchus«, die davon am Nachmittag erfuhren, wollten gleich aufbrechen, doch standen sie vor einem logistischen Problem. Die Lufthansa flog nur einmal die Woche nach Sanaa, so daß sie mehrere Tage hätten warten müssen. Dies war zu riskant. Über das Bundeskanzleramt wurde durchgesetzt, daß die Bundeswehr eine Maschine zur Verfügung stellte. Zwei Tage später startete sie in Köln-Bonn mit zwei Passagieren an Bord: mit Kriminalhauptkommissar Lehmann und einem Beamten vom Berliner Staatsschutz.

Die jemenitischen Partner hatten alles vorbereitet. Auf dem Flughafen von Sanaa bekamen sie am 4. Juni 1995 Johannes Weinrich in Handschellen übergeben. Er trug noch dieselbe Kleidung wie bei der Verhaftung: eine Gärtnerkluft mit leichten Schuhen. Man hatte ihn beim Gemüsepflanzen überrascht. Unter den Fingernägeln waren noch die dunklen Erdreste zu erkennen.

Als Kopp von der Verhaftung Weinrichs erfuhr, wußte sie, daß dies das endgültige Aus für die Gruppe bedeutete. Es gab keinen Grund mehr, sich hier im fernen Venezuela zu verstecken. Sie wollte sich das Angebot des Verfassungsschutzes nun einmal genauer anhören, um zu prüfen, unter welchen Bedingungen eine Rückkehr nach Deutschland möglich wäre. Sie bat Schnepel, dem Verfassungsschützer »Benz« ihre Adresse in Venezuela zukommen zu lassen und einen Termin auszumachen.

Am 24. Juni 1995 besuchte sie »Hans Benz« in ihrem Apartment in Valencia. Er versuchte nicht, irgendwelchen Druck auf sie auszuüben, sondern erläuterte ihr sachlich die Konditionen. Wenn sie sich schriftlich bereit erkläre, in Deutschland Oberstaatsanwalt Mehlis für Befragungen zur Verfügung zu stehen, werde es keinen Haftbefehl gegen sie geben und könne sie unbehelligt in Deutschland leben.

Drei Monate später unternahm »Benz« einen neuen Vorstoß und reiste gemeinsam mit dem BKA-Beamten Lehmann im September nach Caracas. Sie luden Kopp in die deutsche Botschaft ein, wohin sie als Zeichen ihrer Kooperationsbereitschaft zu einer ersten Vernehmung kommen sollte.

Kopp erklärte sich bereit und reiste in die Hauptstadt. Gerade in dem Moment, als sie die Botschaft betreten wollte, klingelte ihr Mobiltelefon. Am anderen Ende war François Genoud. Kopp erschrak. Er wolle nur wissen, wie spät es gerade in Venezuela sei, erklärte er ihr und legte wieder auf. Das war kein Zufall. Offensichtlich wußte Genoud von der Verabredung und wollte sie noch einmal warnen. Sie berichtete »Benz« und Lehmann von dem Vorfall, aber beide schwiegen dazu nur.

Dann begann die offizielle Vernehmung. Dabei fragte sie Lehmann unter anderem nach den Hintergründen des Todes von Albartus alias »Kai«. »Ich habe gehört, daß Kai wegen eines Verratsverdachtes von der Gruppe verhört werden sollte. Zu diesem Zweck wurde er von Deutschland in den Nahen Osten bestellt. Zirka eine Woche später habe ich dann in Damaskus gehört, daß das Verhör stattgefunden hat. In diesem Zusammenhang habe ich später auch gehört, daß er verstorben sein soll. Es war nicht üblich, dies zu hinterfragen.«

Johannes Weinrich vor dem Berliner Landgericht, wo er im Januar 2000 zu einer lebenslangen Haftstrafe verurteilt wurde

Außerhalb des Protokolls kam sie noch mal auf Genoud zu sprechen und erzählte den beiden Beamten von der letzten Aktion der Gruppe, an der auch der Altnazi beteiligt gewesen war. Einige Zeit später rief Genoud sie wieder an und machte ihr Vorwürfe: »Sie können doch nicht alles haarklein den deutschen Behörden erzählen!« Kopp erschrak. Arbeitete Genoud mit den Geheimdiensten zusammen, hatte er Carlos die ganze Zeit getäuscht und schließlich seinen Aufenthaltsort verraten?

Es änderte nichts an ihrer Situation. Sie mußte sich von diesem Kapitel ihres Lebens verabschieden. Carlos hatte sie hintergangen und hier im Stich gelassen, nun mußte sie selbst ihren Weg bestimmen. Noch viel schwieriger war eine andere Aufgabe. Sie mußte ihrer Tochter bald erklären, wer ihr Vater eigentlich war und warum sie mit diesem Mann so lange zusammengelebt hatte.

Mitte November stand ihr Entschluß fest. Zu Weihnachten wollte sie wieder in Deutschland sein. Sie ging in ein Reisebüro und buchte zwei Flüge für den 19. Dezember 1995 nach Frankfurt. Es war der Geburtstag ihrer großen Tochter Anna. Kommentarlos faxte sie eine Kopie der Tickets an »Hans Benz«.

Kaum war sie in Deutschland angekommen, traf bei ihrer Mutter in Neu-Ulm der erste Brief von Carlos ein. Er machte ihr schwere Vorwürfe. »Sie haben Dich nicht zu Deinem Wohle nach Deutschland zurückgebracht, sondern um Dich für eine feindliche Kampagne gegen uns zu benutzen!« Mit François Genoud, der ihn gerade besucht habe, stimme er darin überein, daß sie Gefahr laufe, verhaftet zu werden. Carlos verlangte daher, daß sie die Erziehung ihrer gemeinsamen Tochter Rosa an seinen Bruder Vladimir und seine Mutter schriftlich abtreten solle. In Kopp bäumte sich alles auf. Was maßte er sich eigentlich an?

Kategorisch forderte er sie auf, dazu Stellung zu nehmen und ihm umgehend einen Antwortbrief zu schicken. Gleichzeitig sollte sie ihm »Geld überweisen, und zwar sofort«.

Kurz nach Weihnachten, am 28. Dezember 1995, reiste Magdalena Kopp nach Berlin zu ihrem ersten Verhör bei Oberstaatsanwalt Mehlis. Zehn weitere Vernehmungen sollten folgen, darunter auch einige durch französische und Schweizer Ermittler. Aber das erste Verhör war das alles entscheidende. Es wurde zu ihrem großen Befreiungsschlag. Endlich sollte Schluß sein.

Kopp machte Angaben, die Carlos und Weinrich nicht zum Vorteil gereichten. Sie gab freimütig zu, daß die Gruppe zahlreiche Attentate ausgeführt und auch im Auftrag fremder Geheimdienste gebombt hatte. Abschließend erklärte sie: »Ich meine, daß ich durch meine jetzigen Angaben erneut unter Beweis gestellt habe, daß ich bereit bin, die deutschen Strafverfolgungsbehörden bei ihrer Aufklärung von Straftaten der Gruppe zu unterstützen. Ich erhoffe mir, daß man meinen Angaben Glauben schenkt. (...) Ich bin selbstverständlich auch weiterhin bereit, Fragen zu beantworten.« Als letztes setzte sie hinzu: »Ich beabsichtige, mit meiner Tochter dauerhaft in Deutschland zu bleiben. Ich möchte mir hier eine eigene Existenz aufbauen.«

Nach 15 Jahren im Untergrund kehrt Magdalena Kopp im Dezember 1995 nach Deutschland zurück

Epilog

Gegen die Terroristen der Carlos-Gruppe haben inzwischen mehrere Prozesse stattgefunden. Nicht angeklagt waren die Chefs der auftraggebenden Geheimdienste und jene Politiker, die das Morden unterstützt und die Terroristen für ihre Ziele benutzt haben. Dabei tragen gerade sie die Verantwortung dafür, daß sich der internationale Terrorismus in den vergangenen drei Jahrzehnten derart ausbreiten konnte. Ohne die Rückendeckung ganzer Staaten hätte ein Mann wie Carlos niemals so viel Angst und Schrecken verbreiten können, und ohne die Unterstützung durch mehrere Geheimdienste wäre es auch Osama bin Laden nicht gelungen, die moderne Welt so nachhaltig zu erschüttern.

Im Dezember 1997 begann in Paris der Prozeß gegen Carlos. Der »Schakal« präsentierte sich großspurig wie eh und je: »Ich heiße Ilich Ramírez Sánchez, geboren am 12. Oktober 1949 in Caracas, Venezuela. Von Beruf? Berufsrevolutionär in der leninistischen Tradition. Mein letzter Wohnsitz? Wissen Sie, die Welt ist mein Zuhause, aber meine letzte Adresse war Khartum, Sudan.«

Als ihm der Richter einige Grundregeln des französischen Strafprozeßrechts erklären wollte, fiel ihm Carlos arrogant ins Wort: »Ich stamme schließlich aus dem Juristenmilieu. Als ich noch ein kleiner Junge war, spielte ich mit den Kindern von Richtern und Rechtsanwälten – als ich größer wurde, mit deren Ehefrauen.«

Verteidigt wurde Carlos von der Pariser Rechtsanwältin Isabelle Coutant-Peyre. Zuvor hatte er alle anderen Anwälte, insgesamt 36, abgelehnt. Sie waren für ihn »Verräter und Kollaborateure«. Coutant-Peyre fand dagegen sein Vertrauen, da sie schon früher an der Seite von Jacques Vergès an der Verteidigung von Magdalena Kopp mitgewirkt hatte. Für sie ist Carlos ein »Befreiungskämpfer, der gnadenlos von der CIA verfolgt wird«.

Das Gericht brauchte nicht sehr lange, um eine Entscheidung zu fällen, da Carlos schon zuvor in Abwesenheit wegen dreifachen Mordes 1975 in Paris zu einer lebenslangen Haftstrafe verurteilt worden war. Da er nichts zu seiner Entlastung vorbringen konnte, wurde dieses Urteil noch einmal bestätigt. Als Carlos aus dem Gerichtssaal geführt wurde, erhob er pathetisch die Faust und rief zur Zuschauertribüne hinüber: »Es lebe die Revolution! Allah ist groß.«

Nach vierjähriger Prozeßdauer verurteilte im Januar 2000 das Berliner Landgericht auch Johannes Weinrich wegen fünffachen Mordversuchs zu lebenslanger Haft. Es sah seine Mitschuld am Anschlag auf das französische Kulturzentrum in Berlin als erwiesen an. Anstelle eines Schlußwortes verlas Weinrich am Ende des Prozesses ein politisches Manifest, wonach er seine Terroraktionen als Krieg und die von ihm ausgeführten Morde als Vergeltung für Massaker an palästinensischen Flüchtlingen verstanden wissen wollte. Oberstaatsanwalt Detlev Mehlis charakterisierte seinen Bombenanschlag dagegen als eine Tat, »deren Rücksichtslosigkeit, Heimtücke und Feigheit nicht mehr zu überbieten ist«. Der Richter sah das ähnlich. In seiner Urteilsbegründung hob er die »besondere Schwere der Schuld« hervor, wodurch ausgeschlossen wurde, daß Weinrich schon nach 15 Jahren aus der Haft entlassen werden kann. Einen Revisionsantrag von Weinrich wies im Dezember 2001 der Bundesgerichtshof ab.

Zudem ist nun eine weitere Klage gegen ihn anhängig. Voraussichtlich im Herbst 2002 wird er sich wegen der Anschläge auf ein Flugzeug auf dem Pariser Flughafen Orly 1975, auf den Sender Freies Europa in München 1981, in der Pariser Rue Marbeuf 1982, auf die Züge in Marseille 1983 sowie auf den saudi-arabischen Botschafter in Athen 1983 verantworten müssen.

Nach 20 Jahren Leben im Untergrund ist im Herbst 2000 auch Hans-Joachim Klein der Prozeß gemacht worden. Nach vier Monaten Verhandlungsdauer verurteilte ihn im Februar 2001 das Landgericht in Frankfurt am Main wegen der Beteiligung am Überfall auf die OPEC-Konferenz 1975 und den damit verbundenen Morden zu 14 Jahren Gefängnisstrafe. Ebenfalls angeklagt war der frühere RZ-Kämpfer Rudolf Schindler, der aber aus Mangel an Beweisen freigesprochen wurde.

Während des Prozesses mußten auch Außenminister Joschka

Fischer und der EU-Abgeordnete Daniel Cohn-Bendit in den Zeugenstand und wurden zu ihrer militanten Vergangenheit als Straßenkämpfer an der Seite von Klein peinlich befragt. Im Unterschied zu Carlos und Weinrich distanzierte sich Klein deutlich vom Terrorismus als einem politischen Irrweg.

Weinrich hingegen zeigte weder Reue noch Bedauern, sondern ließ sich von Carlos als »Pionier der palästinensischen Unabhängigkeit, als Held der Revolution« preisen. Voller Dankbarkeit antwortete er seinem Chef in Paris: »Ich bin so bewegt und geehrt. Daß Du Dich um mich sorgst, das hilft, das schließt alte Wunden.« Im Gegenzug versuchte er, Carlos aufzubauen: »Paß auf Dich auf. Achte auf Deine Seele und Deine Psyche. Wir brauchen Dich in guter Verfassung, in Bestform!« Doch Carlos machte sich über ihn nur lustig und schickte Kopien der Briefe mit herablassenden Randglossen an Kopp.

Magdalena Kopp urteilt heute über ihren Ehemann ziemlich klar: »Carlos hat keine Skrupel, kennt keine Moral und ist größenwahnsinnig.« Sie lebt inzwischen mit ihrer Tochter Rosa in Neu-Ulm in einer Sozialwohnung. Der Aufbau einer neuen Existenz wollte bisher nicht gelingen. Nach einer Beschäftigung in einem Fotogeschäft und einer Umschulung zur Fotografikerin ist sie wieder arbeitslos. Seit der Trennung von Carlos hat sie keinen anderen Mann mehr geliebt.

Carlos dagegen ist neu entflammt und will die Scheidung einreichen. Er möchte seine Anwältin Isabelle Coutant-Peyre heiraten. Sie teilt seine politischen Ansichten und will nicht eher ruhen, bis ihr Zukünftiger wieder auf freiem Fuß ist. Dabei kann sie sich sogar einen Gefangenenaustausch vorstellen, in dessen Ergebnis er das »Gefängnis nicht durch die Hintertür, sondern erhobenen Hauptes durch das Hauptportal verlassen wird«.

Auf diesen Moment arbeitet Carlos bereits jetzt hin. Für die venezolanische Zeitung »La Razon« (Die Vernunft) schreibt er regelmäßig Kolumnen, und mit dem Staatspräsidenten Hugo Chavez steht er in persönlichem Briefverkehr. Die Anschläge vom 11. September 2001 begrüßte er lautstark als logische Fortsetzung seines Kampfes: »Die Toten bei den Attentaten in den Vereinigten Staaten waren alle feindliche Soldaten, die einen im Pentagon, Soldaten in Uniformen, die anderen in den Zwillingstürmen, Soldaten mit Krawatten.« Unmißverständlich setzte er noch hinzu: »Der Kampf Osama bin Ladens ist mein Kampf!«

Anhang

Abkürzungsverzeichnis

ASALA Armenian Secret Army for the Liberation of Armenia, Armenische Geheimarmee zur Befreiung Armeniens
AVH Allavédelmi Hatosag, ungarischer Geheimdienst
BAN Bewegung Arabischer Nationalisten
BfV Bundesamt für Verfassungsschutz
BND Bundesnachrichtendienst
BKA Bundeskriminalamt
CIA Central Intelligence Agency, US-Geheimdienst
CIC Counter Intelligence Corps, Geheimdienst der US-Army, Vorläufer der CIA
DGI Direccion General de la Inteligencia, kubanischer Geheimdienst
DGSE Direction Générale de la Sécurité Extérieure, französischer Auslands- und Abwehrgeheimdienst
DST Direction de la surveillance du territoire, französischer Inlandsgeheimdienst
ELA Epanastakos Laikos Agonas, Revolutionärer Volkskampf, Griechenland
ETA Euzkadi Ta Azkatasuna, Untergrundorganisation »Freiheit für die baskische Heimat«
FNL Front de Libération Nationale, Nationale Befreiungsfront Algerien
HV A Hauptverwaltung Aufklärung (Auslandsgeheimdienst der DDR)
Interpol Länderübergreifende Polizeikommission
IM Inoffizieller Mitarbeiter des MfS
IMB Inoffizieller Mitarbeiter des MfS mit Feindberührung
IRA Irish Republican Army, Irisch-Republikanische Armee
JRA Japanische Rote Armee
KDS Komitet Darjavna Sigurnost, bulgarischer Geheimdienst
KGB Komitet gosudarstvennoj bezopasnosti, Komitee für Staatssicherheit, sowjetischer Geheimdienst
LfV Landesamt für Verfassungsschutz
MfS Ministerium für Staatssicherheit, Geheimdienst der DDR
Mossad Merkazi Le-Modiin Uletafkidim Meyuhadim, Allgemeiner Nachrich-

	ten- und Sicherheitsdienst Israels
NIF	Nationale Islamische Front, Sudan
OPEC	Organization of Petroleum Exporting Countries, Organisation erdölexportierender Länder
OIR	Organisation Internationaler Revolutionäre
PFLP	Popular Front for the Liberation of Palestine, Volksfront für die Befreiung Palästinas
PFLP-SC	Popular Front for the Liberation of Palestine – Special Command, Volksfront für die Befreiung Palästinas – Spezialkommando
PLO	Palestine Liberation Organization, Palästinensische Befreiungsorganisation
P.U.T.Z.	Proletarische Union für Terror und Zerstörung
RAF	Rote Armee Fraktion
RB	Rote Brigaden
RFE	Radio Freies Europa
RK	Revolutionärer Kampf
RZ	Revolutionäre Zellen
RZ-DAF	Revolutionäre Zellen – Die Andere Fraktion
SAVAK	Sazman Amniat va Attelaat Keshvar, Nachrichten- und Sicherheitsdienst des Iran
SDB	Sluzba Drzavne Bezbednosti, jugoslawischer Geheimdienst
SDS	Sozialistischer Deutscher Studentenbund
StB	Státuí bezpečnost, tschechoslowakischer Inlandsgeheimdienst
WOG	Wrath of God, israelisches Todeskommando

Abbildungsnachweis

Archiv des Bundesbeauftragten für die Stasi-Unterlagen: S. 14, 191
Archiv Wilhelm Dietl: S. 133
Archiv Magdalena Kopp: S. 35, 279, 301
Deutsche Presse Agentur: S. 39, 47, 71, 76, 91, 143, 159, 180, 219, 245, 264
Government Press Office, Israel: S. 117
Sven Kiesche: S. 210, 287, 307, 315, 317

Quellen und Literatur

Neben Interviews und Gesprächen mit früheren Mitgliedern der Carlos-Gruppe, der RZ und der RAF, Mitarbeitern von Strafverfolgungsbehörden sowie westlichen und östlichen Geheimdiensten wurden für dieses Buches auch zahlreiche nicht veröffentlichte Materialien verwendet, darunter Unterlagen des Ministeriums für Staatssicherheit der DDR, des ungarischen Geheimdienstes und des Department of State in den USA. Hinzu kamen Protokolle, Notizen und Briefe von verschiedenen Mitgliedern der Carlos-Gruppe und der RZ sowie Vernehmungsprotokolle, Anklageschriften und Urteile von Gerichten.
Ferner dienten folgende Veröffentlichungen als Quellen:

Sachdarstellungen

Aust, Stefan, *Der Baader-Meinhof-Komplex*, München: Goldmann, 1998

Black, Ian/Morris, Benny, *Israel's Secret Wars. A History Of Israel's Intelligence Services*, London: Warner, 1995

Dietl, Wilhelm, *Die Agentin des Mossad. Operation Roter Prinz*, Düsseldorf: Econ, 1992

– *Carlos. Das Ende eines Mythos. Die Jagd nach dem Top-Terroristen*, Bergisch Gladbach: Bastei Lübbe, 1995

– *Die BKA-Story*, München: Droemer, 2000

Hermann, Kai/Koch, Peter, *Entscheidung in Mogadischu. Die 50 Tage nach Schleyers Entführung*, Hamburg: Gruner + Jahr, 1977

Hirschmann, Kai/Gerhard, Peter (Hrsg.), *Terrorismus als weltweites Phänomen*, Berlin Verlag, 2000

Koenen, Gerd, *Das rote Jahrzehnt. Unsere kleine deutsche Kulturrevolution 1967 – 1977*, Köln: Kiepenheuer und Witsch, 2001

Laske, Karl, *Ein Leben zwischen Hitler und Carlos: François Genoud*, Zürich: Limmat, 1996

Liszkai, László, *Carlos. A l'Abri du Rideau de Fer*, Paris: Seuil, 1992

Meier, Stefan Richard, *Carlos. Demaskierung eines Topterroristen*, München: Knaur, 1992

Mergen, Armand, *Die BKA-Story*, München: Herbig, 1987

Morstein, Manfred, *Der Pate des Terrors. Die mörderische Verbindung von Terrorismus, Rauschgift und Waffenhandel*, München: Piper, 1990

Müller, Michael/Kanonenberg, Andreas, *Die RAF-Stasi-Connection*, Berlin: Rowohlt, 1992

Payne, Ronald, *Mossad. Israel's Most Secret Service*, London: Corgi, 1995

Péan, Pierre, *L'Extrémiste. François Genoud de Hitler à Carlos*, Paris: Fayard, 1996

Robinson, Jeffrey, *Yamani. The Inside Story, London*: Simon and Schuster, 1988
Schenk, Dieter, *Der Chef. Horst Herold und das BKA*, Hamburg: Hoffmann und Campe, 1998
Schmaldienst, Fritz/Matschke, Klaus-Dieter, *Carlos-Komplize Weinrich. Die internationale Karriere eines deutschen Top-Terroristen*, Frankfurt: Eichborn, 1995
Smith, Colin, *Carlos. Portrait of a Terrorist*, London: Madarin, 1995
Sterling, Claire, *The Terror Network. The Secret War of International Terrorism*, New York: Holt, Rinehart and Winston, 1981
Stevenson, William (in Zusammenarbeit mit Dan, Uri), *90 Minuten in Entebbe. Der erste authentische Bericht der spektakulären Rettungsaktion in Uganda*, Frankfurt/Berlin: Ullstein, 1976
Thomas, Gordon, *Die Mossad-Akte. Israels Geheimdienst und seine Schattenkrieger*, München: Knaur, 2001
Wolf, Markus (mit McElvoy, Anne), *Memoirs of a Spymaster. The Man Who Waged a Secret War against the West* (in der deutschen Ausgabe wurde auf das Kapitel »Terrorism and the GDR« verzichtet), London: Pimlico, 1998
Woodward, Bob, *Geheimcode Veil. Reagan und die geheimen Kriege der CIA*, München: Droemer, 1987
Yallop, David A., *Die Verschwörung der Lügner. Die Jagd nach dem Top-Terroristen Carlos*, München: Knaur, 1994

Autobiographien und Selbstdarstellungen

Die Früchte des Zorns. Texte und Materialien zur Geschichte der Revolutionären Zellen und der Roten Zora (2 Bände), Berlin: ID Verlag, 1993
Klein, Hans-Joachim, *Ruckkehr in die Menschlichkeit. Appell eines ausgestiegenen Terroristen*, Hamburg: Rowohlt, 1979
Meyer, Till, *Staatsfeind. Erinnerungen*, Hamburg: Hoffmann und Campe, 1996
Reinders, Ralf/Fritzsch, Ronald, *Die Bewegung 2. Juni. Gespräche über Haschrebellen, Lorenz-Entführung, Knast*, Berlin: ID Verlag, 1999
Schiller, Margrit, *Es war ein harter Kampf um meine Erinnerung. Ein Lebensbericht aus der RAF*, München: Piper, 2001
Sharif, Bassam Abu/Mahnaimi, Uzi, *Mein Feind. Mein Freund. Ein Araber und ein Israeli kämpfen für eine gemeinsame Zukunft*, München: Droemer, 1996
Viett, Inge, *Nie war ich furchtloser*, Hamburg: Rowohlt, 1999

Weiterführende Literatur

Andrew, Christopher/Mitrochin, Wassili, *Das Schwarzbuch des KGB. Moskaus Kampf gegen den Westen*, Berlin: Propyläen, 1999

Aust, Stefan, *Kennwort Hundert Blumen. Die Verwicklung des Verfassungsschutzes in den Mordfall Ulrich Schmücker*, Hamburg: Konkret, 1980

Betser, Muki/Rosenberg, Robert, *Soldaten im geheimen Auftrag. Israels führender Antiterror-Spezialist berichtet über seine spektakulärsten Einsätze*, Hamburg: Hoffmann und Campe, 1996

Hacker, Friedrich, *Terror – Mythos, Realität, Analyse*, Wien: Molden, 1973

Hoffmann, Bruce, *Terrorismus. Der unerklärte Krieg. Neue Gefahren politischer Gewalt*, Frankfurt: Fischer, 1999

Krause-Burger, Sibylle, *Joschka Fischer. Der Marsch durch die Illusion*, Hamburg: Rowohlt, 2000

Laquer, Walter, *Die globale Bedrohung. Neue Gefahren des Terrorismus*, Berlin: Propyläen, 1998

Netanyahu, Benjamin, *Der neue Terror. Wie die demokratischen Staaten den Terrorismus bekämpfen können*, München: Bertelsmann, 1995

Ostrovsky, Victor, *Der Mossad. Ein Ex-Agent enthüllt Aktionen und Methoden des israelischen Geheimdienstes*, Hamburg: Hoffmann und Campe, 1991

Schmidt, Christian, *Wir sind die Wahnsinnigen. Joschka Fischer und seine Frankfurter Gang*, München: Econ, 1998

Schwelien, Michael *Joschka Fischer. Eine Karriere*, Hamburg: Hoffmann und Campe, 2000

Seale, Patrick, *Abu Nidal. Der Händler des Todes. Die Wahrheit über den palästinensischen Terror*, München: Bertelsmann, 1992

Waldmann, Peter, *Terrorismus. Provokation der Macht*, München: Gerling, 1998

Wolf, Markus, *Spionagechef im geheimen Krieg. Erinnerungen* (veränderte Fassung der englischen Originalausgabe), München: Econ, 1998

Personenregister

Die drei Hauptpersonen Ilich Ramírez Sánchez (Carlos), Magdalena Kopp und Johannes Weinrich wurden wegen zu häufiger Nennung nicht aufgenommen.